管理型财会人才培养系列教材

财务管理习题集

（2017年修订版）

竺素娥　曾爱民　柴斌锋　主编

科学出版社

北　京

内 容 简 介

本书是由竺素娥教授主编的《财务管理》(科学出版社2016年版)教材的配套学习指导书。编写本书的目的在于总结与巩固财务管理课程知识，提高学生分析问题与解决问题的能力。全书分十二章，各章内容包括知识要点、练习题和参考答案三个部分。其中，知识要点部分采用表格形式对各章核心知识点进行归纳和梳理，便于读者高效、系统地掌握各章知识要点；练习题部分主要包括单项选择题、多项选择题、判断题、计算分析题、综合题和案例分析题六种题型，习题难易结合，既有一定的广度，又有必要的深度，提供从基础知识到综合运用和案例分析的全方位训练与运用；参考答案部分则给出相关习题答案和案例分析题的提示与要点，以便读者自查、自测。

本书可作为普通高等院校经济管理类学生、工商管理硕士的学习指导用书。

图书在版编目(CIP)数据

财务管理习题集/竺素娥，曾爱民，柴斌锋主编. —北京：科学出版社，2011.

管理型财会人才培养系列教材

ISBN 978-7-03-032025-4

Ⅰ.①财… Ⅱ.①竺… ②曾… ③柴… Ⅲ.①财务管理—高等学校—习题集 Ⅳ.①F275-44

中国版本图书馆CIP数据核字(2011)第162106号

责任编辑：张　宁/责任校对：刘小梅

责任印制：张　伟/封面设计：蓝正设计

科学出版社出版

北京东黄城根北街16号

邮政编码：100717

http://www.sciencep.com

北京凌奇印刷有限责任公司印刷

科学出版社发行　各地新华书店经销

*

2011年8月第　一　版　开本：787×1092　1/16

2019年2月第六次印刷　印张：18

字数：438 000

定价：39.00元

(如有印装质量问题，我社负责调换)

前　言

本书是《财务管理》(竺素娥主编，科学出版社 2016 年版）的配套学习指导书。该书自 2011 年出版以来，得到良好的社会反馈，也收到了部分修改意见和建议。为进一步提高教材质量，经主编研讨，并充分借鉴相关反馈意见，对该教材进行修订。

本书的基本结构与配套教材《财务管理》内容相对应，以体现本书与教材的配套关系。全书共分为十二章，每章各分为三个部分。

第一部分是知识要点。本部分内容编写主要基于如下两个目的：首先，表格和文字对配套教材每章的主要内容、知识要点进行归纳总结，以便学生在完成每章内容学习之后，可通过本部分复习以实现对课程知识点的系统性把握。其次，考虑到财务管理学科中常有大量复杂的计算公式，需要花费较多时间和精力去理解记忆，因此，本部分对每章公式进行汇总整理，以便学生记忆。同时，学生也可在复习计算公式时，以相关表格为线索，总结并回忆公式中变量的具体含义，必要时查阅教材，以加深对公式的理解和记忆，达到事半功倍的学习效果。

第二部分是练习题。本部分共包括单项选择题、多项选择题、判断题、计算分析题、综合题和案例分析题六种题型，主要基于如下考虑：首先，由于单项选择题、多项选择题和判断题对全面理解与掌握财务管理知识具有重要的基础性作用，故在次序上予以优先安排。其次，由于财务管理是一门数学模型和计算相对较多的课程，需辅以必要练习才能更好理解和掌握，所以，本书紧密结合配套教材内容，补充大量计算分析题和综合题。其中，计算分析题主要针对章节中重要知识点展开专项训练，而综合题则是对相应章节和前面章节相关知识点的综合运用，以提升学生对相关知识的综合分析和运用能力。最后，根据配套教材各章教学内容和目标，以我国上市公司最新数据为基础编写大量案例，要求学生结合所学专业知识进行分析和讨论。这些案例一般都具有一定的拓展空间，所提出的问题带有较多的思考性和启发性，具体分析方法一般会因人而异，其答案也不是唯一的。有些案例还需进一步搜索补充资料才能更有效地展开分析，因此对于较大和较复杂的案例分析，建议可在老师的指导下，通过讨论等方式完成。

第三部分是参考答案。这部分主要是为了帮助广大师生能更方便和更节约时间地学习好该教材，对本书各部分的习题和案例分析等给出必要的参考答案，按单项选择题、多项选择题、判断题、计算分析题、综合题和案例分析题等方面内容分别编写，以帮助广大学生和读者能更有效地利用本书来提高其学习的能力。

本书由浙江工商大学竺素娥教授、曾爱民副教授和柴斌锋副教授主编。本书提纲由竺素娥教授拟定并经参编人员讨论确定，全书最后由竺素娥教授审阅定稿。本书编写人员及具体分工如下：柴斌锋副教授编写第一、七、八、九、十二章；曾爱民副教授编写第二、六、十、十一章；涂必胜副教授编写第三、四、五章。

在本书编写过程中，编者参考了大量相关参考书目，在此向参考书目的作者深表感谢！

书中难免存在不足之处，敬请读者批评指正。

编　者

2016年6月于杭州

目录

第一章

导论 ······ 1

第一节　财务管理概述 ······ 1

第二节　财务管理目标 ······ 1

第三节　财务管理环境 ······ 3

第四节　财务管理职能与原则 ······ 3

第二章

风险与收益 ······ 13

第一节　风险与收益的关系 ······ 13

第二节　资本资产定价模型 ······ 16

第三章

项目投资 ······ 32

第一节　投资战略与项目投资概述 ······ 32

第二节　项目投资的决策方法 ······ 33

第三节　风险条件下的项目投资决策方法 ······ 36

第四章

金融投资 ······ 63

第一节　金融投资概述 ······ 63

第二节　证券投资 ······ 64

第三节　基金投资 ······ 67

第四节　期权投资 ······ 69

第五章

流动资产投资 ······ 102

第一节　流动资产投资概述 ······ 102

第二节　现金管理 ······ 103

第三节 应收账款管理 …… 105
第四节 存货管理 …… 107

第六章 筹资的基本原理 …… 131
第一节 筹资概述 …… 131
第二节 筹资需要量的预测 …… 133
第三节 外部筹资额与销售增长 …… 134

第七章 权益资本的筹集 …… 149
第一节 股票筹资 …… 149
第二节 权益资本的其他筹集方式 …… 152
第三节 权益资本市场的全球化 …… 153

第八章 债务资本的筹集 …… 164
第一节 银行借款 …… 164
第二节 债券 …… 165
第三节 商业信用 …… 167
第四节 租赁 …… 168

第九章 资本成本与资本结构 …… 184
第一节 资本成本 …… 184
第二节 财务杠杆 …… 186
第三节 资本结构决策 …… 188
第四节 资本结构理论 …… 189

第十章 收益分配 …… 208
第一节 利润分配原则与顺序 …… 208
第二节 股利政策的基本理论 …… 209
第三节 股利政策的类型 …… 210
第四节 股利支付程序与方式 …… 211
第五节 股票股利、股票分割与股票回购 …… 212

第十一章 **企业价值评估**……225
第一节　企业价值评估概述……225
第二节　成本法……226
第三节　贴现现金流量法……226
第四节　比较价值法……228
第五节　经济利润法……230

第十二章 **财务危机、重整与清算**……250
第一节　财务危机……250
第二节　财务重整……253
第三节　破产清算……254

参考文献……266

附录……267

第一章

导　　论

【本章学习目标】

了解日常财务管理组织及其职能定位、财务管理职能和财务管理原则与方法，重点掌握财务管理、财务管理目标、股东财富最大化、企业价值最大化、财务管理环境和利率等概念，正确理解财务管理内容、财务管理目标等。

*知 识 要 点

第一节　财务管理概述

财务管理是在一定的整体目标下，企业组织财务活动、处理财务关系的一种经济管理行为。企业财务活动是企业资本的筹集、运用、收益分配活动的总称。财务关系是企业在组织财务活动过程中与各方面发生的经济利益关系。

财务管理的内容就是财务管理对象，即企业资本运动所表现出来的各个具体方面，其基本内容包括投资管理、筹资管理和收益分配管理等。

企业日常财务管理组织机构的设置一般有三种模式：①合一模式；②分离模式；③财务公司独立化模式。

第二节　财务管理目标

财务管理目标又称理财目标，是企业在特定的理财环境中，通过组织财务活动、处理财务关系所要达到的目的。财务管理目标是财务管理行为的目标导向，决定着财务管理的基本方向。

一、财务管理目标：企业价值最大化

目标模式	利润最大化	股东财富最大化	企业价值最大化
含义	是指通过对企业财务活动的管理，不断增加企业利润，使利润尽可能地多	是指通过财务上的合理经营，为股东带来尽可能多的财富	是指通过财务上的合理经营，使企业市场价值达到最大
计量方式	该目标有净利润额最大化与每股收益最大化两种具体形式	在有效市场条件下，股东财富用股票价格来计量	企业价值的计量有多种方式，其常用方式有贴现现金流量法（discounted cash flow approach，DCF）、比较价值法和经济利润法等。其中，贴现现金流量法是企业价值最一般的计量方式。企业价值只有在风险和报酬达到比较好的均衡时才能达到最大
优点	利润在一定程度上体现了企业经济效益的高低，是企业补充资本积累、扩大经营规模的来源，并且利润指标具有直观、易计量的特点	考虑了风险因素；在一定程度上有利于克服企业在追求利润上的短期行为；在上市公司，股东财富最大化目标比较容易量化，便于考核和奖惩	考虑了取得报酬的时间，并用时间价值的原理进行了计量；考虑了风险与报酬的关系；有利于克服企业在追求利润上的短期行为；兼顾了相关利益主体间的不同利益。因此，企业价值最大化目标被认为是现代企业财务管理的最优目标
缺点	净利润额是一个绝对指标，未能考虑企业的投入和产出之间的关系；是一定时期的经营成果，未能考虑货币时间价值；不能有效地考虑风险；它可能使企业财务决策具有短期行为的倾向；便于管理者操纵；利润扣除了负债的资本成本，但忽略了权益资本成本	只适合上市公司，对非上市公司较难适用；只强调股东利益，未能考虑其他相关利益主体的利益；股票价格受多种因素影响，并非都是公司所能控制的；市场并不完全理性和有效，股票价格不能真正反映股票价值	主要体现在其计量的非直观性上

二、实现财务管理目标的制度基础：利益冲突与协调

股东、经营者和债权人之间构成了企业最重要的财务关系。财务管理必须协调这三方面的利益关系，才能实现企业价值最大化目标。

目标差异与利益协调的主体	目标差异	协调方法
股东与经营者之间	股东和经营者作为两个不同的利益主体在利益目标上存在着差异。信息不对称的条件下，经营者个人利益目标实现可能会以牺牲股东利益为代价，这种代价称为代理成本	解聘、接收、激励：解聘和接收是股东对经营者的监督机制。股东通常同时采取监督和激励两种机制来协调与经营者的利益
股东与债权人之间	债权人要以比股东更消极的眼光来看待项目选择和投资决策中存在的风险。股东可以通过经营者为自身利益而伤害债权人的利益，其常用方式有以下两种：①不经债权人同意，投资比债权人预期风险要高的新项目；②为提高财务杠杆利益，不征得现有债权人同意而发行新债，致使旧债券的价值下降，使原有债权人蒙受损失	为保护债权人权益，除了寻求立法保护，如破产时优先接管，优先于股东分配剩余财产等手段外，通常采取以下两种协调方法：①限制性借债；②收回借款不再借款

续表

目标差异与利益协调的主体	目标差异	协调方法
财务管理目标与社会责任	财务管理目标与社会责任的履行在许多方面是一致的，但也存在着差异	通过政府干预来协调：一种是运用法律手段，另一种是通过行政和经济杠杆，来调节企业行为，以保证社会责任的完全履行

第三节 财务管理环境

财务管理环境是指企业财务活动赖以存在和发展的各种因素的集合。财务管理环境一般可分为宏观环境和微观环境。宏观环境是指影响企业财务活动的各种宏观因素，如政治因素、经济因素、法律因素、金融市场等。微观环境是指影响企业财务活动的各种微观因素，如企业组织形式、生产状况、产品销售市场状况、企业文化、管理者素质等。在财务管理的环境中，宏观环境决定微观环境，微观环境始终与宏观环境相适应，并随着宏观环境的变化不断得到改善，因此，宏观环境是财务管理环境中最主要的内容。其中最重要的宏观环境是法律环境、金融市场环境和经济环境。

宏观环境及其含义	宏观环境具体内容	与财务管理的关系
法律环境是指企业与外部发生经济关系时应遵守的各种法律、法规和规章	企业组织法规，如《中华人民共和国公司法》（以下简称《公司法》）；税收法规；证券法规；财务法规，如《企业财务通则》	税收对财务管理的影响具体表现为影响企业筹资决策、投资决策、现金流量、利润和收益分配。精通税法，对财务管理者具有重要的意义。财务管理者应当知法、守法、用法，切实做好税收筹划工作，以寻求节税利益的最大化
金融市场是指资本供求双方通过某种形式融通资本的场所，是实现货币借贷和资本融通、办理各种票据及有价证券交易活动的场所	金融市场按交易的期限，分为货币市场和资本市场；金融市场按交割的时间，分为现货市场和期货市场；金融市场按交易的性质，分为发行市场和流通市场；金融市场按交易的对象，分为资本市场、外汇市场和黄金市场	金融市场是企业筹资和投资的场所；企业通过金融市场调整资本结构，实现长短期资本互相转化；金融市场为企业理财提供有用的信息；现金在企业与金融市场之间往返流动才能增值
利率环境：利率是资本的价格，它主要取决于资本供求关系	在金融市场中，利率构成可用下式表示：利率=纯利率+通货膨胀补偿率+风险补偿率。其中，纯利率与通货膨胀补偿率构成基础利率，风险补偿率又分为违约风险补偿率、流动性风险补偿率和到期风险补偿率三种	利率是企业筹资决策的重要依据；利率是企业投资决策的重要依据；利率影响分配决策
经济环境是指企业进行财务活动的宏观经济状况	包括经济发展状况、通货膨胀、政府的经济政策、资本市场效率、竞争等因素	经济环境从各个方面影响企业筹资和投资环境

第四节 财务管理职能与原则

一、财务管理职能

财务管理职能，是指财务管理本身所具有的功能，它是财务预测、财务决策、财务预算、财务控制和财务分析五个环节相互联系、相互配合的有机结合体。

（一）财务预测

财务预测是指根据财务活动的历史资料，考虑现实的要求和条件，对企业未来的财务活动和财务成果做出科学的预计与测算。

（二）财务决策

财务决策是根据企业经营战略的要求，在理财目标的总体要求下，通过专门的方法从各种备选方案中选择最佳方案的过程。

（三）财务预算

预算是用数字编制未来某一时期的计划，财务预算即用财务数字或非财务数字来计量预期的结果。

（四）财务控制

财务控制是在财务管理过程中，利用有关信息和特定手段，对企业财务活动施加影响，以实现财务预算目标的环节。

（五）财务分析

财务分析是以企业财务报表为主要依据，运用专门的分析方法，对企业财务状况和经营成果进行解释与评价，以便投资者、债权人、管理者及其他信息使用者做出正确的决策。

二、财务管理原则

财务管理原则，也称理财原则，是企业财务管理工作必须遵循的基本准则。财务管理的一般原则如下。

（一）风险-报酬权衡原则

风险-报酬权衡原则是指风险和报酬之间存在着一个对等关系，投资者必须对风险和报酬做出权衡，为追求较高的报酬需承担较大的风险，或者为减少风险而接受较低的报酬。

（二）价值创造原则

价值创造原则是指一切财务活动都必须以企业价值最大化为出发点和归宿点。

（三）现金流转平衡原则

现金流转平衡可以通过企业编制的预测现金流量表和实际现金流量表得以实现。

（四）利益协调原则

利益协调原则是指企业相关利益者之间的利益分配在数量上和时间上应达到动态的

协调平衡。

*练 习 题

一、单项选择题

1. 财务管理的基本属性是（　　）。

A. 价值管理　　B. 价值链管理

C. 资本价值管理　　D. 全面管理

2. 下列哪项（　　）是企业财务管理的最优目标？

A. 股东财富最大化　　B. 利润最大化

C. 现金流量最大化　　D. 企业价值最大化

3.（　　）是股东对经营者的监督机制。

A. 解聘和接收　　B. 解聘和激励

C. 监督和激励　　D. 接收和激励

4. 下列关于财务管理目标的表述中，正确的是（　　）。

A. 财务管理主张股东财富最大化会忽视其他利益相关者的利益

B. 企业在追求自己的目标时，会使社会受益，因此企业目标和社会目标是一致的

C. 财务管理的目标和企业的目标是一致的

D. 企业只要依法经营就会从事有利于社会的事情

5. 股东通常采取（　　）两种机制来协调与经营者的利益。

A. 解聘与接收　　B. 接收和激励

C. 监督和激励　　D. 接收与监督

6. 债权人为了防止其利益被伤害，通常采取的措施不包括（　　）。

A. 激励　　B. 规定贷款的用途

C. 提前收回贷款　　D. 限制发行新债数额

7. 在股东投资资本不变的情况下，下列各项中能够体现股东财富最大化这一财务管理目标的是（　　）。

A. 利润最大化　　B. 每股收益最大化

C. 每股股价最大化　　D. 公司价值最大化

8. 下列各项可以视作纯利率的是（　　）。

A. 银行贷款利率　　B. 没有通货膨胀的国库券利率

C. 银行存款利率　　D. 债券利率

9. 公司的下列财务活动中，不符合债权人目标的是（　　）。

A. 提高利润留存比率　　B. 降低财务杠杆比率

C. 发行公司债券　　D. 非公开发行新股

10.（　　）是指一切财务活动都必须以企业价值最大化为出发点和归宿点。

A. 风险–报酬权衡原则　　B. 现金流转平衡原则

C．价值创造原则　　D．利益协调原则

11．在筹资和投资决策中，如果预期市场利率上升，则应采用（　　）策略。

A．短期筹资和短期投资　　B．长期筹资和长期投资

C．长期筹资和短期投资　　D．短期筹资和长期投资

12．由于借款人无法按时支付利息或偿还本金带来的风险而要求的利率补偿是（　　）。

A．通货膨胀补偿率　　B．违约风险补偿率

C．流动性风险补偿率　　D．到期风险补偿率

13．确定国库券利率时，应考虑的主要因素是（　　）。

A．纯利率和通货膨胀补偿率

B．纯利率和违约风险补偿率

C．流动性风险补偿率和违约风险补偿率

D．流动性风险补偿率和通货膨胀补偿率

14．股东与经营者的目标是（　　）。

A．完全一致的

B．无法一致

C．对立统一

D．有矛盾，同时可以通过激励和监督达到一致

15．下列哪项（　　）属于财务管理宏观环境因素？

A．管理者素质　　B．自然环境　　C．法律环境　　D．公司环境

16．财务预算是指（　　）。

A．在计划期内反映有关预计现金收支、经营成果和财务状况的预算

B．以企业财务报表为主要依据，运用专门的分析方法对财务状况和经营成果进行评价

C．利用有关信息和特定手段对企业财务活动施加影响

D．通过专门的方法从各种备选方案中选择最佳方案的过程

17．（　　）是企业最重要的财务关系。

A．经营者、股东和债权人　　B．经营者和债权人

C．经营者和股东　　D．债券人和股东

18．下列属于财务管理原则的是（　　）。

A．货币时间价值原则　　B．现金流转平衡原则

C．价值分配原则　　D．价值最大化原则

二、多项选择题

1．下列属于财务管理原则的有（　　）。

A．价值创造原则　　B．风险-报酬权衡原则

C．利益协调原则　　D．现金流转平衡原则

2．下列属于财务管理职能的有（　　）。

A．财务决策　　B．财务分析　　C．财务预算　　D．财务管控

3．利润额最大化作为财务管理的目标，其缺陷包括（　　）。

A．没有考虑货币时间价值

B．没有考虑风险因素

C．只考虑自身收益而没有考虑社会效益

D．没有考虑投入资本和获利之间的关系

4．下列属于对企业现金流量有潜在索偿权的狭义的利益相关者的有（　　）。

A．经营者　　B．债权人　　C．供应商　　D．所在社区

5. 财务控制方法中的制度控制从(　　)角度对企业财务行为和财务活动实施控制。

A．合法性　　B．合规性　　C．合理性　　D．全面性

6．为协调经营者与所有者之间的矛盾，减少偏离股东目标的损失，股东通常需支付的成本有（　　）。

A．生产成本　　B．监督成本　　C．激励成本　　D．经营成本

7．财务管理的目标有（　　）形式。

A．利润最大化　　B．现金流最大化

C．股东财富最大化　　D．企业价值最大化

8．股东与债权人之间协调的方法有（　　）。

A．限制性借款　　B．收回借款不再借款

C．寻求立法保护　　D．监督和激励

9．金融市场按交易的期限，分为（　　）和（　　）。

A．货币市场　　B．资金市场　　C．资本市场　　D．外汇市场

10．下列有关货币市场的表述正确的有（　　）。

A．货币市场是指期限在 1 年以上的金融资产交易市场

B．货币市场是短期金融工具交易的市场，交易的证券期限不超过 1 年

C．货币市场的主要功能是保持金融资产的流动性

D．货币市场要求的报酬率较高，其风险也较大

11．下列关于金融工具分类的表述中正确的有（　　）。

A．固定收益证券的收益与发行人的财务状况相关程度低

B．权益证券的收益与发行人的财务状况相关程度高

C．认股权证属于权益证券

D．优先股属于衍生证券

12．财务控制的常用方式有（　　）。

A．制度控制　　B．事前控制　　C．预算控制　　D．过程控制

13．与企业财务管理直接相关的金融市场主要包括（　　）。

A．外汇市场　　B．黄金市场　　C．资本市场　　D．货币市场

14．有关纯利率的论述正确的有（　　）。

A．它是无通货膨胀、无风险情况下的平均利率

B．国库券的利率可视为纯利率

C．利率的最高限不能超过平均利润率

D．纯利率的高低，受平均利润率、资金供求关系和国家调节的影响

15．下列各项因素中，能够影响无风险报酬率的有（　　）。

A．平均资金利润率　　B．资金供求关系

C．国家宏观调控　　D．预期通货膨胀率

16．为确保企业财务目标的实现，下列各项中可用于协调所有者与经营者矛盾的措施有（　　）。

A．所有者解聘经营者

B．所有者向企业派遣财务总监

C．所有者向企业派遣审计人员

D．所有者给经营者“股票选择权”

17．股东通过经营者伤害债权人利益的常用方式有（　　）。

A．不经债权人的同意，投资比债权人预期风险要高的项目

B．不顾工人的健康和利益

C．不征得债权人同意而发行新债

D．不尽最大努力去实现财务管理目标

18．金融市场上资金的买卖价格由（　　）组成。

A．纯利率　　B．通货膨胀补偿率

C．风险补偿率　　D．平均资金利润率

19．关于风险-报酬权衡原则，下列说法正确的有（　　）。

A．投资者必须对风险和报酬做出权衡

B．投资者为追求较高的报酬需承担较大的风险

C．投资者为降低风险需接受较低的报酬

D．在风险相同时，人们一般会选择报酬较高的投资机会

20．如果资本市场是完全有效的，下列表述中正确的有（　　）。

A．股价可以综合反映公司的业绩

B．运用会计方法改善公司业绩可以提高股价

C．公司的财务决策会影响股价的波动

D．投资者只能获得与投资风险相称的报酬

三、判断题

1．企业价值最大化是现代企业财务管理的最优目标。（　　）

2．利润最大化目标考虑了众多相关利益主体间的不同利益。（　　）

3．每次发行国库券的利率都会随着预期的通货膨胀率的变化而变化。（　　）

4．如果企业面临的风险较大，那么企业价值就一定会下降。（　　）

5．财务管理者应当精通税法，努力做好税收筹划工作，以寻求节税利益最大化。（　　）

6．如果两个投资机会的风险相同而报酬不同，人们会选择报酬高的投资机会，这是由风险-报酬权衡原则所决定的。（　　）

7. 企业应当根据有关法律、法规要求和自身的经营特点设计企业内部财务制度。（　）

8. 企业不可以利用金融市场来调整资本结构。（　）

9. 金融市场通过股票行情的变动为企业理财提供有用的信息。（　）

10. 企业价值最大化是财务管理原则之一。（　）

11. 由于未来金融市场的利率难以准确地预测，因此，财务管理人员不得不合理搭配长短期资金来源，以使企业适应任何利率环境。（　）

12. 盈利企业给股东创造了价值，而亏损企业摧毁了股东财富。（　）

13. 财务管理环境包括法律环境、金融市场环境、利率环境和经济环境。（　）

14. 直接投资是指把资金投放于金融性资产，以便获取股利或利息收入的投资，又称证券投资。（　）

15. 企业可以不受任何条件的约束自主进行筹资、投资和收益分配活动。（　）

16. 某项投资的到期日越长，投资者受不确定性因素的影响就大，因此其承担的流动性风险就越大。（　）

17. 财务管理的主要内容涉及投资决策、筹资决策和收益分配决策三项，不涉及成本方面的问题。（　）

18. 税收的缴纳会增加企业的现金流出量，但不影响企业利润。（　）

19. 当再投资风险小于利率风险时，也可能出现短期利率高于长期利率的现象。（　）

20. 股东财富最大化目标克服了利润最大化目标没有考虑货币时间价值和风险价值的缺陷。（　）

四、综合题

1. 试分析比较利润最大化、股东财富最大化和企业价值最大化目标。

2. 分析企业财务管理所处的宏观环境，谈谈财务管理者应如何运用宏观环境创造企业价值。

五、案例分析题

宏伟公司的财务管理目标案例

1. 资料

宏伟公司是一家从事 IT 产品开发的企业。由三位志同道合的朋友共同出资 100 万元，三人平分股权比例创立。企业发展初期，创始股东都以企业的长远发展为目标，关注企业的持续增长能力，所以，他们注重加大研发投入，不断开发新产品，这些措施有力地提高了企业的竞争力，使企业实现了营业收入的高速增长。在开始的几年间，销售业绩以每年 60% 的速度提升。然而，随着利润的不断快速增长，三位创始股东开始在收益分配上产生了分歧。股东王力、张伟倾向于分红，而股东赵勇（任总经理）则认为应将企业取得的利益用于扩大再生产，以提高企业的持续发展能力，实现长远利益的最大化。由此产生的矛盾不断升级，最终导致坚持企业长期发展的赵勇被迫出让持有的 1/3

股份而离开企业。但是，此结果引起了与企业有密切联系的广大供应商和分销商的不满，因为他们许多人的业务发展壮大都与宏伟公司密切相关，他们深信宏伟公司的持续增长将为他们带来更多的机会。于是，他们威胁企业如果赵勇离开，他们将断绝与企业的业务往来。面对这一情况，其他两位股东提出他们可以离开，条件是赵勇必须收购他们的股份。赵勇的长期发展战略需要较多投资，这样做将导致企业陷入没有资金维持生产的境地。这时，众多供应商和分销商伸出了援助之手，他们或者主动延长应收账款的期限，或者预付货款，最终赵勇又重新回到了企业，成为公司的掌门人。经历了股权变更的风波后，宏伟公司在赵勇的领导下，不断加大投入，实现了企业规模化发展，在同行业中处于领先地位，企业的竞争力和价值不断提升。

2. 分析要求

（1）赵勇坚持企业长远发展，而其他股东要求更多的分红，你认为赵勇的目标是否与股东财富最大化的目标相矛盾？

（2）拥有控制权的大股东与供应商和分销商等利益相关者之间的利益是否矛盾，如何协调？

（3）像宏伟这样的公司，其所有权与经营权是合二为一的，这对企业的发展有什么利弊？

（4）重要利益相关者能否对企业的控制权产生影响？

*参考答案

一、单项选择题

1. A 2. D 3. A 4. C 5. C 6. A 7. C 8. B 9. C 10. C 11. C 12. B 13. A 14. D 15. C 16. A 17. A 18. B

二、多项选择题

1. ABCD 2. ABC 3. ABD 4. CD 5. ABC 6. BC 7. ACD 8. ABC 9. AC 10. BC 11. AB 12. AC 13. CD 14. ACD 15. ABC 16. ABCD 17. AC 18. ABC 19. ABC 20. ACD

三、判断题

1. √ 2. × 3. × 4. × 5. √ 6. × 7. √ 8. × 9. × 10. × 11. √ 12. × 13. √ 14. × 15. × 16. × 17. × 18. × 19. × 20. √

四、综合题

1.（1）解释理财目标三种观点的含义。利润最大化目标，是指通过对企业财务活动的管理，不断增加企业利润，使利润达到最大。利润最大化目标有两种具体形式，即利润额最大化和资本利润率或每股利润最大化。股东财富最大化是指通过财务上的合理经营，为股东带来最多的财富。企业价值最大化是指通过财务上的合理经营，使企业的市场价值达到最大。

（2）比较利润最大化目标与股东财富最大化目标。从利润最大化向股东财富最大化的转变是财务管理目标理论的一次飞跃。它们的区别主要是利润是会计收益的体现，而股东财富是股东价值的体现。因此，利润最大化目标未能有效地考虑风险问题。这可能会导致企业不顾风险的大小去追求最大的利润，致使企业财务决策具有短期行为的倾向。而股东财富最大化目标考虑了风险因素，因为风险的高低会对股票价格产生重要影响。它在一定程度上有利于克服企业在追求利润上的短期行为。因为不仅目前的利润会影响股票价格，预期未来的利润对企业股票价格也会产生重要影响。它们的联系主要体现在：追求利润最大化有利于股东财富最大化目标的实现。

（3）比较股东财富最大化与企业价值最大化。从股东财富最大化向企业价值最大化的转变是财务管理目标理论的又一次飞跃。它们的主要区别是股东财富最大化考虑的利益主体是股东，未能考虑与企业利益相关的其他利益主体的利益，而企业价值最大化不仅考虑了股东的利益，而且考虑了其他相关利益主体的利益，它是股东价值、社会价值、顾客价值、员工价值的集合。它们的联系主要体现在：在实现企业价值最大化目标的同时，也实现了股东财富的最大化。

2.（1）正确理解财务管理宏观环境及其特点。理财的宏观环境是指影响企业财务活动的各种宏观因素，如政治因素、经济因素、法律因素、金融市场等。宏观环境是作为企业外部的、影响企业财务活动的客观条件而存在的，是企业财务决策难以改变的外部约束条件，企业财务决策更多的是适应它们的要求和变化。但财务管理者可以通过有效地利用宏观环境为创造企业价值服务。

（2）财务管理宏观环境的内容及其在财务管理中的运用。财务管理的宏观环境涉及的范围很广，其中最重要的是法律环境、金融市场环境和经济环境。

法律环境是指企业与外部发生经济关系时应遵守的各种法律、法规和规章。这些法律规范主要包括企业组织法规、税收法规、证券法规和财务法规。企业的理财活动，无论是筹资、投资还是收益分配，都要和企业外部发生经济关系。在处理这些经济关系时，应当遵守有关的法律规范。同时也可运用这些法律规范保护自身的合法权益，还可以用其创造企业价值。例如，正确运用税收法规进行筹资决策、投资决策和收益分配决策。精通税法，对财务管理者具有重要的意义。财务管理者应当知法、守法、用法，切实做好税收筹划工作，以寻求节税利益的最大化。

金融市场是实现货币借贷和资本融通、办理各种票据及有价证券交易活动的场所。金融市场按交易的对象，可划分为资本市场、外汇市场和黄金市场。其中，与财务管理直接相关的市场主要是指资本市场。财务管理者可以利用资本市场进行筹资和投资活动，通过资本市场来调节企业资本结构，利用金融市场反映的利率变动信息做出有效的筹资决策和投资决策。

经济环境是指企业进行财务活动的宏观经济状况，包括经济发展状况、通货膨胀、利息率波动情况和政府的经济政策等。财务管理者可以根据宏观经济发展的速度和波动情况安排企业筹资与投资规模，利用政府的经济政策来调整筹资规模和投资方针，考虑通货膨胀和利率变动趋势来安排各种理财方针。

五、案例分析题

1. 从赵勇对企业收益分配的思路上看其倾向于对企业加大投资，减少并延缓了创始人股东所获得的现实收益。从当时宏伟公司的股权结构及其股权转让风波来看，总经理赵勇坚持对企业的生产能力的投入以及对供应商与分销商的关系处理只能被视为个人自发行为。就宏伟公司的本身所有权结构状况看，能否把企业价值最大化作为长期的财务目标还缺乏比较明确的制度性条件。

2. 这个问题又可以根据控制性大股东之间是否是实际意义上的一致行动人而有所不同：一种情形是大股东之间构成了实际意义上的一致行动人，即假设宏伟公司的三个创始人股东在公司收益分配上的意见基本一致，那么，大股东们的决策无论是加大对主营业务的投资，还是对股东进行分配，小股东和其他利益相关者此时只能是被动地接受大股东们对公司资源的决策结果。另一种情形是控制性大股东在公司收益分配上的意见存在明显的分歧，即像宏伟公司的三个创始人股东一样。此时，公司决策的结果取决于控制性大股东之间的力量对比。在宏伟公司的三个创始人股东之间的股权变更事件中，一开始总经理赵勇的退出就是这种无奈的选择结果。因此，控制性大股东与供应商和客户等利益相关者之间的利益关系还很难实现制度化约束。换句话说，重新掌管宏伟公司的赵勇，成为唯一的大股东，能否一如既往地处理好与供应商及客户的利益关系完全取决于其个人态度。

3. 在宏伟公司这样的民营企业中，控制性大股东的所有权与经营权可以认为是合一的，创始人股东是实际控制人，拥有对企业资源的支配权。因此在这类企业中，"人治"的特点极为明显，供应商与客户们之所以拥护赵勇再度掌管企业，是因为他们意识到宏伟公司能否持续发展也关系到其自身的持续发展，而宏伟公司只有在赵勇掌控下才会使他们确信能够顺利合作。赵勇在两个方面取得了供应商与客户的信任：一方面是坚持加大对企业的投入，努力实现可持续发展；另一方面是恪守对供应商与客户的承诺。赵勇坚持加大对企业的投入，实现企业快速增长，实则是把企业这个"饼"做大。这样，不仅可以实现股东利益最大化，供应商与客户等利益相关者的利益也可以得到更大程度上的满足。显然，赵勇对企业更多的是从长期目标上考虑，这一长期目标可以被认为是兼顾了供应商与客户长远利益的企业价值最大化，恰恰在这一点上，另外两个创始人股东与总经理赵勇之间在认识上的分歧越来越大。因此，在所有权与经营权无法分离的情况下，供应商与客户只能选择既能控制与管理公司又能兼顾他们利益的人来掌管宏伟公司。

4. 在宏伟公司的三个控制性大股东中形成两派意见，按照股权比例，总经理赵勇处于少数地位，另外两个股东联合起来形成了最终控制权。此时，大量供应商与客户的介入，形成了对赵勇的有力支持，才使事情有了转机。虽然供应商与客户并没有公司的在权益资本意义上的所有权，但他们与宏伟公司的关系在很大程度上影响了对企业资源的支配能力，从而决定了企业的发展能力，能够对宏伟公司产生重要影响。反过来，赵勇虽然在权益资本的比例上只占 1/3，在获得了供应商与客户的大力支持后，事实上对企业资源的支配与控制能力却超过了另外两位创始人股东。

第二章

风险与收益

【本章学习目标】

正确理解风险与收益的概念及关系、系统风险与 β 系数的含义、资本资产定价模型（capital asset pricing model，CAPM）；熟练掌握单项资产风险与收益的计算、投资组合风险与收益的计算。

*知 识 要 点

第一节　风险与收益的关系

一、风险

（一）风险的含义

风险是预期结果的不确定性，不仅包括负面效应的不确定性（即危险），还包括正面效应的不确定性（即机会）。具体来说，风险是指在一定条件下和一定时期内可能发生的各种实际结果偏离预期结果的程度。

风险是事件本身的不确定性，具有客观性。

（二）风险的分类

（1）从个别理财主体的角度看，风险可分为市场风险和企业特有风险两类。

（2）从风险来源角度来看，可将企业特有风险进一步分为经营风险和财务风险两大类。

理财主体角度	市场风险	企业特有风险
风险来源角度	经营风险	财务风险

二、风险收益

（一）风险收益的含义

风险收益是指投资者由于冒风险进行投资而获得的超过资金时间价值的额外收益。一般来说，风险收益的大小取决于投资的风险，风险越大要求的必要报酬率越高。

（二）风险收益的表现形式

风险收益有两种表示方法，即风险收益额和风险收益率。风险收益额是指投资者因冒风险进行投资而获得的超过货币时间价值的那部分额外收益；风险收益率是指投资者因冒风险进行投资而获得的超过货币时间价值率的那部分额外收益率，即风险收益额与原投资额的比率。

期望投资收益=货币时间价值（或无风险收益）+风险价值（风险收益）

三、单项资产风险与收益

单项资产风险与收益是假设投资者仅持有一项资产的情况下所面临的风险与投资收益。风险与收益的计算及意义表示见下表。

概念		计算公式	意义
概率		P_i	反映事件的某种结果可能发生的机会
期望值		$\overline{K}=\sum_{i=1}^{n}\left(K_i\cdot P_i\right)$	反映随机变量的各个取值，以相应的概率为权数计算的加权平均值
离散程度	方差	$\delta^2=\sum_{i=1}^{n}\left(K_i-\overline{K}\right)^2\times P_i$	反映随机变量与期望值之间离散程度
	标准差	$\delta=\sqrt{\sum_{i=1}^{n}(K_i-\overline{K})^2\cdot P}$	反映各种随机变量值和期望值的综合偏离程度
	标准离差率	$V=\dfrac{\delta}{\overline{K}}$	反映期望收益率不同的投资项目的风险程度相对数指标
风险收益	风险收益额	$P_R=C\cdot R_R$	投资可以获得的风险收益额
	风险收益率	$R_R=b\cdot V$	反映由投资者承担风险而额外要求的风险补偿率

其中，P_i表示第 i 种可能结果出现的概率；$\overline{K}$ 表示期望收益率；K_i表示第 i 种可能结果的收益率；n 表示可能结果的个数；V 表示标准离差率；P_R表示投资风险收益额；C 表示投资额；R_R表示投资的风险收益率；b 表示风险价值系数。

四、投资组合的风险和收益

将不同的投资结合在一起构成的总投资，称为投资组合。

（一）投资组合的期望收益率

概念	计算公式	意义
投资组合的期望收益率	$\bar{K}=\sum_{i=1}^{n}\left(\bar{K}_i\cdot X_i\right)$	投资组合中各投资项目的期望收益率的加权平均数

其中，$\overline{K_i}$表示第i项资产的期望收益率；X_i表示投资第i项资产的资金占总投资额的比例；n表示投资组合中不同投资项目的总数。

（二）两种资产投资组合的风险

一个投资组合的标准差并不是像期望值那样，可以根据两个单独标准差的简单加权平均数计算出来，而需要考虑投资组合中的相互影响，即证券组合的风险不仅取决于组合内各证券的风险，还取决于各个证券之间的关系。

概念		计算公式	意义
协方差		$\mathrm{Cov}\left(K_A,K_B\right)=\sum_{i=1}^{n}\left(K_{Ai}-\bar{K}_A\right)\left(K_{Bi}-\bar{K}_B\right)\cdot P_i$ 或 $\mathrm{Cov}\left(K_A,K_B\right)=\rho_{AB}\delta_A\delta_B$	用于测量资产组合中某一资产相对于另一资产的风险
相关系数		$\rho_{AB}=\dfrac{\mathrm{Cov}\left(K_A,K_B\right)}{\delta_A\delta_B}$	反映两变量之间线性相关关系的密切程度，大多数变量的相关系数在-1和1之间
投资组合总风险	组合的方差	$\delta^2=\left(X_1\delta_A\right)^2+2X_1X_2\mathrm{Cov}\left(K_A,K_B\right)+\left(X_2\delta_B\right)^2$	反映变量的离散程度，投资组合的总风险
	组合的标准差	$\delta=\sqrt{X_1^2\delta_A^2+2X_1X_2\rho_{AB}\delta_A\delta_B+X_2^2\delta_B^2}$	

其中，$\mathrm{Cov}\left(K_A,K_B\right)$表示投资两种资产收益率的协方差；$K_{Ai}$表示第$i$种经济状况下投资第一种资产的投资收益率；$\bar{K}_A$表示投资第一种资产的期望投资收益率；$K_{Bi}$表示第$i$种经济状况下投资第二种资产的投资收益率；$\bar{K}_B$表示投资第二种资产的期望投资收益率；$\rho_{AB}$表示第一种投资项目收益率和第二种投资项目收益率之间的相关系数；δ_A和δ_B分别表示投资第一种资产和投资第二种资产的投资收益率的标准离差。

相关系数与投资组合的总风险之间的关系列表如下。

ρ_{12}的取值范围	投资项目组合的标准离差δ的计算公式	两项资产收益率的变化关系	对风险的抵消情况
$\rho_{12}=1$	$X_1\delta_1+X_2\delta_2$	变化方向与幅度完全相同	不能抵消任何投资风险
$\rho_{12}=-1$	$X_1\delta_1-X_2\delta_2$	变化方向与幅度完全相反	风险的抵消程度最大
$\rho_{12}=0$	$\sqrt{\left(X_1\delta_1\right)^2+\left(X_2\delta_2\right)^2}$	单项资产收益率之间互不相关	可分散的投资风险的效果比正相关时要大，比负相关时要小
$0<\rho_{12}<1$	$\delta=\sqrt{X_1^2\delta_1^2+2X_1X_2\rho_{12}\delta_1\delta_2+X_2^2\delta_2^2}$	正相关关系	正相关程度越低，其组合可分散风险的效果越大
$-1<\rho_{12}<0$		负相关关系	负相关程度越低（绝对值越低），组合可分散风险的效果就越小

（三）多项资产构成的投资组合的风险

对于两种以上的资产构成的投资组合，以上原理同样适用。

假定投资组合由 n 种证券构成，其中每种证券的风险为 $\delta_i^2(i=1,2,\cdots,n)$，证券 K_i 和 K_j 之间的协方差为 $\mathrm{Cov}(K_i,K_j)$。如果每种证券的投资比例为 $X_i(i=1,2,\cdots,n)$，那么，投资组合的风险可表示为

$$\delta^2=\sum_{i=1}^{n}X_i^2\delta_i^2+\sum_{i=1}^{n}\sum_{\substack{j=1\\ j\neq i}}^{n}X_iX_j\mathrm{Cov}(K_i,K_j)$$

其中，第一项为各单项资产的方差权重之和，反映了每一项资产各自的收益变化状况，为非系统风险；第二项为资产间的协方差之和，反映了各项资产之间收益变化的相关关系和共同运动，为系统风险。

认识和理解非系统风险与系统风险的区别是非常重要的。对投资者来说，可以通过多样化投资和增加投资项目来分散与减少投资风险，但所能消除的只是非系统风险，并不能消除系统风险。

第二节 资本资产定价模型

一、资本资产定价模型的基础变量：β 系数

（一）单项资产的 β 系数

概念	计算公式	意义
单项资产的 β 系数	$\beta=\frac{\mathrm{Cov}(R_i,R_m)}{\sigma_m^2}=\frac{\rho_{im}\sigma_i\sigma_m}{\sigma_m^2}=\rho_{im}\left(\frac{\sigma_i}{\sigma_m}\right)$	单项资产收益率与市场上全部资产的平均收益率之间的变动关系

其中，$\mathrm{Cov}(R_i,R_m)$ 表示单项资产 i 与市场资产组合的协方差（表示该资产对系统风险的影响），等于该资产的标准差、市场组合的标准差及两者相关系数的乘积；σ_m^2 表示全部资产作为一个市场资产组合时的方差（即该市场的系统风险）。

单项资产风险收益与市场风险收益的关系见下表。

单项资产的 β 系数	收益率比较	风险比较
β=1	该单项资产的收益率与市场平均收益率呈相同比例的变化	其风险情况与市场组合的风险情况一致
β>1	该单项资产的收益率变化比例大于市场平均收益率的变化比例	该单项资产的风险大于整个市场投资组合的风险
β<1	该单项资产的收益率变化比例小于市场平均收益率的变化比例	该单项资产的风险小于整个市场投资组合的风险

（二）投资组合的 β 系数

概念	计算公式	意义
投资组合的 β 系数	$\beta_P=\sum_{i=1}^{n}X_i\beta_i$	所有单项资产 β 系数的加权平均数

其中，β_P 表示投资组合的 β 系数；X_i 表示第 i 种资产在投资组合中所占的比重；β_i

表示第 i 种资产的 β 系数。

（三）β 系数计算方法

β 系数的计算方法有两种，即回归直线法和定义法。

方法名称	具体方法
回归直线法	根据数理统计的线性回归原理，β 系数均可以通过同一时期内的资产收益率和市场组合收益率的历史数据，使用线性回归方程预测出来
定义法	根据证券与股票指数收益率的相关系数、股票指数的标准差和股票收益率的标准差直接计算

二、资本资产定价模型的基本假设与内容

（一）资本资产定价模型的基本假设

（1）所有投资者均追求单期财富的期望效用最大化，并以各备选组合的期望收益和标准差为基础进行组合选择。

（2）所有投资者均可以无风险利率无限制地借入或贷出资金，并且在任何资产上都没有卖空限制。

（3）所有投资者拥有同样期望和相同的持有期，即对所有资产收益的均值、方差和协方差等，投资者均有完全相同的主观估计，并且他们的预期都是建立在一个共同的持有期之上的。

（4）所有资产均可被完全细分，拥有充分的流动性且没有交易成本。

（5）没有税收。

（6）所有投资者均为价格接受者，即任何一个投资者的买卖行为都不会对股票价格产生影响。

（7）所有资产的数量是给定的和固定不变的。

（二）资本资产定价模型的基本表达式

$$K_i = R_f + \beta_i\left(R_m - R_f\right)$$

其中，K_i 表示第 i 种资产或第 i 种投资组合的必要收益率；R_f 表示无风险收益率；β_i 表示第 i 种资产或第 i 种投资组合的 β 系数；R_m 表示市场组合的平均收益率；（$R_m - R_f$）表示市场风险溢价。

三、证券市场线

证券市场线（security market line，SML）描述证券风险与收益之间的关系，大体如下图所示。

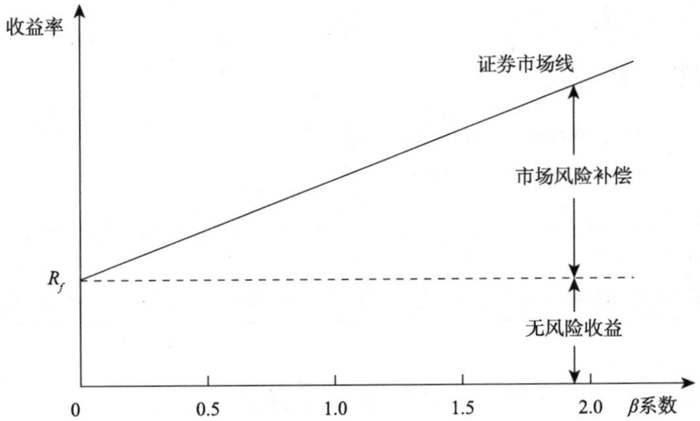

证券市场线的含义主要如下：

（1）纵轴为要求的收益率，横轴则是以 β 系数表示的风险。

（2）无风险证券的 β=0，故 R_f 成为证券市场线纵轴的截距。

（3）证券市场线的斜率表示经济系统中风险厌恶感的程度。一般来说，投资者对风险的厌恶感越强，证券市场线的斜率就越大，对风险资产所要求的风险补偿越大，对风险资产的要求收益率越高。

（4）当个别资产 β 系数小于（大于或等于）1 时，表明其系统风险较小（较大或与市场风险相同），其风险收益率低于（高于或等于）市场风险收益率。

四、资本资产定价模型在投资组合分析中的应用

应用	计算公式	公式说明
投资组合风险收益率的计算	$K_P=\beta_P(R_m-R_f)$	其中，（R_m-R_f）表示市场风险溢价。在其他因素不变的情况下，投资组合的风险收益率与其 β 系数成正比，β 系数越大，投资组合风险收益率就越大；反之亦然
投资组合 β 系数的推算	$\beta_P=\dfrac{K_P}{R_m-R_f}$	根据上述投资组合风险收益率的计算公式推导得出

五、资本资产定价模型的有效性和局限性

资本资产定价模型的最大贡献在于，它提供了对风险和收益之间关系的一种实质性表述，资本资产定价模型首次将“高收益伴随高风险”这样一种直观认识，用简单的公式表达出来。到目前为止，资本资产定价模型是对现实中风险与收益关系最贴切的表述。

尽管资本资产定价模型已经得到广泛认可，但是实际运用中，仍然存在着一些局限性，主要表现在以下几个方面：

（1）某些资产或企业的 β 系数难以估计，特别是一些缺乏历史数据的新兴行业；

（2）由于经济环境的不确定性和不断变化，依据历史数据估算出来的 β 系数对未来的指导作用必然要打折扣；

（3）资本资产定价模型是建立在一系列假设之上的，其中一些假设与实际情况有较

大的偏差，使得资本资产定价模型的有效性受到质疑。

*练 习 题

一、单项选择题

1. 已知甲方案投资收益率的期望值为15%，乙方案的投资收益率的期望值为12%，两个方案都存在投资风险。比较甲、乙两个投资方案应该采用的指标是（　　）。

A．方差　　B．净现值

C．标准离差　　D．标准离差率

2. 下列关于两种证券组合的机会集曲线的说法中，正确的是（　　）。

A．曲线上报酬率最小点是最小方差组合点

B．两种证券报酬率的标准差越接近，曲线弯曲程度越小

C．两种证券报酬率的相关系数越大，曲线弯曲程度越小

D．曲线上的点均为有效组合

3. 证券市场线可以用来描述市场均衡条件下单项资产或资产组合的期望收益与风险之间的关系。当投资者的风险厌恶感普遍减弱时，会导致证券市场线（　　）。

A．向上平行移动　　B．向下平行移动

C．斜率上升　　D．斜率下降

4. 下列各项中，不能衡量证券投资收益水平的是（　　）。

A．持有期收益率　　B．到期收益率

C．息票收益率　　D．标准离差率

5. 下列关于投资组合的说法中，错误的是（　　）。

A．有效投资组合的期望收益与风险之间的关系，既可以用资本市场线描述，也可以用证券市场线描述

B．用证券市场线描述投资组合（无论是否有效地分散风险）的期望收益与风险之间关系的前提条件是市场处于均衡状态

C．当投资组合只有两种证券时，该组合收益率的标准差等于这两种证券收益率标准差的加权平均值

D．当投资组合包含所有证券时，该组合收益率的标准差主要取决于证券收益率之间的协方差

6. 通货膨胀导致的风险属于（　　）。

A．财务风险　　B．经营风险

C．不可分散风险　　D．可分散风险

7. 某种股票的期望收益率为10%，其标准离差为0.04，风险价值系数为30%，则该股票的风险收益率为（　　）。

A．40%　　B．12%

C．6%　　D．3%

8．下列事项中，能够改变特定企业非系统风险的是（　　）。

A．竞争对手被外资企业并购　　B．加入世界贸易组织

C．汇率波动　　D．货币政策变化

9．某企业拟进行一项存在一定风险的完整工业项目投资，有甲、乙两个方案可供选择：已知甲方案净现值的期望值为 1 000 万元，标准差为 300 万元；乙方案净现值的期望值为 1 200 万元，标准差为 330 万元。下列结论中正确的是（　　）。

A．甲方案优于乙方案

B．甲方案的风险大于乙方案

C．甲方案的风险小于乙方案

D．无法评价甲、乙方案的风险大小

10．已知 A 证券报酬率的标准差为 0.2，B 证券报酬率的标准差为 0.5，A、B 之间报酬率的协方差是 0.06。则 A、B 之间报酬率的相关系数为（　　）。

A．0.1　　B．0.2

C．0.25　　D．0.6

11．下列各项中，属于证券投资系统性风险的是（　　）。

A．利息率风险　　B．违约风险

C．破产风险　　D．流动性风险

12．下列有关证券市场线的表述正确的是（　　）。

A．证券市场线的斜率表示了系统风险程度

B．证券市场线的斜率测度的是证券或证券组合每单位系统风险的超额收益

C．证券市场线的纵轴表示风险

D．反映了每单位整体风险的超额收益

13．下列有关 β 系数的表述不正确的是（　　）。

A．在运用资本资产定价模型时，某资产的 β 系数小于 0，说明该资产风险小于市场平均风险

B．在证券的市场组合中，所有证券的 β 系数加权平均数等于 1

C．某股票的 β 值反映该股票报酬率变动与整个股票市场报酬率变动之间的相关程度

D．投资组合的 β 系数是加权平均的 β 系数

14．预计通货膨胀率提高时，对资本市场线的有关表述正确的是（　　）。

A．无风险利率会随之提高，进而导致资本市场线向上平移

B．风险厌恶感加强，会提高资本市场线的斜率

C．风险厌恶感加强，会使资本市场线的斜率下降

D．对资本市场线的截距没有影响

15．下列有关风险的表述中正确的是（　　）。

A．采用多元经营控制风险的唯一前提是所经营的各种商品的利润率存在负相关关系

B．资产的风险报酬率是该项资产的 β 值和市场风险溢价率的乘积，而市场风险溢价率是市场投资组合必要报酬率与无风险报酬率之差

C．当代证券组合理论认为不同股票的投资组合可以降低风险，股票的种类越多，

风险越小，包括全部股票的投资组合风险为 0

D．预计通货膨胀率提高时，无风险利率会随之提高，进而导致资本市场线向下平移

16．某企业面临甲、乙两个投资项目，经衡量，它们的期望报酬率相等，甲项目的标准差小于乙项目的标准差。对甲、乙项目可以做出的判断为（　　）。

A．甲项目取得更高报酬和出现更大亏损的可能性均大于乙项目

B．甲项目取得更高报酬和出现更大亏损的可能性均小于乙项目

C．甲项目实际取得的报酬会高于其期望报酬

D．乙项目实际取得的报酬会低于其期望报酬

17．如果 A、B 两种证券的相关系数等于 1，A 的标准差为 18%，B 的标准差为 10%。若将 100 万元投资 A 证券 40 万元，投资 B 证券 60 万元，则该证券组合的标准差等于（　　）。

A．28%　　B．13.2%　　C．8%　　D．18%

18．已知某风险组合的期望报酬率和标准差分别为 15%和 20%，无风险报酬率为 8%，假设某投资者可以按无风险利率取得资金，将其自有资金 200 万元和借入资金 50 万元均投资于风险组合，则投资人总期望报酬率和总标准差分别为（　　）。

A．16.75%和 25%　　B．12.75%和 25%

C．16.75%和 12.5%　　D．13.65%和 25%

19．以下关于证券投资组合理论的表述中，正确的是（　　）。

A．证券投资组合能消除大部分系统风险

B．证券投资组合的总规模越大，承担的风险越大

C．最小方差组合是所有组合中风险最小的组合，所以报酬最大

D．一般情况下，随着更多的证券加入投资组合中，整体风险降低的速度会越来越慢

20．证券 A 的期望收益率为 11%，β 值为 1.5。无风险收益率为 5%，市场期望收益率为 9%。根据资本资产定价模型，这个证券（　　）。

A．被低估　　B．被高估

C．公平定价　　D．无法判断

二、多项选择题

1．下列关于 β 系数的表述中正确的有（　　）。

A．β 系数越大，说明系统风险越大

B．某股票的 β 系数等于 1，则它的系统风险与整个市场的平均风险相同

C．某股票的 β 系数等于 2，则它的系统风险程度是股票市场平均风险的两倍

D．某股票的 β 系数等于 0.5，则它的系统风险程度是股票市场平均风险的一半

2．下列因素中，影响资本市场线中市场均衡点位置的有（　　）。

A．无风险利率　　B．风险组合的期望报酬率

C．风险组合的标准差　　D．投资者个人的风险偏好

3．β 系数和标准差都能衡量投资组合的风险。下列关于投资组合的 β 系数和标准差的表述中，正确的有（　　）。

A. 标准差度量的是投资组合的非系统风险

B. 投资组合的 β 系数等于被组合各证券 β 系数的算术加权平均值

C. 投资组合的标准差等于被组合各证券标准差的算术加权平均值

D. β 系数度量的是投资组合的系统风险

4. 下列项目中，属于转移风险对策的有（　　）。

A. 进行准确的预测　　B. 向保险公司投保

C. 租赁经营　　D. 业务外包

5. 下列关于资本资产定价模型 β 系数的表述中，正确的有（　　）。

A. β 系数可以为负数

B. β 系数是影响证券收益的唯一因素

C. 投资组合的 β 系数一定会比组合中任一单只证券的 β 系数低

D. β 系数反映的是证券的系统风险

6. 下列有关证券组合投资风险的表述中，正确的有（　　）。

A. 证券组合的风险不仅与组合中每个证券的报酬率标准差有关，而且与各证券之间报酬率的协方差有关

B. 持有多种彼此不完全正相关的证券可以降低风险

C. 资本市场线反映了持有不同比例无风险资产和市场组合情况下风险与报酬的权衡关系

D. 投资机会集曲线描述了不同投资比例组合的风险与报酬之间的权衡关系

7. 假设甲、乙证券收益的相关系数接近于 0，甲证券的期望报酬率为 6%（标准差为 10%），乙证券的期望报酬率为 8%（标准差为 15%），则由甲、乙证券构成的投资组合（　　）。

A. 最低的期望报酬率为 6%　　B. 最高的期望报酬率为 8%

C. 最高的标准差为 15%　　D. 最低的标准差为 10%

8. 财务风险从广义的角度看存在于企业财务活动全过程，包括（　　）。

A. 筹资风险　　B. 投资风险

C. 收益分配风险　　D. 并购风险

9. 投资决策中用来衡量项目风险的，可以是项目的（　　）。

A. 期望报酬率

B. 各种可能的报酬率概率分布的离散程度

C. 期望报酬率的方差

D. 期望报酬率的标准差

10. 下列关于证券市场线的表述中，正确的有（　　）。

A. 在无风险利率不变、风险厌恶感增强的情况下，市场组合的必要报酬率上升

B. 在风险厌恶感不变、预期通货膨胀率上升的情况下，市场组合的必要报酬率上升

C. 在无风险利率不变、风险厌恶感增强的情况下，无风险资产和市场组合的必要报酬率等额上升

D. 在风险厌恶感不变、预期通货膨胀率上升的情况下，无风险资产和市场组合的

必要报酬率等额上升

11．企业不能按期还本付息的风险属于（　　）。

A．财务风险　　B．筹资风险

C．经营风险　　D．非系统风险

12．下列关于 β 值和标准差的表述中，正确的有（　　）。

A．β 值测度系统风险，而标准差测度非系统风险

B．β 值测度系统风险，而标准差测度整体风险

C．β 值测度财务风险，而标准差测度经营风险

D．β 值只反映市场风险，标准差还反映特有风险

13．关于股票或股票组合的 β 系数，下列说法中正确的有（　　）。

A．股票的 β 系数反映个别股票相对于平均风险股票的变动程度

B．股票组合的 β 系数反映股票投资组合相对于平均风险股票的变动程度

C．股票组合的 β 系数是构成组合的个别股票 β 系数的加权平均数

D．股票的 β 系数衡量个别股票的系统风险

14．按照资本资产定价模型，影响特定股票必要报酬率的因素有（　　）。

A．无风险报酬率　　B．平均风险股票的必要报酬率

C．特定股票的 β 系数　　D．特定股票在投资组合中的比重

15．下列有关证券组合风险的表述正确的有（　　）。

A．证券组合的风险不仅与组合中每个证券的报酬率标准差有关，而且与各证券之间报酬率的协方差有关

B．持有多种彼此不完全正相关的证券可以降低风险

C．资本市场线反映了在资本市场上资产组合风险与报酬的权衡关系

D．投资机会集曲线描述了不同投资比例组合的风险与报酬之间的权衡关系，有效边界就是机会集曲线上从最小方差组合点到最低期望报酬率的那段曲线

16．如果组合中包括了全部股票，则投资人（　　）。

A．只承担市场风险　　B．只承担特有风险

C．只承担非系统风险　　D．只承担系统风险

17．下列表述中正确的有（　　）。

A．投资风险的大小是一种客观存在

B．从统计学上可以证明，几种商品的利润率和风险是独立的或不完全相关的，在这种情况下，企业总利润率的风险并不能够因多种经营而减少

C．按照资本资产定价模型，某股票的 β 系数与该股票的必要报酬率呈正相关关系

D．证券报酬率之间的相关性越弱，风险分散化效应就越弱，机会集是一条直线

18．下列哪些不属于风险回避者对待风险的态度（　　）。

A．当预期收益率相同时偏好于具有低风险的资产

B．对于具有同样风险的资产则钟情于具有高预期收益率的资产

C．当预期收益相同时选择风险大的

D．选择资产的唯一标准是预期收益的大小而不管风险状况如何

19．下列说法中不正确的有（　　）。

A．风险越大，投资人获得的投资收益就越高

B．风险越大，意味着损失越大

C．风险是客观存在的，投资人无法选择是否承担风险

D．由于通货膨胀会导致市场利息率变动，企业筹资成本就会加大，所以通货膨胀给企业带来的风险是财务风险，即筹资风险

20．下列表述中不正确的有（　　）。

A．改变投资组合中每一种投资的比重，可能降低其投资风险

B．改变投资组合中每一种投资的比重，可能提高其投资风险

C．如果投资组合与市场组合相同，则只承担系统风险

D．市场组合不承担系统风险

三、判断题

1．风险可能给投资人带来超出预期的收益，也可能带来超出预期的损失。（　　）

2．风险是事先不知道所有可能的结果，或虽然知道可能的结果但是不知道它们出现的概率。（　　）

3．对于多个投资方案而言，无论各方案的期望值是否相同，标准离差率最大的方案一定是风险最大的方案。（　　）

4．风险总是和收益对等，风险越大，期望的收益率可能越高。（　　）

5．标准离差反映风险的大小，可以用来比较各种不同投资方案的风险程度。（　　）

6．收益的标准离差率不等同于投资报酬率，因此二者不存在任何联系。（　　）

7．风险收益率的高低取决于标准离差率的大小和风险价值系数的取值。（　　）

8．概率分布越集中，投资的风险程度越小。（　　）

9．风险只能用标准差和方差来衡量。（　　）

10．投资组合的风险大小，不仅与不同投资的风险大小相关，而且与这些投资之间相互影响、相互联系的方式有关。（　　）

11．标准离差率能反映期望收益率不同的投资项目的风险程度，适用于多方案的分析比较。（　　）

12．风险价值系数可以根据同类投资项目的总投资收益率、无风险收益率、标准离差率等历史资料计算确定。（　　）

13．投资组合的期望收益率就是组成投资组合各投资项目的期望收益率的加权平均数，投资组合的风险也就是组成投资组合的各投资项目的标准差的加权平均数。（　　）

14．协方差的绝对值越大，表示这两种资产投资收益率的关系越疏远。（　　）

15．当相关系数为 1 时，两项资产收益率的变化方向与变化幅度完全相同，会同时上升或下降，可以抵消系统性投资风险。（　　）

16．单项资产的 β 系数可以反映单项资产收益率与市场上全部资产的平均收益率之

间的变动关系。（　　）

17．关于投资方案风险的衡量，预期收益率的概率分布越窄，投资风险越大。（　　）

18．在证券方差给定的情况下，如果两种证券收益之间的相互关系或协方差为正，组合的方差就会下降。（　　）

19．根据资本资产定价模型原理，若投资组合的β值等于1，表明该组合没有风险。（　　）

20．由两种证券构成的投资组合中，投资组合的多元化效应主要表现在只要两种证券的相关系数小于1，组合的标准差就小于这两种证券各自标准差的加权平均数。（　　）

四、计算分析题

1．目的：练习不同投资项目的收益与风险。

资料：某企业有A、B两个投资项目，计划投资额均为1 000万元，其收益（净现值）的概率分布见下表。

市场状况	概率	A项目净现值/万元	B项目净现值/万元
好	0.2	200	300
一般	0.6	100	100
差	0.2	50	–50

要求：

（1）分别计算A、B两个项目净现值的期望值。

（2）分别计算A、B两个项目净现值的标准差。

（3）判断A、B两个项目优势。

2．目的：练习单个投资项目和投资组合的报酬率与标准差。

资料：下表给出了四种不同的经济状况下，成熟股和成长股两项资产相应可能的报酬率及发生的概率，假设对两种股票的投资额相同，且两种股票报酬率之间的相关系数为0.89。

经济状况	出现概率	成熟股/%	成长股/%
差	0.1	–3	2
稳定	0.3	3	4
适度增长	0.4	7	10
繁荣	0.2	10	20

要求：

（1）计算两种股票的期望报酬率。

（2）计算两种股票各自的标准差。

（3）计算两种股票的投资组合报酬率。

（4）计算两种股票的投资组合标准差。

3．目的：练习不同投资项目以及投资组合收益与风险。

资料：假设资本资产定价模型成立，表中的数据是相互关联的。

证券名称	必要报酬率	标准差	与市场组合的相关系数	β 系数
无风险资产	?	?	?	?
市场组合	?	0.1	?	?
A 股票	0.22	?	0.65	1.3
B 股票	0.16	0.15	?	0.9
C 股票	0.31	?	0.2	?

要求：求出表中的“？”位置的数字。（请将结果填写在给定的表格中，并列式出计算过程）

4. 目的：练习资本资产定价模型的变化应用。

资料：A 股票的实际收益率为 20%，B 股票的实际收益率为 10%，且专家认为 B 股票的实际收益率与市场组合的平均收益率相同。

要求：

（1）如果将无风险收益率确定为 5%，计算 A 股票的 β 系数。

（2）如果将 A 股票的 β 系数确定为 2.2，计算无风险收益率 R_f。

五、综合题

1. 资料：假定甲、乙两只股票的有关资料如下表所示。

项目	甲	乙
预期收益率/%	8	10
标准差/%	2	3

证券市场组合的收益率为 12%，证券市场组合的标准差为 0.6%，无风险收益率为 5%。假设资本资产定价模型成立。

要求：

（1）计算甲、乙两只股票收益率的标准离差率。

（2）假定资本资产定价模型成立，计算甲、乙两只股票的 β 值。

（3）投资者将全部资金按照 30%和 70%的比例投资购买甲、乙股票构成投资组合，计算该组合的 β 系数、组合的风险收益率和组合的必要报酬率。

（4）假设甲、乙股票的收益率的相关系数为 1，投资者将全部资金按照 60%和 40%的比例投资购买甲、乙股票进行投资组合，计算该组合的期望报酬率和标准差。（题中 β 值的计算结果均保留四位小数）

2. 假设某人分别处于如下两种不同的决策情景，试分别回答相关问题。

情景 1：某人面临两种选择，可选择直接获得 100 万元，也可选择进行一项投资，该投资可能获得收益 200 万元，也可能为 0，概率各占 50%。

（1）若其选择进行项目投资，则期望收益值为多少？

（2）若其选择直接获取 100 万元，则其是回避风险吗？

情景 2：若某人实际拥有 100 万元，可投资于一年以后能获得 1 075 000 元的国库券，也可购买某公司的普通股票，该股票一年后的价值可能为 2 300 000 元，也可能为 0，概率各占 50%。

（3）股票投资的期望收益值为多少？期望收益率呢？

（4）根据什么选择投资行为？

（5）如果不是购买一种股票，而是100种股票，投资选择是什么？投资者的投资组合会面临怎样的风险与收益？

六、案例分析题

案例一：ABC公司的风险与收益

1. 资料

由于市场环境的快速变化以及日益激烈的行业竞争，2016年ABC公司原有经营业务进入衰退期，市场需求持续萎缩，公司的经营业绩开始出现下滑的迹象。为了分散风险，提高经营安全性，促进公司向前景好的新兴行业转移，ABC公司管理层打算进行多元化经营，拟开发新产品。

ABC公司经过市场调查研究发现，当前市场上净水机、空气净化器等产品的需求空间较大。为适应市场需求，开拓新的市场领域，决定开发以下两种新产品。

（1）净水机。

面对全国范围内日益严重的水污染情况，饮用水的质量令人担忧，人们也越来越关注饮用水的质量。所以开发部认为净水机的市场前景较好，有关预测资料如下。

市场销路	概率/%	预计年利润/万元
好	60	150
一般	20	60
差	20	−10

经过专家测算，该项目的风险系数为0.5。

（2）空气净化器。

中国的环境正在遭受严重的污染，空气质量越来越差，空气中的污染物越来越多，使人们吸入的空气也是不干净的。空气净化器能够吸附、分解或转化各种空气污染物，有效提高空气清洁度。开发部据此提出开空气净化器方案，有关市场预测资料如下。

市场销路	概率/%	预计年利润/万元
好	50	180
一般	20	85
差	30	−25

经过专家测算，该项目的风险系数为0.7。

2. 分析要求

（1）对两个产品开发方案的收益与风险予以计量。

（2）对两个开发方案进行方案评价。

（3）分析产生财务管理风险的原因。

（4）分析风险收益均衡的原理。

案例二：通用公司面临的危机

1. 资料

通用汽车成立于1908年，是全球最大的汽车公司，共拥有266 000名员工。其总部位于美国底特律，迄今在全球35个国家和地区建立了汽车制造业务。旗下包括凯迪拉克、雪弗兰、悍马、五菱等13个品牌，是汽车安全、信息服务方面的世界领导者。

受世界经济危机的影响，该公司于2008年亏损309亿美元，其2008年的总营业收入为1 490亿美元，比上一年降低17.22%。面对信贷紧缩、经济疲软及消费信心下挫的状况，该公司的现金消耗加剧，难以维持巨大的财务要求。10万名本土工人的时薪为70美元/小时，近30万名退休员工及其家属享受着终身退休金和医疗保险；它的Jobs Bank项目供养着8 000多名全薪下岗员工，这些下岗工人和其他工人一样，拿着15万美元/年的工资；它欠下了300多亿美元的医保费用，并且将以每年数十亿美元的速度递增；不断疯涨的石油价格，让通用公司生产的非常耗油的运动型多用轿车（suport utility vehicle，SUV）和卡车的销量冷却下来，而公司又未能尽早研发混合动力型轿车。2009年新任的通用公司首席执行官弗里亨德森表示，公司破产的可能性越来越大。

2. 分析要求

（1）什么是财务风险？影响财务风险的因素主要有哪些？

（2）什么是经营风险？影响经营财务风险的因素主要有哪些？

（3）什么是系统风险与非系统风险？

（4）通用公司濒临破产主要是何种风险造成的？哪些具体原因导致公司面临破产境地？

（5）查阅2010年以后通用公司相关资料，了解通用公司危机的应对措施及后果。

*参考答案

一、单项选择题

1. D 2. C 3. D 4. D 5. C 6. C 7. B 8. A 9. B 10. D 11. A 12. B 13. A 14. A 15. B 16. B 17. B 18. A 19. D 20. C

二、多项选择题

1. ABCD 2. ABC 3. BD 4. BCD 5. AD 6. ABCD 7. ABC 8. ABCD 9. BCD 10. ABD 11. ABD 12. BD 13. ABCD 14. ABC 15. ABC 16. AD 17. AC 18. CD 19. ABCD 20. ABD

三、判断题

1. √ 2. × 3. √ 4. √ 5. × 6. × 7. √ 8. √ 9. × 10. √ 11. √ 12. √ 13. × 14. × 15. × 16. √ 17. × 18. × 19. × 20. √

四、计算分析题

1.（1）计算两个项目净现值的期望值

A 项目：200×0.2+100×0.6+50×0.2=110（万元）

B 项目：300×0.2+100×0.6+（–50）×0.2=110（万元）

（2）计算两个项目净现值的标准差

A 项目：$\sqrt{(200-110)^2\times0.2+(100-110)^2\times0.6+(50-110)^2\times0.2}$=48.99

B 项目：$\sqrt{(300-110)^2\times0.2+(100-110)^2\times0.6+(-50-110)^2\times0.2}$=111.36

由于 A、B 两个项目投资额相同，期望报酬（净现值）也相同，而 A 项目风险相对较小（其标准差小于 B 项目），故 A 项目优于 B 项目。

2.（1）成熟股票的期望报酬率=0.1×（–3%）+0.3×3%+0.4×7%+0.2×10%=5.4%

成长股票的期望报酬率=0.1×2%+0.3×4%+0.4×10%+0.2×20%=9.4%

（2）成熟股票的标准差：

$\sqrt{(-3\%-5.4\%)^2\times0.1+(3\%-5.4)^2\times0.3+(7\%-5.4)^2\times0.4\times(10\%-5.4)^2\times0.2}$=3.75%

成长股票的标准差：

$\sqrt{(-2\%-9.4\%)^2\times0.1+(4\%-9.4)^2\times0.3+(10\%-9.4)^2\times0.4\times(20\%-9.4)^2\times0.2}$=6.07%

（3）因为对两种股票的投资额相同，所以投资比重均为 50%。

投资组合报酬率=0.5×5.4%+0.5×9.4%=7.4%

（4）投资组合标准差：

$\sqrt{(3.75\%\times0.5)^2+(6.07\%\times0.5)^2+2\times(3.75\%\times0.5)^2\times(6.07\%\times0.5)^2\times0.89}$=4.78%

3.

证券名称	必要报酬率	标准差	与市场组合的相关系数	β 系数
无风险资产	0.025	0	0	0
市场组合	0.175	0.10	1.00	1.0
A 股票	0.220	0.20	0.65	1.3
B 股票	0.160	0.15	0.60	0.9
C 股票	0.310	0.95	0.20	1.9

（1）无风险资产的标准差与市场组合的相关系数 β 值，可以根据其定义判断。

（2）市场组合与市场组合的相关系数 β 值，可以根据其定义判断。

（3）利用 A 股票和 B 股票的数据解联立方程：

0.220=无风险资产报酬率+1.3×（市场组合报酬率–无风险资产报酬率）

0.160=无风险资产报酬率+0.9×（市场组合报酬率–无风险资产报酬率）

无风险资产报酬率=0.025

市场组合报酬率=0.175

（4）根据 β 值的计算公式求 A 股票的标准差

根据公式：β=与市场组合的相关系数×（股票标准差/市场组合标准差）

1.3=0.65×（标准差/0.10），标准差=0.20

（5）根据β值的计算公式求 B 股票的相关系数

0.9=r×（0.15/0.10），r=0.60

（6）根据资本资产定价模型计算 C 股票的β值

0.310=0.025+β×（0.175−0.025），β=1.9

（7）根据β值的计算公式求 C 股票的标准差

1.9=0.20×（标准差/0.10），标准差=0.95

4.（1）根据资本资产定价模型，代入表达式：

20%=5%+β（10%−5%），则β=3

（2）根据资本资产定价模型，代入表达式：

20%=R_f+2.2×（10%−R_f），则R_f=2%

五、综合题

1.（1）甲、乙两只股票收益率的标准离差率：

甲股票收益率的标准离差率=2%/8%=0.25

乙股票收益率的标准离差率=3%/10%=0.3

（2）甲、乙两只股票的β值

由于资本资产定价模型成立，则期望收益率=必要收益率

甲股票：8%=5%+β（12%−5%），则β=0.428 6

乙股票：10%=5%+β（12%−5%），则β=0.714 3

（3）组合的β系数=30%×0.428 6+70%×0.714 3=0.628 6

组合的风险收益率=0.628 6×（12%−5%）=4.4%

组合的必要报酬率=5%+4.4%=9.4%

（4）组合的期望报酬率=60%×8%+40%×10%=8.8%

组合的标准差=60%×2%+40%×3%=2.4%

2.（1）期望收益值=200×0.5+0×0.5=100（万元）

（2）是

（3）期望收益值=230×0.5+0×0.5=115（万元）

期望收益率=（1 150 000−1 000 000）/1 000 000=15%

（4）取决于投资者回避风险的程度。

（5）若股票是完全正相关的，投资于该证券组合与投资于单一股票并没什么不同，收益率仍为 15%，标准差不变。若每两种股票的相关系数为−1，该组合实际是无风险的。一般情况下，大部分股票相关系数在 0.6~0.7，投资于股票组合较为有利。

六、案例分析题

1. 风险的衡量可通过如下步骤进行。

第一步，计算期望值：净水机项目为 100 万元；空气净化器项目为 99.5 万元。

第二步，计算标准离差：净水机项目为 65.12 万元；空气净化器项目为 89.06 万元。

第三步，计算标准离差率：净水机项目为65.12%；空气净化器项目为89.51%。

第四步，计算风险收益：净水机项目为32.56%；空气净化器项目为62.66%。

2．提示：从风险的分类——系统风险与非系统风险、财务风险与经营风险的概念界定以及结合通用汽车公司的具体情况进行分析。

第三章

项 目 投 资

【本章学习目标】

了解企业投资战略的类型、项目投资的特点与种类及项目投资决策程序，重点掌握项目投资决策方法以及风险条件下的项目投资决策方法。

*知 识 要 点

第一节 投资战略与项目投资概述

一、投资战略的特点与类型

（一）投资战略及其特点

企业投资战略是指在企业整体战略的统筹下，以价值分析为基础，对企业有限的财务资源进行合理配置，以实现企业资源配置的优化和财务能力的可持续增长。投资战略具有从属性、导向性、长期性、风险性等特点。

（二）投资战略的类型

分类	内容	含义
按投资战略的性质	稳定型投资战略	是一种维持现状的投资战略，即外部环境在近期无重大变化，将现有战略继续进行下去，最有效率地利用现有的资金和条件，继续保持现有市场，降低成本和改善企业现金流量，尽可能多地获取现有产品的利润，积聚资金为将来发展做准备
	扩张型投资战略	是指企业扩大生产规模，增加新的产品生产和经营项目，其核心是发展和壮大，包括市场开发战略、产品开发战略和多样化成长战略
	紧缩型投资战略	是指从进取竞争中退下来，从现有经营领域抽出投资，缩小经营范围，休养生息
	混合型投资战略	是指企业在一个战略时期内同时采取稳定、扩张、紧缩型等几种战略，多管齐下，全面出击。其战略核心是在不同阶段或不同经营领域，采用不同的投资战略
按投资经营对象的差异	专业化投资战略	是指企业在以单一产品为投资对象的条件下，采取积极措施，开辟新的业务领域，增加新的花色品种，扩大市场
	一体化投资战略	是指企业在供、产、销三方面投资与经营实现一体化，使得原料供应、加工制造、市场销售实行联合，扩大生产和销售的能力
	多元化投资战略（多角化投资战略）	是指企业同时经营两种以上基本经济用途不同的产品或服务的一种投资战略。其内容包括投资产品的多元化、投资领域的多元化、投资区域的多元化和资本的多元化等

二、项目投资的特点与种类

（一）项目投资的特点

项目投资是企业通过购建固定资产、无形资产，直接投资企业自身生产经营活动或企业外部投资项目的一种投资行为。它是一种直接性投资，是企业投资战略的重要内容。

项目投资具有投资规模大、周期长、风险大、时效性强等特点。

（二）项目投资的种类

分类	内容	含义
按投资项目对企业前途的影响	战略性投资	是指涉及企业的发展方向和整体规模的投资，即对企业的全局会产生重大影响的投资，如新建投资、转产投资、新产品开发投资等
	战术性投资	是指只涉及企业某一局部经营业务的投资，如为扩大产品品种、提高产品质量、降低产品成本、改善工作环境等而进行的投资
按投资项目之间的关系	独立投资	是指各项目的决策相互独立，一个项目的接受与否不会对其他项目产生影响
	互斥投资	是指多个投资项目之间是一种竞争的互相排斥的关系，当其中一个项目被选中时，其他项目就要被淘汰
按投资在生产过程中的作用	初创投资	是在建立新企业时所进行的投资，其特点是投入的资金通过建设形成企业化的原始资产，为企业的生产、经营创造必要的条件
	后续投资	是指为巩固和发展企业再生产所进行的投资，主要包括为维持企业简单再生产所进行的更新性项目投资，为实现扩大再生产所进行的追加性项目投资，为调整生产经营方向所进行的转移性项目投资等
按投资的风险程度	确定性投资	是指未来情况可以较为准确地加以预测的投资。未来情况是指项目寿命期内的现金流量等情况。这类投资的期限相对较短，投资环境变化不大，未来现金流量较易预测。因而在进行此类投资决策时，不考虑风险因素
	风险性投资	是指未来情况不确定，难以准确预测的投资。这类投资决策涉及的时间一般较长，投资的初始支出、每年现金流量、寿命期限、贴现率等都是估算的，都带有某种程度的不确定性和一定的风险性

三、项目投资决策程序

项目投资决策程序分为事前、事中、事后三个阶段。事前阶段也称投资决策阶段，主要包括投资方案的提出、评价与决策；事中阶段是指实施投资方案并对其进行监督和控制；事后阶段是指在投资项目结束后对投资效果进行的事后审计与评价。

第二节　项目投资的决策方法

一、资本预算的方法

资本预算的基本方法按是否考虑货币时间价值分为静态评价法和动态评价法两类。

（一）静态评价法

静态评价法是指不考虑货币时间价值的评价方法，又称非贴现法。这类方法主要有投资回收期法和平均报酬率法。

方法	含义与计算	特点
投资回收期法	投资回收期法是最早使用的资本预算标准的方法，它是以投资回收期的长短作为评价指标的决策分析方法。所谓投资回收期（payback period，PP），是指投资项目收回全部原始投资所需要的时间，一般以年为单位。计算投资回收期的方法有两种： 如果每年的营业现金净流量（net cash flow，NCF）相等，则 $$\text{投资回收期(PP)}=\frac{\text{初始投资总额}}{\text{每年现金净流量}}$$ 如果每年现金净流量不相等，则 $$\sum_{t=0}^{PP}\text{NCF}_t=0$$ 或 $$\text{静态投资回收期(PP)}=T-1+\frac{\text{第}(T-1)\text{年的累计现金净流量的绝对值}}{\text{第}T\text{年的现金净流量}}$$ 其中，T为累计现金净流量开始出现正值的年份	投资回收期法的优点：计算简便，容易理解；可以用于衡量投资方案的相对风险 投资回收期法的缺点：一是忽略了整个项目期间的现金流量，既不考虑回收期内现金流量的时间序列，也忽略了回收期后投资项目给企业带来的现金流量；二是回收期的长短不能代表投资项目的盈利能力；三是没有考虑货币时间价值，精确度不够
平均报酬率法	平均报酬率法是以平均报酬率作为评价指标的资本预算决策标准的方法。所谓平均报酬率（average rate of return，ARR），是指投资项目寿命周期内年平均净收益与初始投资额的比率。它在计算时使用会计报表上的数据，也称为会计报酬率。其计算公式如下： $$\text{平均报酬率(ARR)}=\frac{\text{经营期年平均净利润总额}}{\text{初始投资额}}\times 100\%$$	平均报酬率法的优点是简明、易算、易懂，且考虑了投资项目在其整个寿命期内的全部净利润，从而能够在某种程度上反映投资所产生的盈利水平，因而相对来说，它比投资回收期法更为全面 平均报酬率法缺陷：一是使用会计报表上的净收益计算平均报酬率来决定是否进行投资，抛开了客观且合理的现金净流量数据；二是没有考虑货币时间价值因素

（二）动态评价法

动态评价法是指考虑了货币时间价值的评价方法，又称贴现法。这类方法主要有净现值法、现值指数法和内含报酬率法等。

方法	含义与计算	特点
净现值法	净现值法以净现值作为评价方案优劣的指标，是资本预算中最常用的决策方法。净现值（net present value，NPV），是指特定方案未来现金流入的现值与未来现金流出现值之间的差额。其计算公式为 $$\text{净现值(NPV)}=\sum_{k=0}^{n}\frac{I_k}{(1+i)^k}-\sum_{k=0}^{n}\frac{O_k}{(1+i)^k}$$ 其中，n为项目期限；I_k为第k年的现金流入量；O_k为第k年的现金流出量；i为贴现率	净现值法的优点：一是考虑了货币时间价值，不仅计算了现金流量的数额，而且考虑了现金流量的时间；二是考虑了投资风险的影响，对于风险较大的投资项目，可以选用较高的贴现率来进行计算，以反映风险对投资决策的影响；三是其数值反映了企业总价值绝对量的增加，这与企业财务管理目标是一致的，因而是一种较为科学、运用广泛的资本预算决策方法 净现值法的局限性：一是不能揭示各个投资项目自身可能达到的实际报酬率；二是在互斥项目决策时，没有考虑互斥项目的投资规模差异

续表

方法	含义与计算	特点
现值指数法	现值指数法是以现值指数为评价指标的资本预算决策方法。所谓现值指数（present index，PI），是指投资项目未来现金流入现值与未来现金流出现值的比率，也称现值比率、获利指数。其计算公式为 $现值指数(PI)=\sum_{k=0}^{n}\frac{I_k}{(1+i)^k}\div\sum_{k=0}^{n}\frac{O_k}{(1+i)^k}$	现值指数法的优点是考虑了货币时间价值，能够真实地反映投资项目的盈亏程度；可以对投资规模不同的互斥项目进行比较。现值指数法的缺点是无法反映投资项目自身的报酬率水平
内含报酬率法	内含报酬率法是以内含报酬率为评价指标的资本预算决策方法。所谓内含报酬率（internal rate of return，IRR），是使投资项目的净现值等于 0 时的贴现率，或者说是使未来现金流入量现值等于未来现金流出量现值的贴现率。其计算公式如下： $净现值(NPV)=\sum_{k=0}^{n}\frac{I_k}{(1+IRR)^k}-\sum_{k=0}^{n}\frac{O_k}{(1+IRR)^k}=0$	内含报酬率是一种重要的资本预算方法，它考虑了货币的时间价值，能正确反映投资项目自身实际能达到的真实报酬率。但这种方法的计算比较复杂，特别是每年现金净流量不相等的投资项目，一般要经过多次测算才能求得，但计算机的使用可解决这一问题
资本预算方法的比较	在资本无限制情况下，用净现值法评价投资项目符合企业财务管理的目标； 净现值法与现值指数法在评价独立项目和同等投资规模下的互斥项目时，结论是一致的，而在评价投资规模不同的互斥项目时得到的结论有可能不同，此时，在资本无限制情况下，应以净现值为准；而在资本限制情况下，企业应按照现值指数的大小来选择净现值之和最大的投资项目组合，以保证企业获得最大的净收益； 净现值法与内含报酬率是资本预算中最常用的两种方法，但相比之下，净现值法优于内含报酬率法	

二、资本预算方法的应用

（一）固定资产更新决策

固定资产更新是用新资产替代在在经济上和技术上都不宜继续使用的旧资产。

1. 新旧设备未来可使用年限相同情况下的投资决策

可以分别计算新旧设备的净现值并进行比较，选择较大者进行决策。出于简便考虑，也可以直接计算两个方案现金净流量的差额，比较两个方案净现值的差额来进行决策。

2. 新旧设备未来可使用年限不相同情况下的投资决策

含义	计算	应注意的问题
固定资产的年平均成本，是指投资方案导致的现金流出的年平均值	如果不考虑货币时间价值，固定资产年平均成本是未来使用年限内现金流出总额和使用年限的比值； 如果考虑货币时间价值，固定资产年平均成本是未来使用年限内现金流出总现值与年金现值系数的比值，即每年的平均现金流出	年平均成本法就是把继续使用旧设备和购置新设备看做两个互斥的方案，而不是一个更换设备的特定方案； 平均年成本法的假设前提是将来设备更换时，可以按照原来的平均年成本找到可替代的设备

（二）资本限量决策

资本限量决策是指在企业投资资本已定的情况下所进行的投资决策。在资本有限量的情况下，决策的原则是使企业获得最大的利益，即将有限的资本投放于一组能使净现值最大的项目组合中。

方法	含义	步骤
净现值法	是以已获投资资本为最高限额，并以净现值总额最大为判断标准的最优化决策方法	第一步：计算所有项目的净现值，并列出每个项目的初始投资 第二步：接受所有净现值≥0 的项目，如果所有可接受的项目都有足够的资本，则说明资本没有限量，这一过程即可完成 第三步：在已获投资资本不能满足所有的净现值≥0 的投资项目需求的情况下，应将所有项目在已获投资资本限量内进行各种可能的组合，并计算出各种组合的净现值总额 第四步：接受净现值总额最大的投资组合为最优组合
现值指数法	是以各投资项目现值指数的大小进行项目排队，以已获投资资本为最高限额，并以加权平均现值指数为判断标准的最优化决策方法	第一步：计算所有投资项目的现值指数，并列出每个项目的初始投资 第二步：接受所有现值指数≥1 的项目，并按现值指数的大小进行项目的顺序排队。如果所有可接受的项目都有足够的资本，则说明资本没有限量，这一过程即可完成 第三步：在已获投资资本不能满足所有现值指数≥1 的项目需求的情况下，应对所有项目在资本限量内进行各种可能的组合（未使用资本假设可以保值，其现值指数为 1），然后计算出各种最大组合的加权平均现值指数 第四步：接受加权平均现值指数最大的一组项目

（三）固定资产经济寿命的判断

固定资产使用初期运行费比较低，以后随着设备逐渐陈旧，性能变差，维护费用、修理费用和能源消耗会逐渐增加。与此同时固定资产价值逐渐减少，资产占用的资金应计利息也会逐渐减少。随着时间的递延，运行成本和持有成本呈反方向变化，两者之和呈马鞍形，这样必然存在一个最经济的使用年限。

（四）投资期决策

投资期决策中，以缩短投资期与正常投资期相比的Δ现金净流量来计算Δ净现值。如果Δ净现值为正，说明缩短投资期有利；如果Δ净现值为负数，则说明缩短投资期得不偿失。也可以分别计算正常投资期和缩短投资期的净现值，并加以比较做出决策。采用差量分析法比较简单，但是不能完整地表示两个方案的详细信息。

第三节　风险条件下的项目投资决策方法

风险条件下项目投资决策的基本方法是净现值法，常用的分析方法包括风险调整贴现率法、调整现金流量法（肯定当量法）等。

方法	基本思路	计算方法	特点
风险调整贴现率法	是根据项目的风险程度调整贴现率，然后根据调整后的贴现率计算项目的净现值并判断项目是否可行的一种决策方法	$\mathrm{NPV}=\sum_{t=0}^{n}\frac{\text{预期现金流量}}{(1+\text{风险调整贴现率})^t}$ 风险调整贴现率法应用的主要问题是如何根据项目的风险程度来确定风险调整贴现率。其常用方法有两种：一是运用资本资产定价模型；二是运用风险报酬率模型	风险调整贴现率法的优点在于风险的程度及相应的贴现率调整是通过主观确定的，因而比较灵活，可随企业对风险偏好的改变而变动，且方法通俗易懂，被广泛采用。但是，把时间价值与风险价值混在一起，并据此对现金流量进行贴现，意味着风险随着时间的推移而加大，有时与事实不符。因此，风险调整贴现法只适用于一些风险随时间推移和延续而增加的项目

续表

方法	基本思路	计算方法	特点
调整现金流量法（肯定当量法）	把不确定的现金流量调整为确定的现金流量，然后用无风险的收益率作为贴现率计算净现值	$风险调整后净现值=\sum_{t=0}^{n}\frac{\alpha_t \times 现金流量期望值}{(1+无风险报酬率)^t}$ 其中，α_t 为第 t 年现金流量的肯定当量系数，它在0~1。肯定当量系数，是指不肯定的1元现金流量期望值相当于使投资者满意的肯定金额的系数。要确定肯定当量系数，首先应计算出标准离差率（变异系数），其次根据标准离差率与肯定当量系数之间的经验数值确定肯定当量系数	这种方法在理论上受到好评。它对时间价值和风险价值分别进行调整，先调整风险，然后把肯定现金流量用无风险收益率进行折现。对不同年份的现金流量，可以根据风险的差别使用不同的肯定当量系数进行调整

*练 习 题

一、单项选择题

1．现金净流量是指（　　）。

A．现金流入量现值　　B．现金流入量与现金流出量差额

C．净现值　　D．净利润

2．某项目经营期为5年，预计投产第一年流动资产需用额为30万元，流动负债为20万元，投产第二年流动资产需用额为50万元，流动负债为35万元，预计以后每年的流动资产需用额均为50万元，流动负债均为35万元，则该项目终结点回收的营运资本为（　　）万元。

A．15　　B．25　　C．50　　D．85

3．某投资方案的年营业收入为120 000元，年总营业成本为80 000元，其中年折旧额15 000元，所得税税率为25%，该方案的年营业现金净流量为（　　）元。

A．15 000　　B．30 000　　C．40 000　　D．45 000

4．项目投资决策中，完整的项目计算期是指（　　）。

A．建设期　　B．生产经营期

C．建设期–生产经营期　　D．建设期+生产经营期

5．在考虑所得税因素以后，下列哪个公式能够计算出营业现金净流量（　　）？

A．营业现金净流量=营业收入–付现成本–税金

B．营业现金净流量=税后净利润–折旧

C．营业现金净流量=收入×（1–税率）+付现成本×（1–税率）+折旧×税率

D．营业现金净流量=税后收入–税后成本

6．某投资方案年营业收入为240万元，年付现成本为170万元，年折旧70万元，所得税税率为25%，则该方案年营业现金净流量为（　　）。

A．17.5万元　　B．52.5万元　　C．70万元　　D．122.5万元

7．在项目生产经营阶段，最主要的现金流出量项目是（　　）。

A．固定资产投资　　B．营运资金投资

C．付现成本　　D．无形资产投资

8. 下列指标中没有直接利用现金净流量的是（　　）。

A. 平均报酬率　　B. 现值指数

C. 净现值　　D. 内含报酬率

9. 下列项目投资决策评价指标中，没有考虑货币时间价值的指标是（　　）。

A. 净现值　　B. 现值指数

C. 内含报酬率　　D. 平均报酬率

10. 某投资项目原始投资额 100 万元，使用寿命 10 年，已知该项目第 10 年的营业现金净流量为 25 万元，期满处置固定资产的残值收入及回收流动资金共 8 万元，则该投资项目第 10 年的现金净流量为（　　）万元。

A. 8　　B. 10　　C. 25　　D. 33

11. 存在所得税的情况下，以"利润+折旧"估计营业期现金净流量时的"利润"是指（　　）。

A. 利润总额　　B. 净利润

C. 营业利润　　D. 息税前利润

12. 下列各项中，属于项目投资决策非贴现评价指标的是（　　）。

A. 平均报酬率　　B. 现值指数

C. 净现值　　D. 内含报酬率

13. 下列说法中不正确的是（　　）。

A. 按收付实现制计算的现金流量比按权责发生制计算的净收益更可靠

B. 利用净现值不能揭示投资方案可能达到的实际报酬率

C. 分别用净现值、现值指数、投资回收期、内含报酬率进行同一项目评价时，评价结果可能不一致

D. 投资回收期法和内含报酬率法均没有考虑回收期满后的现金流量状况

14. 已知某投资项目的原始投资额为 100 万元，建设期 2 年，投产后第 1~8 年每年的营业现金净流量为 25 万元，第 9、10 年每年的现金净流量为 20 万元。则该项目包括建设期的投资回收期为（　　）。

A. 4 年　　B. 5 年　　C. 6 年　　D. 7 年

15. 不考虑建设期的投资回收期恰好是（　　）。

A. 净现值为 0 时的年限　　B. 现金净流量为 0 时的年限

C. 累计净现值为 0 时的年限　　D. 累计现金净流量为 0 时的年限

16. 某企业拟新建一项目，需投资 100 万元，按直线法计提折旧，使用寿命 10 年，期末无残值。该项工程于当年投产，预计投产后每年可获净利 10 万元。假定贴现率为 10%，则其净现值为（　　）万元。

A. 22.9　　B. 100　　C. 122.9　　D. 200

17. 在一般投资项目中，当一项投资方案的净现值等于 0 时，即表明该方案（　　）。

A. 现值比率小于零　　B. 不具备经济可行性

C. 获利指数等于 1　　D. 内含报酬率小于设定贴现率

18．对于原始投资额不同的互斥方案的比较决策，最适用的方法是（　　）。

A．投资回收期法　　B．净现值法

C．现值指数法　　D．平均报酬率法

19．能使投资方案的净现值等于 0 的贴现率，叫做（　　）。

A．现值指数　　B．净现值率

C．内含报酬率　　D．平均报酬率

20．某方案贴现率为 16%时，净现值为 6.12，贴现率为 18%时，净现值为−3.17，则该方案的内含报酬率为（　　）。

A．14.68%　　B．17.32%　　C．18.32%　　D．16.68%

21．进行投资项目评价时，如果其他因素不变，只有贴现率提高，则下列指标计算结果不会改变的是（　　）。

A．净现值　　B．内含报酬率

C．现值指数　　D．未来现金流量总现值

22．下列评价指标中，其数值越小越好的是（　　）。

A．净现值率　　B．投资回收期

C．内含报酬率　　D．平均报酬率

23．现值指数与净现值相比，其优点是（　　）。

A．便于投资额相同的方案的比较　　B．便于独立投资机会获利能力的比较

C．考虑了投资项目现金流量的时间价值　　D．考虑了投资项目的投资风险

24．某投资项目原始投资为 12 000 元，当年完工投产，有效期 3 年，每年可获得现金净流量 4 600 元，则该项目内含报酬率为（　　）。

A．7.32%　　B．7.58%　　C．8.45%　　D．8.69%

25．若净现值为负数，表明该投资项目（　　）。

A．为亏损项目，经济不可行

B．它的内含报酬率小于 0，经济不可行

C．它的内含报酬率没有达到预定的贴现率，经济不可行

D．它的内含报酬率不一定小于 0，因此也有可能是经济可行方案

26．已知某固定资产投资项目计算期为 13 年，固定资产投资为 120 万元，建设期资本化利息为 10 万元。包括建设期的投资回收期为 5 年，不包括建设期的投资回收期为 2 年。如果该固定资产采用直线法计提折旧，净残值为 20 万元，则年折旧额为（　　）万元。

A．10　　B．11　　C．12　　D．13

27．下列表述不正确的是（　　）。

A．净现值是投产后现金净流量现值与初始投资额现值之差

B．当净现值为 0 时，说明此时的贴现率为内含报酬率

C．当净现值大于 0 时，现值指数小于 1

D．当净现值大于 0 时，说明该方案经济可行

28．在进行投资项目风险分析时，风险调整贴现率易夸大远期现金流量风险，其原因是（　　）。

A．用以贴现的贴现率高于时间价值的贴现率

B．此方法调整了现金流量的分母

C．此方法过于强调现金流量的风险，把它放在首要位置

D．把时间价值与风险价值综合起来，并以此为贴现率进行贴现

29．运用风险调整贴现率法进行投资项目风险分析，需要调整的项目是（　　）。

A．有风险的贴现率　　B．无风险的贴现率

C．有风险的现金流量　　D．无风险的现金流量

30．在肯定当量法下，变异系数（标准离差率）与肯定当量系数的关系是（　　）。

A．变异系数越大，肯定当量系数越大

B．变异系数越小，肯定当量系数越小

C．变异系数越小，肯定当量系数越大

D．变异系数与肯定当量系数呈同向变化

二、多项选择题

1．下列关于投资项目营业现金净流量估计的各种方法中，不正确的有（　　）。

A．营业现金净流量=净利润+折旧与摊销

B．营业现金净流量=营业收入–付现成本–税金

C．营业现金净流量=营业利润+折旧与摊销

D．营业现金净流量=营业收入–营业成本–税金

2．下列各项中构成初始现金流量的有（　　）。

A．固定资产投资　　B．无形资产投资

C．营运资金垫支　　D．其他投资

3．在营业期内的任何一年中，该年的现金净流量等于（　　）。

A．原始投资额的负值　　B．原始投资与资本化利息之和

C．该年现金流入量与流出量之差　　D．该年净利润、折旧、摊销额之和

4．投资回收期评价指标的主要缺点是（　　）。

A．不能衡量企业的投资风险　　B．没有考虑货币时间价值

C．没有考虑回收期后的现金流量　　D．回收期标准的确定有一定的主观性

5．净现值法的优点包括（　　）。

A．考虑了货币时间价值

B．考虑项目计算期的全部现金净流量

C．考虑了投资风险

D．可以从动态上反映项目的实际报酬率

6．某公司拟投资 10 万元建设一项目，无建设期，投产后年均现金流入 48 000 元，年付现成本 13 000 元，预计有效期 5 年，按直线法提折旧，无残值，所得税税率 25%，贴现率为 10%，则该项目（　　）。

A．回收期 2.86 年　　B．回收期 3.2 年

C．净现值为 1.85 万元　　D．净现值为 11.85 万元

7. 判断一个投资项目具有经济可行性应具备的条件有（　　）。

A. 净现值小于 0　　B. 净现值大于等于 0

C. 现值指数大于等于 1　　D. 内含报酬率大于等于资本成本

8. 下列关于现值指数的表述中，正确的说法有（　　）。

A. 现值指数=未来现金流入的现值÷未来现金流出的现值

B. 它能揭示项目本身的实际报酬率

C. 它忽视了现金流量的风险

D. 现值指数的优点是可以进行独立投资机会获利能力的比较

9. 净现值法与现值指数法的主要区别是（　　）。

A. 前者是绝对数，后者是相对数

B. 前者考虑了货币时间价值，后者没有考虑货币时间价值

C. 前者所得的结论总是与内含报酬率法一致，后者得出的结论有时与内含报酬率法不一致

D. 前者不便于在投资额不同的方案之间比较，后者便于在投资额不同的方案之间比较

10. 下列有关表述中正确的有（　　）。

A. 利用内含报酬率法评价投资项目时，计算出的内含报酬率是方案本身的投资报酬率，因此不需要再估计投资项目的资本成本或最低报酬率

B. 投资项目评估的基本原理是，只有当投资项目的报酬率超过资本成本时，企业的价值才会增加；当投资项目的报酬率小于资本成本时，企业的价值将减少

C. 一般情况下，使某投资方案的净现值小于 0 的贴现率，一定大于该投资方案的内含报酬率

D. 投资项目评价的现值指数法和内含报酬率法都根据相对比率来评价投资方案，因此两种方法的评价结论也是相同的

11. 若 A、B 两项目的现金流量如下表所示，则（　　）。

年限	0	1	2	3
A 项目	−100	20	30	100
B 项目	−100	80	30	20

A. 项目 A 的投资回收期为 2.5 年

B. 项目 B 的投资回收期为 1.67 年

C. 项目 A 的投资回收期一定大于 2.5 年

D. 项目 B 的投资回收期一定低于 1.67 年

12. 如果某投资项目的风险与企业当前资产的平均风险相同（　　）。

A. 可以使用企业当前的加权平均资本成本作为该项目的贴现率

B. 若资本市场是完善的，则可以使用企业当前的加权平均资本成本作为该项目的贴现率

C. 若公司继续采用相同的资本结构为新项目筹资，则可以使用企业当前的资本成本作为该项目的贴现率

D. 可以使用无风险利率作为资本成本

13．下列关于评价投资项目净现值法的说法中，正确的有（　　）。

A．它考虑了货币时间价值　　B．净现值指标不受贴现率高低的影响

C．理论上它比其他方法更完善　　D．若净现值为正数，方案经济可行

14．下列关于投资项目评价方法的表述中，正确的有（　　）。

A．净现值指标受贴现率高低的影响

B．投资回收期法虽然不考虑资金时间价值的缺点，但是能够衡量项目的盈利性

C．内含报酬率是项目本身的投资报酬率，不随投资项目预期现金流的变化而变化

D．内含报酬率法不能直接评价两个投资规模不同的互斥项目的优劣

15．投资项目的内含报酬率是（　　）。

A．净现值为 0 的贴现率　　B．现值指数为 0 的贴现率

C．现值指数为 1 的贴现率　　D．同期市场利率

16．已知某投资项目营业期某年的有关资料如下：营业现金收入为 300 万元，不含财务费用的总成本费用为 150 万元，付现成本费用为 120 万元，所得税前营业现金净流量为 120 万元，该年所得税后营业现金净流量为 100 万元，所得税税率为 25%。则下列各项中，说法正确的有（　　）。

A．该年折旧摊销为 30 万元　　B．该年调整所得税为 20 万元

C．该年息税前利润为 80 万元　　D．该年营业税金及附加为 70 万元

17．下列关于肯定当量系数的说法中，正确的有（　　）。

A．它可以把有风险的现金流量换算为无风险的现金流量

B．肯定当量系数越大，说明风险越大

C．利用肯定当量系数可以把现金流量中的全部风险剔除

D．利用肯定当量系数只能把现金流量中的系统风险剔除

18．下列有关调整现金流量法和风险调整贴现率法的表述中，正确的有（　　）。

A．调整现金流量法对时间价值和风险价值分别进行调整

B．风险调整贴现率法可以根据资本资产定价模型对贴现率进行调整

C．风险调整贴现率夸大了远期现金流量的风险

D．运用风险调整贴现率法克服了调整现金流量法夸大远期风险的缺点

19．在调整现金流量法下，有关变异系数与肯定当量系数的关系不正确的表述有（　　）。

A．变异系数越大，肯定当量系数越小

B．变异系数越小，肯定当量系数越大

C．变异系数越大，肯定当量系数越大

D．变异系数与肯定当量系数呈反方向变化

20．下列关于肯定当量系数表述正确的有（　　）。

A．它是指不肯定的 1 元现金流量期望值相当于使投资者满意的肯定金额的系数

B．肯定当量系数的取值在 0~1

C．通过它可以把不肯定的现金流量换算成肯定的现金流量

D．肯定当量系数可以由风险投资专家凭主观经验判断确定

三、判断题

1．估计投资项目的现金流量是分析投资方案时最重要、最困难的步骤。 ( )

2．付现成本是指需要支付现金的成本，在数量上等于营业收入减税后利润之后，再与折旧摊销相加之和。 ( )

3．在确定投资方案的相关现金流量时，应遵循的最基本的原则是只有增量现金流量才是与项目相关的现金流量。 ( )

4．若某一个企业是免税企业，则无论采用何种折旧方法，折旧对现金流量均无影响。 ( )

5．在考虑所得税因素时，计算营业现金净流量的利润是指营业利润。 ( )

6．在投资方案评价中，折旧既不是流入量因素也不是流出量因素，因而不必考虑。 ( )

7．项目投资非贴现评价方法由于不考虑货币时间价值，是过去最常用的方法，目前只作为辅助方法使用。 ( )

8．投资方案的回收期越长，表明该方案的风险程度越小。 ( )

9．在多个投资项目中，净现值最大的项目为最优的投资项目。 ( )

10．现值指数是一个相对数指标，反映投资的效率；而净现值是一个绝对数指标，反映投资的效果。 ( )

11．在评价两个相互排斥的投资方案时，应当着重比较其各自的内含报酬率，而把其净现值放在次要位置。 ( )

12．比较任何两个投资方案时，内含报酬率较高的方案较优。 ( )

13．如果投资方案出现了非正常现金流量（即现金流量正负符号的改变超过一次），则可能出现多个内含报酬率。 ( )

14．某个贴现率可以使某投资方案的净现值等于 0，则该贴现率可以称为该方案的内含报酬率。 ( )

15．在项目投资决策中，内含报酬率与项目设定贴现率的高低无关。 ( )

16．内含报酬率是指能使投资方案的净现值为 0 时的贴现率，或者说，是使未来现金流入量等于未来现金流出量时的报酬率。 ( )

17．采用逐次测试法计算内含报酬率时，如果净现值大于 0，说明该方案的内含报酬率比估计的报酬率要低，应以更低的贴现率测试。 ( )

18．内含报酬率是指现值指数为 0 时的报酬率。 ( )

19．根据肯定当量系数可以把各年不肯定的现金流量换算成肯定的现金流量，其取值与管理当局对风险的好恶有关。 ( )

20．风险调整贴现率法比较符合逻辑，把货币时间价值和风险价值结合在一起，反映了风险随着时间的推移而加大的假设，这与事实是相符的。 ( )

四、计算分析题

1．目的：练习项目投资现金流量的估算。

资料：某公司准备购入 1 套设备以扩充生产能力，现有甲、乙两个方案可供选择。甲方案需投资 60 000 元，使用寿命为 5 年，采用直线法折旧，5 年后设备无残值，5 年中每年营业现金收入为 30 000 元，每年付现成本为 10 000 元。乙方案需投资 72 000 元，采用直线法折旧，使用寿命 5 年，5 年后有残值收入 12 000 元，5 年中每年营业现金收入为 34 000 元，付现成本第 1 年为 12 000 元，以后每年增加 600 元，另需垫支营运资本 6 000 元。假设所得税税率为 25%。

要求：估算两个方案各个时点的现金净流量。

2．目的：练习项目投资营运资本垫支的估算。

资料：某公司的销售部门预计企业投产的新产品，如果每台定价 30 000 元，销售量每年可以达到 10 000 台，销售量不会逐年上升，但价格可以每年提高 2%。生产该产品需要的营运资本随营业收入额的变化而变化，预计为营业收入额的 10%。假设这些营运资本在年初投入，项目结束时收回，若产品的适销期为 5 年。

要求：计算第 5 年年末回收的营运资本。

3．目的：练习项目投资确定性决策方法。

资料：中华公司准备购入一设备以扩充生产能力，现有 A、B 两个方案可供选择。假定贴现率为 10%。所得税的税率为 25%，固定资产按直线法折旧，各年有关的现金流量分布如下表所示。

A、B 方案现金流量分布表（单位：万元）

项目	0	1	2	3	4	5
A 方案						
固定资产投资	−10 000					
营业现金净流量		3 200	3 200	3 200	3 200	3 200
现金净流量合计	−10 000	3 200	3 200	3 200	3 200	3 200
B 方案						
固定资产投资	−12 000					
流动资金垫支	−3 000					
营业现金净流量		3 800	3 560	3 320	3 080	2 840
固定资产残值						2 000
流动资产回收						3 000
现金净流量合计	−15 000	3 800	3 560	3 320	3 080	7 840

要求：计算 A、B 方案的投资回收期、平均报酬率、净现值、现值指数及内含报酬率。

4．目的：练习项目投资确定性决策方法。

资料：高达公司拟与时光公司合作生产甲产品，通过调查研究提出以下方案。

（1）设备投资：设备买价 400 万元，预计可使用 10 年，报废时无残值收入；按税法要求该类设备折旧年限为 8 年，使用直线法折旧，残值率为 10%，计划在 2016 年 1

月 1 日购进并立即投入使用。

（2）厂房装修：装修费用预计 10 万元，在 2016 年 2 月 1 日装修完工时支付，预计在 5 年后还要进行一次同样的装修。

（3）购买该产品的商标使用权 10 年，一次性支付使用费 100 万元，按照直线法摊销。

（4）收入和成本预计：预计每年营业现金收入 300 万元；每年付现成本为 200 万元。该项目的上马会导致该企业其他同类产品的收益减少 10 万元，如果该公司不上该项目，时光公司会立即与其他企业合作。

（5）营运资金：投产时垫支 50 万元。

（6）所得税税率为 25%。

（7）项目加权平均资本成本为 5%。

要求：

（1）计算项目各年度现金净流量；

（2）用净现值法评价该企业是否投资此项目。

5. 目的：练习项目投资风险性决策方法——肯定当量法。

资料：某公司准备投资一项目，现正在研究该项目的经济可行性，有关资料如下表所示。

投资项目资料表

年限	现金净流量/万元	概率分布
0	−1 500	1.0
1	600 800 1 000	0.2 0.6 0.2
2	700 900 1 000	0.2 0.4 0.4
3	500 900 1 300	0.3 0.4 0.3

变异系数与肯定当量系数之间的经验关系如下。

变异系数	肯定当量系数
0.00~0.07	1.0
0.08~0.15	0.9
0.16~0.23	0.8
0.24~0.32	0.7
0.33~0.42	0.6
0.43~0.54	0.5
0.55~0.70	0.4

要求：假设无风险投资报酬率为 8%，用肯定当量法评价该项目是否经济可行。

6. 目的：练习项目投资风险性决策方法——风险调整贴现率法。

资料：某企业投资 31 200 元购入 1 台设备。该设备预计净残值为 1 200 元，可使用 3 年，按直线法计提折旧。该设备投产后每年营业现金收入分别为 20 000 元、40 000 元、

30 000 元，除折旧外的费用分别为 8 000 元、24 000 元、10 000 元。所得税税率为 25%，无风险收益率为 10%，风险系数为 0.5，市场平均投资收益率为 14%。

要求：

（1）计算该投资方案不含有风险的净现值；

（2）进行该投资方案的风险分析，计算风险调整后的净现值。

五、综合题

1. 资料：某工业投资项目的 A 方案情况如下。

项目原始投资额 650 万元，其中，固定资产投资 500 万元，营运资本垫支 100 万元，其余为无形资产投资。该项目建设期为 2 年，经营期为 10 年。除营运资本垫支在项目建设期结束时（第 2 年年末）外，其余投资均于建设起点一次投入。固定资产的寿命期为 10 年，按直线法计提折旧，期满有 40 万元的净残值；无形资产从投资年份起分 10 年摊销，流动资金于终结点一次收回。预计项目投产后，每年发生的相关营业现金收入和付现成本分别是 380 万元和 129 万元，所得税税率假设为 30%。

要求：

（1）计算 A 方案下列指标，即项目计算期、固定资产折旧、无形资产投资额、营业期每年的总成本、营业期每年的净利润。

（2）计算 A 方案的下列现金净流量指标，即建设期各年的现金净流量、投产后每年的营业现金净流量、项目终结点的现金净流量。

（3）按 10%的行业基准贴现率计算 A 方案的净现值，并评价该方案的经济可行性。

（4）该项目的 B 方案在第 1 年的年初投入 700 万元固定资产，建设期为 0 年，营业期不变仍为 10 年，净残值为 0，每年的现金净流量为 200 万元，请计算 B 方案的净现值。

2. 资料：黑杰克公司研制成功新产品 A，现在需要决定是否大规模投产，有关资料如下。

（1）公司的销售部门预计，如果每台定价 5 万元，销售量每年可以达到 8 000 台；价格不变，但销售量会逐年上升 5%。生产部门预计，变动制造成本每台 3 万元，每年保持不变；不含折旧费的固定制造成本每年 8 000 万元，每年增加 1%。新业务将在 2016 年 1 月 1 日开始，假设经营现金流发生在每年年底。

（2）为生产该产品，需要添置 1 台生产设备，预计其购置成本为 6 000 万元。该设备可以在 2015 年年底以前安装完毕，并在 2015 年年底支付设备购置款。该设备按税法规定折旧年限为 6 年，净残值率为 10%；经济寿命为 5 年，5 年后即 2020 年年底该项设备的市场价值预计为 1 000 万元。如果决定投产该产品，公司将可以连续 5 年，预计不会出现提前中止的情况。

（3）生产该产品所需的厂房可以用 10 000 万元购买，在 2015 年年底付款并交付使用。该厂房按税法规定折旧年限为 20 年，净残值率 10%。5 年后该厂房的市场价值预计为 9 000 万元。

（4）生产该产品需要的经营营运资本随销售额而变化，预计为销售额的 10%。假设这些经营营运资本在年初投入，项目结束时收回。

（5）公司的所得税税率为 25%。

（6）该项目的成功概率很大，风险水平与企业平均风险相同，可以使用公司的加权平均资本成本的 10% 作为贴现率。新项目的销售额与公司当前的销售额相比只占较小份额，并且公司每年有若干新项目投入生产，因此该项目万一失败不会危及整个公司的生存。

要求：

（1）计算项目的初始投资总额，包括与项目有关的固定资产购置支出及营运资本增加额。

（2）分别计算厂房和设备的年折旧额及第 5 年年末的账面价值。（提示：折旧按年提取，投入使用当年提取全年折旧）

（3）分别计算第 5 年年末处置厂房和设备引起的税后现金净流量。

（4）计算各年项目现金净流量以及项目的净现值和投资回收期（计算时贴现系数保留小数点后 4 位）计算结果填列下表。

项目投资评价表（单位：万元）

项目	2015 年年底	2016 年	2017 年	2018 年	2019 年	2020 年
固定资产投资：						
厂房投资						
设备投资						
各年的营运资本						
垫支的营运资本						
销售收入						
变动成本						
固定付现成本						
折旧						
税后收入						
减：税后付现成本						
加：折旧抵税						
营业现金流量						
回收营运资本						
处置固定资产回收流量						
项目现金净流量						
贴现系数（10%）						
各年现金流量现值						
项目净现值						
未回收投资						
投资回收期/年						

3. 资料：某公司是家电生产企业，现在考虑在杭州建立一个工厂，生产某一新型产品。预计建设工厂的固定资产投资成本为 1 100 万元，固定资产折旧年限为 5 年（预计净残值为 100 万元），按直线法折旧。该工程将承包给另外的公司，工程款在完工投产时一次付清，即可以将建设期视为 0。另外，工厂投产时需要营运资本 750 万元。该工厂

投入运营后，每年生产和销售 30 万台产品，售价为 200 元/台，单位产品变动成本 160 元；预计每年发生固定成本（不含折旧）400 万元。由于该项目的风险比目前公司的平均风险高，公司要求项目的报酬率在其当前的加权平均资本成本的基础上增加 2 百分点。

该公司目前的资本来源状况如下：负债的主要来源是 5 年期的债券，票面年利率为 8.88%，按面值发行，每年付息，面值 1 000 元/张，共 100 万张，每张债券的市价为 959 元；所有者权益的主要项目是普通股，流通在外的普通股共 10 000 万股，市价 22.38 元/股，β 系数 0.875。其他资本来源项目可以忽略不计。当前的无风险收益率为 5%，预期市场风险股票平均报酬率为 13%。该项目所需资金按公司当前的资本结构筹集，并可以忽略债券和股票的发行费用。设公司所得税税率为 40%。该工厂在运营 5 年后按预计残值处置，假设投入的营运资本在工厂处置时可全部收回。

要求：

（1）计算该公司当前的加权平均资本成本。（资本结构权数按市价计算，计算时单项资本成本百分数保留 2 位小数，加权平均资本成本百分数取整数）

（2）计算项目评价使用的含有风险的贴现率。

（3）计算项目的年营业现金净流量。

（4）计算该工厂在 5 年后处置时的现金净流量。

（5）计算项目的投资回收期、净现值和现值指数。

4．资料：已知某企业为开发新产品拟投资 1 000 万元建设一条生产线，现有甲、乙、丙三个方案可供选择。甲方案的各年现金净流量为 $NCF_0=-1\ 000$ 万元、$NCF_1=0$，$NCF_{2\sim6}=250$ 万元。乙方案的相关资料：在建设起点用 800 万元购置不需要安装的固定资产，同时垫支 200 万元营运资金，立即投入生产；预计投产后第 1~10 年每年新增 500 万元营业收入，每年新增的付现成本和所得税分别为 200 万元和 50 万元；第 10 年回收的固定资产余值和营运资金分别为 80 万元、200 万元。丙方案的现金流量资料如下表所示。

丙方案现金流量资料表（单位：万元）

项目	第 0 年	第 1 年	第 2 年	第 3 年	第 4 年	第 5 年	第 6~10 年	第 11 年	合计
原始投资	500	500	0	0	0	0	0	0	1 000
年净利润	0	0	172	172	172	182	182	182	1 790
年折旧额	0	0	72	72	72	72	72	72	720
年摊销额	0	0	6	6	6	0	0	0	18
回收额	0	0	0	0	0	0	0	280	280
税后现金净流量						*A*			*B*
累计税后现金净流量					*C*				

注：“6~10”年一列中的数据为每年数，连续 5 年相等

若该企业要求的必要报酬率为 8%，部分资金时间价值系数如下表所示。

***i*=8%的资金时间价值系数表**

项目	第 1 年	第 6 年	第 10 年	第 11 年
（*F*/*P*，8%，*t*）	—	1.586 9	2.158 9	—
（*P*/*F*，8%，*t*）	0.925 9	—	—	0.428 9

续表

项目	第 1 年	第 6 年	第 10 年	第 11 年
(A/P，8%，t)	—	—	—	0.140 1
(P/A，8%，t)	0.925 9	4.622 9	6.710 1	—

要求：

（1）指出甲方案项目计算期，并说明该方案第 2~6 年的现金净流量（$NCF_{2\sim6}$）属于何种年金形式。

（2）计算乙方案项目计算期各年的现金净流量。

（3）根据丙方案现金流量资料表的数据，写出表中用字母表示的丙方案相关现金净流量和累计现金净流量（列算式），并指出该方案的原始投资投入方式。

（4）计算甲、丙两方案包括建设期的投资回收期。

（5）计算（P/F，8%，10）和（A/P，8%，10）的值。（保留四位小数）

（6）计算甲、乙两方案的净现值指标，并据此评价甲、乙两方案的财务可行性。

六、案例分析题

案例一：盾安传感科技有限公司压力传感器项目可行性研究报告①

（一）项目概述

1. 企业名称、项目建设地址

企业名称：盾安传感科技有限公司（DunAn Sensing Technology Co.，Ltd.）

项目负责人：Tom T. Nguyen

项目建设地址：浙江省诸暨市

2. 总投资、注册资本、出资方式

总投资：2 000 万美元

注册资本：1 000 万美元

出资比例：浙江盾安人工环境股份有限公司以现金形式对合资公司注册资本出资 630 万美元，占合资公司注册资本的 63%。Microlux Technology，Inc.（即 Microlux）以其持有的专利、专有技术、技术诀窍及商业秘密等对合资公司注册资本出资 370 万美元，占合资公司注册资本的 37%。

3. 经营范围

MEMS（micro-electro-mechanical system，即微机电系统）传感器可应用于汽车领域、制冷空调领域、医疗领域、工业控制领域及其他领域的设计、研发、制造与销售。

4. 建设内容和规模

项目主要采用 MEMS 微机械加工工艺路线，运用 Microlux 的专利、专有技术、技术诀窍及商业秘密，利用现有厂房，新增 PCB 自动测试台、Element 自动测试系统、高低温试验箱、压力控制器、烘箱、校准台、综合测试台、电老化台、真空箱、测试/校准

① 资料来源：浙江盾安人工环境股份有限公司公告。

工装、氦检设备、高压空压机、自动点胶机器人及自动上料、全自动引线键合机等先进设备 977 台套，形成年产 1 000 万只压力传感器生产能力。

项目完成后每年可形成销售收入 47 550 万元，利润总额 7 355 万元，销售税金 4 031 万元。

（二）项目背景

1. 开发 MEMS 压力传感器的需要

MEMS 是指集微型传感器、执行器以及信号处理和控制电路、接口电路、通信与电源于一体的微型机电系统。MEMS 压力传感器可以用类似集成电路的设计技术和制造工艺，进行高精度、低成本的大批量生产，从而为消费电子和工业过程控制产品以低廉的成本大量使用 MEMS 传感器打开方便之门，使压力控制变得简单、易用和智能化。传统的机械量压力传感器是基于金属弹性体受力变形，由机械量弹性变形到电量转换输出，因此它不可能像 MEMS 压力传感器那样，有集成电路那么微小，而且成本也远远高于 MEMS 压力传感器。相对于传统的机械量传感器，MEMS 压力传感器的尺寸更小，最大的不超过一厘米，相对于传统“机械”制造技术，其性价比大幅度提高。

MEMS 压力传感器广泛应用于汽车电子，如 TPMS、发动机机油压力传感器、汽车刹车系统空气压力传感器、汽车发动机进气歧管压力传感器、柴油机共轨压力传感器；消费电子，如胎压计、血压计、橱用秤、健康秤，洗衣机、洗碗机、电冰箱、微波炉、烤箱、吸尘器用压力传感器，空调压力传感器，洗衣机、饮水机、洗碗机、太阳能热水器用液位控制压力传感器；工业电子，如数字压力表、数字流量表、工业配料称重等。

2. 企业转型升级的需求

目前 MEMS 压力传感器的全球市场规模达到 20 亿美元，市场空间巨大，可作为公司长期战略发展方向。

通过本项目的实施，实现公司配件产业转型升级，从制冷领域向工业、汽车、医疗等领域拓展。

（三）产品方案

年产 800 万只压力传感器，具体产品方案如下表所示。

产品方案表

序号	名称	预计年销售量/万只	价格/（元/只）	年销售额/万元
1	AVS-19mmSERIES	200	60	12 000
2	AVS-101SERIES	100	75	7 500
3	AVS-201SERIES	150	80	12 000
4	AVS-C305SERIES	60	15	900
5	AVS-601SERIES	120	30	3 600
6	AVS-701SERIES	100	70	7 000
7	AVS-801SERIES	35	50	1 750
8	AVS-808SERIES	35	80	2 800
合计		800		47 550

（四）投资规模和资金筹措方案

1. 估算依据

（1）本投资估算按国家发展和改革委员会（以下简称国家发改委）、建设部颁布的《建设项目经济评价的方法与参数（第三版）》中规定的有关投资估算编制方法进行。

（2）设备及工程费用分别参照供应商近期报价和企业类似工程的概算估列，设备安装费用按设备价的 10%计列。

（3）租赁浙江盾安人工环境股份有限公司位于诸暨市的厂房，建筑面积为 1 500 平方米，不新增土建投资。

（4）本项目预计共投入研发经费 1 590 万元。经费概算如下表所示。

项目研发经费概算表（单位：万元）

序号	经费项目	金额
1	材料费	370
2	测试化验加工费	230
3	燃料动力费	70
4	差旅费	70
5	会议费	50
6	合作、协作研究与交流费	390
7	出版/文献/信息传播/知识产权事务费	20
8	人员劳务费	300
9	专家咨询费	50
10	管理费	25
11	其他开支	15
合计		1 590

（5）本项目外汇汇率暂以 1.0 美元=6.3 元计算，具体以国家公布的外汇汇率计算。

（6）项目开办费按 100 万元计取。

（7）环保投资按 63 万元计取。

（8）职工培训费包括厂内培训和外派学习，该费用合计为 50 万元。

（9）勘察设计费按50万元计取。

（10）预备费仅计算基本预备费，按固定资产投资的 3%计；项目建设期为 2 年，不考虑涨价预备费。

（11）项目建设期 2 年，资金全部为自有资金，无建设期利息。

2. 固定资产投资估算

新增固定资产投资估算为 10 080 万元（折合 1 600 万美元），详见下表。

固定资产投资估算表

序号	工程或费用名称	设备购置/万元	安装工程/万元	其他费用/万元	合计/万元	占总值百分比/%
1	工程费用	7 268	720	1 590	9 578	95.02
1.1	设备投资	7 205			7 205	

续表

序号	工程或费用名称	设备购置/万元	安装工程/万元	其他费用/万元	合计/万元	占总值百分比/%
1.2	研发费用			1 590	1 590	
1.3	安装工程		720		720	
1.4	环保投资	63			63	
2	其他费用			200	200	1.98
2.1	项目开办费			100	100	
2.2	职工培训费			50	50	
2.3	勘察设计费			50	50	
3	预备费			302	302	3.00
合计		7 268	720	2 092	10 080	100.00

3. 流动资金计算

流动资金占用参照企业目前的实际情况，并考虑经营管理水平提高等因素，采用详细分项估算法估算，本项目新增流动资金 400 万美元（人民币 2 520 万元）。

4. 资金筹措

本项目总投资 2 000 万美元（人民币 12 600 万元），其中固定资产投资 1 600 万美元（人民币 10 080 万元），流动资金 400 万美元（人民币 2 520 万元）。

注册资本 1 000 万美元，其中浙江盾安人工环境股份有限公司出资 630 万美元，占注册资本的 63%，Microlux 出资 370 万美元，占注册资本的 37%。注册资本与投资总额之间的差额通过银行贷款、股东贷款或各方在中国境内的关联方委托贷款等方式筹资获得。

5. 资金使用计划

本项目工程建设周期暂定为 2 年，固定资产投资在建设期一次性投入，流动资金在第 3 年年初投入。

（五）盈利能力分析

1. 产品销售收入

本项目拟在 2 年内建成，第 3 年投产，当年达到设计运营负荷能力的 50%，第 4 年达产，生产经营期 10 年。

预计本项目主要收入来源为 MEMS 压力传感器的销售收入，总销售收入为 47 550 万元。具体收入估计如下表所示。

销售收入估算表

名称	预计年销售量/万只	价格/（元/只）	年销售额/万元
AVS-19mmSERIES	200	60	12 000
AVS-101SERIES	100	75	7 500
AVS-201SERIES	150	80	12 000
AVS-C305SERIES	60	15	900
AVS-601SERIES	120	30	3 600
AVS-701SERIES	100	70	7 000

续表

名称	预计年销售量/万只	价格/（元/只）	年销售额/万元
AVS-801SERIES	35	50	1 750
AVS-808SERIES	35	80	2 800
合计	800		47 550

2. 财务评价

主要经济指标详见下表。

主要经济指标表

序号	指标名称	单位	数值	备注
1	产品方案			
	压力传感器	万只	800	
2	能耗情况			
	年用电	万千瓦时	120	
	年用水	立方米	15 000	
3	主要建设指标			
	租赁厂房	平方米	1 000	
4	项目总投资	万元	12 600	2 000 万美元
	固定资产投资	万元	10 080	1 600 万美元
	流动资金	万元	2 520	400 万美元
5	经济效益			
	年销售收入	万元	47 550	
	总成本费用	万元	36 164	
	年折旧费	万元	1 008	
	年利润	万元	7 355	
	税后利润	万元	5 516	
6	财务评价指标			
	投资回收期（静态）	年	4.35	含建设期 2 年
	投资回收期（动态）	年	5.32	含建设期 2 年
	净现值（贴现率 i=12%）	万元	15 342	
	内含报酬率	%	46.27	

（六）项目评价结论

本项目实施后，不仅有利于本公司调整产品结构，推进科技创新，加快发展步伐，提高核心竞争力；而且可为当地新增就业机会和财政收入。

该项目财务评价指标良好，内部收益率远大于基准收益率（12%），项目回收期不长，对经营成本、销售价格、产量及固定资产变化具有较强的抗风险能力，具有较好的经济效益。

项目实施地自然条件、经济基础、原料供应和人员素质，均能保证本项目的顺利实施。

建议项目建成后继续引进先进的管理模式，开拓更广阔的市场，寻找新契机，充分发挥该企业的各种优势，并通过增收节支，多创利润，争取早日收回投资。

通过以上分析，本报告认为该项目具备了技术上的先进性、经济上的合理性、实施上的可行性，因此是切实可行的。

综上所述，本项目是可行的。

（七）案例分析要求

（1）该项目可行性研究报告涉及的内容。

（2）现行项目投资估算的依据有哪些？投资估算涉及哪些内容？

（3）该项目投资财务评价涉及哪些内容？

（4）该项目投资财务评价运用了哪些指标？

（5）计算该项目投资财务评价指标并评价其经济可行性。

案例二：福星电器新建项目投资决策

（一）案例资料

福星电器公司是生产小型家庭电器产品的中型企业。该厂生产的小家电性能可靠，美观实用，价格合理，很受市场欢迎。为扩大生产能力，公司准备新建一条生产线。负责这项投资决策工作的财务经理经过调查研究后，得到如下相关资料。

（1）该生产线的初始投资为 12.5 万元，分两年投入。第一年年初投入 10 万元，第二年年初投入 2.5 万元。第二年年末项目完工正式投产使用。投产后每年可生产电器 1 000 部，每部售价 300 元，每年可获得销售收入 30 万元。投资项目可使用 5 年，5 年后残值 2.5 万元。在生产线运作期间要垫支流动资金 2.5 万元，这笔资金在项目结束时可全部收回。

（2）该项目生产的产品每年总成本构成如下：材料费用 20 万元；制造费用 2 万元；人工费用 3 万元；折旧费用 2 万元。

（3）对各种资金来源进行分析后，得出该公司加权平均的资本成本率为 10%。

（4）公司所得税税率 25%。

根据上述资料，财务经理计算出该项目的营业现金流量、现金净流量和净现值。发现该项目净现值大于 0，认为项目可行。

财务经理将新建项目投资决策的分析提交给公司经理会议讨论，公司各部门负责人对该方案提出了以下的意见：

（1）经营副总经理认为，在项目投资和使用期间，通货膨胀率在 10%左右，将对投资项目的各方面产生影响。

（2）基建部经理认为，由于受物价变动的影响，初始投资将增长 10%，投资项目终结后，设备残值也将增加到 37 500 元。

（3）生产部经理认为，由于物价变动影响，材料费用每年将增加 14%，人工费用也将增加 10%，扣除折旧后的制造费用则要每年增加 4%，折旧费用不变。

（4）销售部经理认为，产品销售价格每年可增加 10%。

（二）案例分析要求

假设你是财务经理，请完成下列事项。

（1）在将项目分析提交经理会议讨论前，计算该项目的净现值。

（2）分析哪些因素影响项目投资决策。

（3）根据经理会议上讨论的情况，重新计算项目每年的现金净流量和项目的净现值，据此决定是否投资。

*参考答案

一、单项选择题

1. B 2. A 3. D 4. D 5. A 6. C 7. C 8. A 9. D 10. D 11. B 12. A 13. D 14. C 15. D 16. A 17. C 18. B 19. C 20. B 21. B 22. B 23. B 24. A 25. C 26. B 27. C 28. D 29. A 30. C

二、多项选择题

1. CD 2. ABCD 3. CD 4. ABCD 5. ABC 6. BC 7. BCD 8. AD 9. AD 10. BC 11. AB 12. ABC 13. ACD 14. AD 15. AC 16. ABCD 17. AC 18. ABC 19. ABD 20. ABCD

三、判断题

1. √ 2. × 3. √ 4. √ 5. × 6. × 7. √ 8. × 9. × 10. √ 11. × 12. × 13. √ 14. √ 15. √ 16. × 17. × 18. × 19. √ 20. ×

四、计算分析题

1. 甲方案各个时点现金净流量：

NCF_0=−60 000 元；$NCF_{1\sim5}$=（30 000−10 000−60 000/5）（1−25%）+60 000/5=18 000（元）

乙甲方案各个时点现金净流量：

NCF_0=−78 000 元

NCF_1=（34 000−12 000−60 000/5）（1−25%）+60 000/5=19 500（元）

NCF_2=（34 000−12 600−60 000/5）（1−25%）+60 000/5=19 050（元）

NCF_3=（34 000−13 200−60 000/5）（1−25%）+60 000/5=18 600（元）

NCF_4=（34 000−13 800−60 000/5）（1−25%）+60 000/5=18 150（元）

NCF_5=（34 000−14 400−60 000/5）（1−25%）+60 000/5+12 000+6 000=35 700（元）

2.

项目投资营运资本估算表（单位：万元）

项目	第 0 年	第 1 年	第 2 年	第 3 年	第 4 年	第 5 年
销售收入		3×10 000 =30 000	30 000×1.02 =30 600	30 600×1.02 =31 212	31 212×1.02 =31 836.24	31 836.24×1.02 =32 472.964 8
营运资本需要量	30 000×10% =3 000	30 600×10% =3 060	31 212×10% =3 121.2	31 836.24×10% =3 183.624	32 472.964 8×10% =3 247.296 48	
垫支营运资本	3 000	60	61.2	62.424	63.672 48	

则第5年年末回收的营运资本为=3 000+60+61.2+62.424+63.672 48=3 247.30（万元）

3．A方案

投资回收期=10 000/3 200=3.125（年）

平均报酬率=（3 200–2 000）/10 000=12%

净现值=3 200×3.791–10 000=2 131.2（万元）

现值指数=（3 200×3.791）/10 000=1.213

由于3 200×（P/A，IRR，5）–10 000=0，则（P/A，IRR，5）=3.125，查年金现值系数表并用插值法求得A方案的内含报酬率为18.03%。

B方案

投资回收期=4+（15 000–3 800–3 560–3 320–3 080）/2 840=4.44（年）

平均报酬率=［（1 800+1 560+1 320+1 080+840）÷5］/15 000=8.8%

净现值

=3 800×0.909+3 560×0.826+3 320×0.751+3 080×0.683+7 840×0.621–15 000

=860.36（万元）

现值指数

=（3 800×0.909+3 560×0.826+3 320×0.751+3 080×0.683+7 840×0.621）÷15 000

=1.057

试算：贴现率为10%时，该方案净现值为860.36万元；贴现率为12%时，该方案净现值为1.28万元。利用插值法求得B方案的内含报酬率为11.99%。

4．（1）

项目第0年的现金流出量

=设备买价+支付的装修费+购买商标使用权支出+垫支的营运资金

=400+10+100+50

=560（万元）

项目第0年的现金净流量=–560（万元）

第1~8年每年折旧额

=400×（1–10%）/8

=45（万元）

第1~10年每年的摊销额=10/5+100/10=12（万元）

第1~4年每年的营业现金净流量

=（收入–付现成本–折旧–摊销）（1–所得税税率）+折旧+摊销

=（300–200–45–12）×（1–25%）+45+12

=89.25（万元）

第5年现金净流量

=第5年营业现金净流量–支付的装修费

=89.25–10

=79.25（万元）

第 6~8 年每年的营业现金净流量
=（收入−付现成本−折旧−摊销）(1−所得税税率）+折旧+摊销
=（300−200−45−12）×（1−25%）+45+12
=89.25（万元）
第 9 年的营业现金净流量
=（收入−付现成本−摊销）(1−所得税税率）+摊销
=（300−200−12）×（1−25%）+12
=78（万元）
项目结束时的回收额
=收回营运资金+固定资产残值损失抵税
=50+40×25%=60（万元）
第 10 年的现金净流量
=第 10 年的营业现金净流量+项目结束时的回收额
=（收入−付现成本−摊销）(1−所得税税率）+摊销+项目结束时的回收额
=（300−200−12）×（1−25%）+12+60
=138（万元）

（2）净现值=89.25×（*P*/*A*，5%，4）+79.25×（*P*/*F*，5%，5）+89.25×（*P*/*A*，5%，3）×（*P*/*F*，5%，6）+78×（*P*/*F*，5%，9）+138×（*P*/*F*，5%，10）−560
=89.25×3.546+79.25×0.784+89.25×2.723×0.746+78×0.645+138×0.614−560
=134.95（万元）

因为净现值大于 0，所以该项目可行。

5．第 1 年现金净流量的期望值为 600×0.2+800×0.6+1 000×0.2=800（万元）
第 2 年现金净流量的期望值为 700×0.2+900×0.4+1 000×0.4=900（万元）
第 3 年现金净流量的期望值为 500×0.3+900×0.4+1 300×0.3=900（万元）
第 1 年现金净流量的标准差为

$$\sqrt{(800-600)^2\times0.2+(800-800)^2\times0.6+(800-1\,000)^2\times0.2}=126.49\text{（万元）}$$

第 2 年现金净流量的标准差为

$$\sqrt{(900-700)^2\times0.2+(900-900)^2\times0.4+(900-1\,000)^2\times0.4}=109.54\text{（万元）}$$

第 3 年现金净流量的标准差为

$$\sqrt{(900-500)^2\times0.3+(900-900)^2\times0.4+(900-1\,300)^2\times0.3}=309.84\text{（万元）}$$

第 1 年的变异系数为 126.49÷800=0.16
第 2 年的变异系数为 109.54÷900=0.12
第 3 年的变异系数为 309.84÷900=0.34

第 1 年的肯定当量系数为 0.8；第 2 年的肯定当量系数为 0.9；第 3 年的肯定当量系数为 0.6

净现值=800×0.8×（P/F，8%，1）+900×0.9×（P/F，8%，2）

+900×0.6×（P/F，8%，3）−1 500=215.57（万元）

因此方案经济可行。

6.（1）不含有风险的净现值（i=10%）：

NPV=11 500×（P/F, 10%, 1）+14 500×（P/F, 10%, 2）+18 700×（P/F, 10%, 3）−31 200

=36 474.2−31 200=5 274.2（元）

（2）风险调整后的净现值：

风险调整贴现率 K=10%+0.5×（14%−10%）=12%

NPV=11 500×（P/F, 12%, 1）+14 500×（P/F, 12%, 2）+18 700×（P/F, 12%, 3）−31 200

=35 140.4−31 200=3 940.4（元）

五、综合题

1.（1）项目计算期为 12 年

固定资产每年折旧为（500−40）/10=46（万元）

无形资产投资额为 50 万元

每年的总成本为 129+46+5=180（万元）

每年的净利润为（380−180）（1−30%）=140（万元）

（2）第 1 年年初现金净流量为−550 万元、第 2 年年初现金净流量为 0、第 3 年年初现金净流量为−100 万元

每年的营业现金净流量为 140+46+5=191（万元）

终结点的现金净流量为 191+40+100=331（万元）

（3）净现值=［191×（P/A，10%，12）−191×（P/A，10%，2）

+140×（P/S，10%，12）］−550−100×（P/S，10%，2）

=381.958（万元），因此方案可行

（4）B 方案的净现值为 200×（P/A，10%，10）−700=529（万元）

2.（1）厂房投资 10 000 万元；设备投资 6 000 万元；营运资本投资 4 000 万元；

初始投资总额=10 000+6 000+4 000=20 000（万元）

（2）设备年折旧=6 000×（1−10%）÷6=900（万元）

设备第 5 年年末账面价值=6 000−900×5=1 500（万元）

厂房年折旧=10 000×（1−10%）÷20=450（万元）

厂房第 5 年年末账面价值=10 000−450×5=7 750（万元）

（3）厂房处置损益=9 000−7 750=1 250（万元）

厂房处置净现金流入=9 000−1 250×25%=8 687.5（万元）

设备处置损益=1 000−1 500=−500（万元）

设备处置净现金流入=1 000−（−500×25%）=1 125（万元）

（4）

项目投资评价表（单位：万元）

项目	2015年年底	2016年	2017年	2018年	2019年	2020年
固定资产投资：						
厂房投资	−10 000					
设备投资	−6 000					
各年的营运资本	4 000	4 200	4 410	4 630.5	4 862.03	
垫支的营运资本	−4 000	−200	−210	−220.5	−231.53	
销售收入		40 000	42 000	44 100	46 305	48 620.25
变动成本		24 000	25 200	26 460	27 783	29 172.15
固定付现成本		8 000	8 080	8 160.8	8 242.41	8 324.83
折旧		1 350	1 350	1 350	1 350	1 350
税后收入		30 000	31 500	33 075	34 728.75	36 465.19
减：税后付现成本		24 000	24 960	25 965.6	27 019.06	28 122.74
加：折旧抵税		337.5	337.5	337.5	337.5	337.5
营业现金流量		6 337.5	6 877.5	7 446.9	8 047.19	8 679.95
回收营运资本						4 862.03
处置固定资产回收流量						9 812.5
项目现金净流量	−20 000	6 137.5	6 667.5	7 226.4	7 815.66	23 354.48
贴现系数（10%）	1	0.909 1	0.826 4	0.751 3	0.683	0.620 9
各年现金流量现值	−20 000	5 579.60	5 510.02	5 429.19	5 338.10	14 500.80
项目净现值	16 357.71					
未回收投资		−13 862.5	−7 195			
静态投资回收期/年	2+7 195/7 226.4=3					

3.（1）该公司当前的加权平均资本成本

债券资本成本=8.88%×（1−40%）=5.33%

股票资本成本=5%+0.875×（13%−5%）=12%

加权平均资本成本=5.33%×［（959×100）/（959×100+22.38×10 000）］

+12%×［（22.38×10 000）/（959×100+ 22.38×10 000）］=10%

（2）含有风险的贴现率=10%+2%=12%

（3）年经营现金净流量=（30×200−30×160−400−200）×（1−40%）+200=560（万元）

（4）5 年后处置时的现金净流量=100+750=850（万元）

（5）投资回收期=1 850/560=3.3（年）

净现值=560×（P/A，12%，5）+ 850×（P/S，12%，5）−1 850

=2 500.978−1 850=650.98（万元）

现值指数=［560×（P/A，12%，5）+850×（P/S，12%，5）］/1 850

=2 500.978/1 850=1.35

4.（1）甲方案项目计算期=6 年；第 2~6 年的现金净流量（$NCF_{2\sim6}$）属于递延年金形式

（2）NCF_0=–800–200=–1 000（万元）

$NCF_{1\sim9}$=营业收入–付现成本–所得税=500–200–50=250（万元）

NCF_{10}=250+80+200=250+280=530（万元）

（3）*A*=净利润+折旧=182+72=254（万元）

B=净利润+折旧+摊销额+回收额–原始投资=1 790+720+18+280–1 000=1 808（万元）

C=–500–500+（172+72+6）×3=–250（万元）

该方案的资金投入方式为分次等额投入

丙方案现金流量资料表（单位：万元）

项目	第 0 年	第 1 年	第 2 年	第 3 年	第 4 年	第 5 年	第 6~10 年	第 11 年	合计
原始投资	500	500	0	0	0	0	0	0	1 000
年净利润	0	0	172	172	172	182	182	182	1790
年折旧额	0	0	72	72	72	72	72	72	720
年摊销额	0	0	6	6	6	0	0	0	18
回收额	0	0	0	0	0	0	0	280	280
税后现金净流量	–500	–500	172+72+6 =250	250	250	*A*=182+72 =254			*B*=1 808
累计税后现金净流量	–500	–1 000	–750	–500	C=–250				

（4）甲方案的静态投资回收期=1+4=5（年）

丙的静态投资回收期=4+250/254=4.98（年）

（5）（*P*/*F*，8%，10）=1/（*P*/*F*，8%，10）=1/2.158 9=0.463 2

（*A*/*P*，8%，10）= 1/（*A*/*P*，8%，10）=1/6.710 1=0.149 0

（6）$NPV_{甲}$=–1 000 +［250（*P*/*A*，8%，6）–250（*P*/*A*，8%，1）］

=–1 000+250×4.622 9–250×0.925 9=–75.75（万元）

$NPV_{乙}$=–800–200+250×（*P*/*A*，8%，10）+280×（*P*/*F*，8%，10）

=–1 000+250×6.710 1+280×0.463 2=807.22（万元）

由于甲方案的净现值为–75.75 万元，小于 0，所以该方案不具备财务可行性；因为乙方案的净现值大于 0，所以乙方案具备财务可行性。

六、案例分析题

案例一

（1）项目可行性研究报告一般涉及项目概述、项目背景、产品方案、投资规模和资金筹措方案、盈利能力分析、结论等内容。

（2）现行项目投资估算依据国家发改委、建设部颁布的《建设项目经济评价的方法与参数（第三版）》中规定的有关投资估算编制方法。投资估算涉及固定资产投资估算、流动资金计算、资金筹措、资金使用计划等内容。

（3）此项目投资财务评价涉及产品方案、能耗情况、主要建设指标、项目总投资、经济效益指标、财务评价指标等内容。

（4）此项目投资财务评价运用了现金净流量、静态投资回收期、动态投资回收期、净现值、内部收益率等财务指标。

（5）该项目每年现金净流量分布：

NCF_0=−10 080 万元

NCF_1=0

NCF_2=−2 520 万元

NCF_3=5 516÷2+1 008=3 766（万元）

$NCF_{4\sim12}$=5 516+1 008=6 524（万元）

非贴现投资回收期（包括建设期）=4+（12 600−3 766−6 524）÷6 524=4.35（年）

贴现投资回收期（包括建设期）=5+（12 600−2 681.39−4 149.26−3 699.11）÷3 307.67
=5.63（年）

净现值=6 524×（P/A，12%，9）×（P/F，12%，3）+3 766×（P/F，12%，3）−10 080−2 520
×（P/F，12%，2）
=6 524×5.328×0.712+3 766×0.712−10 080−2 520×0.797
=15 342（万元）

内部收益率：

假设贴现率为 30%，则

净现值=6 524×（P/A，30%，9）×（P/F，30%，3）+3 766×（P/F，30%，3）−10 080−2 520
×（P/F，30%，2）
=6 524×3.019×0.455+3 766×0.455−10 080−2 520×0.592
=−896.65（万元）

假设贴现率为 28%，则

净现值=6 524×（P/A，28%，9）×（P/F，28%，3）+3 766×（P/F，28%，3）−10 080−2 520
×（P/F，28%，2）
=6 524×3.184×0.477+3 766×0.477−10 080−2 520×0.610
=87.62（万元）

利用插值法，该项目内部收益率为 $28\%+\left(2\%\times\dfrac{87.62}{87.62+896.65}\right)=28.18\%$

由于净现值大于 0，内部收益率大于设定的基准收益率，所以该项目经济可行。

案例二

（1）该项目年现金净流量分布：

NCF_0=−10 万元

NCF_1=−2.5 万元

NCF_2=−2.5 万元

$NCF_{3\sim6}$=（30−27）×（1−25%）+2=4.25（万元）

NCF_7=4.25+2.5=6.75（万元）

净现值=4.25×（P/A，10%，5）×（P/F，10%，2）+2.5×（P/F，10%，7）−10
−2.5×（P/F，10%，1）−2.5×（P/F，10%，2）
=4.25×3.791×0.826+2.5×0.513−10−2.5×0.909−2.5×0.826
=0.25（万元）

（2）本案例中，影响因素有固定资产投资额、流动资金投资额、营业现金收入和支出，以及项目终结收回的投资及投入资本的平均资本成本率。这些项目对决策有直接影响。此外，通货膨胀因素会使这些项目的金额发生变化，由此影响项目投资决策。

（3）由于受物价变动的影响，投资增长 10%，投资项目终结后，设备残值增加到 37 500 元；材料费用每年增加 14%，人工费用增加 10%，扣除折旧后的制造费用每年增加 4%，折旧费用不变；产品销售价格每年增加 10%。重新计算该项目每年现金净流量如下表所示。

福星电器新建项目投资评价表（单位：万元）

项目	第 0 年	第 1 年	第 2 年	第 3 年	第 4 年	第 5 年	第 6 年	第 7 年
固定资产投资	11	2.75						
流动资金投资			2.75					
销售收入				33.00	36.30	39.93	43.92	48.32
材料费用				22.80	25.99	29.63	33.78	38.51
人工费用				3.30	3.63	3.99	4.39	4.83
制造费用				2.08	2.16	2.25	2.34	2.43
折旧费用				2.00	2.00	2.00	2.00	2.00
利润总额				2.82	2.52	2.06	1.41	0.55
净利润				2.12	1.89	1.54	1.06	0.41
营业现金净流量				4.12	3.89	3.54	3.06	2.41
终结点现金流量								3.75
现金净流量	−11	−2.75	−2.75	4.12	3.89	3.54	3.06	6.16
现金净流量现值	−11	−2.50	−2.27	3.09	2.66	2.20	1.73	3.16
净现值	−2.93							

由上述计算结果可见，该项目在物价变动的情况下，净现值变为负数，所以该项目经济不可行。

第四章

金融投资

【本章学习目标】

了解金融投资的特点与目的、金融投资的原则、债券投资的特点、股票投资的特点、基金特点及类型、期权特征与财务功能、期权交易的基本策略、实物期权在投资决策中的应用；理解金融投资、基金、期权等基本概念；掌握证券估价方法、证券投资的收益与风险、证券投资组合的收益与风险、基金的价值、基金投资的收益与风险、期权的价值分析、布莱克-斯科尔斯（Black-Scholes）期权定价模型。

*知 识 要 点

第一节　金融投资概述

一、金融投资的对象与特点

（一）金融投资的对象

相关定义	金融投资的对象是金融资产，它是指能够代表一定价值的对财产或所得具有索取权的无形资产，主要以凭证或契约的形式来体现。能够在金融市场进行买卖交易的标准化契约凭证，又称为“金融工具”，包括基本金融工具与衍生金融工具
主要类型	常见的金融工具主要有债券、股票、基金、期货合约、期权合约、外汇等。债券和股票是最基本的金融工具，期货与期权则被称为衍生金融工具

（二）金融投资的特点

金融投资与项目投资比较，具有独立性较强、回收时间较短、投资风险较大等特点。

二、金融投资的目的

主要目的	获得投资收益
具体目的	存放暂时闲置的资金； 投机获取高额收益；

续表

具体目的	获得长期稳定的收益； 获得对被投资企业的控制权； 利用衍生金融工具规避风险

三、金融投资的原则

企业从事金融投资应遵循收益性、安全性、流动性三项原则。

第二节　证券投资

一、债券投资

（一）债券投资的特点

特点	偿还性：是指债券有规定的偿还期限，债务人必须按期向债权人支付利息和偿还本金； 流动性：是指债券持有人可按自己的需要和市场的实际状况，灵活地转让债券，以提前收回本金和实现投资收益； 安全性：一方面是指债权人对剩余财产的求偿权位于股东之前，另一方面是指债券持有人的收益相对固定，不随发行者经营收益的变动而变动，并且可按期收回本金； 收益性：是指债券具有给投资者带来一定收益的特性，主要来源于利息收入和投资者买卖债券的价差收益

（二）债券的估价

债券的价值有债券面值、债券市场价格和债券内在价值三种表现方式。

债券的内在价值，是指债券未来现金流入按投资者要求的必要投资收益率进行贴现的现值，即债券各期利息收入的现值加上债券到期偿还本金的现值之和。只有债券的内在价值大于市场价格才值得购买，才能获取投资收益。债券内在价值与投资者当前要求的收益率（当前市场利率）的变动呈反向关系。

债券投资决策就是在估算债券内在价值并比较内在价值和市场价格的基础上做出的。如果内在价值大于市场价格，就进行投资，否则就放弃。

对债券的内在价值进行估算即债券估价，债券估价的模型有以下几种。

债券估价的一般模型：每年年末付息，到期一次还本的债券估价模型	$P_b=\sum_{t=1}^{n}\frac{I_t}{(1+i)^t}+\frac{P_n}{(1+i)^n}$ 其中，P_b 为债券的价值；I_t 为第 t 期的利息收入，等于债券票面价值与票面利率的乘积；i 为贴现率，或投资者要求的必要报酬率；P_n 为到期日的本金收回额，即债券的面值；n 为投资日至债券到期的期数
到期一次还本付息，且按单利计算利息的债券估价模型	$P_b=(I\times n+P_n)\times(P/F,i,n)$
贴现发行债券的估价模型	$P_b=P_n\times(P/F,i,n)$

（三）债券投资的收益

债券投资的收益是投资债券所获得的全部投资报酬，这些投资报酬来源于债券的利息收入与买卖差价收益（也称为资本利得）。债券投资的收益率其实质就是该债券投资净现值为 0 时的折现率。不同类型的债券，因计息方式不同，投资时间不同，其投资收益率的计算方法也有所差异。

<table>
<tr><td rowspan="2">短期债券收益率</td><td colspan="2">定义：短期债券由于投资者持有期限较短，一般不用考虑货币时间价值因素，只需考虑债券价差及利息收入，将收益额与投资额相比，即可求得短期债券收益率</td></tr>
<tr><td>公式：
$i_b = \frac{P_1 - P_0 + I}{P_0} \times 100\%$</td><td>其中，$i_b$ 为债券的短期投资收益率；P_1 为债券的出售价格；P_0 为债券的当前市场价格；I 为债券持有期间的利息</td></tr>
<tr><td rowspan="2">长期债券收益率</td><td colspan="2">定义：长期债券投资收益率一般是指购进债券后一直持有至到期日止可获得的收益率，也称到期收益率，它是使未来现金流量现值等于债券购入价格的贴现率</td></tr>
<tr><td colspan="2">计算方法：
每年等额付息到期还本的债券收益率。求出使债券持有至到期所得现金流量的净现值等于 0 的贴现率。公式：$P_0 = I \times (P/A, i_b, n) + P_n \times (P/F, i_b, n)$。用逐步测试法解出式中的 i_b 即为债券收益率
到期一次还本付息的单利债券收益率。公式：$P_0 = (I \times n + P_n) \times (P/F, i_b, n)$。求解出的 i_b 即为债券收益率</td></tr>
</table>

（四）债券投资的风险

违约风险	是指债券发行人无法按时支付债券利息和偿还本金的风险。避免违约风险的方法是不买质量差的债券
利率风险	是指市场利率变动引起的债券价格波动使投资者遭受损失的可能性。减少利率风险的办法是分散债券的到期日
购买力风险	是指通货膨胀使货币购买力下降的风险。房地产、普通股等投资购买力风险相对低，而收益长期固定的债券购买力风险相对高
变现力风险	是指无法在短期内以合理价格卖掉资产的风险。国库券有一个活跃的市场，一定程度上可以规避变现力风险
再投资风险	是指由于债券期限长短而给投资人带来的风险。发行人相同的长期债券比短期债券的再投资风险大

（五）债券投资的评价

债券投资的优点	本金安全性高、投资收益稳定性、流动性较好
债券投资的缺点	购买力风险大，债券持有人不能参与企业经营管理

二、股票投资

（一）股票投资的定义及其目的

定义	股票投资是企业以股票作为投资对象的一种投资方式。股票投资主要分为普通股投资和优先股投资。相对优先股投资而言，普通股投资具有股利收入不稳定、价格波动大、投资风险高、投资收益高的特点
目的	获取收益； 获得企业控制权

（二）股票的估价

股票价值有股票面值、账面价值（即每股净资产）、股票市场价格和股票内在价值等表现形式。股票内在价值是投资股票期间获得的相关现金流量的现值，是股票的真实价值，也是形成股票市场价格的基础。

估算股票内在价值的基本方法是贴现现金流量法。该方法的主要参数有两个：一是投资期内的各期现金流入量，包括各年的现金股利和卖价收入。二是贴现率，一般是指特定股票的必要投资报酬率。

基本模型	适用于股东不中途转让股票，股票投资没有到期日，投资股票所得的未来现金流量是各期的股利： $$P_s=\sum_{t=1}^{\infty}\frac{D_t}{(1+i)^t}$$ 其中，P_s 为股票的内在价值；D_t 为第 t 年的现金股利；i 为股票投资者要求的必要报酬率 对于优先股而言，由于获得固定的股利，并且没有到期日，所以其未来的现金股利是一个永续年金，其价值为 $$P_s=\frac{D}{i}$$
其他常用的股票估价模型	固定股利模型。在未来每年股利稳定不变，投资者持有期间很长的情况下，投资者未来所获得的现金流入是一个永续年金，则这种股票的估价模型等同于优先股的估价模型
	股利固定增长模型。如果公司当期的股利为 D_0，未来各期的股利以固定的增长率 g 增长，此时，股票的估价模型为 $$P_s=\sum_{t=1}^{\infty}\frac{D_0(1+g)^t}{(1+i)^t}=\frac{D_0(1+g)}{i-g}$$ 运用这一模型时，估计现金股利增长率 g 是一个难题，可利用以下公式估计： g=留存收益比率×净资产收益率（ROE）
	股利非固定增长模型。一般来说，公司发放的现金股利是非固定增长的。在企业高速发展期（前 n 年），股利按较高的增长率 g_1 增长；等企业发展速度减缓时（从第 n+1 年起）再按照正常的增长率 g_2 增长。具体的计算公式如下： $$P_s=\sum_{t=1}^{n}\frac{D_0(1+g_1)^t}{(1+i)^t}+\frac{D_{n+1}}{(i-g_2)}\times\frac{1}{(1+i)^n}$$

（三）股票投资的收益

股票投资的收益由股利收益和买卖价差收益（也称资本利得）构成。

股票投资的收益率	股票的收益率就是股票投资未来现金流量贴现值等于目前购买价格时的贴现率。只有当股票投资的收益率高于投资者要求的最低报酬率时，投资者才愿意购买该股票。用股票的购买价格 P_0 代替其内在价值 P_s，运用逐步测试法和内插法就可以近似地计算股票投资的内部收益率
市盈率决定的收益率	PE 表示市盈率，股票投资的收益率就是 $$i_s=\frac{1}{\text{PE}}=\frac{\text{EPS}_0}{P_0}$$ 其中，i_s 表示股票投资收益率；EPS_0 表示股票的每股收益；P_0 为股票的市场价格 用市盈率估计股票投资收益两个前提：一是公司本期的净利润全部用来发放股利；二是股利增长率为 0

（四）股票投资的评价

股票投资的优点	投资收益高；购买力风险较低；股东拥有表决权，可影响甚至控制企业的经营决策
股票投资的缺点	投资风险大，且股东求偿权居后，无法保证投资本金最终收回

三、证券投资组合

证券投资组合	定义	是指在进行证券投资时，不是将所有的资金都投向单一的某种证券，而是有选择地投向一组证券。这种同时投资于多种证券的做法称为证券的投资组合
证券投资组合的风险收益率	公式	根据资本资产定价模型，推导出投资组合风险收益率的计算公式： $$K_P=\beta_P\left(\overline{K}_m-R_f\right)$$ 其中，K_P 为投资组合的风险收益率；β_P 为投资组合的 β 系数；$\overline{K}_m$ 为市场组合的平均收益率；R_f 为无风险收益率 从上式可以看出，在其他因素不变的情况下，投资组合的风险收益率与投资组合的 β 系数成正比

第三节 基金投资

一、证券投资基金的概念和特点

概念	本质上证券投资基金是一种投资组织，它是按照共同投资、共担风险、共享收益的基本原则，运用现代信托关系的机制，通过发行证券投资基金单位，将投资者分散的资金集中起来投资于有价证券以实现预期投资目的的一种投资组织
特点	集合性：投资基金将众多投资者大小不等的资金集中起来进行投资； 专业性：投资基金由专业的基金管理人负责经营，投资经营管理水平远高于一般投资者； 组合性：投资基金多采取组合投资的策略，分散风险； 利益共享、风险共担：证券投资基金进行投资取得的收益在扣除各种费用后，按基金投资者的出资比例进行分配，投资基金的投资风险也是由投资者按出资比例共同承担的

二、证券投资基金的类型

1. 根据基金单位是否可以赎回，可分为封闭式基金和开放式基金

（1）封闭式基金，是指经核准的基金份额总额在基金合同期限内固定不变，基金份额可以在依法设立的证券交易所交易，但基金份额持有人不得申请赎回的基金。它是有一定期限的、规模不变的投资基金，其交易必须在基金上市的二级市场进行，其价格随行就市。封闭式基金具有股票和债券的特点，投资风险小于股票，大于固定收益债券。

（2）开放式基金，是指基金份额总额不固定，基金份额可以在基金合同约定的时间和场所申购或者赎回的基金。它是没有固定期限和规模，投资者可以随时申购和赎回的投资基金，投资者买卖开放式基金一般在规定的地点进行柜台交易，其价格根据基金净值加上一定的手续费来确定。

我国封闭式基金和开放式基金的主要区别如下。

项目	封闭式基金	开放式基金
交易方式	深、沪两市上市交易	在基金管理公司或代销机构（主要是商业银行、证券公司）进行柜台交易
基金存续期限	有固定的期限	没有固定期限
基金规模	固定额度，一般不能再增加发行	有最低的规模限制但无上限
赎回限制	在期限内不能直接赎回基金，需通过上市交易套现	开放日可以随时提出购买或赎回申请
分红方式	现金分红	现金分红、再投资分红
投资费用	交易手续费	申购费和赎回费
投资策略	封闭式基金不可赎回，无须提取准备金，能够充分运用资金，进行长期投资，取得长期经营绩效	必须保留一部分现金或流动性强的资产，以便应付投资者随时赎回，进行长期投资会受到一定限制。随时面临赎回压力，须更注重流动性等风险管理，要求基金管理人具有更高的投资管理水平

续表

项目	封闭式基金	开放式基金
信息披露	基金单位资产净值每周至少公告一次	单位资产净值每个开放日进行公告

2. 其他主要类型

（1）按基金投资对象，分为股票基金、债券基金、货币市场基金、期货基金、期权基金和认股权证基金等。

（2）按基金的募集方式，分为公募基金和私募基金。

（3）按基金的交易性质，分为指数基金和交易所交易基金。

三、证券投资基金的收益和风险

（一）基金的收益

证券投资基金的收益主要包括两个方面：一是基金持有期间获得的分红；二是基金买卖的价差收益。

1. 基金的价值

相关概念	基金的内在价值是指由基金投资所等带来的现金净流量。基金价值取决于目前能给基金持有人带来的现金流量，与基金的净资产价值密切相关。这种现金流量用基金的净资产价值来表示： 基金的净资产价值=基金总资产的市场价值–基金负债总额 基金总资产包括其所有的现金、所投资的各种有价证券，其市场价值等于基金投资的所有证券的当日市场价值或公允价值加上现金资产的价值； 基金的负债主要包括以基金名义对外的融资借款、应付投资者的分红、应付基金管理公司的管理费、应付基金托管人的托管费等； 基金单位净值是指某一时点每份基金单位所具有的市场价值，也称为单位净资产值或单位资产净值
基本指标	$基金单位净值=\frac{基金净资产价值总额}{基金单位总份额}=\frac{基金总资产的市场价值-基金负债总额}{基金单位总份额}$

2. 基金的价格

基金的交易价格是以基金单位净值为基础的，基金单位净值越高，基金的价格也越高。

封闭式基金在二级市场上竞价交易，其交易价格由供求关系和基金业绩决定，理论上应围绕基金单位净值上下波动，但由于流动性等因素的影响，交易价格一般低于基金单位净值，这种现象称为基金的“折价”。

开放式基金实行柜台交易，其价格包括申购价格和赎回价格。

申购价格	方法一	申购费用=申购金额×申购费率 申购份额=（申购金额–申购费用）÷申购当日基金单位净值
	方法二	申购价格=基金单位净值×（1+申购费率） 申购份额=申购金额÷申购价格
赎回价格		赎回价格=基金单位净值×（1–赎回费率） 赎回金额=赎回价格×赎回份额

3. 基金的投资收益

基金投资的总收益由买卖价差收益和投资期间获得现金红利组成。

基金投资收益的衡量可用持有期间的基金回报率和买卖完成后的基金投资收益率来表示。

$$基金回报率=\frac{年末基金单位净值\times年末持份数-年初基金单位净值\times年初持份数+本年现金红利}{年初基金单位净值\times年初持份数}$$

$$基金投资收益率=\frac{基金投资价差净额+累计现金红利}{基金投资总额}$$

基金投资收益率公式适用于单期投资的收益率计算。如果投资期很长，则可利用贴现模型计算投资的内在报酬率。

（二）基金投资的风险

系统性风险	系统性风险就是基金市场风险，它是由于基金之外的因素，如政治、经济、政策或者法律的变动导致市场行情波动产生的投资风险。基金的系统性风险要比其他有价证券的风险小
个别风险	个别风险就是由于单个基金自身的因素导致基金资产价值变动的可能性。它主要是由基金投资组合的策略、投资对象的风险、基金管理公司的经营能力、基金托管公司的可靠程度、基金经理的才干和经验等因素决定的

四、基金投资的评价

基金投资的优点	专家管理，分散风险； 变现灵活，流动性好； 节省时间和精力
基金投资的局限性	风险规避的局限性； 投资领域的局限性； 基金治理制度的局限性

第四节 期权投资

一、期权概述

（一）期权的概念、分类、特征与财务功能

定义	期权也称为选择权，是一种选择权合约，它赋予持有人在某给定日期或该日期之前的任何一个交易日以事先约定价格购进或售出一种资产的权利
相关概念	交易标的物和交易方。期权交易标的物是指执行期权权利对象，也就是合约商品。期权交易方是指期权合约的买方和卖方，购买期权合约的称为期权买方，出售期权合约的称为期权卖方
	履约价格，又称为执行价格，是双方约定的期权合约标的物的成交价格。履约价格一经确定，在期权合约期限内不能改变。应当注意，期权履约价格并不是期权本身的价格
	权利金。权利金是期权买方为取得选择权而付出的期权购买费，也称为期权价格、期权费
分类	根据期权购买者的权利，分为看涨期权与看跌期权。看涨期权，也称买入期权或称买权，是指期权购买者可在期权有效期内以事先确定的履约价格向期权出售者买进一定数量某种期权合约标的物。看跌期权，也称卖出期权或称卖权，是指期权购买者可在期权有效期内以事先确定的履约价格向期权出售者卖出一定数量期权合约标的物
	根据期权履约的时间，分为欧式期权与美式期权。欧式期权，是指期权购买者只能在期权到期日执行的期权。美式期权，是指期权购买者在期权有效期内任何一个交易日都可以行使其权利
	根据期权合约的标的资产，分为金融期权与实物期权。金融期权是指以金融商品或金融期货合约为标的物的期权。实物期权是指以实物资产为标的物的期权，标的物是到期交割的现货商品

续表

特征	期权是单向合约，风险收益机制是非对称性的，这是期权运作的最大特征。其非对称风险收益机制主要表现在以下三个方面： 权利义务的不对称。在支付了期权权利金以后，期权的买方有权履行期权合约，也有权放弃期权合约；而期权的卖方只有履行期权合约的义务，并无放弃期权合约的权利 风险与收益的不对称。期权买方的风险是已知的，仅限于支付的权利金，而潜在的收益在理论上是无限的。期权卖方的收益是已知的，仅限于收到的权利金，而风险损失在理论上是无限的 获利概率的不对称。由于期权卖方承受的风险很大，为取得平衡，设计期权合约时通常会使期权卖方获利的概率远大于期权买方
财务功能	风险转移功能。其是将期权标的物市场价格变化的风险通过一定的运行机制，从一部分人手中转移到另一部分人手中，期权市场风险转移是通过套期保值来实现的
	价值定位功能。期权交易所集中了来自四面八方、社会各界的买卖交易者，带来了对期权合约标的物的供求信息和市场预计。合约中的履约价格就是供求双方对合约标的物未来价格的预计，是双方达成的市场均衡价格，给现货市场的价值定位提供了方向

（二）期权交易基本类型

期权交易最基本的类型是四种，即购买看涨期权、购买看跌期权、出售看涨期权、出售看跌期权。这四种基本类型的盈亏状况如下图所示。

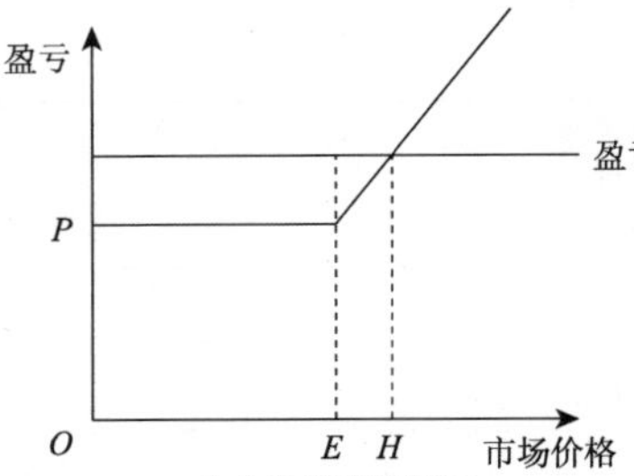

（a）购买看涨期权

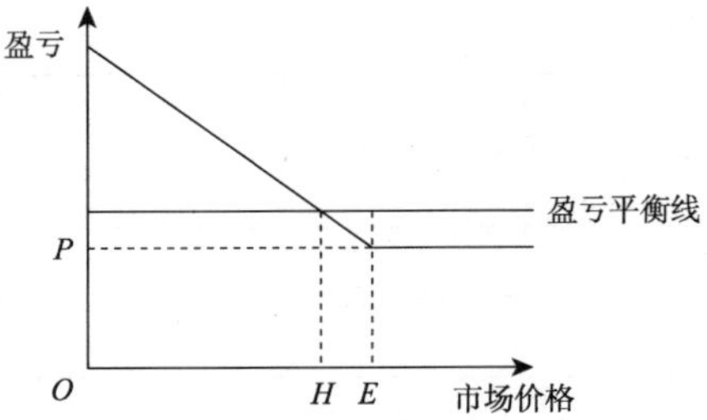

（b）购买看跌期权

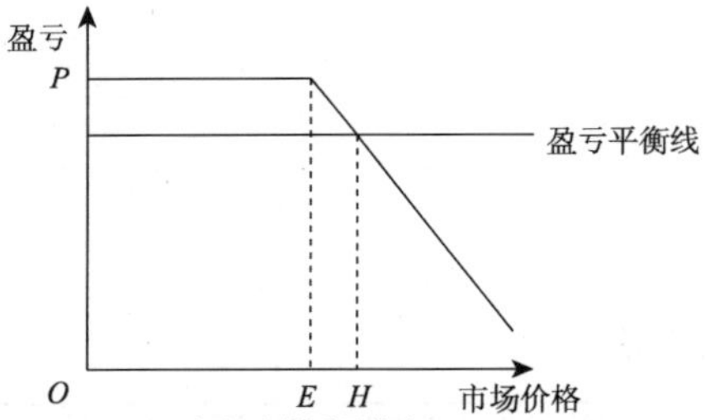

（c）出售看涨期权

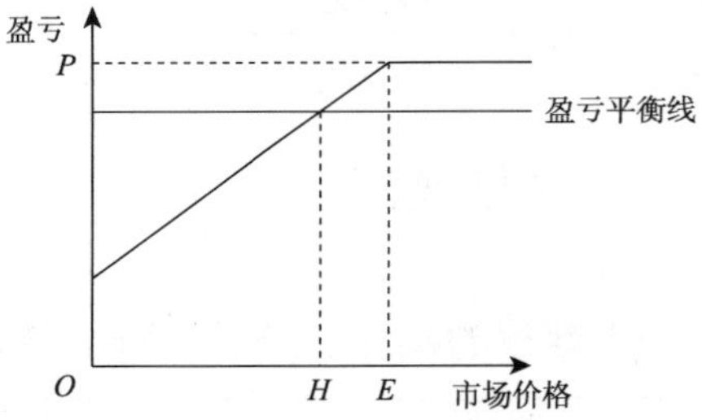

（d）出售看跌期权

在上图中，各图的 E 点表示履约价格，P 点表示期权价格（期权费），H 点表示盈亏平衡点。

（1）在购买看涨期权的策略中：当期权标的物市场价格一直低于履约价格 E 时，期权购买者会放弃期权，其最大损失为 P；当市场价格涨到高于履约价格 E 时，期权购买者损失逐步减少，盈亏平衡点 $H=E+P$；当市场价格继续上涨，超过 H 点时，期权购买者盈利越来越大，在理论上市场价格可无限上涨，期权购买者盈利无穷大，见上图中的（a）。

（2）在购买看跌期权的策略中：当期权标的物市场价格一直高于履约价格 E 时，期权购买者会放弃期权，最大损失为 P；当市场价格下跌低于 E 点，期权购买者损失逐步减少，盈亏平衡点为 $H=E-P$；当市场价格继续下跌超过 H 点时，购买者盈利越来越大，在理论上，期权标的物市场价格下跌是有限的，至多为 0。因此，购买看跌期权的最大盈利是有限的，即只限于履约价格与期权价格之差，见上图中的（b）。

（3）在出售看涨期权的策略中：当期权标的物市场价格一直低于履约价格 E 时，期权出售者可获收益 P；当市场价格涨到高于履约价格 E 时，期权出售者盈利逐步减小，盈亏平衡点 $H=E+P$；当市场价格继续上涨超过 H 点时，期权出售者出现亏损，在理论上市场价格可无限上涨，因而，期权出售者的损失会无穷大，见上图中的（c）。

（4）在出售看跌期权的策略中：当期权标的物市场价格一直高于履约价格 E 时，最大收益为 P；当市场价格下跌低于 E 点时，期权出售者盈利逐步减小。盈亏平衡点 $H=E-P$；当市场价格继续下跌低于 H 点时，期权出售者的损失会越来越大，在理论上，期权标的物的市场价格下跌是有极限的，市场价格最小为 0。因此出售看跌期权的最大损失也是有限的，即只限于履约价格与期权价格之差，见上图中的（d）。

二、期权的价值分析

（一）期权价值的构成

期权价值由内涵价值（IV）和时间价值（TV）两部分构成。

内涵价值（IV）	定义：期权的内涵价值是指期权购买者在执行期权合约时可获得的收益，当收益小于或等于 0 时，其内涵价值为 0
	表达式： 购买看涨期权的内涵价值为 $IV_c=\max(S-E,\ 0)$ 购买看跌期权的内涵价值为 $IV_p=\max(E-S,\ 0)$ 其中，S 为期权合约标的物的市场价格；E 为期权履约价格
时间价值（TV）	定义：期权的时间价值是指期权买方在期权时间的延续和标的物市场价格变动有可能使期权增值时，愿意为购买这一期权所付出的权利金额 表达式： 假设用 C 和 P 分别表示买入期权价格与卖出期权价格，则有 看涨期权的时间价值为 $TV_c=C-IV_c$ 看跌期权的时间价值为 $TV_p=P-IV_p$
期权价值	买入期权的价值：$C=IV_c+TV_c=\max(S-X,\ 0)+TV_c$ 卖出期权的价值：$P=IV_p+TV_p=\max(X-S,\ 0)+TV_p$

（二）影响期权价值的因素

项目	内容
履约价格和标的物价格	在其他方面完全相同的情况下，对于期权购买者来说，履约价格越低，则买入看涨期权的价值就越高，买入看跌期权的价值也就越低；反之，对于期权出售者来说，履约价格越低，则出售看涨期权的价值就越低，出售看跌期权的价值也就越高。给定期权的履约价格，标的物市场价格越高，期权以“实值”执行的可能性就越大，则买入看涨期权的价值也就越高。与此相反，买入看跌期权的价值则随着标的物市场价格下跌而上升
期权价格的套利边界	期权的价格不可能为负。对于买入看涨期权而言，期权的履约价格越低，期权的价值就越高。如果买入看涨期权的履约价格为 0，则持有者将总是会执行期权，无成本地获得标的物资产。由此可确定买入看涨期权价格的上限：买入看涨期权的价值不会高于标的物资产本身的价格
执行日期	美式期权，距离期权执行日的时间越长，期权价值就越高。对于其他方面完全相同的美式期权，执行日期较迟的美式期权的价值高于执行日期较早的美式期权的价值
标的物市场价格的波动率	标的物市场价格波动率低的期权没有价值（因为市价和执行价格相同，期权购买者放弃）。标的物市场价格波动率高的期权价值为正。期权的价值一般随着标的物市场价格波动率的增加而增加

续表

项目	内容
无风险利率	利率对于期权价值的影响比较复杂。一种解释是假设标的物市场价格不变，高利率会导致履约价格的现值降低，从而增加看涨期权的价值。另一种解释是投资标的物需要占用投资人较多资金，投资同样数量的该标的物看涨期权需要较少的资金。在高利率的情况下，购买标的物并持有至到期的成本越大，购买看涨期权的吸引力越大。因此，无风险利率越高，看涨期权的价值越高。对于看跌期权来说，情况正好相反

期权价值影响因素与期权价值的关系也可以用下表概括。

变量	欧式看涨期权	欧式看跌期权	美式看涨期权	美式看跌期权
标的资产价格	+	–	+	–
执行价格	–	+	–	+
执行日期	不一定	不一定	+	+
标的资产价格的波动率	+	+	+	+
无风险利率	+	–	+	–

注：表中符号+表示变量对期权价值的影响是正向的；表中符号–表示变量对期权价值的影响是反向的

期权价值影响因素与期权价值的关系如下图所示。

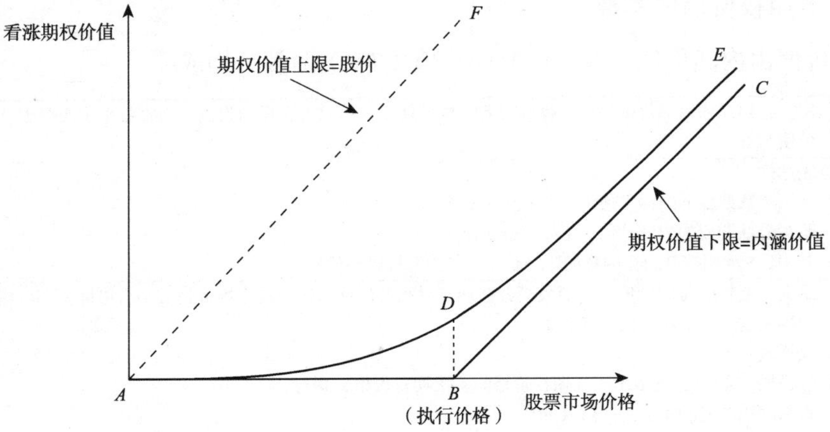

三、期权定价模型

（一）布莱克–斯科尔斯期权定价模型的假设

（1）在期权有效期内，买方期权标的股票不发放现金股利，也不作其他分配；
（2）股票或期权的买卖没有交易成本；
（3）短期的无风险利率是已知的，并且在期权有效期内保持不变；
（4）任何证券购买者都能以短期的无风险利率借得任何数量的资金；
（5）允许卖空，卖空者将立即得到所卖股票当天价格的资金；
（6）看涨期权只能在到期日执行（欧式看涨期权）；
（7）所有证券交易都是连续发生的，股票价格随机变动。

（二）布莱克-斯科尔斯期权定价模型

布莱克-斯科尔斯欧式看涨期权定价模型的公式如下：

$$C = SN(d_1) - Ee^{-rt}N(d_2)$$

$$d_1 = \frac{\ln\left(\frac{S}{E}\right) + \left(r + \frac{\delta^2}{2}\right)t}{\delta\sqrt{t}}$$

$$d_2 = d_1 - \delta\sqrt{t}$$

其中，C 为看涨期权的当前价值；S 为标的股票的当前价格；$N(d)$ 为标准正态分布中离差小于 d 的概率；E 为看涨期权的履约价格；e 为自然对数的底数，约等于 2.718 3；r 为连续复利的年度无风险利率；t 为期权到期日的时间（单位：年）；ln（S/E）为（S/E）的自然对数；δ^2 为连续复利以年为单位的股票收益率的方差。

四、实物期权在投资决策中的应用

在投资决策中比较常用的实物期权有扩张期权、延期期权和放弃期权。扩张期权是指取得后续投资机会的权利。前期投资占领市场，就拥有了追加投资的权利，即拥有了一个看涨期权。现实中若准备投资其一个项目就拥有了该项目的看涨期权，是现在投资还是等待观望，这是一个延期期权问题。放弃期权就是离开项目的选择权。某项目实施了一段时间又有可能放弃该项目，便拥有了出售该项目的权利，即拥有一个卖出期权。

项目投资期权的管理思想，就是使投资项目的价值由净现值与期权价值共同构成，即有

投资项目价值=净现值+期权价值

*练 习 题

一、单项选择题

1. 与项目投资不同，金融投资是用货币资金购买（　　）来实现投资收益的行为。

A. 金融工具　　B. 金融资产　　C. 有价证券　　D. 实物资产

2. 依照有关法律发行，赋有一定票面利息率和本息偿付日期，反映债权与债务关系的凭证是指（　　）。

A. 债券　　B. 股票　　C. 基金　　D. 期权合约

3. 下列什么投资不能偿还本金，所获得的股息和红利也不确定，完全取决于公司经营利润的高低（　　）。

A. 债券　　B. 股票　　C. 基金　　D. 期货合约

4. 一种建立在信托契约关系或权益关系上，实现集中资金专业投资，持有人共担风险、共享收益的有价证券，称为（　　）。

A．债券　　B．股票　　C．基金　　D．期货合约

5．由交易所统一制定，规定在将来某一特定时间和地点交割一定量商品的标准化合约是（　　）。

A．债券　　B．股票　　C．基金　　D．期货合约

6．附有一定选择权的金融衍生工具是（　　）。

A．债券　　B．股票　　C．基金　　D．期权合约

7．当投资者需要存放暂时闲置的资金进行金融投资时，他会选择投资（　　）。

A．流动性好、有稳定收益的证券

B．短时期内价格波动较大的证券

C．具有稳定的现金收益的长期证券

D．长期投资某公司股票

8．当投资者为获得较高的投机收益时，他会选择投资（　　）。

A．流动性好、有稳定收益的证券

B．短时期内价格波动较大的证券

C．具有稳定的现金收益的长期证券

D．长期投资某公司股票

9．下列各项证券中，违约风险最小的是（　　）。

A．公司债券　　B．国库券　　C．金融债券　　D．次级债

10．估算债券价值常用的贴现率是（　　）。

A．债券发行时的市场利率　　B．短期国债的年利率

C．债券投资者要求的必要投资收益率　　D．债券的票面利率

11．对每年付息一次，到期还本的债券进行投资，如果投资者以低于该债券面值的价格买入并持有到期，其实际投资收益率将（　　）债券的票面利率。

A．低于　　B．高于　　C．等于　　D．无法确定

12．与股票投资相比，债券投资的优点是（　　）。

A．本金安全性高　　B．投资收益率高

C．购买力风险低　　D．收入稳定性差

13．在必要报酬率不变的情况下，对于分期付息的债券，当市场利率小于票面利率时，随着债券到期日的接近，当付息期无限小时，债券价值将相应（　　）。

A．增加　　B．减少　　C．不变　　D．不确定

14．有一笔国债，5年期，平价发行，票面利率12.22%，单利计息，到期一次性还本付息，到期收益率是（　　）。

A．9%　　B．11%　　C．10%　　D．12%

15．当市场利率上升时，长期固定利率债券价格的下降幅度（　　）短期债券的下降幅度。

A．大于　　B．小于　　C．等于　　D．难以确定

16．假设，A公司在今后不增发股票，预计可以维持2015年的经营效率和财务政策，不断增长的产品能为市场所接受。预计净利增长率为10%。A公司2015年支付的每股股

利是 0.5 元，年末股价是 40 元。股东预计的报酬率是（　　）。

A. 10%　　B. 11.25%　　C. 11.38%　　D. 12.38%

17. A 公司发行面值为 1 000 元，票面利率为 10%，期限 5 年的利随本清债券，发行价格为 1 050 元。投资者小张有能力投资，但想获得 8%以上的投资报酬率（复利按年计息），则（　　）。

A. A 债券的投资收益率为 8.25%，小张不应该投资

B. A 债券的投资收益率为 8.25%，小张应该投资

C. A 债券的投资收益率为 7.4%，小张不应该投资

D. A 债券的投资收益率为 7.4%，小张应该投资

18. 某种股票当前的市场价格是 20 元，每股股利是 1 元，预期的股利增值率是 5%，则其市场决定的预期收益率是（　　）。

A. 5.5%　　B. 10%　　C. 10.25%　　D. 10.5%

19. 某股票的未来股利不变，当股票的市价低于股票价值时，则预期报酬率（　　）投资人要求的最低报酬率。

A. 高于　　B. 低于

C. 等于　　D. 可能高于也可能低于

20. 股票投资的无偿还性是指（　　）。

A. 正常经营时，股东不得要求股份公司退还其投资入股的资本

B. 股票投资后没有固定的股利收入

C. 股票投资后价格随行就市，不一定高于购买价格

D. 股票投资无法收回投资成本

21. 面值为 100 元的普通股，预计年固定股利收入为 10 元，如果投资者要求的必要报酬率为 8%，那么准备长期投资该股票的投资者能接受的最高购买价格为（　　）。

A. 80　　B. 100　　C. 125　　D. 150

22. 在基金投资期间，衡量基金投资收益的指标是（　　）。

A. 基金单位净值　　B. 基金回报率

C. 基金投资收益率　　D. 基金资产市场价值

23. 在基金的存续期间，允许基金投资者申购或赎回的基金属于（　　）。

A. 公司型投资基金　　B. 契约型投资基金

C. 封闭式投资基金　　D. 开放式投资基金

24. 某看涨期权的标的股票在期权到期日的市场价格是每股 25 元，该期权的执行价格为 10 元。则该期权在到期日的价值等于（　　）元。

A. −15　　B. 10　　C. 15　　D. 25

25. A 公司股票的欧式看跌期权，协定执行价格为 10 元/股，每份期权对应的标的股票数量为 1 000 股。投资者小张以每份 500 元的价格购入 10 份该期权。在期权到期日，当 A 公司股票的市场价格为 8 元时，小张选择执行所有的 A 公司股票看跌期权，则其获得净利为（　　）元。

A. −15 000　　B. 5 000　　C. 15 000　　D. 20 000

26．期权也称选择权，是（　　）。

A．期权购买者可选择执行或放弃的权利
B．期权购买者必须履行的义务
C．期权出售者可选择执行的权利
D．期权出售者可选择放弃的义务

27．期权合约中的执行价格是指（　　）。

A．期权购买者在行使权利时所实际执行的价格
B．期权购买者购买期权所应支付的价格
C．期权合约在交易时的市场价格
D．期权到期不行权时，期权出售者支付给购买者的赔偿金

28．只能在到期日行权的期权称为（　　）。

A．看涨期权　B．美式期权　C．欧式期权　D．看跌期权

29．下列有关期权价格影响因素中表述正确的是（　　）。

A．股价波动率越大，期权价格越高
B．到期期限越长，期权价格越低
C．无风险利率越高，看涨期权价值越低，看跌期权价值越高
D．预期红利越高，看涨期权价值越低，看跌期权价值越高

30．项目投资的期权管理思想认为投资项目的价值包含净现值和期权价值。以下说法不正确的是（　　）。

A．对前期已经投资的项目追加投资，相当于买进看涨期权
B．实施一段时间后可能放弃的项目，相当于买进看涨期权
C．对前期已经投资的项目追加投资，相当于买进看跌期权
D．对前期已经投资的项目是现在投资还是等待，这是放弃期权

二、多项选择题

1．以下属于金融投资行为的有（　　）。

A．购买某上市公司的股票
B．投资设立子公司
C．投资开办海外分公司
D．投资石油期货
E．购买国库券

2．以下属于衍生金融工具的有（　　）。

A．存单　B．债券　C．股票　D．期货
E．期权

3．从债券构成要素的内容来看，债券作为投资工具具有以下（　　）的特征。

A．偿还性　B．收益性　C．参与性　D．流动性
E．安全性

4．影响债券内在价值的基本因素包括（　　）。

A．债券的面值
B．债券的票面利率
C．债券利息的支付方式
D．估价时的市场利率
E．债券的期限

5. 计算债券内在价值常用的估价模型有（　　）。

A. $P_b=\sum_{t=1}^{n}\frac{I_t}{(1+i)^t}+\frac{P_n}{(1+i)^n}$

B. $P_b=(I\times n+P_n)\times(P/F,i,n)$

C. $P_b=P_n\times(P/F,i,n)$

D. $P_b=\sum_{t=1}^{\infty}\frac{D_t}{(1+i)^t}$

E. $P_b=\frac{D}{i}$

6. 债券投资的优点有（　　）。

A. 本金安全性高
B. 投资收益稳定性强
C. 流动性较好
D. 购买力风险大
E. 债券持有人参与企业经营管理

7. 与债券投资相比，股票投资不同于债券投资的特点有（　　）。

A. 股票投资的收益比债券投资高
B. 股票投资的风险比债券投资大
C. 股票投资者可参与企业经营决策
D. 股票投资可较好地避免购买力风险
E. 股票投资的收益不稳定

8. 下列哪些因素会影响债券的到期收益率（　　）？

A. 购买价格
B. 票面利率
C. 债券面值
D. 到期日
E. 付息方式

9. 投资者要求的报酬率是进行股票估价的重要标准，可以作为投资者要求报酬率的有（　　）。

A. 股票的长期平均收益率
B. 债券收益率加上一定的风险报酬率
C. 股票市场平均收益率
D. 债券利率
E. 根据股票的β系数计算所得必要报酬率

10. 债券C和债券D是两只刚发行的分期付息债券，债券的面值和票面利率相同，票面利率均高于投资必要报酬率，以下说法正确的有（　　）。

A. 如果两债券的必要报酬率和利息支付频率相同，偿还期限长的债券价值低
B. 如果两债券的必要报酬率和利息支付频率相同，偿还期限长的债券价值高
C. 如果两债券的偿还期限和必要报酬率相同，利息支付频率高的债券价值低
D. 如果两债券的偿还期限和必要报酬率相同，利息支付频率高的债券价值高
E. 如果两债券的偿还期限和必要报酬率相同，必要报酬率与票面利率差额大的债券价值高

11. 下列说法正确的有（　　）。

A. 票面利率不能作为评价债券收益的标准
B. 即使是票面利率相同的两种债券，由于付息方式不同，投资人的实际经济利益也有差别
C. 如果不考虑风险，债券价值大于市价时，买进该债券是合算的
D. 债券以何种方式发行最主要取决于票面利率与市场利率的一致程度

E．债券实际收益率是使未来现金流入现值等于买入价格的贴现率

12．债券票面利率与到期实际收益率不一致的情况有（　　）。

A．债券平价发行，每半年付息一次　　B．债券平价发行，每年付息一次

C．债券溢价发行，每年付息一次　　D．债券折价发行，每年付息一次

E．债券平价发行，单利计息到期一次还本付息

13．下列表述正确的有（　　）。

A．对于分期付息的债券，当期限接近到期日时，债券的价值向面值回归

B．债券价值的高低受利息支付方式的影响

C．一般来说，债券期限越长，其利率风险越小

D．当市场利率上升时，债券价值会下降

E．当市场利率下降时，债券价值会下降

14．与股票内在价值呈反方向变化的因素有（　　）。

A．股利年增长率　　B．年股利

C．必要投资报酬率　　D．β系数

E．股票面值

15．从贴现现金流量理论看，影响股票内在价值的基本因素有（　　）。

A．现金股利　　B．股票的市场价格

C．股票的面值　　D．投资者的必要报酬率

E．股票的账面价值（每股净资产）

16．对证券投资基金理解正确的有（　　）。

A．本质上证券投资基金是一种投资组织

B．证券投资基金的投资领域有限制，主要投资证券市场

C．其运作遵循共同投资、共担风险、共享收益的基本原则

D．现代信托关系是证券投资基金运行的基础

E．它通过发行证券投资基金单位募集资金

17．以下属于证券投资基金的特征有（　　）。

A．组合性　　B．专业性

C．风险共担　　D．集合性

E．利益共享

18．以下属于开放式基金特征的有（　　）。

A．在深、沪两市上市交易

B．没有固定期限

C．指定工作日可以随时提出购买或赎回申请

D．必须保留一部分现金或流动性强的资产，以便应付投资者随时赎回

E．在期限内不能直接赎回基金，需通过上市交易套现

19．期权的风险收益机制是不对称的，主要表现在（　　）。

A．权利和义务不对称　　B．风险和收益不对称

C．期权买卖双方获利的概率不对称　　D．影响期权双方决策的信息不对称

E．期权卖方获利的可能性远大于期权买方

20．影响期权价值的因素有（　　）。

A．期权价格

B．期权的执行价格

C．标的资产的市场价格及其变动率

D．期权的有效期

E．无风险利率

三、判断题

1．金融资产是指能够代表一定价值的、对财产或所得具有索取权的无形资产，主要以凭证或契约的形式来体现。（　　）

2．金融工具是能够在金融市场进行买卖交易的标准化契约凭证，它比其他金融资产的流动性更强。（　　）

3．假设两种债券的面值、票面利率和期限均相同，那么每年付息的债券比到期一次还本付息的债券价值更高。（　　）

4．债券当其票面利率大于市场利率时，债券发行价格就低于债券的面值。（　　）

5．长期债券与短期债券相比，其投资风险和融资风险均很大。（　　）

6．股票的价值是指其实际股利所得和资本利得所形成的现金流入量的现值。（　　）

7．从长期来看，公司股利的固定增长率（扣除通货膨胀因素）不应该超过公司的资本成本率。（　　）

8．股票投资的市场风险是无法避免的，不能用投资组合的方法来回避，只能通过相应的报酬率来补偿。（　　）

9．当市场利率提高时，固定收益债券的价格会上升；反之当市场利率下降时，固定收益债券的价格会下降。（　　）

10．所谓集合性就是指投资基金将众多投资者大小不等的资金集中起来，根据投资组合原理进行专业化投资，可起到分散风险、降低成本、提高收益的效果。（　　）

11．封闭式基金在投资策略上必须保留一部分现金或流动性强的资产，以便应付投资者随时赎回，进行长期投资会受到一定限制。（　　）

12．交易所基金只能在交易所交易，而不能在指定机构进行申购或者赎回。（　　）

13．开放式基金的赎回价格是指投资者购买基金的价格，申购价格是指投资者卖出基金的价格。（　　）

14．在购买看涨期权中，当期权标的资产的市场价格高于其执行价格时，期权购买者会放弃期权，其损失就是期权费。（　　）

15．在出售看跌期权的策略中，最大损失是有限的，只限于执行价格与期权价格之差。（　　）

16．随着期权到期日的来临，期权的时间价值减少，期权的价值减少。（　　）

17．可转换债券是一种含有期权的有价证券，其市场价格就是期权价格。（　　）

18．对项目追加投资相当于购进一个看跌期权，转让投资项目相当于购进一个看涨期权。（　　）

19．由于投资项目在进行过程中可以选择追加、延迟、放弃的操作，因此投资项目蕴含期权价值，这是传统的净现值法无法衡量的。（　）

20．随着标的资产价格的增加，购买看涨期权的收益是有限的，而购买看跌期权的收益是无限的。（　）

四、计算分析题

1．目的：练习债券估价的计算方法。

资料：某公司准备发行一种债券，票面金额 1 000 元，票面利率 6%，期限 10 年，本金按面值支付。发行时预计同类债券市场利率为 10%。如果分别按以下几种情况来支付本金和利息：

（1）每年年末付息一次，到期还本；

（2）到期一次还本付息；

（3）不支付利息，到期归还本金。

要求：计算发行时各种支付方式下的债券价值。

2．目的：练习债券估价的计算方法。

资料：某国发行无到期的永久国债，票面金额 10 000 元，票面利率 10%，发行时同类债券的市场利率为 8%。

要求：计算该国无期限债券的价值。

3．目的：练习债券投资的实际收益率的计算。

资料：张平于 2015 年 8 月 1 日以 980 元/张的价格购买了 A 公司当日发行的债券 100 张，该债券票面金额 1 000 元，票面利率 8%，期限 5 年，每年 7 月 31 日支付利息一次，到期还本。如果张平持有到期。

要求：计算这笔债券投资的实际投资收益率。

4．目的：练习债券投资决策的计算方法。

资料：某公司在 2015 年 1 月 1 日发行新债券，每张面值 100 元，票面利率 10%，5 年到期，每年 12 月 31 日付息。

要求：

（1）到期时该债券的实际收益率是多少？

（2）假定 2019 年 1 月 1 日市场利率下调到 8%，那么此时债券的价值是多少？

（3）假定 2019 年 1 月 1 日该债券的市场价格为 90 元，此时购买该债券的到期实际收益率是多少？

（4）假定 2017 年 1 月 1 日的市场利率为 12%，债券市场价格为 95 元，你是否购买该债券？

5．目的：练习股票估价的计算方法。

资料：某种股票为固定成长股票，股利年增长率为 4%，预期一年后的股利为 0.8 元，现行短期国债的年利率为 3%，平均风险股票的风险收益率等于 5%，该股票的 β 系数是 1.2。

要求：计算该股票的内在价值。

6．目的：练习股票股价的计算方法。

资料：某公司计划发行两种股票进行筹资。A 股票为普通股，发行后第一年预计发放的现金股利为每股 3 元，之后保持 3%的股利年增长率；B 股票为优先股，发行后每年预计发放的现金股利为每股 3 元，并保持不变。假如投资者对该公司股票投资的预期收益率为 15%。

要求：计算两种股票的内在价值。

7. 目的：练习股票投资的实际收益率计算方法。

资料：小张于 2015 年 3 月 20 日认购 A 公司发行的新股，每股 10 元。该公司在其后几年中每年 3 月下旬都向股东分配现金股利 0.5 元/股。2020 年 3 月 20 日，因急需资金，小张以每股 15 元的价格将股票全部卖出，而此时公司还未进行股利分配。

要求：计算这些年中小张投资 A 股股票的实际投资收益率?

8. 目的：练习股票投资决策的计算方法。

资料：某企业计划利用一笔长期资金购买一家公司的股票，现有 A 公司和 B 公司可供选择。已知 A 公司股票现行市价为每股 36 元，上年每股股利为 0.60 元，预计以后每年以 6%的增长率增长；B 公司股票现行市价为每股 28 元，上年每股股利为 2.40 元，公司采用稳定的股利政策。该企业所要求的投资收益率为 8%。

要求：

（1）计算 A、B 公司股票的内在价值；

（2）请代该企业做出股票投资决策。

9. 目的：练习看涨期权的投资损益的计算方法。

资料：某投资者在 4 月 1 日购买了 6 月 1 日到期的欧元兑美元看涨期权 1 000 万欧元，协议价格为 1 欧元=1.28 美元，期权费用为每欧元 0.08 美元。若 6 月 1 日的即期汇率可能为 1 欧元=1.40 美元、1 欧元=1.36 美元、1 欧元=1.25 美元。

要求：分析这三种情况下该投资者的投资决策及损益。

10. 目的：练习看跌期权的投资损益计算方法。

资料：某投资者购买 6 月 30 日到期的 A 公司股票看跌期权 10 万股。该期权执行价格为 10 元/股，期权费用为每股 0.2 元。若 6 月 30 日当天 A 股股票的市场价格可能为 8 元、9.80 元、10 元。

要求：分析这三种情况下该投资者的投资决策及损益。

11. 目的：练习布莱克–斯科尔斯的期权估价计算方法。

资料：假定目前标的股票的价格为每股 40 元，看涨期权的执行价格为 35 元/股，距到期日的时间为 6 个月，股价变动的 σ=0.3，连续复利条件下的无风险利率为 8%。

要求：利用布莱克–斯科尔斯模型给该看涨期权定价。

五、综合题

1. 资料：某企业平价购买债券 10 万元，票面利率 12%，按单利计息，5 年后一次还本付息。

要求：

（1）计算该债券投资到期的实际投资收益率；

（2）如果购进后第2年年末市场利率上升到14%，计算该笔债券投资的损失。

2. 资料：某公司持有A、B、C三种股票构成的证券组合，它们目前的市价分别为200元/股、60元/股和40元/股，它们的β系数分别为2.1、1.0和0.5，它们在证券组合中所占的比率分别为50%、40%和10%，上年的股利分别为20元/股、10元/股和5元/股，预期持有B、C股票每年可获得稳定的股利，持有A股票每年获得的股利逐年增长率为5%，若目前的市场收益率为14%，无风险收益率为10%。

要求：

（1）计算A、B、C三种股票投资组合的风险收益率；

（2）计算A、B、C三种股票各自的必要收益率；

（3）计算A、B、C三种股票各自的内在价值；

（4）判断该公司是否应当出售A、B、C三种股票。

3. 资料：甲公司最近刚发放的股利为10元/股，预计甲公司近两年的股利稳定，但从第三年起估计将以2%的速度递减，若此时无风险报酬率为6%，整个股票市场平均收益率为10%，甲公司的β系数为2，目前公司股票的价格为60元。

要求：

（1）计算股票的价值；

（2）判断甲公司股票是否值得购买。

4. 资料：D公司2015年有关数据如下，实现税后净利润1 000万元，资产总额5 000万元，资产负债率为40%，发行在外的普通股为500万股，2015年年末发放的股利为600万股，市净率为4。

要求：

（1）若D公司所处行业的标准市盈率应为12倍，则该公司目前的市价与其内在价值是否相符？

（2）其目前股票获利率比按照股票价值测算的股票获利率小了1倍，则该公司目前的股票市价与其内在价值相差多大？

（3）若D公司采取的是固定股利支付率政策，股利支付率为60%，若预计该公司的净利润每年增加5%，若投资人要求的必要报酬率为10%，则该股票的价值是多少？

5. 资料：某投资者2015年欲购买股票，现有A、B两家公司可供选择。从两家年报资料中可知：A公司税后净利润为8 000万元，发放股利5元/股，市盈率50倍，发行在外的股票数量为10 000万股，每股面值1元；B公司税后净利润为2 000万元，发放股利2元/股，市盈率60倍，发行在外的股票数量为5 000万股，每股面值1元。预期A公司未来5年股利恒定，此后转为正常增长，增长率为6%，预期B公司股利将持续增长，年增长率为4%。目前短期国债的年利率为8%，股票市场平均收益率为12%，A股票的β系数为2，B股票的β系数为1.5。

要求：

（1）计算A、B股票的内在价值。

（2）计算A、B股票的市场价格，并判断是否值得投资。

（3）若投资购买这两种股票各1 000股，该投资组合的β系数是多少？预期报酬率是多少？

6．资料：某开放式基金年报显示，其资产总额为43亿元，负债总额为2亿元，其基金份额为20亿份。如果该基金申购费率为5‰，赎回费率为1.5‰。

要求：计算年报日申购3万份基金单位需要多少资金？赎回3万份基金单位可获得多少现金？

7．资料：小汪以 P=100元/股的执行价格卖出看跌期权A，期权费为3元/股；同时以 P=120元/股的执行价格买入看跌期权B，该期权费为5元/股。这两项期权都基于同一种股票，且具有相同的到期日。

要求：

（1）在图上画出该策略的收益和利润；

（2）分析该期权组合的收益与标的股票价格的相关性。

8．资料：某化工公司正在评估一种新型材料的生产项目，该项目每月能生产新材料15 000吨，但这个项目目前的生产规模不论从生产上说还是从市场上说都不经济，其净现值预期为−200万元。按传统的净现值法评价，这个项目应该被拒绝。然而有证据表明这种新材料可能存在很好的前景。如果销售量剧增，那么该化工公司将在短期内（如2年内）扩大这个项目，产量将增至3倍，在这个较大的规模上能够获得经济效益，有效运行。目前的问题是，只有从现在开始进行投资才会有机会激发这种更高的经济效益水平，否则公司将失去先进入市场的优势。

假定新材料市场在2年内迅速扩张的概率为50%，如果销售量确实提高了，那么第2年年末再次扩张的净现值将为1 000万元。按预期的报酬率贴现后，这1 000万元的净现值在第0期的现值为800万元。如果在接下来的2年里市场衰退，则公司将不再投资，从而其增量净现值也就为0。

要求：

（1）利用期权原理分析这个项目中存在的期权及其量化指标；

（2）计算该项目的价值，并判断是否可行。

六、案例分析题

案例一：中国太保金融投资分析①

（一）案例资料

中国太平洋保险（集团）股份有限公司（以下简称中国太保。股票名称：中国太保。股票代码：601601）是在1991年5月13日成立的中国太平洋保险公司的基础上组建而成的保险集团公司，总部设在上海，是国内领先的“A+H”股上市综合性保险集团。

中国太保以打造“在你身边的一流保险金融服务集团”为愿景，坚持“以客户需求为导向，专注保险主业，推动和实现可持续的价值增长”的经营理念，不断完善保险产业链全牌照布局，旗下拥有寿险、产险、资产管理、在线服务、养老保险、健康保险、农业保险等专业子公司，建立了覆盖全国的营销网络和多元化服务平台，提供全方位风

① 资料来源：中国太平洋保险集团股份公司2015年年度报告。

险保障解决方案、投资理财和资产管理服务。

1. 2015 年董事长报告

致：尊敬的中国太保股东

我很高兴地告诉大家，刚刚过去的 2015 年是不平凡的一年，中国太保的发展质量和效益得到了明显提升。我们追求可持续的价值增长，价值增长超出预期，寿险个人业务保持高增长，业务结构成功转型，大个险格局形成；资产管理业务建立委托受托市场化机制，面对市场波动不断优化大类资产配置，实现了较高的投资收益，使集团净利润创新高；产险承保质量上升，实现了承保盈利。我们“以客户需求为导向”的转型工作取得突破，通过客户脸谱绘制实现市场细分，从客户端着手在精准销售和精细服务上取得突破，提升了可持续发展能力。我们专注保险主业，推动健康险、养老险、农业保险等新兴业务领域与产、寿险在渠道和产品上实现共享，融合发展效应显现。

2015 年，得益于对价值导向发展战略的不懈坚守和转型工作的有效突破，我们取得了良好经营业绩。全年集团实现营业收入 2 472.02 亿元，同比增长 12.5%，其中保险业务收入首次突破 2 000 亿元大关，达到 2 033.05 亿元；实现净利润 177.28 亿元，同比增长 60.4%；加权平均净资产收益率 14.2%，同比提升 3.9 百分点。截至 2015 年年末，集团内含价值达 2 056.24 亿元，较上年年末增长 20.0%；其中有效业务价值 905.59 亿元，较上年年末增长 22.3%；寿险一年新业务价值首次超过百亿元，达到 120.22 亿元，同比增长 37.8%。截至 2015 年年末，集团管理资产跃上万亿元平台，达到 10 879.32 亿元，较上年年末增长 19.4%。凭借良好的业绩表现，公司连续第五年入选《财富》世界 500 强，排名较 2014 年跃升 56 位，达到第 328 位。

寿险业务形成大个险新格局，推动价值可持续增长。2015 年寿险实现一年新业务价值 120.22 亿元，同比增长 37.8%；其中个人业务在新业务价值中的占比同比提升了 3.2 百分点，达到 95.6%；个人业务全年新保增速高达 61.2%，在寿险总新保中的占比达到 76.0%，在寿险总保费中的占比达到 84.1%，个人业务新保市场份额持续提升。得益于个人业务的持续增长，寿险业务结构已发生根本转变，无论从价值还是保费的维度，个人业务都已成为寿险价值持续增长的核心驱动力量。同时，个人业务的发展基础进一步夯实，全年营销员月均人力达到 48.2 万人，同比增长 40.1%，健康人力和绩优人力占比提升，留存率改善，队伍结构持续优化；营销员月人均产能同比增长 16.6%。

产险业务追求可持续发展，实现承保盈利。2015 年，产险坚持“控品质、保盈利、强基础、增后劲”的工作方针，多管齐下，优化业务品质、加强理赔管理，实现承保盈利。2015 年，中国太保产险综合成本率 99.8%，同比下降 4.0 百分点。其中车险业务综合成本率为 98.0%，同比下降 4.0 百分点，优于行业平均水平；非车险业务方面，公司积极推进“ e 农险”体系建设，创新应用无人机航拍、卫星遥感定损等新技术，打造农险专业化竞争优势，全年实现保险业务收入 11.55 亿元，同比增长 28.8%，并保持较好的承保盈利水平。同时，我们也要看到，产险业务可持续发展基础还不够稳固，下一步我们积极应对商业车险费率市场化改革，提升优质客户服务能力，优化渠道结构；进一步加快新兴业务发展，提升运营效率，增强发展后劲。

资产管理业务初步建立有效的资产负债管理协同机制，市场化发展能力进一步提升，第三方资产管理业务快速增长。面对复杂的市场环境，我们加强了对经济形势和利率水平的研判，不断优化大类资产配置，努力提升资产管理水平，实现了管理资产规模的快速增长和投资收益的大幅增加。截至 2015 年年末，集团管理资产达到 10 879.32 亿元，较上年年末增长 19.4%。其中第三方管理资产 2 334.74 亿元，较上年年末增长 56.3%，在集团管理资产中的占比已经从 2011 年年末的 6.8%大幅提升至 21.5%。第三方资产管理业务收入达到 6.53 亿元，同比增长 64.9%。面对利率下行及股票市场大幅波动的挑战，公司保持定力，坚持资产负债管理原则，2015 年实现总投资收益 559.10 亿元，同比增长 33.2%；总投资收益率达 7.3%，同比提升 1.2 百分点，为近五年来最高；净值增长率达 8.2%，保持在较高水平。

转型重塑内生动力，打造价值创造能力。2015 年我们持续推进“以客户需求为导向”的转型发展，推动发展模式转型升级。自 2011 年确立“关注客户需求、改善客户界面、提升客户体验”三大目标起，在公司上下的共同努力和参与下，坚持问题导向，聚焦关键短板，以项目为抓手，开展创新实践。一路走来，公司整体的发展模式已发生了可喜的变化，内生动力持续增强。

关注客户需求，实现精准销售和精细服务。为更好地细分市场，我们开展了集团及 79 家分公司的客户脸谱绘制工作。从客户年龄、性别、地域、渠道、产品、保单件数、保障种类、缴费水平、接触方式等多维度分析客户，洞见客户的保障缺口和财富管理需求，为仅有一张长险保单客群、仅为孩子投保客群以及缴费期满客群实施精准销售策略，2015 年分别实现保费收入 81.4 亿元、55.7 亿元、44.8 亿元。同时，针对车险低出险和女性等优质客户，以及新车首次出险客户，提供“金钥匙”、“引导理赔”、“小额理赔授信”和“紧急救援”等服务，提升客户黏度。

改善客户界面，加快移动互联新技术应用。为了向客户提供更加便利的服务，我们积极应用移动互联新技术改善服务流程，推动线上线下融合发展。截至 2015 年年末，公司在线商城累计注册用户数已达 833 万，累计服务客户超过 1 884 万人次；中国太保微信服务号粉丝数突破 473 万，客户可以通过线上实现信息获取、理赔、查询、保单质押贷款等全流程服务。公司为营销员提供“神行太保”智能移动保险平台达 19 万台，个人业务新保出单全覆盖，助力营销员更好地服务客户。2015 年寿险移动保全在保全总量中的占比已达到 43%；此外公司还推出新技术回访服务，在全年回访量中的占比达到 54.2%。在中国太保社区便利店，应用新技术已经能够提供理赔进度查询、车险报价和承保，以及保单质押贷款等 10 项社区服务。

提升客户体验，驱动产品服务创新。针对客户生命周期不同阶段的保险需求和财富管理需求，寿险植入生活场景，创新推出多款产品，如综合多种意外伤害保障的“安行宝”，提供免体检高保障的防癌险“爱无忧”，以及将防癌保障扩展至老年人的“银发安康”，等等。产险创新推出“财富 U 保”中小企业产品，三款针对餐饮娱乐、酒店娱乐、机电制造行业的专属产品投放 41 家分公司，截至 2015 年年底，累计为约 9 万家中小企业客户提供了超过 15 000 亿元的综合财产保障和超过 3 400 亿元的综合责任保障。在 12 个城市建设“金玉兰”理财规划师队伍，为城区客户提供高品质产品和服务。

协同创造优势，2015 年我们持续围绕保险主业布局推进业务板块间的战略协同。抓住健康领域的发展机遇，太保安联健康险公司着力于“健康保障+健康管理”的产品及服务创新，形成与太保寿险个人业务渠道的融合发展。抓住年金发展机遇，长江养老推动企业年金与职业年金业务纳入寿养协同平台，促进寿险法人渠道保险服务与机构养老金服务的资源共享，同时加快发展养老保障管理业务，提升集团在个人养老资管领域的影响力。抓住农险发展机遇，安信农险着力推出绍兴茶叶低温气象指数保险、广西糖料蔗价格（期货）指数保险、上海鸡蛋价格（期货）指数保险，以及杭州菜篮子综合保险等创新农险产品，进一步形成与产险渠道和客户的协同。

2015 年，我们一如既往地将企业社会责任全面融入商业模式中，积极发挥“社会稳定器”的作用，与各利益相关方实现价值共享。我们把握政策机遇，通过在健康、农业及养老三大民生领域的布局，让更多人“病有所医”“耕有所获”“老有所养”。在医疗保障方面，我们推出健康税优保险解决方案，创新推出针对不同客群的多款重疾保障产品，积极参与医保体系建设，在多地形成了大病保险的示范项目，极大地缓解了民众的大病医疗负担；在农业保障方面，我们积极参与政策性农业保险，在农险和涉农领域创新开发了多款价格、气温、风力指数保险产品，拓宽了“三农”服务的广度与深度；在养老保障方面，我们发挥专业特长，致力于推动企业年金惠及广大受众，创新开发个人养老保障产品，并通过建立助老社群等方式传播新型养老理念。同时，我们以公益促进社会和谐，积极承担社会责任，持续开展各类捐资助学、关爱孤残、扶贫赈灾等公益活动，全年各类公益捐赠总额近 1 800 万元，积极履行企业公民承诺，回馈社会。

2016 年是国家“十三五”的开局之年，也是中国从保险大国向保险强国迈进的关键时期，行业将迎来新的发展机遇期。同时，也要看到，利率下行，寿险的资产负债匹配管理难度加大；车险费率市场化改革将对产险的经营模式带来深远的影响。面对机遇和挑战，我们将坚持专注保险主业，推动转型升级，持续提升发展质量和效益。

2016 年，中国太保也将迎来建司二十五周年，“栉风沐雨廿五载，春华秋实看今朝”，这是我们深耕于中国保险市场，服务于广大中国消费者的二十五年，更是我们坚守价值，开拓进取，迎来累累硕果的二十五年。面对成就，我们倍加感恩，感谢九千多万名客户的信任，感谢各位股东的支持！未来的征程已经开始，相信在全体员工、营销员的共同努力下，我们一定能再创佳绩！

2. 经营业绩和主要指标

2015 年，公司取得了良好的经营业绩。公司实现营业收入 2 472.02 亿元，同比增长 12.5%；实现净利润 177.28 亿元，同比大幅增长 60.4%；加权平均净资产收益率 14.2%，同比提升 3.9 百分点。太保寿险实现一年新业务价值 120.22 亿元，同比增长 37.8%。太保产险实现承保盈利，综合成本率为 99.8%，同比下降 4.0 百分点。公司内含价值 2 056.24 亿元，较上年年末增长 20.0%；公司有效业务价值 905.59 亿元，较上年年末增长 22.3%。

（1）寿险业务形成大个险新格局，推动价值可持续增长。

寿险一年新业务价值 120.22 亿元，同比增长 37.8%；新业务价值率 29.2%，同比提升 4.7 百分点；个人业务新业务价值 114.97 亿元，同比增长 42.5%，占比达到 95.6%，同比提升 3.2 百分点；实现保费收入 913.39 亿元，在总保费中占比达到 84.1%；其中新保业务收入 278.64 亿元，同比增长 61.2%，在总新保中的占比达 76.0%；营销员月均人力达到48.2万人，同比提升 40.1%；每月人均首年保险业务收入 4 776 元，同比增长 16.6%。

（2）产险业务追求可持续发展，实现承保盈利。

财产保险业务综合成本率 99.8%，同比下降 4.0 百分点；实现业务收入 947.10 亿元，同比增长 1.7%；太保产险实现车险业务收入 749.61 亿元，同比增长 2.4%，综合成本率 98.0%，同比下降 4.0 百分点，推动整体产险业务实现承保盈利；推动电网销、交叉销售、车商等核心渠道加快发展，车险核心渠道业务收入同比增长 16.0%，在车险中的占比达到 55.5%，同比提升 6.5 百分点；太保产险积极推进“ e 农险”体系建设，创新应用无人机航拍、卫星遥感定损等新技术，全年实现农险业务收入 11.55 亿元，同比增长 28.8%，并保持较好的承保盈利水平。

（3）资产管理业务实现投资收益较快增长，市场化发展能力进一步增强。

公司投资资产实现总投资收益 559.10 亿元，同比增长 33.2%，总投资收益率达到 7.3%，同比提升 1.2 百分点，为近五年来最高；净投资收益 398.81 亿元，同比增长 8.6%，净投资收益率达到 5.2%，同比下降 0.1 百分点；净值增长率达到 8.2%，同比下降 0.6 百分点；太保资产和长江养老合计第三方资产管理业务管理规模超过 2 300 亿元；管理费收入达到 6.53 亿元，同比增长 64.9%。

中国太保 2015 年主要经营指标

经营指标	2015 年度	2014 年度	同比/%
主要价值指标			
集团内含价值/100 万元	205 624	171 294	20.0
有效业务价值/100 万元	90 559	74 064	22.3
集团净资产/100 万元	133 336	117 131	13.8
太保寿险一年新业务价值/100 万元	12 022	8 725	37.8
太保寿险新业务价值率/%	29.2	24.5	4.7
太保产险综合成本率/%	99.8	103.8	（4.0）
集团投资资产净值增长率/%	8.2	8.8	（0.6）
主要业务指标/100 万元			
保险业务收入/100 万元	203 305	191 805	6.0
太保寿险/100 万元	108 589	98 692	10.0
太保产险/100 万元	94 615	93 026	1.7
市场占有率/%			
太保寿险	6.8	7.8	（1.0）
太保产险	11.2	12.3	（1.1）
集团客户数/1 000 名	94 356	88 838	6.2
客均保单件数/件	1.58	1.52	3.9
月均保险营销员/1 000 名	482	344	40.1
保险营销员每月人均首年保险业务收入/元	4 776	4 097	16.6
总投资收益率/%	7.3	6.1	1.2
净投资收益率/%	5.2	5.3	（0.1）

续表

经营指标	2015 年度	2014 年度	同比/%
第三方管理资产/100 万元	233 474	149 400	56.3
太保资产第三方管理资产/100 万元	149 786	89 841	66.7
长江养老投资管理资产/100 万元	83 688	59 559	40.5
主要财务指标/100 万元			
归属于母公司股东净利润	17 728	11 049	60.4
太保寿险	10 582	9 084	16.5
太保产险	5 331	1 037	414.1
偿付能力充足率/%			
太保集团	280	280	—
太保寿险	201	218	（17）
太保产险	211	177	34

3. 中国太保的投资资产组合

2015 年，国内宏观经济增速放缓，在中国人民银行多次降低基准利率和存款准备金率的情况下，固定收益资产收益率下降明显。同时，尽管股票市场年内仍有一定幅度的上涨，但波动明显加剧，结构性分化显著。公司主动调整投资资产的配置结构，在稳定债券、存款、股票和基金等传统投资资产配置的基础上，从符合保险资金特性和风险容忍度的要求出发，适度增加了对债权计划、理财产品及新股基金、优先股、分级基金 A 等"类固定收益产品"的投资，提高了投资组合的多元化和分散化程度，控制投资风险，稳定整体投资收益率水平。

中国太保 2015 年投资资产组合简表

项目	金额/100 万元	占比/%	同比/%
投资资产（合计）	854 458	100.0%	12.2
按投资对象分			
固定收益类	700 644	82.1	6.0
债券投资	430 633	50.4	2.5
定期存款	154 398	18.1	（6.7）
债权投资计划	53 025	6.2	11.5
理财产品	25 240	3.0	167.1
优先股	11 800	1.4	—
其他固定收益投资	25 548	3.0	43.3
权益投资类	123 279	14.4	53.0
基金	45 956	5.4	37.6
股票	33 645	3.9	15.8
理财产品	25 715	3.0	242.4
优先股	2 217	0.3	—
其他权益投资	15 746	1.8	48.3
投资性房产	6 344	0.7	（3.3）

续表

项目	金额/100万元	占比/%	同比/%
现金及现金等价物	24 191	2.8	72.3
按投资目的分			
以公允价值计量且其变动计入当期损益的金融资产	22 215	2.6	25.1
可供出售金融资产	218 062	25.5	30.9
持有至到期投资	310 343	36.3	（0.5）
长期股权投资	324	—	22.7
贷款及其他	303 514	35.6	14.4

从投资对象看，2015年公司新增固定收益类资产投资399.45亿元，债券投资总额上升，较上年年末增长2.5%，定期存款总额下降，较上年年末减少6.7%；截至2015年年末，本公司的债券投资中，国债、金融债、企业债占比分别为19.4%、30.2%和50.4%，绝大部分债券信用评级都在AA+级及以上。债权计划投资总额较上年年末增长11.5%，固定收益类理财产品总额较上年年末增长167.1%。2015年新增固定收益资产主要配置于信用等级较高的品种，信用风险总体可控。公司权益类资产占比14.4%，较上年年末上升3.8百分点。公司投资的非标资产主要包括商业银行理财产品、银行业金融机构信贷资产支持证券、信托公司集合资金信托计划、证券公司专项资产管理计划、保险资产管理公司基础设施投资计划、不动产投资计划和项目资产支持计划等。截至2015年年末，公司非标资产投资1 030.74亿元，较上年年末增加59.9%，在投资资产中的占比达到12.1%。近年来，随着保险资金运用渠道的逐步拓宽，保险资金可投资的非标资产品种逐步增多；公司加强了对这些新投资品种的分析和研究，并在投资过程中持续完善相关制度和投资流程，并加强风险管控。公司对非标资产投资进行贯穿于产品筛选、投前评估和后续管理的全流程风险管理；公司投资的非标资产整体信用评级较高，截至2015年年末，在具有外部信用评级的非标资产中，AAA级占比达95.2%，AA级及以上占比达4.8%。

从投资目的来看，公司投资资产主要配置在可供出售金融资产、持有至到期投资和贷款及其他三类，其中：可供出售金融资产较上年年末增加30.9%，主要是债券、股票、基金和理财产品增加；持有至到期投资较上年年末减少0.5%，主要是债券到期；贷款及其他资产较上年年末增长14.4%，主要原因是债权投资计划及理财产品总额增加。

4. 投资收益

2015年，公司实现总投资收益559.10亿元，同比增加33.2%；总投资收益率7.3%，同比上升1.2百分点，主要是权益类资产的买卖价差收益明显增加，以及计提投资资产减值准备减少的综合影响。净投资收益398.81亿元，同比增长8.6%，主要是固定息投资利息收入增加所致。固定息投资利息收入同比增长9.3%；净投资收益率5.2%，同比下降0.1百分点。净值增长率8.2%，同比下降0.6百分点，主要原因是股市波动引起可供出售金融资产浮盈增加额减少。

中国太保 2015 年投资收益简表

项目	2015 年	2014 年	同比/%
固定息投资利息收入/100 万元	36 274	33 185	9.3
权益投资资产分红收入/100 万元	3 019	3 010	0.3
投资性房地产租金收入/100 万元	588	523	12.4
净投资收益/100 万元	39 881	36 718	8.6
证券买卖收益（损失）/100 万元	15 906	7 938	100.4
公允价值变动收益/100 万元	52	713	（92.7）
计提投资资产减值准备/100 万元	（282）	（3 672）	（92.3）
其他收益/100 万元	353	276	27.9
总投资收益/100 万元	55 910	41 973	33.2
净投资收益率/%	5.2	5.3	（0.1）
总投资收益率/%	7.3	6.1	1.2
净值增长率/%	8.2	8.8	（0.6）

5. 第三方管理资产

（1）太保资产第三方管理资产。太保资产专注培育资产管理业务核心能力，坚持创新驱动，以各类资产管理产品为着力点，积极、稳健地发展第三方资产管理业务。2015 年年末，太保资产第三方管理资产规模达到 1 497.86 亿元，较上年年末增长 66.7%；全年实现第三方管理费收入 3.73 亿元，同比增长 96.3%。2015 年，太保资产共发起设立了 12 个债权投资计划，合计发行金额 125.71 亿元。2015 年 12 月，太保资产成功发起设立"太平洋—广西金投金通小贷项目资产支持计划"，投资广西金融投资资产旗下南宁金通小贷公司持有的小额贷款资产，总额 30 亿元，在保险资金支持中国边远地区经济建设、缓解中小微企业融资问题等方面进行了探索。太保资产建立了较为完整的资产管理产品线，产品覆盖了货币资产、固定收益类资产、权益类资产和另类资产等多个类别，可以满足具有不同风险-收益预期的机构投资者的需求。2015 年，太保资产所管理产品的投资业绩表现全面超越基准。同时，太保资产在严格控制业务风险的基础上，根据客户需求积极创新。2015 年 4 月，太保资产成功发行了首款美元存款型产品，在保险资产管理行业内率先将产品范围拓展至外汇业务领域。

（2）长江养老投资管理资产。2015 年，长江养老在集团"保险与资产管理双轮驱动"的战略框架下，致力于打造市场化、专业化、综合型养老资产管理机构，并在客户端、产品端和资产端加强和集团的全面融合。公司对内推进市场化机制改革，对外加快业务创新与人才引进，推动业务规模快速增长，投资业绩全面超越业绩基准，实现了受益人价值、股东价值和公司价值的持续增长。面对社保体系改革、保险新国十条全面推进、互联网金融与泛资产管理市场发展带来的机遇和挑战，长江养老面向机构与个人客户，全面提升资产管理的产品与服务供给能力，持续巩固和扩大领先行业的差异化竞争优势。在企业年金领域，长江养老挖掘存量客户价值，满足潜在客户需求，继续扮演企业年金市场重要管理者的角色。在养老保障产品领域，长江养老一方面发挥团体养老保障产品的创新优势，大力推广薪酬延付和员工持股计划服务；另一方面开始涉足个人业务，首次发售个人养老保障产品，快速实现此项业务的阶梯式发展，在互联网平台销售、主动管理产品开发、类公募产品开发等方面取得突破。在保险资管领域，长江养老着眼养老金全球资产配置，探索养老金境外投资，成为首家开展境外投资受托管理业务的养老保险公司。在另类投资领域，长江养老加快创新步伐，成为国内首家获准开展不动产投资计划产品创新业务的养老保险公司。在政策性业务领域，长江养老获准成为第一批担任保险保障基金管理人的养老保险公司；同时，长江养老依托市场化养老金管理机构的专业价值，提前布局职业年金和基本养老保险基金业务，为参与和推动养老保障制度改革做好准备。截至 2015 年年末，长江养老第三方投资管理资产达到 836.88 亿元，较上年年末增长 40.5%；第三方受托管理资产达到 608.29 亿元，较上年年末增长 22.5%。

（二）案例分析要求

结合有关资料，分析总结中国太保在金融投资方面的特征。

案例二：浙江上风实业股份有限公司股票期权激励计划[①]

（一）案例资料

浙江上风实业股份有限公司于 1993 年 11 月 18 日在浙江省工商行政管理局登记注册。公司股票已于 2000 年 3 月 30 日在深圳证券交易所（以下简称深交所）挂牌交易。2016 年 2 月 29 日，公司中文名称由浙江上风实业股份有限公司变更为盈峰环境科技集团股份有限公司。

2016 年 2 月 19 日，公司召开第七届董事会第十九次临时会议和第七届监事会第十四次临时会议，审议并通过了《关于〈盈峰环境科技集团股份有限公司（浙江上风实业股份有限公司）股票期权激励计划（草案）〉及其摘要的议案》《关于制定〈盈峰环境科技集团股份有限公司股票期权激励计划实施考核管理办法〉的议案》等相关事项。

2016 年 3 月 9 日，公司召开 2016 年第三次临时股东大会审议通过了前述股票期权激励计划相关议案，公司股票期权激励计划获得批准。

2016 年 3 月 11 日，公司召开第七届董事会第二十一次临时会议，审议通过了《盈峰环境科技集团股份有限公司（浙江上风实业股份有限公司）关于向激励对象授予股票期权的议案》，独立董事对相关事宜发表了独立意见，认为激励对象主体资格合法有效，公司对本次股权激励计划的调整及确定的授予日符合相关规定。

2016 年 3 月 11 日，公司召开第七届监事会第十五次临时会议，审议通过了《盈峰环境科技集团股份有限公司（浙江上风实业股份有限公司）关于核实公司股票期权计划激励对象名单的议案》。

公司本次股票期权激励计划主要内容如下。

1. 激励计划的目的

（1）进一步建立、健全公司经营机制，建立和完善公司（含控股子公司）中层管理人员及核心技术（业务）骨干激励约束机制，充分调动其积极性，有效地将股东利益、公司利益和核心团队个人利益结合在一起，促进公司持续、稳健、快速地发展；

① 资料来源：浙江上风实业股份有限公司临时公告（2016-02-22）。

（2）进一步深化内部改革，完善目标考核制度，激发公司中层管理团队和核心技术（业务）骨干的动力与创造力，使各方共同关注公司的长远发展，充分挖掘管理效益，保障公司抓住行业发展机遇，促进公司战略的顺利实施；

（3）有利于吸引和保留优秀的管理人才与业务骨干，建立公司的人力资源优势，进一步激发公司创新活力，为公司的持续快速发展注入新的动力。

2. 激励计划的管理机构

（1）股东大会作为公司的最高权力机构，负责审议批准本计划的实施、变更和终止。

（2）董事会是本激励计划的执行管理机构，下设薪酬与考核委员会，负责拟订和修订本激励计划，报公司股东大会审批，并在股东大会授权范围内办理本计划的相关事宜。

（3）监事会是本计划的监督机构，负责审核激励对象的名单，并对本计划的实施是否符合相关法律、行政法规、部门规章和证券交易所业务规则进行监督。

（4）独立董事应当就本计划是否有利于公司的持续发展，以及是否存在明显损害公司及全体股东的利益发表独立意见，并就本计划向所有股东征集委托投票权。

3. 激励计划的激励对象

（1）激励对象的确定依据。激励对象根据《公司法》、《中华人民共和国证券法》（以下简称《证券法》）及其他有关法律、法规和规范性文件以及上风实业股份有限公司《公司章程》的相关规定，结合公司实际情况而确定。激励对象主要是公司中层管理人员及核心技术（业务）骨干，不包括公司董事（含独立董事）、监事及高级管理人员。激励对象由公司董事会薪酬与考核委员会提名，并经公司监事会核实确定。所有激励对象必须在本计划的考核期内于公司任职并已与公司（含控股子公司）签署了劳动合同。

（2）激励对象的范围。激励对象共计 64 人，占公司截至 2015 年 12 月 31 日在册员工总人数 2 562 人的 2.50%。激励对象均是对公司未来经营业绩和发展有重要影响的中层管理人员及核心技术（业务）骨干，是公司战略实施和经营发展的核心力量。公司对这部分人员实施股权激励，不仅充分考虑了激励对象的代表性和示范效应，而且有利于建立股东与上述人员之间的利益共享与约束机制，增强员工对实现公司持续、稳健、健康发展的责任感、使命感，有效提高员工的凝聚力和创造性，有利于公司发展战略和经营计划的实现。

（3）激励对象的核实。公司聘请律师对激励对象的资格是否符合《上市公司股权激励管理办法（试行）》等相关法律、行政法规及本计划相关规定出具专业意见。公司监事会对激励对象名单予以核实，并将核实情况在股东大会上予以说明。

4. 激励计划的股票来源和股票期权数量

（1）激励计划的股票来源。本激励计划的股票来源为公司向激励对象定向发行公司股票。

（2）拟授予的股票期权数量。公司拟向激励对象授予 544 万份股票期权，占本激励计划签署时公司股本总额 48 492.44 万股的 1.12%。每份股票期权赋予激励对象在满足行权条件的情况下，在可行权日以行权价格购买 1 股公司股票的权利。

5. 激励计划的有效期、授权日、等待期、可行权日、禁售期

（1）激励计划的有效期。本激励计划的有效期为 48 个月，自股票期权授权日起计算。

（2）授权日。本激励计划授予期权的授权日在本计划经公司股东大会审议批准后由股东大会授权董事会确定。授权日应为自公司股东大会审议通过本计划之日起 30 日内，届时由公司召开董事会对激励对象进行授予，并完成登记、公告等相关程序。授权日必须为交易日，且不得为下列期间：①定期报告公布前 30 日；②重大交易或重大事项决定过程中至该事项公告后 2 个交易日；③其他可能影响股价的重大事件发生之日起至公告后 2 个交易日。

（3）等待期。本激励计划股票期权的等待期，为自股票期权授权日后的 12 个月。

（4）可行权日。激励对象应当在上市公司定期报告公布后第 2 个交易日，至下一次定期报告公布前 10 个交易日内行权，但不得在下列期间内行权：①重大交易或重大事项决定过程中至该事项公告后 2 个交易日；②其他可能影响股价的重大事件发生之日起至公告后 2 个交易日。

股票期权的行权期、各期行权时间安排及可行权数量如下表所示。

行权期	行权时间	可行权数量占获授期权数量比例/%
第一个行权期	自授权日起 12 个月后的首个交易日起至授权日起 24 个月内的最后一个交易日当日止	30
第二个行权期	自授权日起 24 个月后的首个交易日起至授权日起 36 个月内的最后一个交易日当日止	30
第三个行权期	自授权日起 36 个月后的首个交易日起至授权日起 48 个月内的最后一个交易日当日止	40

激励对象必须在期权行权有效期内行权完毕。若未达到行权条件，则当期股票期权不得行权并由公司注销；若符合行权条件，但未在上述行权期内行权的该部分股票期权由公司注销。

（5）禁售期。禁售期是指对激励对象行权后所获股票进行售出限制的时间段。本激励计划的禁售规定按照《公司法》《证券法》等相关法律、法规、规范性文件和《公司章程》执行，具体规定如下：①激励对象为公司董事和高级管理人员的，其在任职期间每年转让的股份不得超过其所持有本公司股份总数的 25%。上述人员离职后半年内，不得转让其所持有的本公司股份。②激励对象为公司董事、高级管理人员的，将其持有的本公司股票在买入后 6 个月内卖出，或者在卖出后 6 个月内又买入，由此所得收益归本公司所有，本公司董事会将收回其所得收益。③在本激励计划的有效期内，如果《公司法》《证券法》等相关法律、法规、规范性文件和《公司章程》中对公司董事及高级管理人员持有股份转让的有关规定发生了变化，则这部分激励对象转让其所持有的公司股票应当在转让时符合修改后的《公司法》《证券法》等相关法律、法规、规范性文件和《公司章程》的规定。

6. 股票期权的行权价格和行权价格的确定方法

（1）股票期权的行权价格。本计划授予的股票期权的行权价格为 18.77 元。

（2）股票期权行权价格的确定方法。本计划授予的股票期权的行权价格取下列两个价格中的较高者：①本激励计划草案摘要公布前一个交易日的公司股票收盘价 18.17 元；

②本激励计划草案摘要公布前 30 个交易日内的公司股票平均收盘价 18.77 元。

7. 股票期权的授予条件与行权条件

（1）股票期权的授予条件。激励对象只有在同时满足下列条件时，才能获授股票期权：①公司未发生以下任一情形——最近一个会计年度财务会计报告被注册会计师出具否定意见或者无法表示意见的审计报告；最近一年内因重大违法违规行为被中国证券监督管理委员会（以下简称中国证监会）予以行政处罚；中国证监会认定的其他情形。②激励对象未发生以下任一情形——最近三年内被证券交易所公开谴责或宣布为不适当人员；最近三年内因重大违法违规行为被中国证监会予以行政处罚；具有《公司法》规定的不得担任公司董事及高级管理人员情形；公司董事会认定其他严重违反公司有关规定的。

（2）股票期权的行权条件。激励对象行使已获授的股票期权，除满足上述授予条件中的第①、②项外，必须同时满足如下条件：第一，公司业绩考核要求。等待期考核指标为公司股票期权等待期内，各年度归属于上市公司股东的净利润及归属于上市公司股东的扣除非经常性损益的净利润均不得低于授权日前最近三个会计年度的平均水平且不得为负。本计划在 2016~2018 年会计年度中，分年度对公司的业绩指标进行考核，以达到业绩考核目标作为激励对象当年度的行权条件之一。业绩考核的指标为扣除非经常性损益后的净利润。在本激励计划有效期内，各年度财务业绩考核目标如下表所示。

期权的行权条件达成，则激励对象按照计划规定比例行权；反之，若行权条件未达成，则公司按照本计划相关规定，注销激励对象所获授期权当期可行权份额。

行权期	业绩考核指标
第一个行权期	以 2015 年业绩为基准，2016 年公司实现的扣除非经常性损益后的净利润较 2015 年增长不低于 30%
第二个行权期	以 2015 年业绩为基准，2017 年公司实现的扣除非经常性损益后的净利润较 2015 年增长不低于 60%
第三个行权期	以 2015 年业绩为基准，2018 年公司实现的扣除非经常性损益后的净利润较 2015 年增长不低于 100%

第二，个人绩效考核要求。根据《浙江上风实业股份有限公司股票期权激励计划实施考核管理办法》，激励对象只有在上一年度达到公司业绩目标，所在经营单位业绩考核结果达标，以及个人绩效考核等级为 S、A 或 B 的前提下，才可行权，否则，当期期权由公司注销。

<table>
<tr><th>个人绩效考核等级</th><th>公司业绩完成情况</th><th>所在经营单位考核结果</th><th>可行权比例/%</th></tr>
<tr><td>S（优秀）</td><td rowspan="4">达标</td><td rowspan="4">达成
（80 分以上，含 80 分）</td><td rowspan="3">100</td></tr>
<tr><td>A（良好）</td></tr>
<tr><td>B（合格）</td></tr>
<tr><td>C（不合格）</td><td>0</td></tr>
</table>

第三，业绩考核指标设置的合理性分析。根据行权业绩指标的设定，上风实业股份有限公司 2016~2018 年各年度实现的扣除非经常性损益后的净利润与 2015 年相比，净利润增长率分别不低于 30%、60%和 100%，即未来三年净利润的复合增长率不低于 25.99%。公司设定的 2016~2018 年行权的业绩指标，综合考虑了公司的经营环境、行业状况影响和经营状况，以及公司未来的发展规划和本次激励计划的期权费用等相关因素，指标设定合理、可测。对激励对象而言，业绩目标明确同时具有一定的挑战性；对公司而言，业绩指

标的设定能够促进激励对象努力尽职工作，提升上市公司的业绩表现。指标设定不仅有助于公司提升竞争力，也对公司核心队伍的建设起到积极的促进作用。同时，指标的设定也兼顾了激励对象、公司、股东三方的利益，对公司未来的经营发展将起到积极的促进作用。

8. 激励计划的调整方法和程序

（1）股票期权数量的调整方法。若在激励对象行权前，公司有资本公积金转增股本、派送股票红利、股票拆细、缩股、配股或增发等事项，激励对象获授的股票期权数量应进行如下调整。

第一，资本公积金转增股本、派送股票红利、股票拆细。$Q=Q_0\times(1+n)$。其中：Q_0为调整前的股票期权数量；n为每股的资本公积金转增股本、派送股票红利、股票拆细的比率（即每股股票经转增、送股或拆细后增加的股票数量）；Q为调整后的股票期权数量。

第二，缩股。$Q=Q_0\times n$。其中：Q_0为调整前的股票期权数量；n为缩股比例（即1股公司股票缩为n股股票）；Q为调整后的股票期权数量。

第三，配股。$Q=Q_0\times P_1\times(1+n)/(P_1+P_2\times n)$。其中：$Q_0$为调整前的股票期权数量；$P_1$为股权登记日当日收盘价；$P_2$为配股价格；$n$为配股的比例（即配股的股数与配股前公司总股本的比例）；Q为调整后的股票期权数量。

第四，增发。公司在发生增发新股的情况下，股票期权数量不做调整。

（2）行权价格的调整方法。若在激励对象行权前，公司有资本公积金转增股本、派送股票红利、股票拆细、缩股、派息、配股或增发等事项，未行权的股票期权的行权价格应进行如下调整，但调整后的期权行权价格不得为负，且不得低于每股净资产。

第一，资本公积金转增股本、派送股票红利、股票拆细。$P=P_0/(1+n)$。其中：P_0为调整前的行权价格；n为每股的资本公积转增股本、派送股票红利、股票拆细的比率；P为调整后的行权价格。

第二，缩股。$P=P_0/n$。其中：P_0为调整前的行权价格；n为缩股比例；P为调整后的行权价格。

第三，派息。$P=P_0-V$。其中：P_0为调整前的行权价格；V为每股的派息额；P为调整后的行权价格。

第四，配股。$P=P_0\times(P_0+P_2\times n)/[P_1\times(1+n)]$。其中：$P_0$为调整前的行权价格；$P_1$为股权登记日当日收盘价；$P_2$为配股价格；$n$为配股的比例；$P$为调整后的行权价格。

第五，增发。公司在发生增发新股的情况下，股票期权行权价格不做调整。

（3）股票期权激励计划调整的程序。公司股东大会授权公司董事会依据本激励计划所列明的原因调整股票期权数量和行权价格。公司应聘请律师就上述调整是否符合《管理办法》、《公司章程》和本激励计划的规定向董事会出具专业意见。因其他原因需要调整股票期权数量、行权价格或其他条款的，应经公司董事会做出决议并经股东大会审议批准。

9. 股票期权会计处理、公允价值的测算及对公司业绩和现金流影响

（1）股票期权的会计处理。根据《企业会计准则第11号——股份支付》《企业会计准则第22号——金融工具确认和计量》的规定，公司将在等待期的每个资产负债表日，

根据最新统计的可行权数量变动、业绩指标完成情况等后续信息，修正预计可行权的股票期权数量，并按照股票期权授权日的公允价值，将当期取得的服务计入相关成本或费用和资本公积。公司将按照下列会计处理方法对公司股权激励计划成本进行计量和核算。

第一，授权日会计处理：由于授权日股票期权尚不能行权，因此不需要进行相关会计处理。公司将在授权日采用布莱克-斯科尔斯期权定价模型确定股票期权在授权日的公允价值。

第二，等待期会计处理：公司在等待期的每个资产负债表日，以对可行权股票期权数量的最佳估算为基础，按照股票期权在授权日的公允价值，将当期取得的服务计入相关成本或费用和资本公积。

第三，可行权日之后会计处理：不再对已确认的成本费用和所有者权益总额进行调整。

第四，行权日会计处理：根据行权情况，确认股本和股本溢价，同时将等待期内确认的“资本公积——其他资本公积”转入“资本公积——股本溢价”。

（2）期权公允价值的测算。根据《企业会计准则第 22 号——金融工具确认和计量》中关于公允价值确定的相关规定，公司选择布莱克-斯科尔斯期权定价模型对股票期权的公允价值进行测算，公式为

$$C = Se^{-qt}N(d_1) - Ee^{-rt}N(d_2)$$

$$d_1 = \frac{\ln\left(\frac{S}{E}\right) + \left(r + \frac{\delta^2}{2}\right)t}{\delta\sqrt{t}}$$

$$d_2 = d_1 - \delta\sqrt{t}$$

其中，E 为行权价格，等于 18.77 元；S 为授权日公司股票市场价格，等于 18.17 元（假设以 2016 年 2 月 19 日收盘价作为授权日市场价格进行测算，最终授权日价格以实际授权日收盘价为准）；t 为期权的剩余年限，假设激励对象在可行权日所在期间匀速行权，则各期权的剩余年限分别为 1.5 年、2.5 年、3.5 年；δ 为公司股票的历史波动率，在同花顺 iFinD 系统中选取公司截至 2016 年 2 月 19 日近三年年化波动率为 53.168 6%；r 为无风险收益率，以同花顺 iFinD 系统中公布的 2016 年 2 月 19 日银行间国债到期收益率作为相应期限的无风险收益率。其中 1.5 年期国债到期收益率为 2.476 6%，2.5 年期国债到期收益率为 2.513 7%，3.5 年期国债到期收益率为 2.614 4%；q 为股息率，选取公司 2014 年的股息率 0.50%。由于授予的权益数量占公司总股本比例较小，因此不考虑期权行权时对公司股本的摊薄效应。根据上述参数，对公司授予的 544 万份股票期权的总成本进行了测算，股票期权的总成本为 3 248.23 万元。

行权期	期权份数/万份	每份期权公允价值/元	股票期权成本/万元
第一个行权期	163.20	4.58	747.46
第二个行权期	163.20	5.95	971.04
第三个行权期	217.60	7.03	1 529.73
合计	544.00	—	3 248.23

（3）激励计划对公司业绩及现金流的影响。第一，激励计划对公司合并利润报表的

影响。根据《企业会计准则第 11 号——股份支付》的有关规定，公司将在本激励计划有效期内的每个资产负债表日，以可行权期权数量的最佳估计为基础，按照权益工具授权日的公允价值，将当期取得的服务计入相关成本或费用和资本公积。假设授权日在 2016 年 3 月，全部激励对象均符合本计划规定的行权条件且在各行权期内全部行权，则预测算公司本次激励计划授予股票期权的成本合计为 3 248.23 万元。2016~2019 年股票期权成本摊销情况见下表。

项目	2016 年	2017 年	2018 年	2019 年	合计
各年摊销期权费用/万元	1 452.40	1 119.96	590.80	85.07	3 248.23

本计划的股权激励成本在经常性损益中列支，股权激励成本的摊销对本计划有效期内公司各年度净利润有所影响，从而对业绩考核指标中的净利润增长率指标造成一定影响，但是不会影响公司现金流和直接减少公司净资产。而且，若考虑到股权激励计划将有效促进公司发展，激励计划带来的公司业绩提升将远高于因其带来的费用增加。本测算是在一定的参数取值和定价模型的基础上计算出本激励计划授予股票期权的成本并在各个等待期予以分摊，实际股权激励成本将根据董事会确定授权日后各参数取值的变化而变化。公司将在定期报告中披露具体的会计处理方法及其对公司财务数据的影响。

第二，本激励计划对公司及控股子公司各期利润报表的影响。本次股权激励的成本，将由涉及本次股权激励计划的公司及控股子公司共同承担，并按照以下原则进行分担：以公司及控股子公司激励对象获授权益的占比分担各期激励计划的成本。

第三，本激励计划对公司现金流的影响。若本次股权激励计划授予的 544 万份股票期权全部行权，则公司将向激励对象发行 544 万股，所募集资金金额为 10 210.88 万元，该部分资金公司计划全部用于补充公司流动资金。

10. 公司实施股权激励计划、授予股票期权、激励对象行权的程序

（1）实施激励计划的程序：①董事会薪酬与考核委员会负责拟定本激励计划草案，并提交董事会审议。②董事会审议通过本激励计划草案及《考核管理办法》，独立董事应当就本激励计划是否有利于公司的持续发展，以及是否存在损害公司及全体股东利益发表独立意见。③监事会核查激励对象名单。④公司聘请律师对本激励计划出具《法律意见书》。⑤董事会审议通过本激励计划草案后次日，公告董事会决议、监事会决议、独立董事意见、本激励计划及摘要、《考核管理办法》等文件。⑥公司发出召开股东大会的通知，并公告《法律意见书》。⑦独立董事就本激励计划向所有股东征集委托投票权。⑧股东大会审议本激励计划，在提供现场投票方式的同时提供网络投票方式。监事会应当就激励对象名单核实情况在股东大会上进行说明。⑨股东大会批准本激励计划后即可实施。董事会根据股东大会的授权办理具体的股票期权授予、行权等事宜。

（2）股票期权的授予程序：①董事会薪酬与考核委员会负责拟订股票期权授予方案。②董事会审议批准薪酬与考核委员会拟订的股票期权授予方案。③监事会核查激励对象的名单是否与股东大会批准的激励计划中规定的对象相符。④经股东大会审议通过，公司按相关规定召开董事会确定股票期权授权日，授予条件满足后，对激励对象进行股票期权的授予，并完成登记、公告等相关程序。授权日必须为交易日，且不得为下列期间——定期

报告公布前 30 日；重大交易或重大事项决定过程中至该事项公告后 2 个交易日；其他可能影响股价的重大事件发生之日起至公告后 2 个交易日。⑤激励对象应与公司签署《授予股票期权协议书》。⑥公司根据中国证监会、深交所、登记结算公司的有关规定办理实施股票期权激励计划的相关事宜。

（3）股票期权行权程序：①激励对象在可行权日内，提交《股票期权行权申请书》向公司确认行权的数量和价格，并交付相应的购股款项。②公司在对每个激励对象的行权申请做出核实和认定后，按申请行权数量向激励对象定向发行股票。

11. 公司与激励对象各自的权利与义务

（1）公司的权利与义务：①公司有权要求激励对象按其所聘岗位的要求为公司工作，若激励对象不能胜任所聘工作岗位或者考核不合格，经公司董事会批准，公司注销激励对象尚未行权的股票期权。②公司具有对本计划的解释和执行权，并按本计划规定对激励对象进行绩效考核，若激励对象未达到本计划所确定的行权条件，公司将按本计划规定的原则注销期权。③若激励对象因触犯法律、违反职业道德、泄露公司机密、失职或渎职等行为严重损害公司利益或声誉，经公司董事会批准，公司注销激励对象尚未行权的股票期权，并且要求激励对象返还其已行权股票期权所获的收益。④公司根据国家税收法规的规定，代扣代缴激励对象应缴纳的个人所得税及其他税费。⑤公司承诺不为激励对象依本激励计划获取有关权益提供贷款或其他任何形式的财务资助，包括为其贷款提供担保。⑥公司应按照相关规定履行本激励计划申报、信息披露等义务；公司应当根据本股权激励计划以及中国证监会、深交所、登记结算公司等有关规定，积极配合满足行权条件的激励对象按规定行权。但若因中国证监会、深交所、登记结算公司的原因造成激励对象未能按自身意愿行权并给激励对象造成损失的，公司不承担责任。⑦法律、法规规定的其他相关权利与义务。

（2）激励对象的权利与义务：①激励对象应当按公司所聘岗位的要求，勤勉尽责、恪守职业道德，为公司的发展做出应有贡献。②激励对象按照本激励计划的规定获取有关权益的资金来源为激励对象自筹资金。③激励对象有权且应当按照本激励计划的规定行权。④激励对象获授的股票期权不得转让、用于担保或偿还债务。股票期权在行权前不享受投票权和表决权，同时也不参与股票红利、股息的分配。⑤激励对象因本激励计划获得的收益，应按国家税收法规缴纳个人所得税。⑥激励对象在行权后离职的，应当在两年内不得从事与公司业务相同或类似的相关工作；如果激励对象在行权后离职并在两年内从事与公司业务相同或类似工作，激励对象应将其因行权所得全部收益返还给公司，并承担与其行权所得收益同等金额的违约金，给公司造成损失的，还应同时向公司承担赔偿责任。⑦法律、法规规定的其他相关权利义务。

（3）其他说明。公司确定本股权激励计划的激励对象，并不构成对公司和全资子公司员工聘用期限的承诺。公司和全资子公司仍按与激励对象签订的《劳动合同》确定对员工的聘用关系。

12. 股权激励计划的变更、终止

（1）公司终止激励计划的情形。公司控制权发生变更；公司出现合并、分立等情形；

最近一个会计年度财务会计报告被注册会计师出具否定意见或者无法表示意见的审计报告；最近一年内因重大违法违规行为被中国证监会予以行政处罚；中国证监会认定的其他情形。当公司出现终止本计划的上述情形时，激励对象已获准行权但尚未行权的股票期权终止行权，其未获准行权的期权予以注销。

（2）激励对象个人情况变化的处理方式：①激励对象在公司内发生正常职务变更，其获授的股票期权完全按照本计划相关规定进行。②激励对象如果因出现以下情形之一而失去参与本计划的资格，董事会可以决定对激励对象根据本计划在情况发生之日，对激励对象已获准行权但尚未行权的股票期权终止行权，其未获准行权的期权予以注销——最近三年内被证券交易所公开谴责或宣布为不适当人选的；最近三年内因重大违法违规行为被中国证监会予以行政处罚的；具有《公司法》规定的不得担任公司董事、高级管理人员情形的；因不能胜任岗位工作、触犯法律、违反执业道德、泄露公司机密、失职或渎职等行为损害公司利益或声誉而导致的职务变更，或因上述原因导致公司解除与激励对象劳动关系的；公司董事会认定的其他严重违反公司有关规定或严重损害公司利益的情形。③激励对象因辞职、公司裁员而不在公司担任相关职务，董事会可以决定对激励对象根据本计划在情况发生之日，对激励对象在绩效考核年度内因考核合格而获准行权但尚未行权的股票期权继续保留行权权利，并在最近一个行权期的 6 个月内完成行权，其未获准行权的期权予以注销。④激励对象因退休而离职，在情况发生之日，对激励对象已获准行权但尚未行权的股票期权继续保留行权权利，并在 6 个月内完成行权，其未获准行权的期权予以注销。⑤激励对象因丧失劳动能力而离职，应分以下两种情况处理——当激励对象因工伤丧失劳动能力而离职时，在情况发生之日，对激励对象已获准行权但尚未行权的股票期权继续保留行权权利，并在 6 个月内完成行权，其未获准行权的期权予以注销。当激励对象非因工伤丧失劳动能力而离职时，在情况发生之日，对激励对象已获准行权但尚未行权的股票期权终止行权，其未获准行权的期权予以注销。⑥激励对象身故的，应分以下两种情况处理——激励对象若因执行职务身故，在情况发生之日，对激励对象已获准行权但尚未行权的股票期权继续保留行权权利，并由其指定的财产继承人或法定继承人在 6 个月内完成行权，其未获准行权的期权予以注销。激励对象若因其他原因身故的，在情况发生之日，对激励对象已获准行权但尚未行权的股票期权终止行权，其未获准行权的期权予以注销。⑦其他未说明的情况由董事会薪酬与考核委员会认定，并确定其处理方式。

（二）案例分析要求

（1）按照授权日公司股票收盘价计算第一个行权期每份期权公允价值。（本次期权激励计划授权日 2016 年 3 月 11 日的股票收盘价为 17.80 元）

（2）假设在第一个行权期内，拥有 163.20 万份期权激励的对象全部达到行权要求并且全部行权，公司股票市场价格平均为 25 元，请计算其投资盈亏数额。（不考虑费用税金）

（3）分析说明影响该公司期权激励对象投资盈亏的因素有哪些？

*参考答案

一、单项选择题

1. B 2. A 3. B 4. C 5. D 6. D 7. A 8. B 9. B 10. C 11. B 12. A 13. B 14. C 15. A 16. C 17. C 18. C 19. A 20. A 21. C 22. B 23. D 24. C 25. C 26. A 27. A 28. C 29. A 30. A

二、多项选择题

1. ADE 2. DE 3. ABDE 4. ABCDE 5. ABC 6. ABC 7. ABCDE 8. ABCDE 9. ABCE 10. BDE 11. ABCDE 12. CD 13. ABD 14. CD 15. AD 16. ABCDE 17. ABCDE 18. BCD 19. ABCE 20. BCDE

三、判断题

1. √ 2. √ 3. √ 4. × 5. × 6. × 7. √ 8. √ 9. × 10. √ 11. × 12. × 13. × 14. √ 15. √ 16. √ 17. × 18. × 19. √ 20. ×

四、计算分析题

1.（1）754.18元；（2）616.80元；（3）385.50元

2. 12 500元

3. 8.52%

4.（1）10%；（2）101.90元；（3）22%；（4）债券价值95.2元，因此应该购买

5. P=16元

6. 普通股25元，优先股20元

7. 12.55%

8.（1）A股票31.8元，B股票30元；（2）应投资B股票

9. 当汇率为1欧元=1.40美元时，行权，利润40万美元；当汇率为1欧元=1.36美元时，行权，利润为0；当汇率为1欧元=1.25美元时，不行权，利润为−80万美元

10.（1）行权，收益=18万元

（2）行权，收益=0

（3）不行权，收益=−2万元

11. 7.27元

五、综合题

1.（1）9.86%；（2）损失1.05万元

2.（1）6%；（2）18.4%、14%、12%；（3）156.7元、71.4元、41.7元；（4）A股票应当出售，B、C股票应当继续持有

3.（1）63.60元；（2）值得购买

4.（1）股票市价和内在价值都是 24 元，相符；（2）股票价值=12 元，市价比内在价值高了 1 倍；（3）25.2 元

5.（1）A 股票 41.61 元，B 股票 20.80 元；（2）A 股票市场价格为 40 元，值得投资，B 股票市场价格为 24 元，不值得投资；（3）组合的β系数为 1.81，组合的预期收益率为 15.25%

6. NAV=（43−2）÷20=2.05（元/份）

申购资金=2.05×30 000÷（1−5‰）=61 809.05（元）

赎回资金=2.05×（1−1.5‰）×30 000=61 407.75（元）

7.（1）当股票价格 $X\leqslant 100$ 时，收益=X−100+120−X=20（元），利润=X−100+3+（120−X−5）=18（元）；当股票价格 $100\leqslant X\leqslant 120$ 时，收益=0+120−X=120−X（元），利润=0+3+（120−X−5）=118−X（元）；当股票价格 $X\geqslant 120$ 时，收益=0+0=0（元），利润=0+3+（0−5）=−2（元）

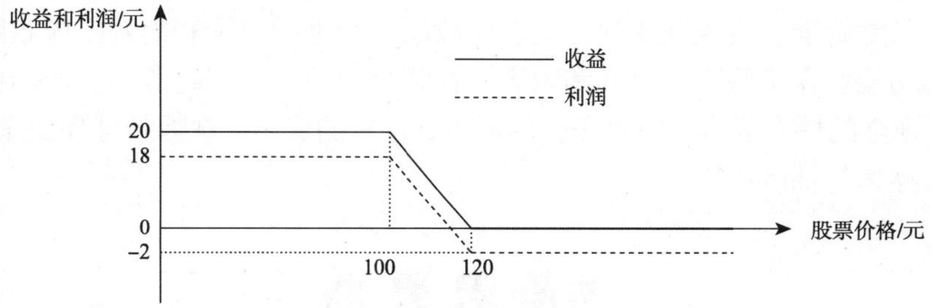

（2）该期权组合的收益与标的股票的价格呈负相关

8.（1）项目的价值为 200 万元

（2）因为项目的价值大于 0，所以可行

六、案例分析题

案例一

根据本案例的资料，再查阅相关资料，可从以下几个方面分析总结中国太保金融投资的特征：

（1）行业特征和企业战略；

（2）投资目的与投资策略；

（3）投资组合的特点；

（4）投资风险和收益水平；

（5）金融企业与非金融企业以及个人在金融投资上的显著区别等。

案例二

（1）利用案例有关资料，根据布莱克−斯科尔斯期权定价模型计算该股票期权在授权日第一个行权期每份的公允价值为 4.35 元。

（2）假设在第一个行权期内，拥有 163.20 万份期权激励的对象全部达到行权要求并且全部行权，第一个行权期内公司股票市场价格平均为 25 元，其投资盈亏数额为 306.816 万元。

（3）凡是影响该公司股票市场价格的因素以及影响行权条件和期权激励计划调整方法的因素，都会影响该公司期权激励对象的投资盈亏。

第五章

流动资产投资

【本章学习目标】

了解流动资产与营运资本的概念、持有现金的动机、现金管理的目标和内容、现金预算、现金日常管理、应收账款的功能、应收账款管理的目标和内容、应收账款日常控制、存货的功能、存货管理的目标和内容、存货日常控制；理解流动资产的投资策略和筹资策略、现金的持有成本、应收账款的成本、存货的成本；掌握最佳现金余额的确定、信用政策、存货的批量决策。

*知 识 要 点

第一节　流动资产投资概述

一、流动资产的相关概念

（一）流动资产及其分类

流动资产是指在一年内或超过一年的一个营业周期内变现或者运用的资产，其主要包括现金、交易性金融资产、应收及预付账款、存货等，是公司全部资产中流动性最强的资产。

与非流动资产相比，流动资产具有周转速度快、变现能力强、财务风险小等特点。

流动资产按投资需求的时间长短分为稳定性流动资产和波动性流动资产。

（1）稳定性流动资产是指那些即使在企业处于经营淡季也仍然需要保留的、用于满足企业长期、稳定运行的流动资产。

（2）波动性流动资产是指那些受周期性或季节性需求而变化的流动资产，也称临时性流动资产。

（二）营运资本

营运资本是指流动资产减去流动负债后的差额，是投入日常经营活动（营业活动）

的资本。营运资本是计量财务风险的指标，如果营运资本为正数，说明财务风险较低；如果营运资本为负数，说明财务风险较高；如果营运资本为 0，说明财务风险适中。

二、流动资产的投资策略

流动资产投资的重点是资本收益与财务风险之间的权衡问题。较大规模的流动资产总额以及流动资产内部较大比例的现金资产，偿债风险较小，但资产收益能力也较小。反之，较小规模的流动资产总额以及流动资产内部较小比例的现金资产，偿债风险较大，但其资产收益能力较强。

在决定流动资产投资的需要量时，可以根据企业管理当局的管理风格和风险承受能力，分别采用“保守型”、“激进型”与“适中型”三种流动资产投资策略。

流动资产投资策略	投资规模	投资风险	资产收益能力
保守型	大	低	低
激进型	小	高	高
适中型	适中	适中	适中

三、流动资产的筹资策略

就如何安排波动性流动资产和稳定性流动资产的资本来源而言，流动资产筹资策略一般可以分为适中型、激进型和保守型策略三种。

流动资产筹资策略	特点	风险、收益
适中型	波动性流动资产=临时性负债 稳定性流动资产和非流动资产（永久性资产） =长期负债+自发性负债+权益资本	风险收益适中
激进型	波动性流动资产 < 临时性负债 永久性资产 > 长期负债+自发性负债+权益资本	资本成本低，风险收益较高
保守型	波动性流动资产 > 临时性负债 永久性资产 < 长期负债+自发性负债+权益资本	资本成本高，风险收益较低

第二节　现金管理

一、现金管理的目标与内容

现金是指以货币形态存在的资金，包括库存现金、各种银行存款和其他货币资金。现金是流动性最强而盈利性最弱的资产。

（一）持有现金的动机

项目	支付性动机	预防性动机	投机性动机
含义	是指为满足企业日常交易需要而持有现金	是指为应付意外事件发生而持有现金	是指为投机获利而持有现金
影响因素	企业的生产经营规模	企业对现金流量预测的准确程度；企业承担风险的意愿程度；企业在发生不测事件时的临时筹资能力	企业对待投机的态度以及市场上的投机机会多少

（二）现金的持有成本

项目	机会成本	管理成本	转换成本	短缺成本
含义	是指企业因持有现金而丧失的再投资收益	是指企业因持有一定数量的现金而发生的管理费用	是指企业用现金购买有价证券以及转让有价证券变为现金时付出的有关费用，即现金同有价证券之间相互转换的成本	是指因现金持有量不足而又无法及时通过有价证券变现加以补充而给企业造成的损失
成本与现金持有量关系	与现金持有量成正比	在一定的范围内与现金的持有量关系不大，具有固定性	在现金需要量既定的前提下，现金持有量越少，证券变现的次数越多，相应的转换成本就越大；反之，就越小	现金的短缺成本与现金的持有量成反比

（三）现金管理的目标与内容

（1）现金管理的目标：在降低风险与增加收益之间寻求一个平衡点，在保证生产经营活动所需现金的同时，尽可能节约现金，减少现金的持有量，并将闲置现金用于投资以获取一定的投资收益。

（2）现金管理的内容：编制现金预算；确定最佳现金余额；现金的日常管理。

二、现金预算

现金预算是企业财务预算的一个重要组成部分，是现金管理的一个重要方法。现金预算应在对企业现金流量进行合理预测的基础上编制，其主要目的是利用现金预算规划现金收支活动，充分合理地利用现金，提高现金的利用效率。现金预算可按年、月、旬或按日编制。现金预算的编制方法主要有现金收支法和调整净收益法两种。采用现金收支法编制现金预算的主要步骤：预测企业的现金流入量；预测企业的现金流出量；确定现金余缺。

三、最佳现金余额的确定

确定最佳现金余额常用的方法有四种。

项目	现金周转期模式	成本分析模式	存货模式	随机模式
含义	从现金周转的角度出发，根据现金的周转速度来确定最佳现金余额	分析其相关总成本最低时现金余额的一种方法。这种模式下的相关成本是指机会成本和短缺成本。机会成本与现金持有量呈正相关关系，短缺成本同现金持有量呈负相关关系	将存货经济订货批量模型原理用于确定最佳现金余额，其着眼点也是现金相关成本之和最低。这种模式下的相关成本是指机会成本和转换成本。机会成本与现金持有量呈正相关关系，转换成本同现金持有量呈负相关关系	在现金需求量难以预知的情况下进行现金持有量控制的方法。企业可以根据历史经验和现实需要，测算出一个现金持有量的控制范围，即确定出现金持有量的上限和下限，将现金持有量控制在上下限之内

续表

项目	现金周转期模式	成本分析模式	存货模式	随机模式
步骤或计算公式	计算现金周转期；计算现金周转率；计算最佳现金余额 最佳现金余额 $=\frac{\text{年现金需求额}}{\text{现金周转率}}$	根据不同现金持有量测算并确定相关成本数值；按照不同现金持有量及其相关成本资料编制最佳现金余额测算表；在测算表中找出相关总成本最低时的现金持有量，即最佳现金余额	在一定的假设前提下，经推导得出： $Q=\sqrt{2TF \div K}$ $\text{TC}=\sqrt{2TFK}$ 其中，T 为年现金总需求量；F 为每次转换有价证券的固定成本；Q 为最佳现金余额；K 为有价证券年利息率（机会成本）；TC 为现金相关总成本	上限 H、目标控制线 R，可按下列公式计算： $H=3R-2L$ $R=\sqrt[3]{\frac{3b\delta^2}{4i}}+L$ 其中，b 为每次有价证券的转换成本；i 为有价证券的日利息率；δ 为预期每日现金余额变化的标准差。下限 L 要受到企业每日的最低现金需要、管理人员的风险承受倾向等因素的影响

四、现金的日常管理

管理策略	内容
力争现金流量同步	如果企业能尽量使它的现金流入与现金流出发生的时间趋于一致，就可以使其所持有的交易性现金余额降到最低水平
使用现金浮游量	从企业开出支票，收票人收到支票并存入银行，至银行将款项划出企业账户，中间需要一段时间。在这段时间里，尽管企业已开出了支票，却仍可动用在活期存款账户上的这笔资金。在使用现金浮游量时，一定要控制好使用的时间，否则会发生银行存款的透支
加速收款	这主要是指缩短应收账款的时间。做到既利用应收账款吸引顾客，又缩短收款时间，从两者之间找到适当的平衡点
推迟应付账款的支付	是指企业在不影响自己信誉的前提下，尽可能地推迟应付账款的支付期，充分运用供货方所提供的信用优惠
利用信用卡透支	目前各家银行发放的信用卡，免息期最短有 25 天，最长有 56 天，企业可以充分利用这一优惠措施。采用信用卡支付，可以灵活调度现金与节省现金的开支。使用得当，最长可以享受 56 天的免息期

第三节 应收账款管理

一、应收账款的功能与成本

功能	促进销售、减少存货
成本	（1）机会成本，是指资金投放在应收账款所丧失的再投资收益，它的大小通常与应收账款资金占用量、资本成本同方向变动 在企业有剩余生产能力的情况下： 应收账款机会成本=应收账款占用资金×资本成本 =应收账款平均余额×变动成本率×资本成本 在企业现有生产能力已经饱和的情况下： 应收账款机会成本=应收账款占用资金×资本成本 =应收账款平均余额×资本成本 （2）管理成本，是指企业对应收账款进行日常管理而发生的支出 （3）坏账成本，是指因应收账款无法收回而产生的坏账损失

二、应收账款管理的目标与内容

应收账款管理的目标，就是在信用销售的功能与应收账款成本之间做出权衡。应收账款管理的内容：制定适当的信用政策；严格执行信用政策；应收账款的控制。

三、信用政策

信用政策又称应收账款政策，是指企业为对应收账款进行规划与控制而确立的基本原则和行为规范，是企业财务政策的一个重要组成部分。信用政策包括信用标准、信用条件和收账政策三部分内容。

（一）信用标准

信用标准是客户获得企业商业信用所应具备的最低条件，通常以预期的坏账损失率表示。信用标准的宽严也在很大程度上决定了应收账款的规模和相关成本。

（二）信用条件

项目	内容
信用条件	信用条件是指企业要求客户支付赊购款项的条件，包括信用期限、折扣期限和现金折扣
信用期限	信用期限是指企业允许客户从购货到支付货款的时间间隔。企业产品销售量与信用期限之间存在着一定的依存关系。企业是否给客户延长信用期限，应视延长信用期限增加的边际收入是否大于增加的边际成本而定
现金折扣和折扣率	现金折扣是企业为了加速资金周转，及时收回货款，减少坏账损失，对顾客在商品价格上所做的扣减。折扣率即在规定的时间内提前偿付货款的客户可按销售收入的一定比率享受折扣

（三）收账政策

收账政策是指企业信用条件被违反时，即拖欠甚至拒付账款时所采取的收账策略与措施。收账方式主要有两种：一是自行收账；二是委托商账追收。

一般而言，企业加强收账管理，及早收回货款，可以减少坏账损失，减少应收账款上的资金占用，但会增加收账费用。收账政策就是要在增加收账费用与减少坏账损失、减少应收账款机会成本之间进行权衡。

四、应收账款的日常控制

（一）应收账款的事前控制

项目	内容
事前控制	事前控制是应收账款控制的首要环节，其目的是将未来可能发生的信用风险控制在事前，以防患于未然。事前控制主要通过对客户的信用调查、资信分析和信用评估三个方面进行
信用调查	对客户的信用情况进行调查，包括客户的付款历史、产品的生产状况、公司的经营状况、财务实力的估算数据、公司主要所有者及管理者的背景等。信用调查的方法大体上可以分为两类：一类是直接调查；另一类是间接调查
资信分析	对客户的资信分析是在信用调查的基础上，通过“五 C”分析法进行。所谓“五 C”，是指评估客户信用品质的五个主要方面，包括品德、能力、资本、抵押品、条件

续表

项目	内容
信用评估	在信用调查和资信分析的基础上，运用信用评分法对顾客进行信用评估。信用评分法是对一系列财务比率和信用情况指标进行评分，然后进行加权平均，得出顾客综合的信用分数，并以此进行信用评估的一种方法。进行信用评分的基本公式是 $Y=\beta_1X_1+\beta_2X_2+\cdots+\beta_nX_n$ 其中，Y 代表某企业的信用评分；β_i 代表事先拟定的对第 i 种财务比率和信用品质进行加权的权数；X_i 代表第 i 种财务比率和信用品质的评分

（二）应收账款的事中控制

项目	内容
应收账款追踪分析法	为了如期足额地收回应收账款，赊销企业有必要在收账之前，对该项应收账款的运行过程进行追踪分析。分析的重点应放在赊销商品的销售与变现环节
应收账款账龄分析	应收账款账龄分析是指对应收账款账龄结构的分析。应收账款账龄结构是指企业在某一时点，将所发生的在外各笔应收账款按照开票日期进行归类，并计算出各账龄应收账款的余额占应收账款总额的比重

（三）应收账款的事后控制

项目	内容
制定合理的收账策略	收账策略的积极与否，直接影响到收账数量、收账期与坏账损失比率。收账费用与坏账成本之间存在着反比例变动的非线性关系。企业应当权衡不同收账策略下的成本和收益后确定合理的收账策略
确定合理的收账程序与讨债方法	催收账款的一般程序：信函通知；电话催收；派员面谈；法律行动。当顾客拖欠账款时，应当分析原因，确定合理的讨债方法
建立有效的应收账款管理制度	建立坏账准备金制度。按规定计提坏账准备金，是企业风险自担的一种制度，也是应对应收账款坏账风险的方式 建立应收账款式绩效考核制度，把应收账款周转率、应收账款回笼率指标落实到部门和个人，其管理业绩与奖惩挂钩

第四节 存货管理

一、存货的功能与成本

（一）存货的功能

储备存货的功能主要在于：防止停工待料；适应市场变化；降低进货成本，维持均衡生产等。

（二）存货的成本

项目	进货成本	储存成本	缺货成本
概念	是指为取得某种存货而发生的成本，通常用 TC_a 来表示	是指为持有存货而发生的成本，通常用 TC_c 来表示	是指因存货不足而给企业造成的损失，通常用 TC_s 表示
内容	包括存货的进价和进货费用。进价又称采购成本，是指存货本身的价值，等于采购单价与采购数量的乘积。进货费用又称订货成本，是指企业为组织进货而开支的费用	包括存货占用资金的机会成本、仓储费用、保险费用、存货破损和变质损失等	包括停工损失、延误发货的信誉损失及丧失销售机会的损失等

续表

项目	进货成本	储存成本	缺货成本
特性	在一定时期进货总量既定的条件下，存货的进价通常保持相对稳定（假设物价不变且无采购数量折扣），属于决策无关成本。变动性进货费用与订货次数有关，属于决策相关成本；固定性进货费用与订货次数无关，属于决策无关成本	固定性储存成本与存货储存数额的多少没有直接联系，属于决策无关成本，常用 F_2 来表示；变动性储存成本与存货储存数额呈正比例变动关系，属于决策相关成本，其单位成本常用 K_c 表示	若允许缺货，则缺货成本便与存货数量反向相关，即属于决策相关成本；反之，若企业不允许发生缺货，此时缺货成本为 0
计算公式	$TC_a = DU + \frac{D}{Q} \times K + F_1$ 其中，TC_a 为进货成本；D 为存货年需要量；U 为进货单价；Q 为每次进货量；K 为每次订货的变动成本；F_1 为订货的固定成本	$TC_c = \frac{Q}{2} \times K_c + F_2$ 其中，TC_c 为储存成本；K_c 为单位变动储存成本；F_2 为固定储存成本	缺货成本主要取决于单位缺货成本、一年订货次数和一次订货的缺货量

二、存货管理的目标

存货管理的基本目标就是如何在存货的功能与成本之间进行利弊权衡，充分发挥存货功能的同时降低成本、增加收益，实现它们的最佳组合。

三、存货的批量决策

经济订货批量是指能够使一定时期存货的相关总成本达到最低点的进货批量。

模型	需满足的假设前提	计算公式
经济订货批量基本模型	企业一定时期的进货总量可以较为准确地予以预测，即 D 为已知常量； 存货的耗用或者销售比较均衡； 存货的价格稳定，且不存在数量折扣，即 U 为已知常量； 进货日期完全由企业自行决定，并且每当存货量降为 0 时，下批存货均能马上一次到位； 仓储条件及所需现金不受限制； 不允许出现缺货情形，即 TC_s 为 0； 所需存货市场供应充足，不会因买不到所需存货而影响其他方面	经济订货批量 $Q=\sqrt{\frac{2DK}{K_c}}$ 经济订货批量下的存货相关总成本 $TC=\sqrt{2DKK_c}$ 最佳订货次数 $N=D \div Q=\sqrt{DK_c \div 2K}$ 经济订货批量占用的资金 $W=\frac{Q}{2} \times U=U\sqrt{DK \div 2K_c}$
经济订货批量基本模型的扩展	存在数量折扣时，与基本模型相比，不满足第三条假设前提，即企业的存货单价因订货批量的不同而变化	在存在数量折扣的情况下，确定经济订货批量时，存货相关总成本除了考虑变动订货成本和变动储存成本外，还应考虑采购成本。在比较接受折扣和不接受折扣时存货总成本的大小后，进行选择
	存在订货提前期时，与基本模型相比，不满足第四条假设前提，即企业的存货不能做到随用随时补充	再订货点（R）是指企业再次发出订单时，尚有存货的库存量。R=交货时间（L）× 每日平均需用量（d）。提前订货对经济订货批量并无影响，相关公式与基本模型一样
	存货陆续供应和使用时，与基本模型相比，不满足第四条假设前提，即企业的存货可能陆续入库，使存货陆续增加，尤其是产成品入库和在产品转移，几乎总是陆续供应和陆续耗用的	设每日送货量为 P，存货每日平均需用量为 d 经济订货批量 $Q=\sqrt{\frac{2DK}{K_c} \cdot \frac{p}{p-d}}$ 存货相关总成本 $TC=\sqrt{2DKK_c\left(1-\frac{d}{p}\right)}$

续表

模型	需满足的假设前提	计算公式
经济订货批量基本模型的扩展	需要保险储备时，与基本模型相比，不满足第一、二、四、五、六、七条假设前提，即企业存货的每日需用量、交货时间都可能变化	保险储备是指当存货需求大增或送货延迟，为防止缺货造成损失，多储备的一些存货 考虑保险储备量下的再订货点（R）=交货时间（L）×每日平均需用量（d）+保险储备量 确定保险储备量，就是使缺货损失和储存成本之和最小，方法上可先计算出各种不同的保险储备量总成本，然后再对总成本进行比较，选定其中最低的

四、存货日常控制

（1）ABC 分类管理。就是按照金额标准和品种数量标准，将企业的存货划分为 A、B、C 三类，分别实行分品种重点管理、分类别一般控制和按总额灵活掌握的存货管理方法。

（2）及时生产系统的存货。及时生产系统是指通过合理规划企业的产供销过程，使从原材料采购到产成品销售每个环节都能紧密衔接，减少制造过程中不增加价值的作业，减少库存，消除浪费，从而降低成本，提高产品质量，最终实现企业效益最大化。及时生产的存货系统要求企业在生产经营的需要与材料物资的供应之间实现同步，使物资传送与作业加工速度处于同一节拍，最终将存货降低到最小限度，甚至零库存。及时生产的存货系统有许多优点，但必须要求企业内外部全面协调与配合，一旦供应链破坏，或企业不能在很短的时间内根据客户需求调整生产，企业生产经营的稳定性将会受到影响，经营风险加大。

❋练 习 题

一、单项选择题

1．下列各项中不属于流动资产特点的是（　　）。

A．周转速度快　　B．财务风险小

C．变现能力强　　D．时效性强

2．现金作为一种资产，它的（　　）。

A．流动性弱，盈利性弱　　B．流动性弱，盈利性强

C．流动性强，盈利性弱　　D．流动性强，盈利性强

3．企业持有现金的原因，主要是为了满足（　　）。

A．支付性、预防性、收益性的需要　　B．支付性、投机性、收益性的需要

C．支付性、预防性、投机性的需要　　D．投机性、预防性、收益性的需要

4．各种持有现金的动机中，属于应付未来现金流入和流出随机变动的动机是（　　）。

A．支付性动机　　B．预防性动机

C．投机性动机　　D．投资性动机

5．下列项目中属于持有现金机会成本的是（　　）。

A．现金管理人员工资　　B．现金管理措施费用

C．现金被盗损失　　D．现金的再投资收益

6．在现金需要量既定的前提下，同现金持有量成反比的成本是（　　）。

A．收账成本　　B．转换成本

C．管理成本　　D．机会成本

7．已知B公司应收账款周转期为70天，应付账款周转期为30天，存货周转期为80天，则现金周转期为（　　）天。

A．100　　B．120　　C．150　　D．180

8．成本分析模式下的最佳现金余额应是（　　）之和最小的现金余额。

A．机会成本和短缺成本　　B．管理成本和短缺成本

C．管理成本与转换成本　　D．机会成本与转换成本

9．公司持有的有价证券的年利率为6%，每次固定转换成本45元，公司的现金最低余额为2 500元，根据历史资料分析，现金余额波动的方差为28 800元，如果公司现有现金21 200元，则根据随机模式应将其中的（　　）元投资于有价证券。

A．7 900　　B．13 300　　C．18 700　　D．19 400

10．企业为了使其所持有的支付性现金余额降到最低，相对来说较好的策略是（　　）。

A．使用现金浮游量　　B．力争现金流出与现金流入同步

C．加速收款　　D．推迟应付款的支付

11．应收账款成本中与应收账款数量成正比的是（　　）。

A．机会成本　　B．收账成本

C．管理成本　　D．转换成本

12．信用标准通常用预期的（　　）来衡量。

A．现金折扣率　　B．机会成本率

C．投资报酬率　　D．坏账损失率

13．下列各项中，企业制定信用标准时，可以不予考虑的因素是（　　）。

A．同行业竞争对手的情况　　B．企业自身的资信程度

C．客户的资信程度　　D．企业承担违约风险的能力

14．给定的信用条件为“1/10，n/40”，则其含义为（　　）。

A．付款期限为10天，现金折扣率为1%，信用期限为40天

B．信用期限为10天，现金折扣率为1/10

C．如果在10天内付款，可享受1%的现金折扣，否则应在40天内按全额付款

D．如果在10天内付款，可享受10%的现金折扣，否则应在40天内按全额付清

15．下列对信用期限的叙述正确的是（　　）。

A．信用期限越长，企业坏账风险越小

B．信用期限越长，表明客户享受的信用条件越优越

C．延长信用期限，不利于销售收入的扩大

D．信用期限越长，应收账款的机会成本越低

16．下列对现金折扣的表述，正确的是（　　）。

A．现金折扣又叫商业折扣

B．现金折扣率越低，企业付出的代价越高

C．现金折扣是为了加快应收账款的回收而给予顾客的一定优惠

D．为了增加利润，应当取消现金折扣

17．企业在进行应收账款管理时，除需合理确定信用标准和信用条件外，还要合理确定（　　）。

A．收账政策　　B．现金折扣期限

C．现金折扣比率　　D．信用期限

18．预计销售额将由 3 600 万元变为 7 200 万元，收账期为 60 天，若该企业变动成本率为 60%，资本成本率为 16%，假设固定成本水平保持不变，则该企业应收账款占用资金将增加（　　）万元。

A．36　　B．57.6　　C．96　　D．360

19．资信分析的“五 C”分析法中，资本是指（　　）。

A．顾客的权益资本，代表顾客的财务实力，反映顾客对其债务的保证能力

B．顾客拒付款项或无力支付款项时能被用做抵押的资产

C．影响顾客付款能力的经济条件

D．顾客流动资产的数量和质量以及流动负债的比例

20．存货管理的目的不包括（　　）。

A．控制存货水平　　B．降低存货成本

C．增加收益　　D．追求较低的存货购买价格

21．在存货决策经济订货批量基本模型中，相关的成本是（　　）。

A．缺货成本　　B．订货成本

C．储存成本　　D．变动订货成本和变动储存成本

22．存货经济批量的基本模型所依据的假设不包括（　　）。

A．存货集中到货

B．一定时期的存货需求量能够确定

C．存货进价稳定

D．允许缺货

23．下列订货成本中属于变动性成本的是（　　）。

A．采购人员计时工资　　B．采购部门管理费用

C．订货开支的差旅费　　D．专设采购机构基本开支

24．下列各项中，与再订货点有关的因素是（　　）。

A．经济订货批量　　B．数量折扣

C．交货时间　　D．保险储备量

25．在允许缺货的情况下，经济订货批量是使相关的（　　）的进货批量。

A．订货成本与储存成本之和最小

B．订货成本等于储存成本

C．订货成本、储存成本与缺货成本之和最小

D．订货成本等于储存成本与缺货成本之和

26．经济订货批量是指（　　）。

A．订货成本最低的进货批量

B．储存成本最低的进货批量

C．缺货成本最低的进货批量

D．存货相关总成本最低的进货批量

27．某企业全年需用甲材料 240 吨，每次进货成本 40 元，每吨材料年储存成本 12 元，则每年最佳进货次数为（　　）次。

A．3　　B．4　　C．6　　D．9

28．在存货管理中，与建立保险储备量无关的因素是（　　）。

A．缺货成本　　B．储存成本

C．购置成本　　D．订货成本

29．在对存货实行 ABC 分类控制管理的情况下，ABC 三类存货的品种数量比重大致为（　　）。

A．0.7：0.2：0.1　　B．0.1：0.2：0.7

C．0.6：0.3：0.1　　D．0.1：0.3：0.6

30．在存货的 ABC 分类控制管理的情况下，（　　）存货种类最少但价值量比重最大。

A．A 类　　B．B 类　　C．C 类　　D．不一定

二、多项选择题

1．持有现金的动机包括（　　）。

A．投资性动机　　B．支付性动机

C．预防性动机　　D．投机性动机

2．支付性动机是指持有现金以满足日常支付的需要，主要是指（　　）。

A．购买材料　　B．支付工资

C．缴纳税款　　D．支付股利

3．企业预防性现金持有量的多少主要取决于（　　）。

A．企业临时举债能力的强弱　　B．企业愿意承担风险的程度

C．企业对现金流量预测的可靠程度　　D．企业的经营规模

4．企业预防性现金持有量大小（　　）。

A．与企业业务交易量成反比

B．与企业流动资产成正比

C．与企业借款能力成反比

D．与企业现金流量的可预测性成反比

5．在确定最佳现金余额时，需要考虑的成本可能有（　　）。

A．机会成本　　B．转换成本

C．管理成本　　D．短缺成本

6．有关现金持有量的叙述，正确的有（　　）。

A．管理成本是企业保留一定的现金余额而发生的管理费用

B．现金持有量越高，转换成本越低

C．现金持有量越少，转换成本越高

D．机会成本与转换成本相等时的现金持有量为最佳现金余额

7．确定最佳现金余额的常见模式有（　　）。

A．成本分析模式　　B．存货模式

C．现金周转期模式　　D．随机模式

8．为了提高现金使用效率，企业应当（　　）。

A．加速收款并尽可能推迟付款　　B．尽可能使用支票付款

C．使用现金浮游量　　D．力争现金流入与现金流出同步

9．某企业采用随机模式控制现金持有量。下列事项中，能够使现金目标控制线（R）上升的有（　　）。

A．有价证券的日利息率提高

B．管理人员对风险的偏好程度提高

C．企业每日的最低现金需要量提高

D．企业每日现金余额变化的标准差增加

10．提供比较优惠的信用条件，可增加销售量，但也会付出一定代价，主要有（　　）。

A．收账费用　　B．坏账损失

C．应收账款机会成本　　D．现金折扣成本

11．应收账款的管理成本主要包括（　　）。

A．调查顾客信用情况的费用　　B．收集各种信息的费用

C．收账费用　　D．坏账费用

12．企业6月25日按“1/30，n/60”的条件购入货物100万元，如果企业目前短期借款的年利息率为5%，并可于40天内归还，则企业（　　）。

A．应在6月25日支付货款　　B．应在7月25日支付货款

C．应在8月25日支付货款　　D．应在7月25日从银行贷款99万元

13．影响应收账款机会成本的因素有（　　）。

A．应收账款管理费用　　B．应收账款占用资金

C．销售成本率　　D．资本成本率

14．企业的信用政策包括（　　）。

A．信用条件　　B．收账政策

C．坏账准备　　D．信用标准

15．信用标准过高的可能结果包括（　　）。

A．丧失很多销售机会　　B．降低违约风险

C．扩大市场占有率　　D．减少坏账费用

16. 现金折扣政策的目的在于（　　）。
A. 吸引顾客为享受优惠而提前付款　　B. 减轻企业税负
C. 缩短企业平均收款期　　D. 扩大销售量
17. 评估顾客资信状况的“五 C”是指（　　）。
A. 品德　　B. 抵押品　　C. 资本　　D. 能力和条件
18. 在确定存货经济订货批量时，下列表述中正确的有（　　）。
A. 经济订货批量是指使存货的相关总成本最低的进货批量
B. 变动订货成本和变动储存成本呈反方向变化
C. 变动储存成本的高低与每次进货批量成正比
D. 变动订货成本的高低与每次进货批量成反比
19. 建立存货合理保险储备的目的有（　　）。
A. 过量使用存货时保证供应
B. 在进货延迟时保证供应
C. 使存货的缺货成本和储存成本之和最小
D. 降低存货的储存成本
20. 确定再订货点，需要考虑的因素有（　　）。
A. 交货时间　　B. 存货的平均需用量
C. 保险储备量　　D. 存货的平均供应量

三、判断题

1. 由于现金的营利性很弱，企业不宜保留过多现金。（　　）
2. 现金管理的基本目标是加速现金回收，减缓现金支出。（　　）
3. 在现金持有量的随机模式控制中，现金余额波动越大的企业，越需要关注有价证券投资的流动性。（　　）
4. 企业为满足支付性动机所持有的现金余额主要取决于企业的生产经营规模。（　　）
5. 在正常业务活动现金需要量的基础上，追加一定数量的现金余额以应付未来现金流入和流出的随机波动，这是出于预防性动机。（　　）
6. 因为现金的管理成本是相对固定的，所以在确定现金最佳余额时，可以不考虑它的影响。（　　）
7. 赊销是扩大销售的有力手段之一，在其他因素一定的前提下，企业应尽可能放宽信用条件，增加赊销量。（　　）
8. 有关现金折扣业务中，“1/10”的标记是指若在一天内付款，可以享受 10%的价格优惠。（　　）
9. 企业花费的收账费用越多，坏账损失就一定越少。（　　）
10. 企业的信用标准严格，给予客户的信用期限很短，使得应收账款周转率很高，将有利于增加企业的利润。（　　）
11. 在确定信用标准时，只要提供商业信用增加的成本低于扩大销售增加的利益，

企业就可以进一步提供商业信用。 ( )

12．延长信用期间，会增加企业的营业额；缩短信用期间，会减少企业的费用，因此需认真研究确定适当的信用期间。 ( )

13．收账费用与坏账损失之间呈反向变动的关系，发生的收账费用越多，坏账损失就越小。因此，企业应不断增加收账费用，以便将坏账损失降低至最小。 ( )

14．无现金折扣的商业信用无成本，有现金折扣的商业信用在享有现金折扣时也无成本。 ( )

15．现金折扣即商业折扣，是企业常用的促销手段。 ( )

16．变动订货成本与企业每次订货的数量无关。 ( )

17．存货的经济订货批量大小与订货提前期的长短没有关系。 ( )

18．一般来说，在企业生产和销售计划已经确定的情况下，存货量大小取决于进货量。 ( )

19．能够使企业存货的相关总成本之和最低的进货批量，便是经济订货批量。 ( )

20．在存货的 ABC 控制法下，应当重点管理的是虽然品种数量较少、但金额较大的存货。 ( )

四、计算分析题

1．目的：练习现金最佳余额确定的周转期模式。

资料：A 企业的原料购买和产品销售均采用信用方式，其应收账款的平均收账天数为 90 天，应付账款平均付款天数为 65 天，从原料购买到产成品销售的天数为 95 天。

要求：

（1）计算该企业的现金周转期。

（2）计算该企业的现金周转次数。

（3）若该企业现金年度需求总量为 270 万元，计算最佳现金余额。

2．目的：练习现金最佳余额确定的存货模式。

资料：B 企业现金收支状况比较稳定，预计全年（按 360 天计算）需用现金 100 000 元，现金与有价证券的转换成本每次为 200 元，有价证券的年收益率为 10%。

要求：

（1）计算最佳现金余额。

（2）计算最低现金相关总成本。

（3）计算转换成本和机会成本。

（4）计算有价证券年变现次数。

（5）计算有价证券交易间隔期。

3．目的：练习现金最佳余额确定的随机模式。

资料：假定 C 公司有价证券的年收益率为 7.20%，每次固定转换成本为 230.4 元，公司认为任何时候其现金余额均不能低于 10 000 元，又根据以往经验测算出现金每日余额波动的标准差为 500 元。该公司当前持有现金 27 500 元。

要求：

（1）计算该公司最优目标控制线 R。

（2）计算该公司现金控制上限 H。

（3）计算该公司当前应当投资于有价证券的金额。

4. 目的：练习应收账款管理的信用条件决策。

资料：D 企业目前年销售收入 30 万元，信用条件为“n/30”，变动成本率 70%，有价证券年收益率 12%，坏账损失率 3%，预计收账费用为 1 万元。该企业为扩大销售拟订了甲、乙两个信用条件方案：

甲方案信用条件为“n/60”，预计销售收入将增加至 38 万元，坏账损失率 4%，预计收账费用为 1.6 万元。

乙方案信用条件为“1/30，n/60”，预计销售收入将增加至 44 万元，坏账损失率 2.5%，估计约有 80%的客户（按销售额计算）会利用折扣，预计收账费用为 1.4 万元。

要求：计算分析该企业应选择哪一种信用条件方案（设该企业有剩余生产能力）。

5. 目的：练习应收账款管理的收账费用决策。

资料：E 公司的年销售收入为 720 万元，平均收账期为 60 天，坏账损失为销售额的 10%，年收账费用为 5 万元。该公司认为通过增加收账人员等措施，可以使平均收账期降为 50 天，坏账损失为销售额的 7%，假设公司的资本成本率为 6%，变动成本率为 80%。

要求：计算为使上述变更经济上合理，新增收账费用的上限（设该公司没有剩余生产能力）。

6. 目的：练习应收账款的信用政策决策。

资料：F 公司由于目前的信用政策过于严厉，不利于扩大销售，该公司正在研究修改现行的政策。现有丙和丁两个放宽信用政策的备选方案，有关数据如下表所示。

丙、丁两个备选方案数据表

项目	现行政策	丙方案	丁方案
信用政策	n/45	n/60	2/10，n/120
销售额/（万元/年）	2 400	2 600	2 700
收账费用/（万元/年）	40	20	10
收账期/天	45	60	30%的客户 10 天付款，其余客户 120 天付款
所有账户的坏账损失率/%	2	2.5	3

已知 F 公司的销售毛利率为 20%，存货周转天数始终保持 60 天不变（按销售成本确定的），若投资要求的最低报酬率为 15%。坏账损失率是指预计年度坏账损失占销售额的百分比。假设不考虑所得税的影响，一年按 360 天计算。

要求：

（1）计算与原方案相比丙方案增加的税前收益。

（2）计算与原方案相比丁方案增加的税前收益。

（3）应否改变现行的收账政策？如果要改变，应选择丙方案还是丁方案？

7. 目的：练习应收账款的信用政策决策。

资料：G 公司现行的信用政策是 30 天内全额付款，赊销额平均占销售收入的 75%，其余部分为立即付现购买。目前的应收账款周转天数为 45 天（假设一年为 360 天，根据赊销额和应收账款期末余额计算）。总经理 2016 年 1 月初提出，将信用政策改为 50 天内全额付款，改变信用政策后，预期总销售收入可增长 20%，赊销比例增加到 90%，其余部分为立即付现购买。预计应收账款周转天数延长到 60 天。

改变信用政策预计不会影响存货周转率和销售成本率（目前销售成本占销售收入的 70%）。工资由目前的每年 200 万元，增加到 380 万元。除工资以外的销售费用和管理费用目前为每年 300 万元，预计不会因信用政策改变而变化。

2015 年年末 G 公司的资产负债表如下表所示。

资产负债表

编制单位：G 公司　　2015 年 12 月 31 日　　单位：万元

资产	期末余额	负债及所有者权益	期末余额
现金	200	应付账款	100
应收账款	450	银行借款	600
存货	560	实收资本	1 500
固定资产	1 000	未分配利润	10
资产总计	2 210	负债及所有者权益总计	2 210

要求：假设投资要求的必要报酬率为 8.959 7%，G 公司应否改变信用政策？

8. 目的：练习存货决策的基本模型。

资料：已知 H 公司与存货有关的信息如下。

（1）年需求数量为 60 000 单位（假设每年 360 天）；

（2）购买价格每单位 200 元；

（3）单位存货储存成本为 60 元；

（4）订货成本每次为 500 元。

要求：

（1）计算 H 公司经济订货批量。

（2）计算 H 公司经济订货批量存货占用的资金。

（3）计算 H 公司经济订货批量下的存货相关总成本。

（4）计算 H 公司最佳订货次数及最佳订货周期。

9. 目的：练习陆续供应和使用情况下的存货决策。

资料：L 企业全年需采购甲材料 3 600 吨，甲材料每吨进价 1 500 元，每日送货量为 30 吨，每次订货成本 1 800 元，每吨甲材料年平均储存保管费用为 100 元，该企业每日耗用甲材料 22.5 吨。

要求：计算 L 企业甲材料陆续供应和使用条件下的经济订货批量和该订货批量下的总成本。

五、综合题

1. 资料：假设期末现金最低余额为 5 000 元，银行借款起点为 1 000 元，贷款利息每年 10%，还本时付息。（借款在期初，还款在期末）

要求：计算填列现金预算表中的括号内数据。

现金预算表（单位：元）

摘要	第1季度	第2季度	第3季度	第4季度	全年
期初现金余额	8 000	（6）	（10）	（16）	（26）
加：现金收入	（1）	70 000	96 000	（17）	321 000
可动用现金合计	68 000	（7）	（11）	（18）	（27）
减：现金支出					
采购材料	35 000	45 000	（12）	35 000	（28）
营业费用	（2）	30 000	30 000	（19）	113 000
购置设备	8 000	8 000	10 000	（20）	36 000
支付股利	2 000	2 000	2 000	2 000	（29）
现金支出合计	（3）	85 000	（13）	（21）	（30）
收支相抵现金多余（或不足）	−2 000	（8）	11 000	（22）	（31）
融通资金					
银行借款	（4）	15 000			（32）
归还本金			5 000	（23）	（33）
归还利息			（14）	（24）	（34）
期末现金	（5）	（9）	（15）	（25）	（35）

2．资料：M企业在2016年9~12月的有关销售收入、原材料购入与工资支付的计划如下表所示。

M企业2016年9~12月销售收入、原材料购入与工资支付计划表（单位：元）

月份	销售收入	原材料购入	工资支付
9月	60 000	20 000	12 000
10月	60 000	40 000	15 000
11月	70 000	40 000	17 000
12月	90 000	30 000	13 000

假设所有的销售都是赊销，70%的应收账款将在销售的当月内收回，但要提供2%的现金折扣；30%将在下个月收回。企业通常在购买原材料之后的下个月支付货款，但所有的工资都在当月支付。另外，假设还有以下情况发生：

（1）每个季度的房租为10 000元，在每个季度末支付。

（2）每个月要支付2 000元的其他期间费用。

（3）11月支付9月购买设备的应付账款25 000元。

（4）10月1日企业计划保持的银行存款余额为10 000元。

要求：

（1）编制该企业2016年10~12月的现金预算表。

M 企业现金预算表（单位：元）

项目	10 月	11 月	12 月
期初现金余额			
加：本月销售流入			
收回上月销售流入			
可供使用现金			
减：现金流出			
支付上月原材料货款			
支付当月工资			
支付当月期间费用			
支付购买设备款			
支付房租			
流出合计			
现金收支差额			

（2）假设该企业日常的现金管理采用存货模式，每个季度的现金需求量为 500 000 元，一次交易成本为 972 元，有价证券的月利率为 1%。计算最佳现金持有量以及达到最佳现金持有量时的年度机会成本、年度交易成本和年度相关总成本。

3. 资料：E 公司生产、销售一种产品，该产品的单位变动成本是 60 元，单位售价是 80 元。公司目前采用 30 天按发票金额付款的信用政策，80%的顾客（按销售量计算）能在信用期内付款，另外 20%的顾客平均在信用期满后 20 天付款，逾期应收账款的收回需要支出占逾期账款 5%的收账费用，公司每年的销售量为 36 000 件，平均存货水平为 2 000 件。

为了扩大销售量、缩短平均收现期，公司拟推出“5/10，2/20，n/30”的现金折扣政策。采用该政策后，预计销售量会增加 15%，40%的顾客会在 10 天内付款，30%的顾客会在 20 天内付款，20%的顾客会在 30 天内付款，另外 10%的顾客平均在信用期满后 20 天付款，逾期应收账款的收回需要支出占逾期账款 5%的收账费用。为了保证及时供货，平均存货水平需提高到 2 400 件，其他条件不变。

假设等风险投资的最低报酬率为 12%，1 年按 360 天计算。

要求：

（1）计算改变信用政策后边际贡献、收账费用、应收账款机会成本、存货应计利息、现金折扣成本的变化。

（2）计算改变信用政策的净损益，并回答 E 公司是否应推出该信用政策。

六、案例分析题

案例一：营运资本管理——浙江杭萧钢构股份有限公司[①]

（一）案例资料

浙江杭萧钢构股份有限公司（以下简称杭萧钢构）成立于 1985 年，经过 30 多年的

① 资料来源：浙江杭萧钢构股份有限公司年度报告。

努力，已发展为国内首家钢结构上市公司（股票代码：600477），被列入住房和城乡建设部（以下简称住建部）首批建筑钢结构定点企业、全国民营企业 500 强、国家火炬计划重点高新技术企业和国家住宅产业化基地，杭萧钢构与浙江大学、同济大学等多所著名院校和研究所建立了密切的合作关系，拥有院士工作站、博士后科研工作站。杭萧钢构参编、主编 30 多项国家、地方、行业标准及规程规范，90 多项工程获鲁班奖、中国钢结构金奖、省（市）钢结构金奖等行业奖项。在楼承板、内外墙板、梁柱节点、结构体系、构件形式、钢结构住宅、防腐防火和施工工法等方面先后获得 200 余项国家专利成果。目前，杭萧钢构拥有 13 家全资或控股子公司，总占地面积 3 000 余亩（1 亩=0.066 7 公顷），厂房面积 100 余万平方米。

杭萧钢构专业设计、制造、施工（安装）厂房钢结构、多（超）高层钢结构、大跨度空间钢结构、钢结构住宅、绿色建材（包括 TD、钢筋桁架、钢筋桁架模板及连接件、CCA 墙体部件、防火包梁柱体系等产品）。产品销往世界各地，数千个样板工程已覆盖 40 多个行业，遍布德国、安哥拉、南非、巴西、阿根廷、俄罗斯、新加坡等全球的 40 多个国家或地区。

杭萧钢构具有房屋建筑工程施工总承包一级资质、建筑行业工程设计乙级资质、钢结构工程专业承包一级资质、中国钢结构制造企业资质（特级）、轻型钢结构工程设计专项甲级资质、钢结构专项施工一级资质。

杭萧钢构拥有美国钢结构设计协会（American Institute of Steel Construction，AISC）认证、欧盟 DVS/欧洲焊接生产企业 DIN18800-7 认证、英国皇冠 ISO9001 质量体系认证、ISO14001 环境管理体系认证、BSI-OHSAS18001 职业安全管理体系认证、国家级实验室［中国合格评定国家认可委员会（China National Accreditation Service for Conformity Assessment，CNAS）认证］。汉德邦 CCA 板获得中国环境标志产品认证、CE（Conformite Europeenne，即欧洲统一）认证和住建部康居产品认证等国内、国际权威认证。

下表是杭萧钢构 2008~2015 年简要的资产负债表。

2008~2015 年杭萧钢构资产负债表（简要）（单位：亿元）

项目	2015 年	2014 年	2013 年	2012 年	2011 年	2010 年	2009 年	2008 年
货币资金	6.5	5.8	5.2	4.5	8.8	5.1	3.1	3.0
应收账款	9.9	8.0	5.8	4.3	5.7	5.2	5.3	5.6
存货	34.5	39.2	38.1	34.9	27.5	14.7	9.6	9.3
流动资产合计	53.9	55.3	51.4	46.1	43.7	26.9	19.3	19.0
固定资产净额	7.5	7.2	8.1	8.9	9.2	10.0	10.6	10.9
无形资产	1.3	1.3	1.3	1.0	1.1	1.1	1.2	1.2
递延所得税资产	0.8	1.1	1.1	1.1	0.5	0.2	0.3	0.2
非流动资产合计	10.3	10.0	10.6	11.1	11.3	11.6	12.3	12.8
资产总计	64.2	65.3	62.0	57.2	55.0	38.5	31.6	31.8
短期借款	14.2	18.0	18.5	15.8	16.8	8.8	7.9	7.1
应付票据	5.1	8.0	8.4	6.8	7.8	4.1	4.0	4.8
应付账款	11.8	12.0	11.8	10.3	9.6	7.3	5.8	5.9

续表

项目	2015 年	2014 年	2013 年	2012 年	2011 年	2010 年	2009 年	2008 年
预收款项	6.5	8.0	8.8	10.6	4.9	4.3	3.0	2.9
流动负债合计	43.2	48.6	49.9	45.1	42.2	26.3	23.2	23.5
非流动负债合计	1.0	0.9	0.2	0.6	0.1	0.8	0.1	1.2
负债合计	44.2	49.5	50.1	45.7	42.3	27.1	23.3	24.7
所有者权益合计	20.0	15.8	12.0	11.5	12.7	11.4	8.2	7.1
负债和所有者权益总计	64.2	65.3	62.0	57.2	55.0	38.5	31.6	31.8

资料来源：根据杭萧钢构 2008~2015 年年度报告整理

（二）案例分析要求

（1）计算该公司 2008~2015 年各年流动资产占总资产的百分比。

（2）计算该公司 2008~2015 年各年流动资产主要项目占流动资产的百分比。

（3）计算该公司 2008~2015 年各年流动负债占总负债的百分比。

（4）计算该公司 2008~2015 年各年流动负债主要项目占流动负债的百分比。

（5）计算该公司 2008~2015 年各年的营运资本。

（6）根据上述计算结果分析该公司营运资本管理的特点。

案例二：戴尔公司“零库存”管理模式①

（一）案例资料

戴尔公司于 1984 年由迈克尔·戴尔创立，总部设在得克萨斯州奥斯汀，是全球领先的 IT 产品及服务提供商，其业务包括帮助客户建立自己的信息技术及互联网基础架构，产品涉及多个领域，如笔记本电脑、服务器、网络产品、存储器、移动产品、软件。创立 20 多年以来，戴尔革命性地改变着整个行业，使全球的客户包括商业、组织机构和个人消费者都能接触到电脑产品。戴尔采用独特的直销模式，使信息技术变得更加强大，易于使用，价格更加合理，从而为用户提供充分利用这些工具的机会，他们的工作和生活方式也得以改善。2014 年，戴尔完成多项大手笔收购，力求提升自身竞争力，巩固其在 IT 产品及服务方面的领先地位。2014 年 2 月戴尔完成对专注于存储服务的 IT 咨询公司——网络存储公司（The Networked Storage Company，TNWSC）的收购，在此之前，它还收购了网络存储设备供应商 EqualLogic 公司。2015 年 10 月，戴尔宣布将以约为 670 亿美元的价格收购 EMC（易安信），就交易数额来看，这笔交易是全球科技市场上最大规模的并购交易。戴尔致力于达成这笔交易，并意图在云计算、移动安全等领域继续与思科、IBM（International Business Machines Corporation，即国际商业机器公司）和惠普竞争，争取市场份额。戴尔公司创始人迈克尔·戴尔在谈到这笔交易的时候表示：戴尔与 EMC 合并后，新公司将成为在移动安全云计算领域里的巨头。也有业内人士针对这笔交易表示，在全球个人计算机（personal computer，PC）需求持续低迷的情况下，这笔交易能够帮助戴尔迅速跨进现在增长态势良好的存储市场。

① 资料来源：www.ICXO.COM 2003-05-12；www.hf56.net 2003-08-28。

在竞争日趋激烈的计算机制造行业，戴尔何以取得如此骄人的业绩呢?可以说零库存管理模式立下了汗马功劳。下面我们来探索戴尔公司的零库存模式。

在企业生产中，库存是由于无法预测未来需求变化，而又要保持不间断的生产经营活动必须配置的资源。但是，过量的库存会诱发企业管理中诸多问题，如资金周转慢、产品积压等。因此很多企业往往认为，如果在采购、生产、物流、销售等经营活动中能够实现零库存，企业管理中的大部分问题就会随之解决。零库存便成了生产企业管理中一个不懈追求的目标。

什么是零库存？一般理解是指物料（包括原材料、半成品和产成品等）在采购、生产、销售、配送等一个或几个经营环节中，不以仓库存储的形式存在，而均是处于周转的状态。因此要做到零库存，必须在企业采购、生产、销售以及物流配送环节做到准时制（just in time，JIT）。戴尔公司如何做到准时制?

回忆起 1984 年创办公司之初，迈克尔·戴尔承认当时并没有在个人电脑生产过程中有什么创新的想法，当时最简单的想法是把组装好的电脑卖到大学校园以外的地方。任何事物的产生都需要相应的客观条件，戴尔创新当时也具备了这样的条件，专事“克隆”别人已生产定型电脑的公司纷纷问世，足以说明开办电脑公司无须再靠自己去研究和开发电脑，只要有一条组装电脑的生产线就能把为客户提供电脑产品这件事玩转，这类电脑公司所要做的就是集中精力组装电脑和开发销售电脑市场。戴尔先生当时尽管这样做了，但并没有真正从理性上认识这一点。这种新型电脑公司还有着许多其他优点，其中最大的优点是生产线可以和销售直接联系在一起，根据销售需要来安排组装电脑下线的数量，现在戴尔公司的经营模式就充分利用了这一点。

“有些人也知道我们是零库存，但是不很清楚的就是我们的能力不只是在零库存。我们是按单生产，我们没有订单的时候，我们不会去生产。戴尔为什么很讲究这个呢?有库存是不好的一件事情，因为有库存就浪费了很多成本。我们尽量会做到零库存，这个概念很容易讲，但不容易做。”戴尔公司中国区总裁符标榜如是说。的确，戴尔公司在做到产成品库存为零这一点上，采用了创新的方式——直销。戴尔公司直销模式的精华在于“按需定制”，在明确客户需求后迅速做出回应（要知道组装一台电脑对专业人员来说，不是一件很费时间的事，更何况戴尔从取得订单到发货，许诺客户一般是一周到货，这对于戴尔公司来说足够了），并向客户直接发货。目前，戴尔公司利用互联网进一步推广其直线订购模式，再次处于业内领先地位。戴尔在 1994 年推出了 www.dell.corn 网站。基于微软公司 Windows NT 操作系统，戴尔公司运营着全球最大规模的互联网商务网站。该网站销售额占公司总收益的 40%~50%。戴尔 Pow-erEdge 服务器运作的 www.dell.corn 网址包括 80 个国家的站点。客户可以评估多种配置，即时获取报价，得到技术支持，订购一个或多个系统。

通过直销，除了可以消除中间商环节，减少不必要的成本和时间，戴尔公司能够腾出更多的精力来理解客户需要之外，其另外的结果是，通过平均四天一次的库存更新，戴尔公司及时把最新相关技术带给消费者，并通过网络的快速传播性和电子商务的便利，为用户搭起沟通桥梁。所以，直销是戴尔成功最关键的一块基石，也是零库存得以实现的基础。当然，通过直销可以实现产品库存为零，也可以实现适时生产，而采购能否也做到适时采购呢?

戴尔公司还比其他电脑制造商更进一步，把“随订随组”的作业效率发挥到供应体系之中。戴尔公司与供应商原料进货之间的联结是其成功的关键之一。这个联结越紧密有效，对公司的反应能力越有好处。戴尔公司之所以能实现零库存，就是因为它有一个组织严密的供应商网络。戴尔公司95%的物料来自这个供应网络，其中75%来自30家最大的供应商，另外25%来自规模略小的20家供应商。戴尔公司几乎每天都要与这50家主要供应商分别交流一次或多次信息。在生产运营中，如果生产线上某一部件由于需求量突然增大导致原料不足，主管人员会立刻联系供应商，确认对方是否可能增加下一次发货的数量。如果问题涉及硬盘之类的通用部件，主管人员会立即与后备供应商协商。如果穷尽了可供选择的所有供应渠道后，仍然没有收获，主管人员就会与公司内部的销售和营销人员磋商，通过他们的“直线订购渠道”与客户联系，争取把客户对某些短缺部件的需求转向那些备货充足的部件。所有这些操作，都能在几个小时内完成。再加上通过网络技术与供应商之间保持的完善沟通，始终知道库存情况与补货需求。也就是说戴尔的“零库存”也是基于供应商的“零距离”的。

而这种“零距离”不仅在于企业所采用的信息技术的先进性，更在于采用合理的管理体制和运行机制以及构建整个供应链健康的利润分配机制。戴尔公司与其供应商所建立的良好的战略合作伙伴关系，就是在多方面照顾供应商的利益、支持供应商发展的基础上所形成的。

首先，在利润上，戴尔除了要补偿供应商的全部物流成本（包括运输、仓储、包装等费用）外，还要让其享受供货总额3%~5%的利润，这样供应商才能有发展机会。

其次，在业务运作上，还要避免因零库存导致的采购成本上升。制造商一般都向供应商承诺长期合作，即一年内保证预定的采购额，以保证其利益。

最后，戴尔调动供应链上各个企业的积极性，变供应商的被动“挨宰”地位为主动参与，从而充分发挥整个供应链的能量。

这样，供货商与戴尔公司紧密地联系在一起，同时又由专业的物流公司全面地参与到戴尔公司的供应链生产经营活动中来。一个可以给各方参与者都带来盈利的真正的供应链便建立起来，从而实现在采购、生产、销售及物流配送环节做到准时制，即零库存，并真正实现各方的互赢。

戴尔公司通过零库存，一方面规避了个人计算机行业技术更新快，成品和原材料降价迅速的风险和损失，另一方面也实现了成本降低，企业效益最大化。

（二）案例分析要求

（1）戴尔公司零库存管理模式为何能够成功实现?

（2）如何理解企业零库存的成本和收益?

（3）你认为什么样的库存状态是最优库存?

*参考答案

一、单项选择题

1. D　2. C　3. C　4. B　5. D　6. B　7. B　8. A　9. B　10. B　11. A　12. D

13. B 14. C 15. B 16. C 17. A 18. B 19. A 20. D 21. D 22. D 23. C 24. C 25. C 26. D 27. C 28. C 29. B 30. A

二、多项选择题

1. BCD 2. ABCD 3. ABC 4. CD 5. ABCD 6. ABCD 7. ABCD 8. ACD 9. CD 10. ABCD 11. ABC 12. BD 13. BD 14. ABD 15. ABD 16. AC 17. ABCD 18. ABCD 19. ABC 20. AB

三、判断题

1. √ 2. × 3. √ 4. √ 5. √ 6. √ 7. × 8. × 9. × 10. × 11. √ 12. √ 13. × 14. √ 15. × 16. × 17. √ 18. √ 19. √ 20. √

四、计算分析题

1.（1）现金周转期为 90+95−65=120 天

（2）现金周转次数为 360/120=3 次

（3）最佳现金余额为 270/3=90 万元

2.（1）最佳现金余额为 $\sqrt{\dfrac{2\times200\times100\,000}{10\%}}=20\,000$ 元

（2）最低现金相关总成本为 $\sqrt{2\times200\times100\,000\times10\%}=2\,000$ 元

（3）转换成本为 100 000÷20 000×200=1 000 元

机会成本为（20 000÷2）×10%=1 000 元

（4）有价证券年变现次数为 100 000÷20 000=5 次

（5）有价证券交易间隔期为 360÷5=72 天

3.（1）现金最优目标控制线：$R=\sqrt[3]{\dfrac{3b\sigma^2}{4i}}+L=\sqrt[3]{\dfrac{3\times230.4\times500^2}{4\times\dfrac{7.20\%}{360}}}+10\,000=16\,000$ 元

（2）现金控制上限：$H=3R-2L=3\times16\,000-2\times10\,000=28\,000$ 元

（3）由于该公司当前持有现金 27 500 元，还低于现金控制上限 28 000 元，所以，当前应当投资于有价证券的金额为 0。

4.

D 企业信用条件分析评价表（单位：万元）

项目	备选方案		
	现行信用条件（n/30）	甲信用条件（n/60）	乙信用条件（1/30，n/60）
年销售额	30	38	44
减：现金折扣	—	—	44×1%×80%=0.352
减：变动成本	30×70%=21	38×70%=26.6	44×70%=30.8
边际贡献	30−21=9	38−26.6=11.4	44−0.352−30.8=12.848
边际贡献增加	—	11.4−9=2.4	12.848−9=3.848
应收账款成本			

续表

项目	备选方案		
	现行信用条件（n/30）	甲信用条件（n/60）	乙信用条件（1/30，n/60）
机会成本	30÷12×70%×12%=0.21	38÷6×70%×12%=0.532	44÷10×70%×12%=0.369 6
坏账成本	30×3%=0.9	38×4%=1.52	44×2.5%=1.1
管理成本	1	1.6	1.4
应收账款成本小计	0.21+0.9+1=2.11	0.532+1.52+1.6=3.652	0.369 6+1.1+1.4=2.869 6
应收账款成本增加	—	3.652−2.11=1.542	2.869 6−2.11=0.759 6

由上述计算得知：在这两种信用条件中，甲信用条件（n/60）边际贡献增加 2.4 万元小于乙信用条件（1/30，n/60）边际贡献的增加 3.848 万元；甲信用条件（n/60）应收账款成本的增加 1.542 万元，反而大于乙信用条件((1/30，n/60）应收账款成本的增加 0.759 6 万元。因此，在其他条件不变的情况下，乙信用条件更佳。

5.

E 公司信用政策分析评价表（单位：万元）

项目	备选方案	
	现行方案（n/60）	拟方案（n/50）
应收账款成本		
机会成本	720÷6×6%=7.2	720÷7.2×6%=6
坏账成本	720×10%=72	720×7%=50.4
管理成本（收账费用）	5	X
应收账款成本小计	7.2+72+5=84.2	6+50.4+X

为使变更经济上合理，变更后的应收账款总成本不能超过变更前的应收账款总成本，所以，6+50.4+X=84.2，X=27.8，新增收账费用的上限为 27.8−5=22.8（万元）。

6.（1）

丙方案评价表（单位：万元）

项目	现行信用政策	方案丙	增加额
销售额	2 400	2 600	200
毛利	2 400×0.2=480	2 600×0.2=520	40
应收账款机会成本	（2 400/360）×45×0.8×15%=36	（2 600/360）×60×0.8×15%=52	16
存货占用资金应计利息	320×15%=48	346.67×15%=52	4
坏账损失	2 400×2%=48	2 600×2.5%=65	17
收账费用	40	20	−20
税前收益	308	331	23

其中：由于存货周转率=360/60=6（次）

存货平均余额=销售成本/存货周转率

则：原存货平均余额=（2 400×80%）/6=320（万元）

方案丙存货平均余额=（2 600×80%）/6=346.67（万元）

方案丁存货平均余额=（2 700×80%）/6=360（万元）

（2）方案丁平均收账天数=10×30%+120×70%=87（天）

丁方案评价表（单位：万元）

项目	现行信用政策	方案丁	增加额
销售额	2 400	2 700	300
毛利	2 400×0.2=480	2 700×0.2=540	60
应收账款机会成本	（2 400/360）×45×0.8×15%=36	（2 700/360）×87×0.8×15%=78.3	42.3
存货占用资金应计利息	320×15%=48	360×15%=54	6
坏账损失	2400×2%=48	2 700×3%=81	33
收账费用	40	10	−30
折扣成本		2 700×30%×2%=16.2	16.2
税前收益	308	300.5	−7.5

（3）应采纳丙方案。

7. 计算信用政策改变后增加的收益与增加的成本的差额，如果增加的收益大于增加的成本，即增加的税前收益大于0，则新方案可行，否则，原方案可行。

2015年的销售收入=450×（360/45）/75%=4 800（万元）

2016年增加的销售收入=4 800×20%=960（万元）

2016年增加的销售毛利=960×（1−70%）=288（万元）

2015年应收账款机会成本=4 800×75%/360×45×70%×8.959 7%=28.22（万元）

2016年应收账款机会成本=4 800×（1+20%）×90%/360×60×70%×8.959 7%=54.19（万元）

应收账款机会成本增加=54.19−28.22=25.97（万元）

由于销售成本率不变，销售成本与销售收入一样，增长20%，又由于存货周转率不变，所以存货增加20%，则存货增加多占用资金利息=560×20%×8.959 7%=10.03（万元）

其他有关费用增加=380−200=180（万元）

改变信用政策增加的税前收益=288−25.97−10.03−180=72（万元）

改变信用政策增加的税前收益大于0，所以应改变信用政策。

8.（1）经济订货批量 $\sqrt{\dfrac{2\times 60\,000\times 500}{60}}$ =1 000（单位）

（2）存货占用资金为（1 000÷2）×200=100 000（元）

（3）存货相关总成本为 $\sqrt{2\times 60\,000\times 500\times 60}$ =60 000（元）

（4）最佳订货次数为60 000÷1 000=60（次），最佳订货周期为360÷60=10（天）

9. 经济订货批量为 $\sqrt{\dfrac{2\times 3\,600\times 1\,800}{100}\times\dfrac{30}{30-22.5}}=720$（吨）

经济订货批量相关总成本：$\sqrt{2\times 3\,600\times 1\,800\times 100\times\left(1-\dfrac{22.5}{30}\right)}=18\,000$（元）

五、综合题

1.（1）=68 000−8 000=60 000

（2）=70 000−35 000−8 000−2 000=25 000

（3）=68 000+2 000=70 000

（4）=5 000+2 000=7 000

（5）=5 000　　（6）=（5）=5 000

（7）=5 000+70 000=75 000　　（8）=（7）–85 000=–10 000

（9）=15 000+（–10 000）=5 000　　（10）=（9）=5 000

（11）=（10）+96 000=101 000

（12）=（13）–（30 000–10 000+2 000）=48 000

（13）=（11）–11 000=90 000　　（14）$=5\ 000\times10\%\times\frac{3}{4}=375$

（15）=11 000–5 000–375=5 625　　（16）=（15）=5 625

（17）=321 000–（1）–70 000–96 000=95 000

（18）=（16）+（17）=95 000+5 625=100 625

（19）=113 000–（2）–30 000–30 000=28 000

（20）=36 000–8 000–8 000–10 000=10 000

（21）=35 000+（19）+（20）+2 000=75 000

（22）=（18）–（21）=25 625

（23）=（4）–5 000+15 000=17 000

（24）$=[(4)-5\ 000]\times10\%\times\frac{4}{4}+15\ 000\times10\%\times\frac{3}{4}=1\ 325$

（25）=（22）–（23）–（24）=7 300　　（26）=期初现金余额=8 000

（27）=（26）+321 000=329 000

（28）=35 000+45 000+（12）+35 000=163 000

（29）=2 000+2 000+2 000+2000=8 000

（30）=（28）+113 000+36 000+（29）=320 000

（31）=（27）–（30）=9 000　　（32）=（4）+15 000=22 000

（33）=5 000+（23）=22 000　　（34）=（14）+（24）=1 700

（35）=（31）+（32）–（33）–（34）=7 300

2.（1）

M 公司现金预算表（单位：元）

项目	10 月	11 月	12 月
期初现金余额	10 000	32 160	14 180
加：本月销售流入	41 160	48 020	61 740
收回上月销售流入	18 000	18 000	21 000
可供使用现金	69 160	98 180	96 920
减：现金流出			
支付上月原材料货款	20 000	40 000	40 000
支付当月工资	15 000	17 000	13 000
支付当月期间费用	2 000	2 000	2 000
支付购买设备款		25 000	
支付房租			10 000
流出合计	37 000	84 000	65 000
现金收支差额	32 160	14 180	31 920

（2）每个季度的现金需求量为 500 000 元，则：

全年的现金需求量=500 000×4=2 000 000（元）

有价证券的月利率为 1%，则年利率=1%×12=12%。

最佳现金持有量= $\sqrt{\dfrac{2\times 2\,000\,000\times 972}{12\%}}$ =180 000（元）

年度机会成本=180 000/2×12%=10 800（元）

年度交易成本=2 000 000/180 000×972=10 800（元）

则每个年度的相关总成本 = $\sqrt{2\times 2\,000\,000\times 972\times 12\%}$ =21 600（元）

3. （1）改变信用政策后销售收入增加额=36 000×15%×80=432 000（元）

变动成本率=单位变动成本/单价=60/80=75%

边际贡献率=1–变动成本率=25%

边际贡献增加额=销售收入增加额×边际贡献率=432 000×25%=108 000（元）

收账费用增加额=36 000×（1+15%）×80×10%×5%–36 000×80×20%×5%=–12 240（元）

改变信用政策前的平均收账天数=30×80%+20%×（30+20）=34（天）

改变信用政策前的应收账款机会成本=销售额/360×平均收账天数×变动成本率×资本成本

=36 000×80/360×34×75%×12%

=24 480（元）

改变信用政策后的平均收账天数=40%×10+30%×20+20%×30+10%×（30+20）=21（天）

改变信用政策后的应收账款机会成本=销售额/360×平均收账天数×变动成本率×资本成本

=36 000×（1+15%）80/360×21×75%×12%

=17 388（元）

应收账款机会成本增加额=17 388–24 480=–7 092（元）

存货应计利息增加额=（2 400–2 000）×60×12%=2 880（元）

现金折扣成本增加额=36 000×（1+15%）×80×40%×5%+36 000×（1+15%）×80×30%×2%

=86 112（元）

（2）改变信用政策后的净损益增加

=边际贡献增加额–收账费用增加额–应收账款机会成本增加额–存货应计利息增加额–现金折扣成本增加额

=108 000–（–12 240）–（–7 092）–2 880–86 112=38 340（元）

由于改变信用政策后增加的净损益大于 0，所以，E 公司应该推出该信用政策。

六、案例分析题

案例一

（1）杭萧钢构 2008~2015 年各年流动资产占总资产的百分比

杭萧钢构 2008~2015 年各年流动资产占总资产比例表（单位：%）

项目	2015 年	2014 年	2013 年	2012 年	2011 年	2010 年	2009 年	2008 年
流动资产占总资产的百分比	83.96	84.68	82.90	80.59	79.45	69.87	61.08	59.75

（2）杭萧钢构 2008~2015 年各年流动资产主要项目占流动资产的百分比

杭萧钢构 2008~2015 年各年流动资产主要项目结构表（单位：%）

项目	2015 年	2014 年	2013 年	2012 年	2011 年	2010 年	2009 年	2008 年
货币资金占流动资产百分比	12.06	10.49	10.12	9.76	20.14	18.96	16.06	15.79
应收账款占流动资产百分比	18.37	14.47	11.28	9.33	13.04	19.33	27.46	29.47
存货占流动资产百分比	64.01	70.88	74.12	75.70	62.93	54.65	49.74	48.95
合计	94.44	95.84	95.53	94.79	96.11	92.94	93.26	94.21

（3）杭萧钢构 2008~2015 年各年流动负债占总负债的百分比

杭萧钢构 2008~2015 年各年流动负债占总负债比例表（单位：%）

项目	2015 年	2014 年	2013 年	2012 年	2011 年	2010 年	2009 年	2008 年
流动负债占总负债的百分比	97.74	98.18	99.60	98.69	99.76	97.05	99.57	95.14

（4）杭萧钢构 2008~2015 年各年流动负债主要项目占流动负债的百分比

杭萧钢构 2008~2015 年各年流动负债主要项目结构表（单位：%）

项目	2015 年	2014 年	2013 年	2012 年	2011 年	2010 年	2009 年	2008 年
短期借款占流动负债的百分比	32.87	37.04	37.07	35.03	39.81	33.46	34.05	30.21
应付票据占流动负债的百分比	11.81	16.46	16.83	15.08	18.48	15.59	17.24	20.43
应付账款占流动负债的百分比	27.31	24.69	23.65	22.84	22.75	27.76	25.00	25.11
预收款项占流动负债的百分比	15.05	16.46	17.64	23.50	11.61	16.35	12.93	12.34
合计	87.04	94.65	95.19	96.45	92.66	93.16	89.22	88.09

（5）杭萧钢构 2008~2015 年各年的营运资本

杭萧钢构 2008~2015 年各年的营运资本表（单位：亿元）

项目	2015 年	2014 年	2013 年	2012 年	2011 年	2010 年	2009 年	2008 年
营运资本	10.7	6.7	1.5	1.0	1.5	0.6	−3.9	−4.5

（6）杭萧钢构营运资本管理的特点

近年来，杭萧钢构流动资产占总资产的百分比逐年上升，由 2008 年的 59.75%上升到最高点 2014 年的 84.68%，2015 年 83.96%也接近最高点，说明该公司主要资产就是流动资产；该公司的流动资产主要由货币资金、应收账款和存货三个项目构成，这三项占流动资产高达 9 成以上，其中又以存货居多，近年来存货占流动资产比例高达 7 成甚至 7 成以上；该公司的负债主要是流动负债，流动负债占总负债的百分比每年高达 97%以上，流动负债主要由短期借款、应付票据、应付账款和预收款项四个项目构成，这四个项目占流动负债也高达 9 成甚至 9 成以上，其中短期借款达 1/3；近年来营运资本有趋好的态势，2008 年和 2009 年营运资本是负数，2010 年由负变正，2011~2013 年基本维持在 1.0 亿~1.5 亿元，2014 年 6.7 亿元，2015 年高达 10.7 亿元。

总体上看，该公司流动资产投资策略是保守型的，流动资产筹资策略是配合型的。

案例二

戴尔电脑的零库存基于供应商的“零距离”。保持戴尔的零库存，供应商则承担了戴尔制造公司库存的风险，而且还要求戴尔制造公司与供应商之间要有及时的、频繁的信息沟通与业务协调行为。因此，要实现零库存，必须实行供应链管理，提升企业的核心竞争力，关键不在于企业所采用的信息技术的先进性，而在于采用合理的管理体制和运行机制以及构建整个供应链健康的利润分配机制，即建立与供应商之间的战略联盟关系。戴尔公司的做法：首先，在利润上，戴尔除了要补偿供应商的全部物流成本（包括运输、仓储、包装等费用）外，还要让其享受供货总额3%~5%的利润，这样供应商才能有发展机会。其次，在业务运作上，要避免因零库存导致的采购成本上升，尽可能减轻供应商的压力，保证其利益。最后，戴尔制造商应调动供应链上各个企业的积极性，变供应商的被动“挨宰”地位为主动参与，从而充分发挥整个供应链的能量。促进单纯的供应商身份向供货及销售代理商双重身份的转变，使物品采购供应—生产制造—产品销售各环节更加紧密结合，也真正实现了企业由商务合作向战略合作伙伴关系的转变，真正实现了风险共担、利润共享的双赢目标。

最优的库存应该是通过与供应商建立战略联盟关系，通过供货商（销售商）提供的信息把握客户的需求变化动态；建立起给各方参与者都带来盈利的真正的供应链，深层次地开发第三利润源，减少原材料库存的同时保持产品零库存，真正实现各方的互赢。

筹资的基本原理

【本章学习目标】

了解企业筹资的类型和公司筹资决策程序，掌握权益资本、债务资本、直接筹资、间接筹资、内含增长率、可持续增长率等概念，重点掌握筹资的目标与原则、筹资需要量的预测方法、内含增长率和可持续增长率的计算方法。

*知 识 要 点

第一节　筹资概述

筹资是企业根据其生产经营、对外投资和调整资本结构的需要，通过筹资渠道和资本市场，运用筹资方式，经济有效地筹集企业所需资金的财务行为。

一、筹资的类型

依据	类型	含义	特点
按所筹资本的性质分类	权益资本	是指企业依法取得并长期拥有，可以自主调配运用的资本，属于企业的自有资本	其所有权归属企业所有者，所有者借此参与企业管理并取得收益，同时承担相应的责任；在企业存续期内，投资者除依法转让外无权抽回其投入的资本，因而被视为企业的“永久性资本”；企业无须还本付息，因而是一种高成本、低风险的资本来源
	债务资本	是指企业依法取得并依约运用、按期偿还本金和利息的资本	它是企业债务，体现了企业和债权人之间的债权债务关系；到期必须还本付息；它是一种低成本、高风险的资本来源，也是财务风险的主要来源
按资本来源的期限分类	长期资本	是指期限在一年或一年以上的资本	相对于短期资本，它是一种高成本、低风险的资本来源
	短期资本	短期资本，是指期限在一年以内的资本	相对于长期资本，它是一种低成本、高风险的资本来源
按资本来源的范围分类	内部筹资	是指企业在内部通过留存收益等而形成的资本来源	
	外部筹资	是指从企业以外单位和个人筹集资本的来源	

续表

依据	类型	含义	特点
按是否借助银行等金融机构分类	直接筹资	是指企业不通过银行等金融机构，直接向资本所有者融通资本的一种筹资活动	受金融市场及法律限制较大，必须依附于一定载体（如股票，债券等）；筹资范围广，可利用的筹资方式较多。随着金融工具不断创新，是企业具有良好前景的筹资来源
	间接筹资	是指企业借助金融机构融通资本的筹资活动	目前我国企业最为重要的筹资方式，具有筹资效率高、交易成本低等优点，但筹资范围较窄
按所筹资本是否形成资产负债表项目分类	表内筹资	是指所筹资本在资产负债表内予以披露的筹资行为	
	表外筹资	是指所筹资本未在资产负债表内披露的筹资行为	

二、筹资渠道与筹资方式

（一）筹资渠道

筹资渠道	国家财政资金、银行信贷资金、非银行金融机构资金、其他企业资金、居民个人资金、企业留存资金、境外资金

（二）筹资方式

筹资渠道与筹资方式的一般对应关系如下表所示。

渠道	筹资方式						
	直接投资	发行股票	内部积累	银行借款	发行债券	商业信用	融资租赁
国家财政资金	√	√					
银行信贷资金				√			
非银行金融机构资金	√	√		√	√		√
其他企业资金	√	√			√	√	√
居民个人资金	√	√			√		
企业留存资金	√		√				
境外资金	√	√			√		√

三、筹资目标与筹资原则

筹资目标	进行适当的筹资组合，使得所筹集资本成本最低 选择适当的筹资种类，使资产与筹资来源之间有良好的匹配
筹资原则	合理性原则 、及时性原则、效益性原则、适度性原则、合法性原则

负债经营的优点：

（1）负债可以取得节税利益，降低资本成本。

（2）负债可以获得财务杠杆利益。

（3）负债有利于企业经营的灵活性。

（4）负债是提高经营者自律并提高公司投资效益的一种有效管理机制。

第二节 筹资需要量的预测

一、因素分析法

定义	因素分析法是以上期实际资金需要量为基础，根据预测年度的生产经营任务和加速资本周转的要求，通过分析调整来预测资金需要量的一种方法
适用范围	品种繁多、规格复杂、资金用量较小、价格较低的资金占用项目的预测，也可以用来测算企业全部资金的需要量
特点	计算比较简单，容易掌握，但预测结果不太精确
因素分析法的基本模型	资金需要量=（上期资金实际占用额-上期不合理资金占用额）×（1±预测期销售增减率×（1±预测期资金周转速度变动率）

二、销售百分比法

定义	销售百分比法，是根据财务报表中有关项目与销售收入之间的依存关系预测资金需要量的一种方法
预测的步骤	确定资产和负债项目的销售百分比 各项目销售百分比=基期资产（负债）÷基期销售收入
	预计各项经营资产和经营负债 各项经营资产（负债）=预计销售收入×各项目销售百分比 筹资总需求=（预计经营资产合计-基期经营资产合计） -（预计经营负债合计-基期经营负债合计） =预计净经营资产合计-基期净经营资产合计
	预计可动用的金融资产
	预计增加的留存收益 留存收益增加=预计销售收入×计划销售净利率×（1-股利支付率）
	预计外部筹资需求量 预计外部筹资需求量=筹资总需求-可动用的金融资产-留存收益增加

三、资金习性预测法

定义	资金习性预测法是根据资金习性预测未来资金需要量的方法。所谓资金习性，是指资金的变动与产销量（或业务量）变动之间的依存关系
资金习性预测法的基本模型	设产销量为自变量 x，资金需要量为因变量 y，它们之间的关系可用下式表示： $y=a+bx$ 其中，a 为不变资金；b 为单位产销量所需变动资金 利用上式，资金需要量可采用高低点法或回归直线法求得

1. 高低点法

资金需要量预测的高低点法是指根据企业一定期间资金占用的历史资料，按照资本习性原理和 $y=a+bx$ 直线方程式，选用最高收入期和最低收入期的资金需要量之差，同这两个收入期的销售额之差进行对比，先求出 b 值，然后代入原直线方程，求出 a 的值，

从而估测资金需要量 y。即

$$b=\frac{\text{最高收入期资金需要量}-\text{最低收入期资金需要量}}{\text{最高销售收入}-\text{最低销售收入}}$$

$$a=\text{最高收入期资金需要量}-b\times\text{最高销售收入}$$

或

$$a=\text{最低收入期资金需要量}-b\times\text{最低销售收入}$$

然后根据 $y=a+bx$ 直线方程式，代入相应产销量 x，便可求得相应的资金需要量 y。

高低点法简便易行，在企业的资金需要量变动趋势比较稳定的情况下，较为适宜。

2. 回归直线法

回归直线法是根据企业若干期产销量和资金需要量的历史资料，运用最小平方法的原理计算不变资金 a 和单位产销量的变动资金 b，从而求得资金需要量 y 的一种资本习性分析方法。

第三节　外部筹资额与销售增长

从资金来源上看，企业增长的实现方式有三种：①完全依靠内部资金增长；②主要依靠外部资金增长；③平衡增长。

一、外部筹资额占销售额增长的百分比

外部筹资需求量 = 预计资产增加额 − 预计负债增加额 − 预计所有者权益增加额
= 经营资产增加额 − 经营负债自然增加额 − 留存收益增加额
= 经营资产销售百分比 × 新增销售额 − 经营负债销售百分比 × 新增销售额 − 预计销售净利率 × 预计销售额 × (1 − 股利支付率)

两边同时除以“新增销售额”，则有

外部筹资销售增长比=外部筹资需求量÷销售增加额
或=经营资产销售百分比−经营负债销售百分比−预计销售净利率×（1+增长率）÷增长率×（1−股利支付率）

需要注意的是，公式中的增长率应为销售额的名义增长率，计算公式如下：

销售额的名义增长率=（1+销售增长率）×（1+通货膨胀率）−1

二、内含增长率

含义	外部融资为 0 时的销售增长率
计算	内含增长率是指外部筹资额等于 0 时的销售增长率 假设外部筹资需求额等于 0，则 经营资产销售百分比−经营负债销售百分比−计划销售净利率×（1+增长率）÷增长率×（1−股利支付率）=0 此时的增长率即为内含增长率

续表

含义	外部融资为 0 时的销售增长率
结论	预计销售增长率=内含增长率，外部融资额=0 预计销售增长率>内含增长率，外部融资额>0（追加外部资金） 预计销售增长率<内含增长率，外部融资额<0（资金剩余）

三、可持续增长率

（一）可持续增长率的概念

可持续增长率是指在不发行新股，不改变经营效率（不改变销售净利率和资产周转率）和财务政策（不改变负债/权益比和利润留存率）时，其销售所能达到的最大增长率。

（二）可持续增长率的假设条件

假设条件	对应指标或等式
企业销售净利率将维持当前的水平，并且可以涵盖增加债务的利息	销售净利率不变
企业资产周转率维持在当前水平	资产周转率不变
企业目前的资本结构是目标结构，并且打算继续维持下去	权益乘数不变或资产负债率固定
企业目前的利润留存率是目标利润留存率，并且打算继续维持下去	股利支付率或利润留存率不变
不愿意或者不打算发售新股（包括股份回购）	增加的所有者权益等于增加的留存收益

（三）可持续增长率的计算

根据期初所有者权益计算可持续增长率	可持续增长率=所有者权益增长率 =所有者权益本期增加额÷期初所有者权益 =(本期净利润×留存收益率)÷期初所有者权益 =(本期净利润÷本期销售额)×(本期销售额÷期末总资产) ×(期末总资产÷期初所有者权益)×留存收益率 =销售净利率×总资产周转率×期初权益期末总资产乘数×留存收益率 应注意，此处的“权益乘数”是用“期初所有者权益”而非“期末所有者权益”计算；其余比率均采用本期发生额或期末数计算
根据期末所有者权益计算可持续增长率	可持续增长率也可以全部用期末数和本期发生额计算，而不使用期初数。其推导过程如下： 由于可持续状态下企业所有者权益增加只能靠内部留存，故 所有者权益本期增加=期末权益－期初权益 =本期留存收益增加 =本期净利润×本期利润留存率 可持续增长率=所有者权益本期增加额÷期初所有者权益 =(本期净利润×本期利润留存率)÷期初所有者权益 =(本期净利润×本期利润留存率)÷(期末权益－本期净利润×本期利润留存率) 将分子和分母同时除以期末权益，则 可持续增长率=(权益报酬率×本期利润留存率)÷(1－权益报酬率×本期利润留存率) =(销售净利率×资产周转率×权益乘数×本期利润留存率) ÷(1－销售净利率×资产周转率×权益乘数×本期利润留存率)

*练 习 题

一、单项选择题

1. 在下列各项中，能够引起企业权益资金增加的筹资方式是（　　）。
A. 吸收直接投资　　B. 发行公司债券
C. 利用商业信用　　D. 留存收益转增资本
2. 一般而言，下列企业筹资方式中资本成本最高的是（　　）。
A. 发行公司债券　　B. 长期借款
C. 短期借款　　D. 融资租赁
3. 相对于发行股票而言，发行公司债券筹资的优点为（　　）。
A. 财务风险小　　B. 限制条款少
C. 筹资额度大　　D. 资本成本低
4. 相对于银行借款筹资而言，股票筹资的特点是（　　）。
A. 筹资速度快　　B. 筹资成本高
C. 筹资弹性好　　D. 财务风险大
5. 与银行借款相比，下列各项中不属于融资租赁筹资特点的是（　　）。
A. 资本成本低　　B. 融资风险小
C. 融资期限长　　D. 融资限制少
6. 一般而言，与融资租赁筹资相比，发行债券的优点是（　　）。
A. 财务风险较小　　B. 限制条件较少
C. 资本成本较低　　D. 融资速度较快
7. 下列不属于吸收直接投资方式的是（　　）。
A. 吸收国家投资　　B. 吸收法人投资
C. 吸收社会公众投资　　D. 合作经营
8. 根据财务管理理论，按企业所取得资金的权益特性不同，可将筹资分为（　　）。
A. 直接筹资和间接筹资　　B. 内部筹资和外部筹资
C. 股权筹资、债权筹资和混合筹资　　D. 短期筹资和长期筹资
9. 出租人既出租某项资产，又以该项资产为担保借入资金的租赁方式是（　　）。
A. 直接租赁　　B. 售后回租
C. 杠杆租赁　　D. 经营租赁
10. 相对于借款购置设备而言，融资租赁设备的主要缺点是（　　）。
A. 获得资产速度较慢　　B. 资本成本较高
C. 到期还本负担重　　D. 筹资的限制条件较多
11. 公司在创立时首先选择的筹资方式是（　　）。
A. 融资租赁　　B. 向银行借款
C. 吸收直接投资　　D. 发行企业债券

12．某公司2011年预计营业收入为50 000万元，预计销售净利率为10%，股利支付率为60%。，据此可以测算出该公司2011年内部资金来源的金额为（　　）万元。

A．2 000　　B．3 000　　C．5 000　　D．8 000

13．某企业上年销售收入为1 000万元，若预计下一年产品价格会提高5%，公司销量增长10%，所确定的外部融资占销售增长的百分比为25%，则相应外部应追加的资金为（　　）万元。

A．38.75　　B．37.5　　C．25　　D．25.75

14．由于通货紧缩，某公司不打算从外部融资，而主要靠调整股利分配政策，扩大留存收益来满足销售增长的资金需求。历史资料表明，该公司资产、负债与销售总额之间存在着稳定的百分比关系。现已知资产销售百分比为60%，负债销售百分比为15%，计划下年销售净利率为5%，不进行股利分配，据此，可以预计下年销售增长率为（　　）。

A．12.5%　　B．10.23%　　C．10%　　D．7.5%

15．“可持续增长率”和“内含增长率”的共同点是（　　）。

A．不改变资本结构　　B．不发行股票

C．不从外部举债　　D．不改变股利支付率

16．销售百分比法是预测企业未来融资需求的一种方法。下列关于应用销售百分比法的说法中，错误的是（　　）。

A．根据预计存货/销售百分比和预计销售收入，可以预测存货的资金需求

B．根据预计应付账款/销售百分比和预计销售收入，可以预测应付账款的资金需求

C．根据预计金融资产/销售百分比和预计销售收入，可以预测可动用的金融资产

D．根据预计销售净利率和预计销售收入，可以预测净利润

17．已知某企业净经营资产周转次数为2.5次，销售净利率为5%，股利支付率为40%，可以动用的金融资产为0，则该企业的内含增长率为（　　）。

A．7.68%　　B．8.11%　　C．9.23%　　D．10.08%

18．相对于负债融资方式而言，采用普通股方式筹措资金的优点是（　　）。

A．有利于降低资本成本　　B．有利于集中企业控制权

C．有利于降低财务风险　　D．有利于发挥财务杠杆作用

19．长期借款筹资与长期债券筹资相比，其特点是（　　）。

A．利息能节税　　B．筹资弹性大

C．筹资费用大　　D．债务利息高

20．从公司理财的角度看，与长期借款筹资相比较，普通股筹资的优点是（　　）。

A．筹资速度快　　B．筹资风险小

C．筹资成本小　　D．筹资弹性大

二、多项选择题

1．下列各项中，属于留存收益区别于“发行普通股”筹资方式的特点有（　　）。

A．筹资数额有限　　B．财务风险大

C．不会分散控制权　　D．资本成本高

2．下列各项中，属于企业筹资管理应当遵循的原则有（　　）。

A．依法筹资原则　　B．负债最低原则

C．规模适度原则　　D．结构合理原则

3．留存收益是企业内源性股权筹资的主要方式，下列各项中，属于该种筹资方式特点的有（　　）。

A．筹资数额有限　　B．不存在资本成本

C．不发生筹资费用　　D．改变控制权结构

4．相对于股权融资而言，长期银行借款筹资的优点有（　　）。

A．筹资风险小　　B．筹资速度快

C．资本成本低　　D．筹资数额大

5．下列关于可持续增长率的说法中，错误的有（　　）。

A．可持续增长率是指企业仅依靠内部筹资时，可实现的最大销售增长率

B．可持续增长率是指不改变经营效率和财务政策时，可实现的最大销售增长率

C．在经营效率和财务政策不变时，可持续增长率等于实际增长率

D．在可持续增长状态下，企业的资产、负债和权益保持同比例增长

6．影响内含增长率的因素有（　　）。

A．经营资产销售百分比　　B．经营负债销售百分比

C．销售净利率　　D．股利支付率

7．假设企业本年的经营效率、资本结构和股利支付率与上年相同，目标销售收入增长率为30%（大于可持续增长率），则下列说法中正确的有（　　）。

A．本年权益净利率为30%　　B．本年净利润增长率为30%

C．本年新增投资的报酬率为30%　　D．本年总资产增长率为30%

8．在不增发新股的情况下，企业上年的所有者权益增长率为8%。本年的经营效率和财务政策与上年相同，以下说法中正确的有（　　）。

A．企业本年的销售增长率为8%

B．企业本年的可持续增长率为8%

C．企业本年的权益净利率为8%

D．企业本年的实体现金流量增长率为8%

9．企业销售增长时需要补充资金。企业销售净利率大于0，股利支付率小于1，假设1元销售所需资金不变，以下关于外部融资需求的说法中，正确的有（　　）。

A．股利支付率越高，外部融资需求越大

B．销售净利率越高，外部融资需求越小

C．如果外部融资销售增长比为负数，说明企业有剩余资金，可用于增加股利或短期投资

D．当企业的实际增长率低于本年的内含增长率时，企业不需要从外部融资

10．下列关于使用销售百分比法进行财务预测的说法中，不正确的有（　　）。

A．确定销售百分比时，假设企业各项资产和负债与销售收入保持稳定的百分比

B．预测的融资总需求等于预计资产总额减基期资产总额

C．可动用的金融资产等于预计金融资产减基期金融资产

D．预测留存收益增加额时，可以假设计划销售净利率能够涵盖新增债务增加的利息，以解决数据循环问题

11．下列有关可持续增长的表述正确的有（　　）。

A．可持续增长率是指不发股票，且保持目前经营效率和财务政策条件下公司销售所能增长的最大比率

B．可持续增长思想表明企业超常增长是十分危险的，企业的实际增长率决不应该高于可持续增长率

C．可持续增长的假设条件之一是公司目前的股利支付率是一个目标股利支付率，并且打算继续维持下去

D．如果某一年不发股票，且经营效率和财务政策与上年相同，则实际增长率等于上年的可持续增长率

12．在不增发新股的情况下，下列关于可持续增长率的表述中，不正确的有（　　）。

A．如果本年的销售净利率、资产周转率、资产负债率和股利支付率已经达到公司的极限，则以后年度可持续增长率为 0

B．如果本年的销售净利率、资产周转率、资产负债率和股利支付率与上年相同，则本年的实际增长率等于上年的可持续增长率

C．如果本年的销售净利率、资产周转率和股利支付率与上年相同，资产负债率比上年提高，则本年的可持续增长率低于上年的可持续增长率

D．如果本年的销售净利率、资产周转率和资产负债率与上年相同，股利支付率比上年下降，则本年的可持续增长率低于上年的可持续增长率

三、判断题

1．杠杆租赁的情况下，如果出租人不能按期偿还借款，那么资产的所有权就要转归资金出借者。　（　　）

2．融资租赁方式下，租赁期满，设备必须作价转让给承租人。　（　　）

3．合理安排权益资本和债务资本的比例关系，是企业筹资管理的核心问题之一。　（　　）

4．扩张性筹资动机是由企业因扩大生产规模而需要增加资产的经营目的所促成的。　（　　）

5．直接筹资一直以来被大多数企业采用，是目前我国企业最为重要的筹资方式。　（　　）

6．企业权益资金的筹集相对于债务资金的筹集，其财务风险小，但付出的资金成本相对较高。　（　　）

7．企业筹资必须遵循决策权、执行权与监督权三权分离原则。　（　　）

8．负债经营可能产生逆向财务杠杆作用。　（　　）

四、计算分析题

1．目的：考查对高低点法的掌握情况。

资料：某企业历史上现金占用与销售收入之间的关系如下表所示。

年数	销售收入/元	现金占用/元
1	120 000	80 000
2	140 000	90 000
3	136 000	88 000
4	160 000	100 000
5	158 000	110 000

要求：

（1）采用高低点法计算每1元销售收入占用变动资金和销售收入占用不变资金总额。

（2）当第6年的销售收入为190 000元时，预测其需要占用的现金数额。

2．目的：考查对销售百分比法的掌握情况。

资料：若企业2016年年末的经营资产为600万元，经营负债为200万元，金融资产为40万元，金融负债为400万元，2016年的销售收入为1 000万元，若经营资产、经营负债占销售收入的百分比不变，销售净利率为10%，股利支付率为50%，企业金融资产均为可动用金融资产。若预计2017年销售收入会达到1 500万元。

要求：计算出需要从外部筹集的资金数额。

3．目的：考查对可持续增长率的掌握情况。

资料：A公司的2016年度财务报表主要数据如下表所示（单位：万元）。

销售收入	1 000
净利润	100
股利	40
利润留存	60
负债	1 000
所有者权益（1 000万股，每股面值1元）	1 000
负债及所有者权益总计	2 000

要求：

（1）计算该公司的可持续增长率。

（2）假设该公司2017年度计划销售增长率为10%。公司拟通过提高销售净利率或提高资产负债率来解决资金不足问题。请分别计算销售净利率、资产负债率达到多少时可以满足销售增长所需资金。计算分析时，假设除正在考查的财务比率之外其他财务比率不变，销售不受市场限制，销售净利率涵盖了增加负债的利息，并且公司不打算发行新的股票。

（3）如果公司计划2017年销售增长率为15%，它应当筹集多少股权资本？计算时，假设不变的销售净利率可以涵盖增加负债的利息，销售不受市场限制，并且不打算改变当前的资本结构、利润留存率和经营效率。

4. 目的：考查对可持续增长率和内含增长率的掌握。

资料：甲公司是一个家具生产公司，2016 年管理用财务报表相关数据如下表所示（单位：万元）。

资产负债表项目（年末）	
经营资产	2 000
经营负债	250
净经营资产	1 750
净负债	70
所有者权益	1 680
利润表项目（年度）	
销售收入	2 500
净利润	100

注：股利支付率为 20%

甲公司目前没有金融资产，未来也不准备持有金融资产，2016 年所有者权益增加除本年利润留存外，无其他增加项目。

要求：

（1）简述可持续增长率与内含增长率的概念，并简述可持续增长的假设条件。

（2）计算甲公司 2016 年的可持续增长率。

（3）如果甲公司 2017 年的销售净利率、净经营资产周转率和股利支付率不变，计算甲公司的内含增长率。

（4）如果甲公司 2017 年的销售增长率为 8%，净经营资产周转率与股利支付率不变，销售净利率可提高到 6%并能涵盖借款增加的利息，计算甲公司 2017 年的融资总需求与外部筹资额。

五、综合题

1. 资料：甲公司 2014 年销售收入为 900 000 元，净利润为 36 000 元，发放了股利 20 000 元。2015 年销售收入为 1 000 000 元，净利润为 40 000 元，发放了股利 20 000 元，年末简化资产负债表如下。

甲公司资产负债表

2015 年 12 月 31 日 单位：元

资产	金额	负债及所有者权益	金额
经营现金	30 000	应付账款	100 000
交易性金融资产	40 000	短期借款	80 000
应收账款	110 000	长期借款	200 000
存货	200 000	股本	500 000
可供出售金融资产	60 000	留存收益	20 000
固定资产	460 000		
合计	900 000	合计	900 000

假定销售净利率与股利支付率仍保持基期的水平，若该企业经营资产与经营负债与销售收入之间有稳定百分比关系。

要求：

（1）若公司2016年计划销售收入增长至1 200 000元，未来不保留金融资产，预测外部融资额；

（2）如果预计2016年通货膨胀率为8%，公司销量增长5%，若未来不保留金融资产，预测2016年外部融资额；

（3）如果公司不打算从外部融资，且假设维持金融资产保持不变，请预测2016年的净利润；

（4）计算下表空格部分的财务比率（使用资产负债表的年末数据计算），分析2015年超常增长的资金来源是什么。

项目	2014年	2015年
销售净利率		
年净经营资产周转次数	1.35	
净经营资产期末权益乘数	120.15%	
利润留存率		
可持续增长率		
实际增长率	—	

（5）如果2016年销售增长率为20%，公司拟通过增发股权资本筹集超常增长所需资金（不改变经营效率和财务政策），需要增发多少股票资金？

2. 资料：A公司2011~2015年各年产品销售收入分别为2 000万元、2 400万元、2 600万元、2 800万元和3 000万元；各年年末现金余额分别为110万元、130万元、140万元、150万元和160万元。在年度销售收入不高于5 000万元的前提下，流动资产、流动负债、固定资产等资金项目与销售收入的关系如下表所示。

资金需要量预测表

资金项目		年度不变资金（a）/万元	1元销售收入所需变动资金（b）/元
流动资产	现金		
	应收账款	60	0.14
	存货	100	0.22
流动负债	应付账款	60	0.10
	其他应付款	20	0.01
固定资产		510	0.00

已知该公司2015年资金完全来源于自有资金（其中，普通股1 000万股，共1 000万元）和流动负债。预计公司2016年销售收入将在2015年基础上增长40%，预计2016年销售净利率为10%，公司拟按每股0.22元的固定股利进行利润分配，2016年所需对外筹资部分可通过按面值发行10年期、票面利率为10%、到期一次还本付息的公司债券予以解决，债券筹资费率为2%，公司所得税税率为25%。

要求：

（1）预计2016年净利润、应向投资者分配的利润及留存收益。

（2）采用高低点法计算“现金”项目的1元销售收入的变动资金和“现金”项目的不变资金。

（3）按$y=a+bx$的方程建立资金预测模型。

（4）预测该公司2016年资金需要总量及需新增资金量。

六、案例分析题

携程国际有限公司（以下简称携程）于1999年6月在开曼群岛注册成立，注册资金为1 000 000美元。自始至终，携程一直都是中国领先的在线旅行服务公司，主要从事向超过5 000余万注册会员提供包括酒店预订、机票预订、度假预订、商旅管理、高铁代购以及旅游资讯在内的全方位旅行服务，属于互联网零售业下的细分行业。

目前，公司拥有国内外5 000余家会员酒店可供预订，是中国领先的酒店预订服务中心。公司目前已在北京、广州、深圳、成都、杭州、厦门、青岛、南京、武汉、沈阳、南通、三亚12个城市设立分公司，员工超过10 000人。在机票预订方面，携程是中国领先的机票预订服务平台，覆盖国内外所有航线，并在45个大中城市提供免费送机票服务。携程从白手起家到成为中国最成功的在线旅行服务公司的这10年间，一直与所处社区、与中国的旅游行业、与中国社会共同成长。本着“取之于社会，用之于社会”的理念，积极参与和大力支持各项公益事业，特别是在教育和环保方面。携程曾入选商务部“中国现代服务十大创新企业”“中国品牌价值排行榜”等，也曾获得“中国最佳联络中心奖”“年度最佳发展策略企业奖”等。

1. 股票筹资

（1）发行股票。

2003年12月9日携程在纳斯达克上市，公开发售股票4 200 000股，发行价18美元/股，共募集资金75 600 000美元。

（2）增发配股。

公告日期	发行方式	发行价格/元	募资总额/元	币种	发行数量/股	占已发行股本/%
2007-08-06	公开发售	38.00	505 020 000.00	美元	13 290 000.00	40.52
2004-12-08	公开发售	45.80	87 661 200.00	美元	1 914 000.00	6.23
2010-03-02	公开发售	36.00	205 200 000.00	美元	5 700 000.00	16.74

2. 债务筹资

债务筹资分为短期债务筹资和长期债务筹资，下表是2012~2014年现金流量表中筹资活动部分明细（单位：万美元）。

项目	2014-12-31	2013-12-31	2012-12-31
筹资活动			
债务增加	539 469.00	504 463.00	155 067.00
减：债务减少	—	—	—
股本增加	18 458.00	18 026.00	8 191.00

续表

项目	2014-12-31	2013-12-31	2012-12-31
减：股本减少	44 616.00		173 313.00
支付的股利合计	—	—	—
其他筹资活动产生的现金流量净额	28 908.00	9 108.00	−41 502.00
筹资活动产生的现金流量净额	542 220.00	531 597.00	−51 556.00

从下表中可以看出，2013 年，公司债务增加 50 亿美元，其中短期借贷增加 3 亿美元，长期借款增加 45 亿美元；2014 年，公司债务增加近 52 亿美元，其中短期借贷增加近 28 亿美元，长期借款增加 24 亿美元；2015 年前三季度，公司债务增加近 111 亿美元，其中短期借贷增加近 23 亿美元，长期借款增加 88 亿美元。

项目	2015-09-30	2014-12-31	2013-12-31	2012-12-31
短期借贷及长期借贷当期到期部分/万美元	581 938	356 049	77 460	45 348
长期借贷/万美元	1 684 234	806 598	565 718	112 142

2012 年 9 月和 2013 年 10 月，携程曾分别发行 1.8 亿美元和 8 亿美元的高级可转换债券，2015 年 6 月 18 日携程旅行网宣布，将发行总额 7 亿美元 2020 年到期及总额 4 亿美元 2025 年到期的高级可转换债券。加上市场超额认购的部分，携程总发行规模将达 12.65 亿美元。同时，由于近几年携程股价跌幅很大，公司几次回购股票，回购资金来源于营业收入现金及发行可转换债券所得现金，下表是携程从上市以来回购股票的记录。

日期	回购金额/美元
2014-04-03	600 000 000.00
2012-06-13	300 000 000.00
2011-09-29	100 000 000.00
2011-09-22	15 000 000.00
2008-08-14	15 000 000.00

要求：

（1）携程的筹资方式有哪些？分析这些筹资方式对携程的影响。

（2）进一步搜集相关资料和数据，运用本章所学筹资知识，试对携程的筹资策略进行评价与建议。

❋参考答案

一、单项选择题

1. A　2. D　3. D　4. B　5. A　6. C　7. D　8. C　9. C　10. B　11. C　12. A　13. A　14. A　15. B　16. C　17. B　18. C　19. B　20. B

二、多项选择题

1. AC　2. ACD　3. AC　4. BC　5. ABC　6. ABCD　7. BD　8. ABD　9. ABCD

10. ABC 11. ACD 12. ACD

三、判断题

1. √ 2. × 3. √ 4. √ 5. × 6. √ 7. √ 8. √

四、计算分析题

1.（1）高低点法是根据业务量的最高和最低两点资料来进行计算的，所以本题应根据第 1 年和第 4 年的数据进行计算。

b =（100 000–80 000）/（160 000–120 000）=0.5

a =80 000–120 000 × 0.5=20 000（元）

y =20 000+0.5x

（2）第 6 年的现金占用数额=20 000+0.5 × 190 000=115 000（元）

2. 净经营资产占收入的百分比=（600–200）/1 000=40%

需要从外部筹集的资金=增加收入 × 净经营资产占收入的百分比–可动用的金融资产–增加的留存收益

=（1 500–1 000）× 40%–40–1 500 × 10% ×（1–50%）=85（万元）

3.（1）销售净利率=净利润/销售收入=10%

总资产周转次数=销售收入/总资产=0.5 次

权益乘数=总资产/期末所有者权益=2

利润留存率=利润留存/净利润=60%

可持续增长率=（利润留存率 × 销售净利率 × 权益乘数 × 总资产周转率）/（1–利润留存率 × 销售净利率 × 权益乘数 × 总资产周转率）

=（10% × 0.5 × 2 × 60%）/（1–10% × 0.5 × 2 × 60%）=6.38%

或

可持续增长率=（权益净利润 × 利润留存率）/（1–权益净利润 × 利润留存率）

= [（100/1 000） ×（60/100）] / [1–（100/1 000） ×（60/100）]

=（0.1 × 0.6）/（1–0.1 × 0.6）

=6.38%

（2）第一，提高销售净利率：

因为资产周转率不变，所以资产增长率=销售收入增长率=10%

又因为权益乘数不变，所以所有者权益的增长率=资产增长率=10%

则，增加的所有者权益=1 000 × 10%=100（万元）

因为不发行股票，增加的留存收益=增加的所有者权益=100（万元）

又因为增加的留存收益=预计销售收入 × 销售净利率 × 利润留存率

即 100=1 100 × 销售净利率 × 60%

销售净利率=100/（1 100 × 60%）=15.15%

或

设销售净利率为 r，则

10%=（r × 0.5 × 2 × 60%）/（1–r × 0.5 × 2 × 60%）

r=15.15%

第二，提高资产负债率：

因为资产周转率不变，所以资产增长率=销售收入增长率=10%

所以预计总资产需要量=2 000×（1+10%）=2 200（万元）

因为不发行股票，增加的留存收益=增加的所有者权益

又因为增加的留存收益=预计销售收入×销售净利率×利润留存率

=1 100×10%×60%=66（万元）

所以预计所有者权益=1 000+66=1 066（万元）

负债=总资产–所有者权益=2 200–1 066=1 134（万元）

资产负债率=负债/总资产=1 134/2 200=51.55%

（3）销售增加15%，保持目前资本结构、利润留存率和经营效率，需要筹集股权资本：

资金需要增加=销售增加/资金周转率=1 000×15%/0.5=300（万元）

需要权益资金=资金需要/权益乘数=300/2=150（万元）

利润留存提供权益资金=净利率×利润留存率=100×（1+15%）×10%×60%=69（万元）

4.（1）可持续增长率是指在不发行新股，不改变经营效率（不改变销售净利率和资产周转率）和财务政策（不改变负债 / 权益比和利润留存率）时，其销售所能达到的最大增长率。内含增长率是外部融资为0时的销售增长率。

可持续增长率的假设条件如下：①公司的销售净利率将维持当前水平，并且可以涵盖增加债务的利息。②公司的资产周转率将维持当前的水平。③公司目前的资本结构是目标结构，并且打算继续维持下去。④公司目前的利润留存率是目标利润留存率，并且打算继续维持下去。⑤不愿意或者不打算增发新股（包括股份回购）。

（2）利润留存率=1–20%=80%

可持续增长率=100/1 680×80%/（1–100/1 680×80%）

（3）内含增长率=（100/1 750×80%）/（1–100/1 750×80%）=4.79%

或

净经营资产占销售收入的百分比=1 750/2 500=70%

销售净利率=100/2 500=4%

0=70%–（1+内含增长率）/内含增长率×4%×80%

内含增长率=4.79%

（4）净经营资产占销售收入的百分比=1 750/2 500=70%

融资总需求=净经营资产的增加

=增加的销售收入×净经营资产占销售收入的百分比

=2 500×8%×70%=140（万元）

外部筹资额=净经营资产的增加–留存收益的增加

=140–2 500×（1+8%）×6%×80%=10.4（万元）

五、综合题

1.（1）经营资产销售百分比=［900 000–（40 000+60 000）］/1 000 000=80%

经营负债销售百分比=100 000/1 000 000=10%

销售净利率=40 000/1000 000=4%

股利支付率=20 000/40 000=50%

可动用的金融资产=40 000+60 000=100 000（元）

留存收益增加=1 200 000×4%×（1−50%）=24 000（元）

外部融资额=增加收入×经营资产销售百分比−增加收入×经营负债销售百分比
−可动用的金融资产−增加的留存收益
=200 000×80%−200 000×10%−100 000−24 000=16 000（元）

（2）名义增长率=（1+8%）×（1+5%）−1=13.4%

销售增加额=1 000 000×13.4%=134 000（元）

外部融资额=134 000×（80%−10%）−100 000−1 134 000×4%×（1−50%）=−28 880（元）

（3）0=80%−10%−4%×［（1+增长率）/增长率］×（1−50%）

增长率=2.94%

预计净利润=1 000 000×（1+2.94%）×4%=41 176（元）

（4）

项目	2014 年	2015 年
销售净利率	36 000/900 000=4%	40 000/1 000 000=4%
净经营资产周转次数	1.35 次/年	1 000 000/（30 000+110 000+200 000+460 000−100 000）=1 000 000/700 000=1.43 次/年
净经营资产期末权益乘数	120.15%	700 000/520 000=134.62%
利润留存率	（36 000−20 000）/36 000=44.44%	（40 000−20 000）/40 000=50.00%
可持续增长率	（4%×1.35×120.15%×44.44%）/（1−4%×1.35×120.15%×44.44%）=2.97%	（4%×1.43×134.62%×50.00%）/（1−4%×1.43×134.62%×50.00%）=4.00%
实际增长率	—	（1 000 000−900 000）/900 000=11.11%

超常资金来源是靠提高权益乘数、净经营资产周转率及利润留存率实现的。

（5）

项目	解析
净经营资产增加	700 000×20%=140 000（元）
减：按比例增加的净金融负债	（80 000+200 000−40 000−60 000）×20% =180 000×20% =36 000（元）
本期利润留存提供资金	20 000×（1+20%）=24 000（元）
增发股票提供资金	140 000−36 000−24 000=80 000（元）

2.（1）预计净利润=3 000×（1+40%）×10%=420（万元）

预计向投资者分配利润=1 000×0.22=220（万元）

预计留存收益=420−220=200（万元）

（2）1 元销售收入的变动资金=（160−110）/（3 000−2 000）=0.05（元）

不变资金=160−0.05×3 000=10（万元）

（3）a=10+60+100−（60+20）+510=600（万元）

b=0.05+0.14+0.22-（0.10-0.01）=0.30（元）

y=600+0.30x

（4）资金需要总量=600+0.30×3 000×（1+40%）=1 860（万元）

需新增资金量=3 000×40%×0.30=360（万元）

六、案例分析题

携程公司上市以来的筹资方式主要是外部筹资。携程正处于高速发展阶段，内部留存收益远远难以满足企业的投资扩张需求，所以自携程上市以来，主要靠外部融资。这种筹资方式增加了携程公司的债务，但是也可以起到一定的财务杠杆的作用。携程公司在采取外部筹资方式的同时也应结合内部筹资方式进行筹资。

第七章

权益资本的筹集

【本章学习目标】

了解股票发行的条件、程序、方式与优先股筹资，掌握公募发行、私募发行、股票发行价格、议价法、竞价法、股票有偿增发、无偿增发、配股、IPO（initial public offerings，即首次公开募股）、买壳上市、借壳上市、境外直接上市、境外造壳上市、认股权证、存股证（depository receipt，DR）等概念。重点掌握股票发行定价决策、股票上市决策、吸收直接投资筹资、留存收益筹资和认股权证等筹资方式以及各种筹资方式的优缺点。正确理解权益资本市场全球化的途径。

❋知 识 要 点

第一节　股票筹资

一、股票发行的条件

根据《证券法》及相关法律规范的规定，“公司公开发行新股，应当符合下列条件：

“（一）具备健全且运行良好的组织机构；

“（二）具有持续盈利能力，财务状况良好；

“（三）最近三年财务会计文件无虚假记载，无其他重大违法行为；

“（四）经国务院批准的国务院证券监督管理机构规定的其他条件”。

“公司对公开发行股票所募集资金，必须按照招股说明书所列资金用途使用。改变招股说明书所列资金用途，必须经股东大会作出决议。”

二、股票发行的程序

设立发行股票的程序	发起人认购全部股份，交付出资； 提出募集股份申请；

续表

设立发行股票的程序	公告招股说明书，制作认股书，签订承销协议； 招认股份，缴纳股款； 召开创立大会，选举董事会、监事会； 办理公司设立登记，交割股票
增资发行新股的程序	股东大会作出发行新股的决议； 由董事会向国务院授权的部门申请并经批准； 公告招股说明书，制作认股书，签订承销协议； 招认股份，缴纳股款，交割股票； 召开股东大会改选董事、监事，办理变更登记并公告

三、股票发行方式

发行方式	含义	发行对象	特点
公开发行	也称公募发行，是指股份有限公司通过中介机构，公开向社会公众发行股票	在公募发行情况下，所有合法的社会投资者都可以参加认购，包括个人投资者、法人机构、证券投资基金等	这种发行方式的发行范围广、发行对象多，易于足额募集资本；股票的变现性强，流通性好；有助于提高发行公司的知名度，扩大其影响力。但是，这种发行方式存在手续繁杂、发行成本高等不足之处
非公开发行	也称私募发行，是指股份公司不公开对外发行股票，即不需中介机构承销，只向少数特定的对象直接发行股票	包括个人投资者和机构投资者两类	筹资速度快；筹资费用低；资本使用成本高；条件灵活。但限制性条款较多

四、股票发行定价决策

股票发行价格是股票发行时所使用的价格，即投资者认购股票时所支付的价格。

（一）定价基础：股票内在投资价值

反映股票内在投资价值的常用方法有股利贴现法、市盈率法、每股净资产法等。

方法	含义
股利贴现法	股东购买股票是期望获取股利，因此股票价值等于预期未来可收到的股利现值之和
市盈率法	市盈率法是根据同行业的参考市盈率，结合公司的盈利预测来确定股票投资价值的方法，用公式表示为 股票价值 P_0=市盈率（P/E）×每股收益（EPS）
每股净资产法	每股净资产是所有资产按准确的账面价值，即支付了全部债务（含优先股）后的每股所有者权益的价值，用公式表示为 $每股净资产=\dfrac{公司账面普通股权益}{发行在外普通股股数}$

（二）股票发行定价方法

根据股票定价基础和世界各国的经验，常用的股票发行定价方法有议价法和竞价法两种。

方法	含义
议价法	议价法是指由股票发行人与主承销商协商确定发行价。具体有两种定价方式，分别是固定价格定价方式和市场询价方式
竞价法	竞价法是指由各股票承销商或者投资者以投标方式相互竞争确定股票发行价格。在实施过程中，有网上竞价、机构投资者（法人）竞价和券商竞价等具体形式

五、股票增发

项目	种类	内容
股票增发	有偿增发	是指投资者需按股票面额或溢价，用现金或实物购买股票。有间接公募、向老股东配股及向特定的第三者配股等具体发行方式
	无偿增发	是指公司不向股东收取现金或实物财产，而是无代价地将公司发行的股票交付给股东。有资本公积转增、股票股利及股票分割等具体方式
配股	配股是指向现有股东按持股的一定比例配售股份的行为，它是股票非公开增发的一种形式。我国法律法规对上市公司的配股条件进行了严格的限制，其中最主要的是关于公司盈利能力的要求。公司实施配股计划，主要基于新筹集资本能够满足投资需要。在确定配股价格时，除了与新股发行需要进行财务决策外，还要考虑有关法律规定，如配股价格不低于每股净资产等。另外，为了保证配股价格对原股东的吸引力，并考虑承销商的盈利空间，配股价格一般低于股票现行市价	

六、股票上市决策

股票上市，是指股份有限公司发行股票经批准在证券交易所进行挂牌交易。经批准在证券交易所上市交易的股票称为上市股票，其股份有限公司称为上市公司。

（一）股票上市的方式

上市方式	含义
IPO	是指股份公司通过证券交易所第一次向公众投资者发行股票的行为
买壳上市	是指非上市公司通过收购一些业绩较差、筹资能力弱化的上市公司，剥离被收购公司资产，注入自已的资产，从而实现间接上市的目的
借壳上市	是指上市公司的母公司（集团公司）通过将主要资产注入上市的子公司中，来实现母公司的上市

（二）股票上市的利弊分析

股票上市的利	股票上市的弊
便于筹措新的资金 便于确定公司的价值 便于原始股东分散风险 提高股权的流动性和变现能力 提高公司知名度，扩大销售	可能稀释原有股东的控制权 维持上市地位需要支付很高的费用 必须对外公开公司的经营状况与财务资料 降低公司决策效率

（三）股票上市的条件

我国《证券法》与相关股票交易规划规定，股份有限公司申请股票上市，应当符合下列条件：“①股票经国务院证券监督管理机构核准已公开发行；②公司股本总额不少于人民币三千万元；③公开发行的股份达到公司股份总数的百分之二十五以上；公司股本总额超过人民币四亿元的，公开发行股份的比例为百分之十以上；④公司最近三年无重大违法行为，财务会计报告无虚假记载。证券交易所可以规定高于前款规定的上市条件，并报国务院证券监督管理机构批准。”

（四）普通股和优先股筹资

方式	含义	优点	缺点
普通股	是指在公司的经营管理和盈利及财产的分配上享有普通权利的股份，代表满足所有债权偿付要求及优先股股东的收益权与求偿权要求后对企业盈利和剩余财产的索取权	股本没有固定的到期日，无需偿还； 没有固定的股利负担； 筹资风险小； 普通股筹资形成权益性资本，能增强公司信誉	资本成本较高； 可能分散公司的控制权； 可能导致股票价格下跌
优先股	股份公司发行优先股的基本目的是筹集权益资本。但由于优先股的特征，公司发行优先股往往还有下列动机：防止公司股权分散化；维持举债能力；增加普通股所有者权益；调整资本结构	优先股一般没有固定的到期日，不用偿付本金； 股利的支付既固定，又有一定灵活性； 优先股筹资形成权益资本，发行优先股能增强公司的信誉，提高公司的举债能力	资本成本较高；可能形成较重的财务负担

第二节　权益资本的其他筹集方式

方式	含义	优点	缺点
吸收直接投资	是指企业以协议合同等形式吸收国家、其他法人、个人和外商等直接投入资本，形成企业资本金的一种筹资方式	所筹集资本属于企业权益资本，能提高企业对外负债的能力； 这种筹资方式不仅可筹得现金，而且能够直接取得所需的先进设备和技术，能尽快地形成生产经营能力； 与股票筹资相比，筹资履行的法律程序相对简单，筹资速度更为快捷； 所筹资本是“永久性资本”，财务风险较低	筹资成本较高； 由于不以证券为媒介，不便于产权转让和交易
留存收益	留存收益筹资也称为内源筹资或内部筹资，它是一种企业将实现利润的一部分甚至全部留下作为资本来源的筹资方式	不发生筹资费用； 可使企业的所有者获得税收上的利益； 留存收益筹资在性质上属于权益资本，可提高企业信用和对外负债能力	留存收益的数量常常会受到某些股东的限制，尤其受到依靠股利维持生活的股东的反对； 留存收益过多、股利支付过少，可能会影响今后的外部筹资，同时不利于股票价格的提高，影响企业在证券市场上的形象
认股权证	作为公司筹资工具的认股权证是指认购权证，它是由公司发行的授权其持有者按预定价格优先购买一定数量普通股的权证	利用认股权证筹资的最大优点是可以降低筹资成本	对投资者而言，由于杠杆作用的存在，认股权证的行使成为一种高收益的投资，但需以公司未来股价上升为基础。离开这一基础，选择权将不会被行使，其投资也会造成损失

第三节 权益资本市场的全球化

主要途径	含义	特点
境外直接上市	是指股份有限公司向境外投资人发行股票，并将该股票直接在境外公开的证券交易所挂牌上市，这种股票称为境外上市外资股	
通过控股公司境外间接上市	也称境外造壳上市，是指预先在境外注册一家控股公司并由其实现对国内企业的控股，而后通过控股公司的公开上市募集资金，并将所募集的资金投资于国内企业，从而达到境外间接上市的目的	
境外买壳上市	是指国内企业通过收购已在境外上市公司的部分或全部股权，购入后以现成的境外上市公司作为外壳，取得上市地位，然后对其注入资产，实现公司海外间接上市的目的	与直接挂牌上市相比，它可以避开国内有关法规的限制和繁复的上市审批程序，手续简洁、办理方便；与其他间接上市方式相比，买壳上市可以一步到位，缩短上市时间。但“壳”公司的资产质量及是否存在潜在的法律风险是境外买壳上市的关键，即买壳上市的关键是找到一个“干净”的适合企业的“壳”
通过存股证间接上市	又称存券收据或存托凭证，是指在一国证券市场流通的代表外国公司有价证券的可转让凭证，属公司融资业务范畴的金融衍生工具	以股票为例，存股证的产生过程主要包括三个步骤：①某国的上市公司为使其股票可以在外国流通，将一定数额的股票委托中间机构（通常为银行，称为保管银行）保管；②保管银行通知国外的存托银行在当地发行代表该股份的存股证；③存股证开始在当地证券交易所或 OTC（over-the-counter，即柜台交易）市场交易

*练 习 题

一、单项选择题

1．普通股具有以下优点（　　）。

A．筹资成本低　　B．筹资费用低

C．筹资风险小　　D．不会分散公司控制权

2．与其他权益资本筹集方式相比较，留存收益的优点是（　　）。

A．形成权益资本，提高企业信用　　B．有利于提高企业对外负债的能力

C．不发生筹资费用　　D．不发生筹资成本

3．（　　）不属于无偿发行股票方式。

A．转增　　B．送股

C．配股　　D．股票分割

4．股票发行价格中的（　　）通常是在公司增发新股时采用的价格。

A．等价　　B．时价

C．中间价　　D．溢价

5．下列有关普通股发行的说法中，不正确的是（　　）。

A．股票采取溢价发行的，发行价格由发行人和承销的证券公司协商确定

B．公开间接发行的发行成本较高

C．应接受地方各级行政机关的管理和监督

D．股票发行必须同股同权、同股同利

6．为了简化股票的发行手续，降低发行成本，股票发行应采取（　　）。

A．溢价发行　　B．平价发行

C．公募发行　　D．私募发行

7．下列条件中，不符合《证券法》规定的股票上市条件的是（　　）。

A．股票经国务院证券监督管理机构核准已公开发行

B．公司股本总额不少于人民币三千万元

C．向社会公开发行的股份比例为10%

D．公司最近三年无重大违法行为，财务会计报告无虚假记载

8．下列关于股权再融资的说法中，不正确的是（　　）。

A．采用股权再融资会降低资产负债率

B．增发新股是指上市公司为了筹集权益资本而再次发行股票的融资行为

C．配股是指向原普通股股东按其持股比例，以低于市价的某一特定价格配售一定数量新发行股票的融资行为

D．由于配股的对象特定，所以属于非公开发行

9．某股票现行市场价格为50元/股，认购股权证规定认购价40元/股，每张权证可认购2股普通股，则每张认购股权证的理论价值为（　　）元。

A．5　　B．10　　C．15　　D．20

10．与公募发行相比，下列不属于私募发行股票优点的是（　　）。

A．筹资速度快　　B．资本使用成本低

C．条件灵活　　D．限制性条款较多

11．ABC公司于2015年6月增发新股筹集50亿元，每股发行价格20元，本次发行的股票委托M证券公司销售，双方约定的佣金为筹资金额的3%。则ABC公司本次采用的股票销售方式为（　　）。

A．自销　　B．包销　　C．代销　　D．现销

12．公司发行优先股筹资可以克服普通股筹资的下列不足（　　）。

A．资本成本高　　B．容易分散公司股权

C．资本成本低　　D．需到期还本付息

13．吸收直接投资是企业筹集（　　）的一种重要方式。

A．债券资金　　B．长期资金

C．短期资本　　D．以上都不对

14．相对于股票、留存收益筹资，吸收直接投资最大的好处是（　　）。

A．能尽快形成生产能力　　B．有利于降低财务风险

C．有利于增强企业信誉　　D．扩大公司知名度

15．认股权证筹资的最大优点是（　　）。

A．取得节税利益　　B．提高筹资速度

C．降低筹资成本　　D．取得财务杠杆利益

16．某股份有限公司申请股票上市，其股本总额为 6 亿元，按每股 50 元的价格规划，则应发行的社会公众股数至少为（　　）万股。

A．180　　B．300　　C．120　　D．250

17．采用吸收直接投资方式筹措股权资本的企业不应该是（　　）。

A．股份制企业　　B．国有企业

C．集体企业　　D．合资或合营企业

18．利用留存收益属于（　　）。

A．直接筹资　　B．表外筹资

C．内部筹资　　D．外部筹资

19．决定股票内在价值计算的因素不包括（　　）。

A．预期股利　　B．股利增长率

C．期望报酬率　　D．纯利率

20．吸收直接投资时，各国法规大多对（　　）的出资形式规定了最低限额。

A．流动资产　　B．固定资产

C．现金　　D．无形资产

二、多项选择题

1．公司有权益资本的其他筹资方式有（　　）。

A．普通股　　B．吸收直接投资

C．留存收益　　D．认股权证

2．吸收直接投资筹资方式的优点表现在（　　）等方面。

A．能提高企业对外负债的能力　　B．能尽快形成生产力

C．财务风险较低　　D．筹资弹性较大

3．股票上市对上市公司也有不利的一面，主要体现在（　　）。

A．可能稀释原有股东的控制权　　B．可能会暴露公司的商业秘密

C．增加信息披露成本　　D．降低公司决策效率

4．股票境外上市的主要方式包括（　　）意义。

A．境外直接上市　　B．通过控股公司境外间接上市

C．境外买壳上市　　D．利用存股证间接上市等方式

5．属于普通股筹资缺点的有（　　）。

A．到期需要还本付息　　B．资本成本高

C．可能分散公司控制权　　D．财务风险高

6．公司增发新股时，其股票价值的确定方法通常有（　　）。

A．以市盈率法计算　　B．以每股净资产计算

C．以每股利润计算　　D．以未来股利的现值计算

7．以公开间接发行方式发行股票的特点有（　　）。

A．发行范围广，易募足资本　　B．股票变现性强，流通性好

C．有利于提高公司知名度　　D．发行成本低

8．以公募方式发行股票的特点有（　　）。

A．发行范围广，发行对象多，易于足额募集资金

B．股票的变现性强，流通性好

C．有助于提高发行公司的知名度，扩大其影响力

D．发行成本低

9．下列说法不正确的有（　　）。

A．如果股本总额为 4.2 亿元，向社会公开发行的股份为 0.5 亿元，则不符合股票上市条件

B．如果上市公司的财务会计报告虚假记载，则会被终止其股票上市交易

C．普通股筹资能增强公司的举债能力，但可能分散公司的控制权

D．如果近三年连续亏损，则会被终止其股票上市交易

10．发行股票筹集资金的优点有（　　）。

A．增强公司举债能力　　B．降低公司财务风险

C．降低公司资金成本　　D．无须还本付息

11．留存收益筹资的具体方式有（　　）。

A．提取盈余公积金　　B．当期利润不分配

C．派发股票股利　　D．提取折旧

12．相对于普通股股东而言，优先股股东可以优先行使的权利有（　　）。

A．优先认股权　　B．优先表决权

C．优先分配股利权　　D．优先分配剩余财产权

13．优先股筹资的基本特征有（　　）。

A．具有优先分配股利的权利　　B．优先分配公司剩余财产

C．优先股股东一般无表决权　　D．优先股可由公司赎回

14．公司股票上市可以通过（　　）等方式。

A．IPO　　B．买壳上市

C．借壳上市　　D．股权置换

15．筹集投入资本的具体形式有（　　）。

A．吸收社会个人投资　　B．吸收国家投资

C．吸收法人投资　　D．吸收本企业职工投资

16．下列属于股票上市的方式有（　　）。

A．IPO　　B．买壳上市

C．借壳上市　　　　D．股票分割

17．股份公司申请股票上市，一般出于（　　）的目的。

A．使资本集中　　　　B．提高股票的变现力

C．筹措新的资金　　　　D．便于确定公司价值

18．境外间接上市的方式有（　　）。

A．买壳上市　　　　B．造壳上市

C．存股证上市　　　　D．境外直接上市

19．关于配股，下列说法正确的有（　　）。

A．配股是指向现有股东按持股的一定比例配售股份的行为

B．我国法律法规对上市公司的配股条件在公司盈利能力方面有严格的限制

C．配股价格高于每股净资产，但一般低于现行价格

D．配股后公司每股收益相对减少，股票市场交易价格会下降

20．认股权证是由股份公司发行的，能够按特定的价格，在特定的时间内购买一定数量该公司股票的选择权凭证，下列属于认股权证的特征的有（　　）。

A．认股权证作为一种特殊的筹资手段，对公司发行新债券或优先股股票具有促销作用

B．认股权证的持有人拥有股权

C．认股权证本身含有期权条款

D．用认股权证购买普通股股票，其价格一般低于市价

三、判断题

1．资本公积转增股本是股票无偿发行的一种具体方式。（　　）

2．股票上市便于确定公司价值，便于确定公司增发新股的价格。（　　）

3．发行普通股所筹的资本在公司存续期内不需要偿还，也不需要成本。（　　）

4．按照股票发行对象的不同，股票可分为普通股和优先股。（　　）

5．认股权证选择权的行使增加公司资本总量，不改变公司资本结构。（　　）

6．改善资本结构是公司发行优先股筹资的动机之一。（　　）

7．H股是注册地在中国香港、上市地在中国内地的外资股。（　　）

8．市场询价法的优点是筹资金额确定、定价过程相对简单、时间周期较短。（　　）

9．留存收益来源于企业内部积累，因而不发生筹资成本。（　　）

10．股份公司无论面对什么样的财务状况，争取早日上市交易都是正确的选择。（　　）

11．对于股东而言，优先股比普通股有更优厚的回报，有更大的吸引力。（　　）

12．通过控股公司境外间接上市，也称境外买壳上市。（　　）

13．股票发行的方式有公募发行和私募发行两种。（　　）

14．因为公司一般按固定股利率支付优先股股利，所以优先股筹资成本一般低于普通股筹资成本。（　　）

15．吸收直接投资中的出资者都是企业的所有者，但他们对企业并不一定具有经营管理权。（　　）

16. 由于普通股的预期收益较高，并可在一定程度上抵消通货膨胀的影响，因而普通股筹资相对容易吸收资金。 (　　)

17. 借壳上市可以不取得壳公司的控制权而直接上市。 (　　)

18. 向老股东定向增发股票是私募发行股票的一种方式。 (　　)

19. 定向增发时股票发行价格不低于定价基准日前二十个交易日公司股票均价的百分之九十。 (　　)

20. 认购权证是一种债权和股权混合证券。 (　　)

四、计算分析题

1. 目的：练习普通股股票筹资的相关问题。

资料：清风公司拟改制为独家发起的股份有限公司。经评估，现有净资产价值为 6 000 万元，全部投入新公司，折股比率为 1。按其计划经营规模需要总资产 3 亿元，合理的资产负债率为 30%。预计改制后第一年的税后利润为 4 500 万元。

要求：

（1）通过发行股票应筹集多少股权资本？

（2）如果市盈率不超过 20 倍，每股盈利按 0.8 元规划，最高发行价格是多少？

（3）若按每股 10 元发行，至少要发行多少社会公众股？发行后每股收益是多少？市盈率是多少？

2. 目的：练习选择认股权证还是公开发行股票。

资料：行云船业公司准备筹集 5 000 万元（筹资费用率为 4%）的新资金用于船舶制造项目。该公司的股票目前以每股 100 元出售，共有 1 000 万股在外股票。公司章程中没有规定优先购股权，因此，新资金可以用公开发行或认股权证发行来筹集。

要求：

（1）分析说明两种发行方式的利弊。

（2）如果使用公开发行，对公众来说，股票的大致价格是多少？对公司来说，其发行费用为多少？

（3）如果使用认股权证发行，你推荐的认购价格是多少？在此价格上，每份认股权证的价值和股票除权后价格各是多少？

（4）比较认股权证发行和公开发行的筹资成本。

五、综合题

资料：乙企业计划利用一笔长期资金购买股票。现有 A 公司股票和 B 公司股票可供选择，乙企业只准备投资一家公司股票。已知 A 公司股票现行市价为每股 8 元，上年每股股利为 0.10 元，预计以后每年为 6%的增长率增长。B 公司股票现行市价为每股 6 元，上年每股股利为 0.50 元，股利政策将一贯坚持固定股利政策，乙企业所要求的投资必要报酬率为 8%。

要求：

（1）利用股票估价模型，分别计算 A、B 公司股票价值。

（2）代乙企业做出股票投资决策。

六、案例分析题

案例一：华锐风电 IPO 高定价[①]

1. 资料

华锐风电科技（集团）股份有限公司（以下简称华锐风电，股票代码：601558）是中国第一家自主开发、设计、制造和销售适应全球不同风资源与环境条件的大型陆地、海上及潮间带风电机组的专业化高新技术企业，并在中国率先自主开发出全球领先的 5 兆瓦、6 兆瓦系列风电机组。公司实现了跨越式发展，截至 2014 年，累计风电装机容量约 15 729 兆瓦；海上风电装机容量达到 170 兆瓦，占国内市场 25.84%，排名第一。2016 年 4 月 16 日，华锐风电发布年报，公司 2015 年 1~12 月实现营业收入 13.93 亿元，同比下降 61.53%，电气设备行业平均营业收入增长率 7.62%，公司本季度营业收入环比上季度增长 361.99%；归属上市公司股东的净利润–44.52 亿元，同比下降 5 614.82%，对公司股价构成利空，电气设备行业平均净利润增长率 10.81%，公司本季度净利润环比上季度下降 707.67%。

新股高价发行日前已成为证券市场上普遍存在的现象之一。2011 年 1 月，沪市出现了一只很具有代表性的股票，即华锐风电（601588.SH），它的特点如下：第一，华锐风电是 2011 年沪市最贵新股，以 90 元高价发行，其发行价是当年沪市的最高发行价；第二，开盘即破发，最终报收 81.37 元，比发行价 90 元下跌 9.59%，由此该股成为 A 股主板自三普药业 1995 年上市以来首日表现最差的新股；第三，该股预计募集资金 34.47 亿元，实际募资 94.59 亿元，超募资金达 60.12 亿元，是 2011 年上半年十大超募股票之首；第四，上市后表现不佳，上市一年来最高股价仅为 88.8 元/股，从未高过其发行价，截至 2012 年 2 月 17 日，其复权价也仅为 33.49 元/股，是发行价的 37.2%，这意味着所有认购华锐风电的投资者都被全线套牢。

华锐风电从创办到上市，如同一个精巧的布局：踩准了政策的关键节点，获得飞速发展，顺利 IPO。上市之后，业绩变脸，2011 年到 2012 年两年内，股价从 90 元跌到 5.5 元，截至 2016 年 5 月 5 号，股票价格为 2.89 元。对于购买这家公司股票的散户来讲，如同跳进了一个让人血本无归、永无翻身机会的绞肉机。而对于当初的布局者，早已经成功获利。即便股价跌到地板层面，尚未解禁的早期股权投资，目前仍然有百倍收益。

在市场机制下，虚高的发行价或许无可厚非，这反映出一级市场投资人和中介机构高超的包装技巧，以及精妙的时点选择。然而，上市首年业绩大幅“变脸”，近期又爆出利润虚增等财务丑闻，却至今无人为此担责，这无疑叩问着中国证券市场的监管能力。

时光倒回 2005 年，已“下海”的上海证券交易所（以下简称上交所）首任总经理尉文渊、南方证券原总经理阚治东等资本大佬正在满世界找项目。他们发现了风电设备制造这一领域。当时，有志于风电设备制造的国有控股企业大连成套董事长韩俊良也正为资金发愁，双方一拍即合。

---

① 资料来源：华锐风电的相关公告。

早在2004年，韩俊良所在的大连成套买下了德国Fuhrlander（富兰德）FL1500系列风机的生产许可证，此番与资本的结合，让大规模的风机生产制造成为可能。

2006年2月，华锐风电正式成立。大连成套出资3 000万元，占股30%，新能华起、方海生惠、东方现代、西藏新盟4家投资机构分别出资1 750万元，分别占股17.5%。

几家投资机构中，西藏新盟85%的股份由上交所第一任总经理尉文渊持有，东方现代则由阚治东和尉文渊共同持有。

国企的背景，让华锐风电与国家部委和国有发电集团的关系更加紧密。华锐风电的董事长韩俊良，更是同时担任国家能源局能源行业风电标准建设领导小组成员、国家能源局能源行业风电标准化技术委员会副主任委员。

在华锐风电的发展中，两个关键性的政策起到了决定性的推动作用——国家发改委一度要求，风电设备国产化率要达到70%以上，否则风电厂不允许建设，这让华锐风电获得了极大的发展机会；而风电特许权招标中对大功率机组的青睐，则让致力于发展大功率风机的华锐风电拿到了众多风电设备大单。

2008年，华锐风电超越金风科技成为中国风电制造业老大。快速发展的公司，也吸引了资本的目光。华锐风电2008年进行了增资扩股。一家背景神秘的投资机构新天域资本（New Horizon Capital），以其旗下的投资公司FUTURE以7 500万元的成本入股华锐风电。

2009年华锐风电装机容量跃居全球行业第三。随后，华锐风电顺利A股IPO。华锐风电快速发展的背后，公司在战略决策上几乎踩准了每一个关键节点。多家机构鼓吹华锐风电股价超过100元。

然而，好景不长，转瞬间华锐风电便跌落神坛。2011年上市首年，华锐风电净利润便由原来的近30亿元降至不到6亿元，2012~2013年更是分别亏损近6亿元和超过34亿元，随即被给予退市风险警示。2014年，华锐风电使出浑身解数，保壳成功，当年实现净利润约0.8亿元。在过去的2015年，受益于风电行业的持续回暖，国内风电企业陆续交出了靓丽的“成绩单”，唯独华锐风电，却又逆势出现44.5亿元的巨额亏损。

2. 分析要求

（1）分析华锐风电高溢价IPO的原因。

（2）保荐人及相关的中介结构在华锐风电IPO中应发挥哪些作用？

（3）从相关财务数据及资料分析华锐风电是否存在IPO筹资的必要性。

案例二：四川长虹CWB1认股权证

1. 资料

2009年8月19日，四川长虹电器股份有限公司（以下简称四川长虹）发行认股权证和债券分离交易的可转换公司债券，分离出57 300万份权证。

1）权证主要条款

发行人：四川长虹

权证类型：欧式认股权证，即标的证券发行人发行的认股权证，在权证存续期间，认股权证持有人仅有权在行权期行权

存续期：自认股权证上市之日起 24 个月，即 2009 年 8 月 19 日至 2011 年 8 月 18 日

行权期：2011 年 8 月 12 日至 2011 年 8 月 18 日的交易日，遇节假日提前（行权期间权证停止交易）

行权比例：1∶1，即 1 份认股权证代表 1 股公司发行的 A 股股票的认购权利

行权价格：5.23 元/股

认股权证上市数量：57 300 万份

认股权证的上市交易时间：2009 年 8 月 19 日

2）权证交易及行权的程序

（1）根据《上海证券交易所权证管理暂行办法》，经上交所认可的具有上交所会员资格的证券公司可以自营或代理投资者买卖权证。单笔权证买卖申报数量不得超过 100 万份，申报价格最小变动单位为 0.001 元。权证买入申报数量为 100 份的整数倍。当日买进的权证，当日可以卖出。

认股权证的交易代码：580027

认股权证的交易简称：长虹 CWB1

（2）认股权证持有人行权的，应委托上交所会员通过上交所交易系统申报；当日行权申报指令，当日有效，当日可以撤销。当日行权取得的标的证券，当日不得卖出。认股权证的持有人行权时，应支付依行权价格及标的证券数量计算的价款，并获得标的证券。认股权证的行权代码为 582027，行权简称 ES110818。

3）标的证券的有关情况

（1）公司 A 股股票最近一年（2008 年 8 月 15 日至 2009 年 8 月 14 日）的最高价和最低价及其出现时间。

最高价：5.94 元/股；出现时间：2009 年 7 月 29 日

最低价：2.74 元/股；出现时间：2008 年 10 月 28 日

（2）公司 A 股股票最近一年每月末的收盘价如下表所示（单位：元/股）。

月份	2008 年					2009 年						
	8 月	9 月	10 月	11 月	12 月	1 月	2 月	3 月	4 月	5 月	6 月	7 月
收盘价	3.86	3.56	2.79	3.12	3.22	3.64	3.93	4.48	4.57	4.66	4.71	5.57

（3）公司 A 股股票最近一年（2008 年 8 月 15 日至 2009 年 8 月 14 日）成交量为 68.18 亿股。

（4）最近 20 个交易日（2009 年 7 月 16 日至 2009 年 8 月 14 日）公司流通股股份市值最低为 94.88 亿元，平均为 101.14 亿元。

（5）最近 60 个交易日（2009 年 5 月 15 日至 2009 年 8 月 14 日）公司流通股股份累计换手率为 118.55%。

（注：以上股价均已考虑除权、除息等因素。）

在认股权证存续期内，认股权证的行权价格和行权比例将根据公司 A 股股票的除权、除息进行相应的调整：

当公司 A 股股票除权时，认购权证的行权价格、行权比例将按以下公式调整：

新行权价格=原行权价格×(公司A股股票除权日参考价/除权前一日公司A股股票收盘价)
新行权比例=原行权比例×(除权前一日公司A股股票收盘价/公司A股股票除权日参考价)

当公司A股股票除息时,认购权证的行权比例保持不变,行权价格按下列公式调整:
新行权价格=原行权价格×(公司A股股票除息日参考价/除息前一日公司A股股票收盘价)

2. 分析要求

(1)假设2015年12月31日四川长虹股票的收盘价为10元,剩余期限106天,如果四川长虹股价年波动率仍为49.11%,无风险利率为2.69%,计算2015年年底四川长虹CWB1的理论价值。

(2)结合四川长虹CWB1,分析认股权证筹资对企业有哪些好处。

(3)查找相关资料,对四川长虹CWB1认股权证的这次发行结果进行总体评价。

*参考答案

一、单项选择题

1. C 2. C 3. C 4. B 5. C 6. D 7. C 8. D 9. D 10. B 11. C 12. B 13. B 14. A 15. C 16. A 17. A 18. C 19. D 20. C

二、多项选择题

1. BCD 2. ABC 3. ABCD 4. ABCD 5. BC 6. AD 7. ABC 8. ABCD 9. ABD 10. ABD 11. ABC 12. CD 13. ABCD 14. ABC 15. ABCD 16. ABC 17. BC 18. ABC 19. ABCD 20. ACD

三、判断题

1. √ 2. √ 3. × 4. × 5. × 6. √ 7. × 8. × 9. × 10. × 11. × 12. × 13. √ 14. × 15. × 16. √ 17. × 18. √ 19. √ 20. ×

四、计算分析题

1.(1)筹集股权资本=1.5亿元

(2)发行价格=16元/股

(3)社会公众股数=0.15亿股,每股收益=0.6,市盈率=16.67倍

2.(1)公开发行具有较广阔的筹资渠道;认股权证发行可能不会有购买更多股票的股东,可能降低筹资费用但可能把风险从投资银行转嫁到股东身上。因此,对一个规模较大、公众化的公司来说,很难看出这两种方式何种更好。

(2)发行费用是200万元,股票价格是目前的市场价格。

(3)认购价格越低,发行的股票被全部认购的可能性越大,发行费用越少;如果认股权证价值很低,股票价格降低,发行工作可能失败;或者即使发行工作不失败,仅仅因为认股价值低,许多人不会行使其认股权证或出卖认股权证。但如果认股权证价值很高,那些由于某种原因不行使或出卖认股权证的人将蒙受巨大的损失。当股票价格为80元时,

发行股票数量为 625 000 股，发行的认股权证数且等于股票的份数（1 000 万份），购买 1 份新股票的认股权证为 16 元，认股权证价值=（100–80）/（16+1）=1.176 5。只要股票价格高于 80 元的认购价格，发行即成功。当股票价格为 10 元时，发行股票数量为 5 000 000 股，购买 1 份新股票的认股权证为 2 元，认股权证价值=（100–10）/（2+1）=30。

（4）由于认股权证发行时投资银行的参与比较少，因此，认股权证发行比公开发行时的筹资成本要低些。

五、综合题

（1）$P_A=0.10\times(1+6\%)/(8\%-6\%)=5.30<8$

$P_B=0.50/8\%=6.25>6$

（2）A 公司股票股票价值小于现行价格，股票价值被高估。同时 B 公司股票价值大于现行价格，股票价值被低估，因此购入 B。

六、案例分析题

案例一

（1）应综合考虑华锐风电公司基本面、可比公司估值水平、市场环境、公司未来的成长能力等因素。市场监管的不到位、机构的非理性追捧及市场的不完善等。

（2）帮助发行公司设计与发行股票；从事股票推介业务，承销股票；作为上市公司的保荐人履行相应的责任和义务。

（3）公司不缺资金，不存在 IPO 筹资的必要性。

案例二

（1）采用公式：认股权证的理论价值=$N\times P-E$

（2）可以降低筹资成本；能够扩大企业融资能力，满足企业的资金需求；能够改善资本结构，增强公司的资本实力和运营能力等。

（3）在巨潮资讯网上，查找四川长虹关于此次认股证的相关公告。

第八章

债务资本的筹集

【本章学习目标】

了解短期债务筹资方式及其特点、短期借款的种类、长期借款的种类和主要内容、债券的种类与发行价格，正确理解信贷额度、补偿性余额、应收账款抵押、应收账款让售等概念，重点掌握银行短期借款的信用条件与贷款机构的选择方法、应付账款成本的计算与现金折扣决策方法、可转换债券的要素与特点、租赁的具体形式与租赁决策方法。

*知 识 要 点

第一节　银行借款

一、短期借款

短期借款是指企业向银行和其他金融机构借入的、期限在一年以内的借款。

（一）短期借款的种类

短期借款通常按有无担保分为信用借款和担保借款。

项目	含义	内容
信用借款	是凭借借款人的信用取得的借款	按照国际惯例，银行在发放短期贷款时，通常会附加一些信用条件，主要有三种形式： 信用额度（或称非承诺式信贷额度），是银行对借款企业规定的无担保贷款的最高限额； 周转信贷协议（或称承诺式信贷额度），是银行向大企业提供的具有法律义务的、不超过一定限额的信用贷款协议，企业享用周转信贷协议，通常要就贷款限额的未使用部分付给银行一笔承诺费； 补偿性余额，是银行要求借款人在银行中保持按实际借用额的一定比例计算的最低存款余额，目的是降低银行的贷款风险
担保借款	是以特定的担保物为担保取得的借款	目前我国企业常用的担保方式有三种： 保证，是指按担保法规定，以第三人承诺在借款人不能偿还贷款时，按约定承担一般保证责任或连带责任而取得借款的保证方式； 抵押，是指按担保法规定，以借款人或借款人有权处置的财产作为抵押物取得借款的抵押方式，可作为贷款抵押物的财产通常有抵押人所有的或依法有权处分的房屋、机器设备、交通运输工具和其他财产等； 质押，是指按担保法规定，以借款人或第三人的动产或权利作为质押物取得借款的质押方式，可分为动产质押和权利质押

（二）短期借款的信用条件

第一，信用额度，或称非承诺式信贷额；第二，周转信贷协议；第三，补偿性余额；第四，借款抵押；第五，偿还条件。

（三）短期借款利息支付方式

一般来说，借款人可以用利随本清法、贴现法等方式向银行支付利息。

（四）短期借款筹资的评价

短期借款筹资具有下列优点：①筹资速度快，容易取得；②筹资成本低，短期借款的成本在各种筹资方式中为最低；③借款弹性好；④可以取得财务杠杆利益。

但短期借款筹资也有财务风险较大、筹资数量有限等缺点。

二、长期借款

（一）长期借款的种类

分类标准	内容
按照借款用途	基本建设借款、更新改造借款、科技开发和新产品试制借款等
按照有无担保	信用借款和抵押借款
按照提供贷款的机构	政策性银行借款、商业性银行借款及其他金融机构借款等

（二）长期借款合同的限制条款

由于长期借款的期限长、风险大，按照国际惯例，贷款机构通常对借款企业提出一些有助于保证贷款按时足额偿还的限制条件，这些条件写进借款合同中，形成了合同的限制条款。归纳起来，限制条款大致有如下三类：①一般性限制条款；②例行性限制条款；③特殊性限制条款。

（三）长期借款筹资的评价

长期借款筹资具有下列优点：①筹资速度快；②筹资成本较低；③借款弹性好；④可以发挥财务杠杆的作用。

但长期借款也有筹资风险较高、限制条款较多和筹资数额有限等缺陷。

第二节　债券

一、发行债券的条件、价格、信用评级与债券筹资的评价

项目	内容
发行条件	按照国际惯例，发行债券需要符合规定的条件，一般包括发行债券最高限额、发行公司净资产最低限额、公司获利能力、债券利率水平等。我国《证券法》规定，公开发行公司债券，应当符合下列条件：

续表

项目	内容
发行条件	股份有限公司的净资产不低于人民币三千万元，有限责任公司的净资产不低于人民币六千万元； 累计债券余额不超过公司净资产的百分之四十； 最近三年平均可分配利润足以支付公司债券一年的利息； 筹集的资金投向符合国家产业政策； 债券的利率不超过国务院限定的利率水平； 国务院规定的其他条件
发行价格	债券的发行价格是债券发行时所使用的价格，即投资者购买债券时所实际支付的价格
	影响债券发行价格的因素主要有债券面额、票面利率、市场利率、债券期限、利息支付方式等，其中主要的影响因素是票面利率与市场利率的一致程度。当票面利率高于市场利率时，债券的发行价格高于其面额，以溢价发行债券；当票面利率低于市场利率时，债券的发行价格低于其面额，以折价发行债券；当票面利率与市场利率一致时，债券的发行价格等于其面额，则以平价发行债券
	债券发行价格的确定方法。债券的投资价值由债券到期还本面额按市场利率折现的现值与债券各期债息的现值两部分组成。因此，债券发行价格的计算公式为 $P=\sum_{i=1}^{n}\frac{i\times F}{(1+k)^t}+\frac{F}{(1+k)^n}$ 其中，P 为债券发行价格；i 为债券票面利率；F 为债券面值；n 为债券期限；t 为付息期数；k 为贴现率，一般取市场利率
债券评级	公司公开发行债券通常需要由债券评信机构评定信用等级。债券的信用等级对投资者和发行公司都很重要
债券筹资评价	优点：①筹资成本较低；②可利用财务杠杆作用；③保障股东控制权；④便于调整资本结构 缺点：①财务风险较高；②限制条件较多；③筹资数量有限

二、可转换债券

可转换债券是指按事先约定在一定时间内可转换成普通股股票的公司债券。这种债券的转换并不增加公司资本总量，但改变公司的资本结构，增强公司实力。

（一）可转换债券的基本要素

要素	内容	注意的问题
标的股票	可转换债券对股票的可转换性，实际上是一种股票期权或股票选择权，它的标的物就是可以转换成的股票	标的股票一般是发行公司自己的股票，但也有其他公司的股票，如可转换债券发行公司的上市子公司的股票
转换价格	可转换债券发行时，明确了以怎样的价格转换为普通股，这一规定的价格，就是可转换债券的转换价格（也称转股价格），即将可转换债券转换为每股股票所支付的价格	转换价格越高，债券能够转换成的普通股股票数就越少，所以这种逐期提高的可转换价格的目的，就在于促使可转换债券的持有者尽早地进行转换
转换比率	转换比率即每张可转换债券能够转换的普通股股数	可转换债券的面值、转换价格、转换比率之间存在下列关系： 转换比率=债券面值÷转换价格
转换期	转换期是指可转换债券的持有人行使转换权的有效期限	可转换债券的转换期可以与债券的期限相同，也可以短于债券的期限。我国目前可转换公司债券自发行结束之日起六个月后方可转换为公司股票，转换期由公司根据可转换公司债券的存续期限及公司财务状况确定

续表

要素	内容	注意的问题
赎回条款	赎回条款是指发行公司有权在债券到期日之前提前赎回债券的相关规定，通常包括不可赎回期、赎回期、赎回价格、赎回条件等	设置赎回条款是为了促使债券持有人转换股份，因此又被称为加速条款，同时也能使发行公司避免市场利率下降后继续向债券持有人支付较高的债券票面利率而蒙受损失；或限制债券持有人过分享受公司收益大幅度上升所带来的回报
回售条款	回售条款是指公司股票价格在一定时期内连续低于转换价格达到某一幅度时，债券持有人有权按照约定的价格将可转换债券卖给发行公司的有关规定	回售条款也具体包括回售时间、回售价格等内容。设置回售条款，是为了保护债券投资人的利益，使他们能够避免遭受过大的投资损失，降低投资风险
强制性转换条款	强制性转换条款是指在某些条件具备之后，债券持有人必须将可转换债券转换成股票，无权要求偿还债权本金的规定	设置强制性转换条款在于保证可转换债券顺利地转换成股票，实现发行公司扩大权益筹资的目的

（二）可转换债券筹资的评价

从发行公司来看，发行可转换债券除了达到预期筹资目的外，还具有下列优点：

（1）债券转股权后减轻和消除了公司到期还本付息的压力及债务风险，减少了现金流出量。

（2）有利于提高债券发行价格，降低债券利率。

（3）增强公司股价上升的信心。

（4）由于可转换债券通常从属于抵押债券、银行借款及其他高级债务形式，所以使用可转换债券筹资不会影响“常规”筹资渠道。

第三节　商业信用

注意的问题	内容
概念	商品交易中延期付款或延期交货所形成的借贷关系，是企业之间的一种直接信用关系
具体形式	应付账款、应付票据、预收账款
优缺点	优点：筹资便利；筹资成本低；限制条件少 缺点：商业信用筹资的时间一般较短，如果企业取得现金折扣，则时间会更短，如果放弃现金折扣，则存在较高的机会成本
放弃现金折扣成本的计算	$现金折扣成本=\frac{折扣率}{1-折扣率}\times\frac{360}{信用期-折扣期}$
决策原则	如果能以低于放弃现金折扣成本的利率借入资金，企业应在现金折扣期内用借入的资金支付货款，享受现金折扣
	如果折扣期内将应付账款用于短期投资的报酬率高于放弃现金折扣的成本，则企业应放弃折扣而去追求更高的投资收益
	如果企业因缺乏资金而逾期付款，随着逾期时间的增加，其放弃折扣的成本会相应降低，但这种成本的降低是以失去企业信誉为代价的，会导致将来失去更多的收益。因此，企业需在降低的成本与逾期付款带来的损失之间做出选择
	如果有多家提供不同信用条件的卖方，在其他情况相同的条件下，买方企业应通过计算放弃折扣成本的大小，选择信用成本最小的一家

第四节 租赁

租赁是指出租人以收取租金为条件，将资产租借给承租人在约定的期限内占有和使用的一种经济行为。租赁行为实质上具有借贷属性。

一、租赁的种类

种类	内容
经营租赁	又称营运租赁、服务租赁，主要是为满足经营上的临时需要或季节性的需要而发生的资产租赁。经营租赁形式有如下主要特征：出租人通常无法通过租金收入得到完全的补偿；通常要求出租人维护设备或和对设备投保；通常具有“撤销”选择权
融资租赁	又称资本租赁、财务租赁，是由租赁公司按照承租企业的要求，购买设备，提供给承租企业长期使用并最后转让的信用性业务。租赁期满，承租人付清租金及有关手续费后，对租赁的固定资产可以按合同规定续租、退租或留购。融资租赁在实质上是一种转移一项资产所有权有关全部风险和报酬的租赁。融资租赁一般具有以下特征：出租人能够得到完全补偿；出租人不提供设备维护和维修服务；承租人通常拥有在到期日续租的权利；融资租赁通常是不能被撤销的，即承租人必须支付全部租金或面临破产风险

二、融资租赁的形式

从出租人的角度，按其所出租资产的投资来源不同，融资租赁有以下三种具体形式。

直接租赁	是承租人直接向出租人承租所需的资产，并向出租人交付租金的形式
售后回租	是承租人根据协议将其资产卖给出租人然后又将其租回使用并按期向出租人支付租金的租赁形式
杠杆租赁	租赁公司既是出租人又是借资人，据此既要收取租金又要支付债务，并要求其租赁收益大于借款成本支出。由于出租人借款购物出租可获得财务杠杆利益，故被称为杠杆租赁

三、融资租赁的程序

融资租赁业务，具有融资与融物的双重性质，其业务程序要比一般信贷业务复杂得多。融资租赁的一般程序是：①选择租赁公司；②办理租赁委托；③签订购货协议；④签订租赁合同；⑤办理验货和投保；⑥依约支付租金；⑦处理租赁期满的固定资产。

四、融资租赁的租金

租金的构成	设备价款。这是租金的主要内容，由设备的买价、运杂费和途中保险费构成
	租息。租息又可分为租赁公司的融资成本和租赁手续费两部分。融资成本是指租赁公司为购买租赁设备所筹资金的成本，即设备租赁期间的利息；租赁手续费包括租赁公司承办租赁设备的营业费用和一定的盈利。租赁手续费的数额一般由租赁公司和承租企业协商而定

续表

支付方式	支付租金的方式一般有以下种类： 按支付时期长短，可以分为年付、半年付、季付和月付等方式； 按支付时间先后，可分为先付租金（期初支付）和后付租金（期末支付）两种； 按每期支付的金额，可分为等额支付和不等额支付两种
计算方法	方法一：平均分摊法。平均分摊法就是先以商定的利息率和手续费率计算租赁期间的利息及手续费，然后连同设备成本按支付次数进行平均。这种方法没有充分考虑资金的时间价值因素。平均分摊法下每次应付租金的计算公式为 $A=[(C-S)+I+F]/N$ 其中，A 表示每次支付的租金；C 表示租赁设备的购置成本；S 表示租赁设备的预计残值；I 表示租赁期间的利息；F 表示租赁期间的手续费；N 表示租期 方法二：等额年金法。等额年金法是利用年金现值的计算公式经变换后计算每期支付租金的方法。若承租企业与租赁公司约定每年年末支付租金，则计算公式为 $A=P/(P/A, i, n)$ 若承租企业与租赁公司约定每年年初支付租金，则计算公式为 $A=P/[(P/A, i, n-1)+1]$

五、租还是买：租赁决策

租赁决策是对借款购买还是租赁进行决策。计算步骤如下：

（1）计算借款购买方案的税后现金流出量。对于借款人购入设备而言，借款要求还本付息构成现金流出，借款利息和设备折旧可抵减税收，减少了现金流出。设备维护成本增加现金流出，但也可抵税。如果设备有残值，其收回也构成现金流入。

（2）计算租赁方案的税后现金流出量。对于租赁设备而言，每期租金引起现金流出，租金在税前列支，抵税效应又减少了现金流出。

（3）以税后债务利率为贴现率，计算与比较借款购买和租赁成本现值，做出决策。

六、租赁筹资评价

租赁尤其是融资租赁，作为一种特殊的筹资方式，近年来已得到迅速的发展，这主要是由于租赁筹资具有下列优点：①租赁能迅速获得所需的资产。②租赁筹资限制条件较少。③租金的分期支付，可适当降低企业不能偿付的风险；有利于现金调度与协调，增加资金调度的灵活性。④租金的支付可为承租企业带来节税利益。⑤租赁能减少设备陈旧过时的风险。

*练　习　题

一、单项选择题

1．某公司发行总面额 1 000 万元、票面利率为 8%、偿还期限 4 年、发行费用率 5% 的债券，该债券发行价为 1 200 万元，所得税税率 25%，则债券的资本成本为（　　）。

A．3.85%　　B．5.21%　　C．6.32%　　D．4.52%

2. 某企业于2014年5月1日以10 000元购得面值为10 000元的新发行债券，票面利率10%，两年后一次还本，每年支付一次利息，该企业若持有该债券至到期日，其2016年5月1日到期收益率为（　　）。

A. 12%　　B. 16%　　C. 8%　　D. 10%

3. 下列说法错误的是（　　）。

A. 一定长度的负债有利于降低企业资本成本

B. 负债筹资具有财务杠杆作用

C. 负债资金会缩小企业的财务风险

D. 负债资金会加大企业的财务风险

4. 长期借款与长期债券筹资相比，其特点是（　　）。

A. 利息能节税　　B. 筹资弹性大

C. 筹资费用高　　D. 债务利息高

5. 某债券面值为10 000元，票面年利率为5%，期限5年，每半年支付一次利息。若市场有效年利率为5%，则其发行时的价格将（　　）。

A. 高于10 000元　　B. 低于10 000元

C. 等于10 000元　　D. 无法计算

6. 下列关于债券的表述中，不正确的是（　　）。

A. 利率有可能是浮动的　　B. 债券的投资风险小

C. 债券的筹资风险小　　D. 债券的筹资风险大

7. 某公司发行总面额1 000万元、票面利率为7%、偿还期限4年、发行费用率3%的债券，该债券发行价为1 200万元，所得税税率33%，则债券的资本成本为（　　）。

A. 3.85%　　B. 5.21%　　C. 4.03%　　D. 4.52%

8. 补偿性余额的约束使借款企业所受的影响为（　　）。

A. 增加了可用资金　　B. 提高了筹资成本

C. 减少了应付利息　　D. 增加了应付利息

9. 某企业按“2/10，n/30”的条件购入货物100万元，倘若放弃现金折扣，在第30天付款，则相当于（　　）。

A. 以36.37%的利息率借入100万元，使用期限为20天

B. 以36.37%的利息率借入98万元，使用期限为20天

C. 以36.37%的利息率借入100万元，使用期限为10天

D. 以36.37%的利息率借入100万元，使用期限为30天

10. 某企业按“1/20，n/55”的条件购进商品一批，若该企业放弃现金折扣，而在信用期满时付款，则放弃现金折扣的成本为（　　）。

A. 11.22%　　B. 10.39%　　C. 9.31%　　D. 12.33%

11. 对于商业信用和信用期限，（　　）。

A. 企业任何时候都应该考虑资金时间价值到信用期最后一天付款

B. 企业放弃现金折扣不存在任何成本

C. 利用商业信用相对其他筹资方式限制条件少，筹资便利

D．放弃现金折扣的成本与信用期的长短呈同方向变化

12．关于担保借款正确的是（　　）。

A．担保借款是以借款人的信用取得的借款

B．将应收账款、存货等作为债权的担保属于保证担保方式

C．机器、交通运输工具可作为贷款抵押物的财产

D．保证人是指借款公司的关联企业

13．下列关于租赁的表述中，正确的是（　　）。

A．由承租人负责租赁资产维护的租赁，被称为毛租赁

B．合同中注明出租人可以提前解除合同的租赁，被称为可以撤销租赁

C．按照我国税法规定，租赁期为租赁资产使用年限大部分（75%或以上）的租赁，被视为融资租赁

D．按照我国会计制度规定，租赁开始日最低付款额的现值小于租赁开始日租赁资产公允价值的90%，则该租赁按融资租赁处理

14．相对于股票筹资而言，不属于银行借款筹资的优点的是（　　）。

A．筹资速度快　　B．筹资成本低

C．借款弹性好　　D．财务风险小

15．下列各项中不属于融资租赁租金构成项目的是（　　）。

A．租赁资产的采购成本　　B．租赁公司的融资利息

C．租赁手续费　　D．租赁设备损坏赔偿费用

16．出租人既出租某项资产，又以该项资产为担保借入资金的租赁方式是（　　）。

A．直接租赁　　B．售后回租　　C．杠杆租赁　　D．经营租赁

17．企业按照年利率6%向银行借款50万元，银行要求企业保留10%的补偿性余额，则企业该项借款的年实际利率是（　　）。

A．6%　　B．7.58%　　C．6.67%　　D．8%

18．下列各项属于长期借款的例行性限制条款的是（　　）。

A．不准在正常情况下出售较多资产　　B．规定借款企业流动资产的保持量

C．限制资本支出规模　　D．限制支付现金股利

19．在其他条件确定的前提下，可转换债券的转换价格越高，（　　）。

A．对债券持有者越有利　　B．对发行公司越不利

C．转换比率越高　　D．转换比率越低

20．下列各项中不属于商业信用的是（　　）。

A．应付账款　　B．应付票据　　C．预收账款　　D．应付工资

二、多项选择题

1．补偿性余额的约束使借款企业所受的影响有（　　）。

A．减少了可用资金　　B．提高了筹资成本

C．减少了应付利息　　D．增加了应付利息

2．企业短期资金的主要来源包括（　　）。

A．商业信用　　B．留存收益　　C．发行股票　　D．短期借款

3．债券发行价格的高低，取决于（　　）。

A．债券发行日　　B．债券到期日　　C．债券利率　　D．市场利率

4．下列各项属于经营租赁特点的有（　　）。

A．租赁期比较短

B．租赁合同比较稳定

C．出租人提供租赁资产的保险和维修服务

D．租赁资产的风险由出租人承担

5．商业信用的形式主要包括（　　）。

A．预收货款　　B．商业汇票　　C．赊购商品　　D．融资租赁

6．放弃现金折扣的成本受折扣百分比、折扣期和信用期的影响。下列各项中，使放弃现金折扣成本提高的情况有（　　）。

A．信用期、折扣期不变，折扣百分比提高

B．信用期、折扣百分比不变，信用期延长

C．折扣百分比不变，信用期和折扣期等量延长

D．折扣百分比、信用期不变，折扣期延长

7．可转换债券的发行需要符合如下条件（　　）。

A．公司最近一期未经审计的净资产不低于人民币 15 亿元

B．最近 3 个会计年度实现的年均可分配利润不少于公司债券 1 年的利息

C．最近三个会计年度加权平均净资产收益率平均不低于百分之六

D．本次发行后累计公司债券余额不超过最近一期末净资产额的 40%

8．商业信用筹资的优点主要表现在（　　）。

A．筹资风险小　　B．容易取得　　C．限制条件少　　D．筹资方便

9．企业购买商品，销货企业给出的信用条件是“1/10，n/30”，则下列说法正确的有（　　）。

A．如果企业可以获得利率为 16%的短期借款，则应该享受现金折扣

B．如果短期投资可以获得 25%的收益率，则企业应该放弃现金折扣

C．如果信用条件变为“2/10，n/30”，则放弃现金折扣成本会降低

D．如果在原来信用条件基础上延长折扣期，则放弃现金折扣成本会提高

10．公司债券与股票的区别表现在（　　）。

A．债券是固定收益证券，股票多为变动收益证券

B．债券到期必须还本付息，股票一般不退还股本

C．债券在剩余财产分配中优于股票

D．债券的投资风险较大，股票的投资风险较小

11．以下关于可转换债券的说法中，正确的有（　　）。

A．在转换期内逐期降低转换比率，不利于投资人尽快进行债券转换

B．转换价格高于发行时股价，转股后会降低公司的股权筹资规模

C．设置赎回条款主要为了保护发行企业与原有股东的利益
D．设置回售条款可能会加大公司的财务风险
12．正确的现金折扣的决策应该（　　）。
A．比较同期银行短期借款利率
B．放弃现金折扣时企业应将付款日推迟至折扣期内的最后一天
C．选择信用成本最小的一家放弃现金折扣
D．考虑逾期付款会导致企业将来失去更多的收益
13．能够同时影响债券价值和债券到期收益率的因素有（　　）。
A．债券价格　B．必要报酬率　C．票面利率　D．债券面值
14．由于补偿性余额的约束，借款企业所受影响有（　　）。
A．减少了可用资金　B．提高了筹资成本
C．减少了应付利息　D．增加了应付利息
15．下列说法正确的有（　　）。
A．股票的价值只有票面价值、账面价值和市场价值三种形式
B．相对于信用债券，抵押债券利率较低的原因在于其安全性好
C．与长期负债融资相比，流动负债融资的期限短、成本低，偿债风险相对较大
D．具有收回条款的债券可以使企业融资具有较大弹性

16．我国的两个上市公司 A 公司（承租方）和 B 公司签订了一份租赁协议。租赁资产的购置成本为 1 260 万元，税法折旧年限为 7 年。该项租赁条件如下：租金现值为 1 100 万元；租期 5 年，租赁期内不得退租；租赁期满时设备所有权不转让。关于该租赁的性质，下列说法正确的有（　　）。

A．该租赁的租赁费不可以抵税　B．该租赁属于经营租赁
C．该租赁费可以抵税　D．该租赁属于融资租赁
17．下列有关抵押借款和无抵押借款的说法中，正确的有（　　）。
A．抵押借款的资本成本通常高于无抵押借款
B．银行主要向信用较好的客户提供无抵押借款
C．银行对抵押借款一般还要收取手续费
D．抵押借款是一种风险投资
18．长期借款按照用途可以分为（　　）。
A．固定资产投资借款　B．更新改造借款
C．科技开发借款　D．新产品试制借款
19．下列各项中会导致借款的实际利率高于名义利率的有（　　）。
A．补偿性余额　B．利随本清法　C．收款法　D．贴现法
20．正确的租买租赁决策应该考虑（　　）。
A．设备折旧方式和残值　B．租赁设备的每期租金
C．企业所得税税率　D．银行贷款利率

三、判断题

1．信用额度是银行对借款人规定的有担保贷款的最高限额。 ( )

2．银行向工商企业发放的贷款，大都采用贴现法收息。 ( )

3．在贴现法借款利息支付方式中贷款的名义利率要高于其实际利率。 ( )

4．长期借款的抵押品只能是房屋、建筑物、机器设备等实物资产。 ( )

5．债券付息主要表现在利息率的确定、付息频率和付息方式三个方面。 ( )

6．投资机构一般将评级低于标准普尔A级的债券标注为垃圾债券。 ( )

7．按照用途不同，长期借款可分为基本建设借款、更新改造借款、科技开发和新产品试制借款等。 ( )

8．当债券票面利率高于市场利率时，债券溢价发行。 ( )

9．资产证券化是指将缺乏流动性的资产，转换为在金融市场上可以自由买卖的证券的行为。 ( )

10．经营租赁只需通过一次租赁，出租人就可以回收资产的全部投资取得利润。 ( )

11．短期融资券是在政府间债券市场发行和交易并约定在一定期限内还本付息的有价证券。 ( )

12．融资租赁租金的构成项目中包括设备的维修费用。 ( )

13．一般而言，债券的票面利率越高，发行价格就越高；反之，就越低。 ( )

14．应付票据是买方根据购销合同，向卖方开出的银行本票。 ( )

15．可转换债券，在行使转换权后，改变了资本结构，还可新增一笔股权资本金。 ( )

16．某企业计划购入原材料，供应商给出的付款条件是“1/20，n/50”。若银行短期借款的利率为10%，则企业应该在折扣期内支付货款。 ( )

17．平均分摊法是利用年金现值的计算公式经变换后计算每期支付租金的方法。 ( )

18．从出租人的角度看，杠杆租赁和售后回租、直接租赁并无区别。 ( )

19．可转换债券的持有人在转换之前既不拥有债权也不拥有股权，在转换之后拥有企业的股权。 ( )

20．应付账款筹资量的大小主要取决于企业购货价款的大小。 ( )

四、计算分析题

1．目的：练习银行借款相关问题的计算方法。

资料：清风公司向银行借入短期借款20 000元，财务经理向你咨询以下问题。

（1）若采用利随本清法，则利息率为15%；若采用贴现法，利息率为13%；若采用补偿性余额，利息率降为11%，银行要求的补偿性余额比例为20%。问：公司应选择哪种支付方式?

（2）假设公司与银行商定的周转信贷额为21 000元，承诺费率为2%，由于公司年度内只借了 20 000 元，则公司应向银行支付多少承诺费？如果采用补偿性余额方法借入款项，公司实际需要使用的资金是 20 000 元，则公司应该向银行借款的金额是多少？

（3）公司采用（1）、（2）、（3）中最有利的方式借入款项，如果为了支付货款，此时卖方提供的信用条件为“1/15，n/30”，公司是否应该借入款项支付货款？

2. 目的：练习应付账款成本的计算与决策方法。

资料：流水公司计划购入 500 万元 A 种材料，销货方提供的信用条件是“2/15，n/50”。

要求：针对以下几种情况，为该公司是否享受现金折扣提供决策依据。

（1）公司现金不足，需从银行借入资金支付购货款，银行借款年利率为 14%。

（2）公司有支付能力，但现有一短期投资机会，预计投资报酬率为 22%。

（3）公司资金短缺，暂不能取得银行借款，但预计信用期后 20 天能收到一笔款项，故延期付款至 70 天。该公司一贯重合同、守信用。

3. 目的：练习融资租赁租金的计算方法。

资料：行云公司拟采用融资租赁方式于 2016 年 1 月 1 日从租赁公司租入 1 台设备，设备款为 100 000 元，租期为 10 年，到期后设备归企业所有。双方商定，如果采取后付等额租金方式付款，则折现率为 14%；如果采取先付等额租金方式付款，则折现率为 12%。企业的资本成本率为 10%。

要求：

（1）计算后付等额租金方式下的每年等额租金额。

（2）计算后付等额租金方式下的 10 年租金终值。

（3）计算先付等额租金方式下的每年等额租金额。

（4）计算先付等额租金方式下的 10 年租金终值。

（5）比较上述两种租金支付方式下的终值大小，说明哪种租金支付方式对企业更为有利。（以上计算结果均保留整数）

4. 目的：练习购买与租赁设备的决策方法。

资料：清风公司经营过程中需要 1 台大型设备。该大型设备的购买价款为 42 万元，可使用年限为 3 年，且引入该设备能为清风公司带来每年 20 万元的现金收入（税前）。现有两种方案可供选择：

（1）向银行贷款购买，贷款年利率为 10%，期限 3 年，每年年末等额偿还。该设备按直线法折旧，无残值。公司每年对设备的维修保养支出为 1.4 万元。

（2）向租赁公司租赁该设备，每年年末支付租金 18 万元，租期为 3 年，设备的维修保养费用由租赁公司承担。

假设公司所得税税率为 40%。

要求：为清风公司进行选择购买还是租赁设备的决策。

五、综合题

1. 资料：流水公司是一家高速成长的公司，目前股价为 15 元/股，每股股利为 1.43 元，假设预期增长率为 5%。现在急需筹集债务资金 5 000 万元，准备发行 10 年期限的公司债券。投资银行认为，目前长期公司债券的市场利率为 7%，流水公司风险较大，按此利率发行债券并无出售的把握。经投资银行与专业投资机构联系后，投资银行建议按面值发行可转换债券筹资，债券面值为每份 1 000 元，期限 10 年，票面利率设定为 4%，转换价格为 20 元，不可赎回期为 9 年，第 9 年年末可转换债券的赎回价格为 1 060 元。

要求：

（1）确定发行日每份纯债券的价值和可转换债券的转换权的价格。

（2）计算第 9 年年末该可转换债券的底线价值。

（3）计算该可转换债券的税前资本成本。

（4）判断目前的可转换债券的发行方案是否可行，并确定此债券的票面利率最低应设为多少，才会对投资人有吸引力。

2．资料：行云公司上年的有关资料如下。

资产	金额/万元	占销售百分比/%	负债与所有者权益	金额/万元	占销售百分比/%
现金	2 000	2	应付费用	5 000	5
应收账款	28 000	28	应付账款	13 000	13
存货	30 000	30	短期借款	12 000	无比率关系
长期资产	40 000	无比率关系	公司债券	20 000	无比率关系
			股本	30 000	无比率关系
			留存收益	20 000	无比率关系
合计	100 000		合计	100 000	

公司上年的销售收入为 10 亿元，销售净利率为 10%，分配的股利为 5 000 万元。如果本年的销售增长率是 20%，销售净利率与上年相同。公司采用固定股利支付率政策，公司的目标资本结构，即资产负债率为 50%。

要求：

（1）计算本年的净利润及其应分配的股利。

（2）预测本年需要从外部追加的资金。

（3）假设企业从外部追加的资金可选择发行债券或发行股票，若保持企业目标资本结构，应采用哪种方式追加？

（4）若本年所需从外部追加的资金采用发行面值为 1 000 元、票面利率 8%、期限 5 年、每年付息、到期还本的债券。若发行时的市场利率为 10%，债券的筹资费率为 2%，计算债券的发行价格以及应发行的债券总数。

（5）根据以上计算结果，计算填列该公司本年预计的资产负债表。

预计资产负债表

本年 12 月 31 日　　单位：万元

资产	金额	负债与所有者权益	金额
现金		应付费用	
应收账款		应付账款	
存货		短期借款	
长期资产		公司债券	
		股本	

续表

资产	金额	负债与所有者权益	金额
		留存收益	
合计		合计	

六、案例分析题

案例一：中国南望股份有限公司长期银行借款

1．资料

中国南望股份有限公司是中国及世界最大的汽车配件生产商之一。公司成立于2001年，美国纳斯达克上市公司（NASDAQ：CBAK），生产各种中高端汽车所需的汽配件。中国南望股份有限公司位于中国嘉兴市，注册资本8 260万美元，是一家集汽车汽配件研发、生产、销售为一体的企业。

2015年2月21日，中国南望股份有限公司宣布与中国农业银行嘉兴南湖支行签订2亿元5年长期借款合同，生效日期为2015年3月1日。本协议借款利率为浮动利率，在中国人民银行公布的同期人民币贷款基准利率上下浮动10%，本协议下的贷款不属于与中国农业银行签订的现有额度下的贷款。此项借款由价值近11 540万元的机器和设备作为抵押，中国南望股份有限公司的此项贷款将用于购买机器和设备以及公司进一步的经营发展。

“我们新的长期借款合同使我们管理资本支出和现金流的需求方面更加灵活。我们相信公司现有的可利用的短期贷款和长期银行信用额度足够支持我们近期的业务发展以及未来的业务扩展。”中国南望股份有限公司首席执行官李向前总结道。

中国农业银行借贷合同部分内容如下所示。

中国农业银行借贷合同

经中国农业银行　　县支行　　营业所（以下简称贷款方）与　　（以下简称借款方），充分协商，签订本合同，共同遵守。

第一、自　年　月　日至　年　月　日，由贷款方提供借款方　贷款　元。借款、还款计划如下。

分期借款计划				分期还款计划	
日期	金额	利率	用途	日期	借款本金

第二、贷款方应按期、按额向借款方提供贷款，否则，应按违约数额和延期天数，付给借款方违约金，违约金数额的计算，同逾期贷款罚息。

第三、贷款利率，按银行贷款现行利率计算。若遇调整，按调整的新利率和计息办法计算。

第四、借款方应按协议使用贷款，不得转移用途。否则，贷款方有权停止发放新贷款，直至收回已发放的贷款。

第五、借款方若不按规定时间、额度用款，要付给贷款方违约金。违约金按借款额度、天数、按借款利率的50%计算。

第六、借款方保证按借款契约所定期限归还贷款本息。若需延期，借款方至迟在贷款到期前三天，提出延期申请，经贷款方同意，办理延期手续。但延期最长不得超过原定期限的一半，贷款方未同意延期或未办理延期手续的逾期贷款，加收罚息。

第七、借款方的借款由担保人用　　　　作担保。

第八、贷款到期后一个月，如借款方不按期归还本息，由担保单位（或担保人）负责为借方偿还本息和逾期罚息。

第九、本协议书一式三至四份，借贷款双方各持正本一份，担保单位（担保人）一份，公证单位一份。

第十、本协议书经双方签字之日起，即有法律效力。

2. 分析要求

（1）为什么中国南望股份有限公司会选择长期借款方式来筹集资金?

（2）这项长期借款会为中国南望股份有限公司带来哪些风险?

（3）中国南望股份有限公司如何发挥财务杠杆作用?

（4）结合银行借贷合同说明长期借款的限制条款有哪些，未来会为中国南望股份有限公司带来什么影响。

案例二：苏州高新区北部新城城市建设投资发展有限公司保障性住房建设项目发行公司债券

1. 资料

2013年7月23日，住建部、国家发改委、财政部、国土资源部、农业部、国家林业局联合召开全国棚户区改造工作电视电话会议，全面部署2013~2017年棚户区改造及相关工作。苏州浒墅关开发区管理委员会十分重视棚户区改造工作。本期债券募集资金拟投向的苏州浒墅关南庄北区保障性住房项目和苏州浒墅关南庄新苑南区保障性住房项目正是管理委员会为改造城镇危旧住房、改善困难家庭住房条件而推出的一项民心工程。其实施可以很好地解决低收入家庭的住房困难，体现社会的公平、公正，优化配置土地资源，改善城区落后面貌，提升并完善城市功能。苏州高新区北部新城城市建设投资发展有限公司于2016年发行公司债券，以支持保障性住房的建设项目，其发行情况概要如下。

一、发行人：苏州高新区北部新城城市建设投资发展有限公司。

二、债券名称：2016年苏州高新区北部新城城市建设投资发展有限公司公司债券。

三、发行总额：人民币11亿元整。

四、债券期限：本期债券为7年期，同时设置本金提前偿付条款。

五、债券利率：本期债券为固定利率债券，在债券存续期内固定不变。本期债券的最终票面利率为 4.18%，并报国家有关主管部门备案。本期债券采用单利按年计息，不计复利。

六、还本付息方式：本期债券每年付息一次，同时设置本金提前偿付条款，在本期债券存续期的第 3~7 个计息年度末均偿付本金的 20%，最后 5 年每年的应付利息随当年兑付的本金部分一起支付。年度付息款项自付息首日起不另计利息，本金自兑付首日起不另计利息。

七、发行价格：本期债券面值 100 元，平价发行，以 1 000 元为一个认购单位，认购金额必须是人民币 1 000 元的整数倍且不少于 1 000 元。

八、债券形式：本期债券为实名制记账式债券。

九、发行方式和对象：本期债券采用簿记建档、集中配售的方式，通过承销团成员设置的发行网点向在中央国债登记公司开户的机构投资者（国家法律、法规禁止购买者除外）公开发行和通过上交所向在中国证券登记公司上海分公司开立合格基金证券账户或 A 股证券账户的机构投资者（国家法律、法规禁止购买者除外）发行。

十、认购与托管：通过承销团成员设置的网点公开发行的本期债券，在中央国债登记公司登记托管；通过上交所发行的本期债券，在中国证券登记公司上海分公司登记托管。

十一、簿记建档日：2016 年 3 月 22 日。

十二、发行首日：本期债券发行期限的第 1 日，即 2016 年 3 月 23 日。

十三、发行期限：发行期限为 3 个工作日，自发行首日 2016 年 3 月 23 日起，至 2016 年 3 月 25 日止。

十四、起息日：自发行首日开始计息，本期债券存续期内每年的 3 月 23 日为该计息年度的起息日。

十五、计息期限：自 2016 年 3 月 23 日起至 2023 年 3 月 22 日止。

十六、付息日：本期债券的付息日为 2017 年至 2023 年每年的 3 月 23 日（上述付息日若遇法定节假日或休息日，则顺延至其后的第 1 个工作日）。

十七、兑付日：本期债券的兑付日为 2019 年至 2023 年每年的 3 月 23 日（上述兑付日若遇法定节假日或休息日，则顺延至其后的第 1 个工作日）。

十八、本息兑付方式：通过本期债券相关登记托管机构办理。

十九、承销方式：本期债券由东吴证券股份有限公司担任主承销商，并组织承销团以余额包销方式承销。

二十、承销团成员：主承销商为东吴证券股份有限公司，分销商为五矿证券有限公司和渤海证券股份有限公司。

二十一、债券担保：本期债券无担保。

二十二、信用级别：经联合信用评级有限公司综合评定，本期债券的信用等级为 AAA，发行人主体长期信用等级为 AAA。

二十三、上市或交易流动安排：本期债券发行结束后一个月内，发行人将向有关证券交易场所或其他主管部门提出上市或交易流通申请。

二十四、税务提示：根据国家有关税收法律、法规的规定，投资者投资本期债券所应缴纳的税款由投资者承担。

2. 分析要求

（1）结合苏州高新区北部新城城市建设投资发展有限公司发行保障性住房建设工程

公司债券的情况，说明债券筹资的优缺点。

（2)苏州高新区北部新城城市建设投资发展有限公司发行保障性住房建设工程公司债券的发行价格是怎样的？影响其发行价格的因素有哪些？

（3)苏州高新区北部新城城市建设投资发展有限公司此次发行的公司债券属于哪种类型的债券？债券的信用情况如何？

案例三：中国平安发行可转换债券

1. 资料

2013 年 12 月 5 日中国平安保险股份有限公司（以下简称中国平安）召开董事会会议，审议通过发行 A 股股票可转换公司债券（附次级条款）。此次发行可转债的发行规模为 260 亿元。

本次 A 股可转换公司债券的上市情况如下。

（1）上市地点：上交所。

（2）可转换公司债券简称：平安转债。

（3）可转换公司债券代码：113005。

（4）可转换公司债券发行量：260 亿元（2 600 万手）。

（5）可转换公司债券上市时间及上市量：公司本次发行的 260 亿元 A 股可转换公司债券将在上交所上市，260 亿元的 A 股可转换公司债券将于 2013 年 12 月 9 日起上市交易。

（6）可转换公司债券存续期限：本次发行的可转债存续期限为发行之日起六年，即自 2013 年 11 月 22 日至 2019 年 11 月 22 日。

（7）债券票面利率：第一年 0.8%、第二年 1.0%、第三年 1.2%、第四年 1.8%、第五年 2.2%、第六年 2.6%。

（8）债券到期偿还：在本次发行的可转债期满后五个交易日内，发行人将以本次发行的可转债的票面面值的 108%（含最后一期年度利息）的价格向投资者兑付全部未转股的可转债。

（9）付息方式：本次发行的可转债采用每年付息一次的付息方式，计息起始日为可转债发行首日，即 2013 年 11 月 22 日。每年的付息日为本次发行的可转债发行首日起每满一年的当日，如该日为法定节假日或休息日，则顺延至下一个工作日，顺延期间不另付息，每相邻的两个付息日之间为一个计息年度。每年的付息债权登记日为每年付息日的前一个交易日，公司将在每年付息日之后的五个交易日内支付当年利息。在付息债权登记日前（包括付息债权登记日）申请转换成发行人 A 股股票的可转债，公司不再向其持有人支付本计息年度及以后计息年度的利息。可转债持有人所获得利息收入的应付税项由持有人承担。

（10）初始转股价格：41.33 元/股。

（11）转股起止日期：自可转债发行结束之日满六个月后的第一个交易日起至可转债到期日止，即自 2014 年 5 月 23 日至 2019 年 11 月 22 日。

（12）可转换公司债券锁定期：本次发行的平安转债不设持有期限制，投资者获得配售的平安转债上市首日即可交易。

（13）担保事项：本次发行的可转债未提供担保。

（14）可转债债券信用级别及信用评级机构：本次发行的可转债信用等级为 AAA 级，信用评级机构为大公国际资信评估有限公司。

（15）债券登记机构：中国证券登记结算有限责任公司上海分公司。

（16）联合上市保荐人（联席主承销商）：中国国际金融有限公司、瑞信方正证券有限责任公司。

2. 分析要求

（1）中国平安发行的 A 股股票可转换公司债券，与一般的公司债券相比有什么特点？

（2）根据给出的资料，找出可转换债券应当具备的几个基本要素，并计算转换比率。

（3）为什么中国平安选择发行可转换债券方式筹资？

*参考答案

一、单项选择题

1. C　2. D　3. C　4. B　5. A　6. C　7. C　8. B　9. B　10. B　11. C　12. C　13. C　14. D　15. D　16. C　17. C　18. A　19. D　20. D

二、多项选择题

1. AB　2. AD　3. CD　4. ACD　5. ABC　6. AD　7. BCD　8. BCD　9. ABD　10. ABC　11. CD　12. ACD　13. CD　14. AB　15. BCD　16. BC　17. ABCD　18. ABCD　19. AD　20. ABCD

三、判断题

1. ×　2. ×　3. ×　4. ×　5. √　6. ×　7. √　8. √　9. √　10. ×　11. ×　12. ×　13. √　14. ×　15. ×　16. √　17. ×　18. ×　19. ×　20. ×

四、计算分析题

1.（1）采用利随本清法的实际利率为 15%；采用贴现法时的实际利率为 14.94%；采用补偿性余额实际利率为 13.75%。应选择第三种方式。

（2）承诺费 20 元，需要向银行借款的金额为 25 000 元。

（3）放弃现金折扣的成本为 24.24%。由于放弃现金折扣的成本大于借款的利率，所以应该借入款项，享受现金折扣。

2. 现金折扣成本=20.99%

（1）放弃折扣成本大于 14%，应享受折扣

（2）放弃折扣成本小于 22%，应放弃折扣

（3）延期付款放弃折扣成本=13.36%，如不影响信用，可与购货方协商延期付款

3.（1）后付等额租金方式下的每年等额租金额=19 172（元）

（2）后付等额租金方式下的 10 年租金终值=305 602（元）

（3）先付等额租金方式下的每年等额租金额=15 803（元）

（4）先付等额租金方式下的10年租金终值=277 090（元）

（5）因为先付租金方式下的10年租金终值小于后付租金方式下的10年租金终值，所以选择先付租金支付方式有利

4. 贷款购买方案的净现值为28 013.83元，租赁方案的净现值为32 076元。应选择租赁设备。

五、综合题

1.（1）发行日纯债券的价值=789.24（元）

可转换债券的转换权的价格=1 000−789.24=210.76（元）

（2）第9年年末底线价值=1 163.50（元）

（3）税前资本成本=5.47%

（4）它的税前成本低于普通债券利率（7%）则对投资人没有吸引力。该方案不可行，需要修改。

票面利率至少调整为5.64%，对投资人才会有吸引力。

2.（1）净利润与应分配的股利分别为12 000万元、6 000万元

（2）外部追加的资金为2 400万元

（3）追加2 400万元应采用发行债券方式

（4）债券发行价格为924.28元，发行26 496张

（5）预计资产负债表（略）

六、案例分析题

案例一

（1）主要从长期借款的优点来分析，如筹资速度快、成本低、可以利用财务杠杆效应等方面。

（2）筹资风险比较高，必须到期还本付息，财务压力大；借款合同的限制条款比较多等。

（3）若南望公司的投资报酬率较高，大于借款利率，企业所有者就会因支付固定的利息而获得更多的收益。

（4）借款合同的限制条款主要包括三类，即一般性限制条款、例行性限制条款、特殊性限制条款，本借款合同，如规定借款用途、违约条款等，都会给南望公司未来的发展带来一定的影响。

案例二

（1）筹资成本较低，苏州高新区北部新城城市建设投资发展有限公司保障性住房建设工程公司债券的7年期利率仅为4.18%，债券的票面利率较低；保证控制权，债券的持有者为债权人，无法参与企业的经营管理，不影响现有股东的权利；可以发挥财务杠杆效应。

（2）发行价格为100元，平价发行；影响债券发行价格的因素主要有债券面额、票面利率、市场利率、债券期限、利息支付方式等，其中主要的影响因素是票面利率与市

场利率的一致程度。

（3）实名制记账式企业债券；信用级别：经联合资信评估有限公司综合评定，本期债券的信用等级为 AAA 级，发行人主体长期信用等级为 AAA 级。

案例三

（1）与一般公司债券相比，中国平安本次发行附次级债券；可转债票面利率每年不同等。

（2）基本要素为标的股票、转换价格、转换比率、转换期、赎回条款、回售条款和强制性转换条款等。转换比率=债券面值/转换价格。

（3）筹资成本较发行股票低；便于筹集资本；有利于稳定公司股价；可以减少筹资中股东与债权人的冲突。

第九章

资本成本与资本结构

【本章学习目标】

了解资本成本的意义与资本结构理论，掌握资本成本、财务杠杆系数、资本结构、最优资本结构等概念，重点掌握资本成本、经营杠杆系数、财务杠杆系数的计算方法、总杠杆系数与资本结构决策的比较成本分析法、每股收益无差别点法和综合风险法。

*知 识 要 点

第一节　资本成本

一、资本成本概述

概念	资本成本也称资金成本，它是企业为筹集和使用资本而付出的代价。这种代价包括筹资费用和用资费用两个部分
内容	筹资费用是指企业在资本筹措过程中所花费的各项开支，包括发行股票和债券支付的印刷费、发行手续费、律师费、广告费等与证券发行有关的费用。筹资费用一般都属于一次性费用，它与筹资的次数有关，因而，通常将其作为所筹资本额的减项扣除
	用资费用是指企业因占用资本支付的费用，如股票的股利、银行借款和债券的利息等。用资费用一般与所筹资本金额和使用时间长短有关，并具有经常性、定期性支付的特点，它构成了资本成本的主要内容
表示方式	资本成本可以用绝对数表示，即资本成本额；也可以用相对数表示，即资本成本率。因为绝对数不利于不同资本规模企业或项目之间的比较，所以在财务管理实践中，一般采用相对数表示，即资本成本率。资本成本率是年用资费用与实际筹得资金（即筹资数额扣除筹资费用后的差额）的比率。其通用计算公式为 $$\text{资本成本率}=\frac{\text{年用资费用}}{\text{筹资净额}}\times100\%=\frac{\text{年用资费用}}{\text{筹资总额}\times(1-\text{筹资费用率})}\times100\%$$
意义	资本成本是企业筹资决策的重要依据； 资本成本是评价投资项目是否可行的一个重要尺度； 资本成本是衡量企业经营业绩的一项重要标准； 用于营运资本管理； 用于企业价值评估
影响因素	宏观经济环境； 证券市场条件； 企业内部经营风险和财务风险； 筹资规模

二、个别资本成本

个别资本成本是指各种长期资金的成本，包括长期债务成本和权益资本成本。

（一）长期债务成本

项目	计算公式
长期借款成本	不考虑货币时间价值。其计算公式为 $$K_L=\frac{I_L(1-T)}{L(1-F_L)}$$ 其中，K_L 为长期借款成本；I_L 为长期借款年利息；T 为企业所得税税率；L 为借款筹资总额；F_L 为长期借款筹资费用率
	考虑货币时间价值。其计算公式为 $$L(1-F_L)=\sum_{t=1}^{n}\frac{I_t}{(1+K)^t}+\frac{P}{(1+K)^n}$$ $$K_L=K（1-T）$$ 其中，P 为第 n 年年末应偿还的本金；K 为所得税前的长期借款资本成本；I_t 为第 t 年长期借款利息；F_L 为借款筹资费用率；K_L 为所得税后的长期借款资本成本
债券成本	不考虑货币时间价值。其计算公式为 $$K_b=\frac{I_b(1-T)}{B(1-F_b)}$$ 其中，K_b 为债券的资本成本；I_b 为债券年利息，按债券票面额（本金）和票面利率确定；B 为债券筹资额，按债券的发行价格确定；F_b 为债券筹资费用率
	考虑货币时间价值。其计算公式为 $$B(1-F_b)=\sum_{t=1}^{n}\frac{I_b}{(1+K)^t}+\frac{P}{(1+K)^n}$$ $$K_b=K（1-T）$$ 其中，K 为所得税前的债券资本成本；P 为第 n 年年末应偿还的债券面值；K_b 为所得税后的债券资本成本

（二）权益资本成本

权益资本包括优先股、普通股、留存收益。由于权益资本的成本在税后利润中支付，不会减少企业应缴的所得税，因而在计算其成本时不需要扣除所得税。

项目	计算公式
优先股成本	$$K_p=\frac{D}{P_p(1-F_p)}\times100\%$$ 其中，K_p 为优先股资本成本；D 为优先股年股利额，按面值和固定的股利率确定；P_p 为优先股筹资额，按发行价格确定；F_p 为优先股筹资费用率
普通股成本	股利贴现模型法 $$K_s=\frac{D_1}{P_s(1-F_s)}+G$$ 其中，D_1 表示预期下年股利额；P_s 表示股份发行价；G 表示股利的年增长率；F_s 表示普通股筹资费用率
	资本资产定价模型法 $$K_s=R_f+\beta\times(R_m-R_f)$$ 其中，R_f 为无风险报酬率；β 为股票的 β 系数；R_m 为平均风险股票必要报酬率；K_s 表示普通股成本

续表

项目	计算公式
留存收益成本	留存收益实质上是股东对企业的再投资。企业使用留存收益是以失去投资外部的报酬为代价的，它要求与普通股获得等价的报酬。其成本确定方法与普通股相似，所不同的只是留存收益无需发生筹资费用
	在股利贴现模型法下，留存收益成本的计算公式可表示为 $$K_C = \frac{D_1}{P_C} + G$$ 其中，K_C 为留存收益成本；P_C 为留存收益额；G 为股利年增长率

（三）加权平均资本成本

概念	计算公式	权数的确定依据
加权平均资本成本是指企业全部长期资本的总成本。它通常以各种资本占全部资本的比重为权数，对个别资本的成本进行加权平均而确定的，也称综合资本成本	加权平均资本成本是由个别资本成本和加权平均权数两个因素决定的。其计算公式为 $$K_W = \sum K_j \cdot W_j$$ $$\sum W_j = 1$$ 其中，K_W 为加权平均资本成本；K_j 为第 j 种个别资本成本；W_j 为第 j 种个别资本占全部资本的比重	在个别资本成本一定的条件下，加权平均资本成本的高低是由资本结构（即权数）决定的。这个权数的计算依据通常有三种：①账面价值权数；②市场价值权数；③目标价值权数，适合公司筹措新资，它能体现期望资本结构，但难以客观确定

第二节 财务杠杆

一、经营杠杆

项目	内容
含义	又称营业杠杆或营运杠杆，是指企业在经营决策时对经营成本中固定成本的利用。这里的经营成本，包括销售成本、价内销售税金、销售费用和管理费用等，不包括财务费用。按成本习性的不同，经营成本分为固定成本和变动成本两部分。固定成本是不随销售额变动而变动的成本，变动成本是随着销售额变动而变动的成本 销售收入–经营成本=经营利润（息税前利润）
经营杠杆利益	经营杠杆利益是指在扩大销售额的条件下，经营成本中固定成本这个杠杆所带来的增长程度更大的经营利润（是指息税前利润）。因为在一定的产销规模内，由于固定成本并不随产品销量（或销售额）的增加而增加，随着销量的增长，单位产品所负担的固定成本会相对减少，从而给企业带来额外的收益
经营风险	也称营业风险，是指利用经营杠杆而导致息税前利润变动的风险。它是由于企业经营上的原因所导致的未来经营收益的不确定性； 影响经营风险的因素主要有产品需求、产品售价、产品成本、调整价格的能力、固定成本比重
经营杠杆系数	也称经营杠杆程度，是息税前利润的变动率相当于销售额（或量）变动率的倍数。其表达公式为 $$\mathrm{DOL_S} = \frac{\Delta\mathrm{EBIT}/\mathrm{EBIT}}{\Delta S/S} \quad \text{或} \quad \mathrm{DOL_S} = \frac{S-\mathrm{VC}}{S-\mathrm{VC}-F}$$ $$\mathrm{DOL_Q} = \frac{\Delta\mathrm{EBIT}/\mathrm{EBIT}}{\Delta Q/Q} \quad \quad \mathrm{DOL_Q} = \frac{Q(P-V)}{Q(P-V)-F}$$
经营杠杆系数的意义	经营杠杆系数反映经营杠杆的作用程度，表示不同程度的经营杠杆利益和经营风险。经营杠杆系数越大，表明经营杠杆作用越大，经营风险也就越大；经营杠杆系数越小，表明经营杠杆作用越小，经营风险也就越小

续表

经营杠杆系数的意义	在固定成本不变的情况下，经营杠杆系数说明销售额变动引起息税前利润变动的幅度
	当息税前利润等于 0 时，经营杠杆系数值趋向于无穷大；当息税前利润小于 0 时，经营杠杆系数值为负数。负的经营杠杆系数意味着，随着销售增长 1%，经营亏损将以数倍于 1%的速度增加
	在固定成本不变的情况下，销售额越大，经营杠杆系数越小，经营风险也就越小；反之，销售额越小，经营杠杆系数越大，经营风险也就越大
	在销售额相同的条件下，固定成本所占比重越大，经营杠杆系数越大，经营风险越大；固定成本所占比重越小，经营风险就越小。因此，企业一般可通过增加销售额、降低单位变动成本、降低固定成本比重等措施降低经营杠杆系数，从而降低经营风险

二、财务杠杆

含义	又称融资杠杆，是指企业在制定资本结构决策时对债务筹资的利用
财务杠杆利益	财务杠杆利益是指利用债务筹资这个杠杆而给企业带来的额外收益。在企业资本结构一定的条件下，企业从息税前利润中支付的债务利息是相对固定的。当息税前利润增加时，每一元息税前利润所负担的债务利息就会相应地降低，扣除所得税后可分配给企业所有者的利润就会增加，从而给企业所有者带来额外的收益
财务风险	狭义的财务风险是指与企业筹资相关的风险，也称融资风险或筹资风险，它是指财务杠杆作用导致企业所有者收益变动，甚至可能导致企业破产的风险，即由于债务筹资引起每股收益或净资产收益率的变动以及由于债务筹资而到期不能还本付息的可能性。影响财务风险的因素主要有资本供求的变化、利率水平的变动、获利能力的变动、资本结构的变化（即财务杠杆的利用程度）。其中，资本结构的变化对筹资风险的影响最为直接。企业负债比例越高，筹资风险就越高；反之，负债比例越低，筹资风险就越低
财务杠杆系数	又称财务杠杆程度（DFL），是普通股每股收益变动率相当于息税前利润变动率的倍数 $$DFL=\frac{\Delta EPS/EPS}{\Delta EBIT/EBIT}=\frac{\Delta ROE/ROE}{\Delta EBIT/EBIT}$$ $$DFL=\frac{EBIT}{EBIT-I-d/(1-T)}$$ 如果没有优先股，则有 $$DFL=\frac{EBIT}{EBIT-I}$$
财务杠杆系数的意义	财务杠杆系数用来反映财务杠杆的作用程度，财务杠杆系数越大，财务风险就越高；反之，财务杠杆系数越小，财务风险就越小
	其计算结果表明： 财务杠杆系数说明息税前利润变动所引起的普通股每股收益变动的幅度； 在资本总额、息税前利润相同的条件下，负债比例越高，财务杠杆系数越大，财务风险就越大
	负债比例是可以控制的，企业可以通过合理安排资本结构，适度负债，使财务杠杆利益抵消风险增大带来的不利影响

三、总杠杆

从前述分析可知，经营杠杆通过扩大销售影响息税前利润，财务杠杆通过扩大息税前利润影响每股收益，两者最终都影响到每股收益。如果同时利用经营杠杆和财务杠杆，这种影响就会更大，总的风险会更高。

经营杠杆和财务杠杆的综合作用程度，可以用总杠杆系数或联合杠杆系数表示，它是经营杠杆系数与财务杠杆系数的乘积，用公式表示为

$$\begin{aligned}\text{DTL} &= \text{DOL} \times \text{DFL} \\ &= \frac{\Delta \text{EBIT} / \text{EBIT}}{\Delta S / S} \times \frac{\Delta \text{EPS} / \text{EPS}}{\Delta \text{EBIT} / \text{EBIT}} \\ &= \frac{\Delta \text{EPS} / \text{EPS}}{\Delta S / S}\end{aligned}$$

由上式可知，总杠杆系数是每股收益变动率相当于销售额（量）变动率的倍数。

总杠杆系数的重要意义在于：①能够估计出销售量（额）变动对每股收益的影响幅度。②它表明经营杠杆系数与财务杠杆系数的相互关系，即经营风险高的企业，可选用较低的财务风险；经营风险低的企业，可选用较高的财务风险。

第三节　资本结构决策

资本结构是指企业各种资本的构成及其比例关系。广义资本结构是指全部资本的构成，不仅包括长期资本，而且包括短期资本；既包括纵向资本结构（主要是指债务资本占全部资本的比例），也包括横向资本结构（主要是指资本来源与资产构成之间的对应关系）。根据现代资本结构理论，最优资本结构是客观存在的。在最优资本结构这个点上，企业的加权平均资本成本最低，同时企业价值达到最大。即最优资本结构是指加权平均资本成本最低且企业价值最大时的资本结构。由于最优资本结构是一个理性的企业理财所追求的具体目标之一，所以又称目标资本结构。

一、资本结构的影响因素

影响资本结构的因素除资本成本、财务风险外，还包括以下几方面因素，即行业因素、利率水平的变动趋势、债权人态度、税收因素、企业财务状况、企业资产结构、投资者和经营管理者的态度、股利政策和投资政策。

二、最佳资本结构

最佳资本结构，是指企业在一定条件下，使企业加权平均资本成本最低、企业价值达到最大的资本结构，它是企业的目标资本结构。在完善有效的资本市场条件下，当公司加权平均资本成本最低时，公司的每股收益最高，公司的股票市价达到最高，以股票市价体现的公司价值因而也达到最高。

三、资本结构决策方法

方法	内容	决策依据
比较资本成本法	这是一种通过计算和比较企业各种筹资方案的加权平均资本成本，选择加权平均资本成本最低的方案作为最优资本结构决策方案的方法	这种方法是从资本投入的角度对资本结构进行分析的，资本成本是用这种方法进行资本结构决策的唯一依据
每股收益分析法	每股收益分析法也称筹资无差别点分析法，它是利用每股收益无差别点来进行资本结构决策的方法。所谓每股收益无差别点，是指两种资本结构下每股收益相等时的息税前利润点（或销售额点），也称息税前利润平衡点或筹资无差别点。即通过求解当 $EPS_1=EPS_2$ 时的息税前利润（EBIT）点或销售额（S）点，来进行资本结构决策	这种方法从资本的产出角度对资本结构进行分析，因而选择筹资方案的主要依据是筹资方案每股收益值的大小。一般而言，当筹资方案预计的息税前利润（或销售额）大于无差别点时的息税前利润（或销售额）时，债务筹资有利，应选择资本结构中债务比重较高的方案作为决策方案；反之，当筹资方案预计的息税前利润小于无差别点时的息税前利润（或销售额）时，债务筹资就不利，应选择资本结构中债务比重较低的方案作为决策方案
综合分析法	综合分析法是通过计算和比较各种资本结构下公司市场价值来确定最佳资本结构的方法。最佳资本结构即公司市场价值最大的资本结构	在这种方法下，企业的市场总价值等于债务的市场价值与股权的市场价值之和。为简化起见，设债务的市场价值等于面值，股权（普通股）的市场价值可用税后利润与权益（普通股）资本成本之商表示。在风险变动情况下，企业价值最大、综合资本成本最低时的资本结构为最优资本结构

第四节　资本结构理论

一、早期资本结构理论

项目	观点	结论
净收入理论	认为负债可以降低企业的资本成本，负债程度越高，企业价值越大。只要债务资本成本低于权益资本成本，那么负债越多，企业的综合资本成本越低，企业价值将越大	企业最理想的资本结构是100%的负债
净经营收入理论	认为不论企业财务杠杆作用如何变化，企业综合资本成本都是固定的，因此对企业总价值没有影响，这是因为企业利用财务杠杆时，即使债务资本成本本身不变，但由于加大了权益资本的风险，权益资本成本也会上升，综合资本成本不会因为负债比率的提高而降低，而是维持不变，企业的总价值也就固定不变	在任何资本结构下，企业的总价值都相等
传统理论	认为当企业在一定的负债限度内利用财务杠杆作用时，负债和权益资本的风险都不会有明显增长，故其资本成本基本保持不变。而此时，企业的总价值却开始上升，并且可能在此限度内达到最高点。但如果企业负债筹资的财务杠杆作用一旦超出这个限度，风险明显增大，使企业负债和权益资本的成本开始上升，并使综合资本成本上升。负债比例超出此限度越大，其综合资本成本上升得越快。而在负债超出此限度后，企业的总价值随着综合资本成本的上升而开始下降	确实存在一个最佳资本结构，也就是使企业价值最大化的资本结构，并可以通过适度财务杠杆的运用来获得

二、现代资本结构理论

项目	主要观点
MM 理论	无公司税的 MM 理论的结论：资本结构不影响公司价值和资本成本 有公司税的 MM 理论的结论：负债利息的减税作用会增加公司价值。负债越多，公司价值越大，权益资本所有者获得的收益也越大
权衡理论	有负债的公司价值等于无负债公司价值加上税赋节约，减去预期财务拮据成本的现值和代理成本的现值。最优资本结构存在于税赋节约与财务拮据成本和代理成本相互平稳的点上。设 FPV 代表预期财务拮据成本的现值，TPV 代表代理成本的现值，TB 代表负债的节税利益，则有 $V_L = V_U + TB - FPV - TPV$
代理成本理论	根据代理成本理论，负债比率适度的资本结构会增加股东的价值。因此，资本结构可以作为一种激励工具的延伸，利用资本结构的信号传递功能，通过调整企业的负债比例来影响股东或代理人的行为，协调企业的各种利益关系
信号理论	负债比率提高是一个积极的信号，它表明管理者对企业未来发展有充足的信心，因此企业市场价值也随之提高。公司新证券发行意味着向市场传递了关于公司盈利前景或管理者拟将采用何种管理行动的信号。新股发行对股市产生消极影响；提高负债比率的行动将对股市产生积极作用，反之则相反
融资优序理论	公司偏好内部筹资
	如果需要外部筹资，公司首先选择最安全的证券。即首先考虑债务筹资，其次考虑混合证券筹资（如可转换债券），最后才是股权筹资
	根据融资优序理论，企业不存在最优资本结构和目标负债比率，负债比率是筹资结果的积累。融资优序理论的重要贡献是考虑到信息不对称对企业投资决策和筹资行为的影响。融资优序理论可以解释现实中类似的企业为什么有很不同的资本结构，但是却不能解释许多公司可以用债务筹资，却偏偏采用外部股权筹资

*练 习 题

一、单项选择题

1. 经营杠杆给企业带来的风险是指（　　）。

A. 成本上升的风险

B. 利润下降的风险

C. 销售量变动导致息税前利润发生更大幅度变动的风险

D. 业务量变动导致息税前利润同比例变动的风险

2. 某公司经营风险较大，准备采取一系列措施降低杠杆程度，下列措施中，无法达到这一目的的是（　　）。

A. 降低利息费用　　　　B. 降低固定成本水平

C. 降低变动成本　　　　D. 提高产品销售单价

3. 下列关于资本成本的表述中，不正确的是（　　）。

A. 资本成本是指投资资本的机会成本，这种成本不是实际支付的成本，而是一种失去的收益

B. 资本成本是指投资资本的机会成本，这种成本既可以是实际支付的成本，也可能是一种失去的收益

C．公司为了增加股东财富，只能投资报酬率高于其资本成本率的项目，正确估计项目的资本成本是制定投资决策的基础

D．公司要达到股东财富最大化，必须使所有的投入成本最小化，其中包括资本成本的最小化

4．某企业的借入资本和权益资本的比例为1∶4，则该企业（　　）。

A．只有经营风险　　B．只有财务风险

C．没有风险　　D．既有经营风险又有财务风险

5．留存收益资本成本的计算方法与普通股基本相同，只是不考虑（　　）。

A．筹资费用　　B．资金占用费

C．预计以后每年股利增长率　　D．所得税税率

6．下列各项中，通常不会导致企业资本成本增加的是（　　）。

A．通货膨胀加剧　　B．投资风险上升

C．经济持续过热　　D．证券市场流动性增强

7．最佳资本结构是（　　）。

A．使企业筹资能力最强的资本结构

B．使加权平均资本成本最低、企业价值最大的资本结构

C．每股收益最高的资本结构

D．财务风险最小的资本结构

8．要使资本结构达到最佳，应使（　　）达到最低。

A．综合资本成本率　　B．边际资本成本率

C．债务资本成本率　　D．自有资本成本率

9．某企业某年的财务杠杆系数为2.5，息税前利润的计划增长率为10%，假定其他因素不变，则该年普通股每股收益的增长率为（　　）。

A．4%　　B．5%　　C．20%　　D．25%

10．下列筹资方式中，资本成本最低的是（　　）。

A．发行债券　　B．留存收益　　C．发行股票　　D．长期借款

11．某企业本期息税前利润为3 000万元，本期实际利息为1 000万元，则该企业的财务杠杆系数为（　　）。

A．3　　B．2　　C．0.33　　D．1.5

12．下列各项中，与公司资本成本的高低无关的是（　　）。

A．项目风险　　B．财务风险溢价

C．无风险报酬率　　D．经营风险溢价

13．公司增发的普通股的市价为12元/股，筹资费用率为市价的6%，第一年发放股利每股0.6元，已知同类股票的预计收益率为11%，则维持此股价需要的股利年增长率为（　　）。

A．5%　　B．5.39%　　C．5.68%　　D．10.34%

14．某企业预计的资本结构中，债务资金比重为30%，债务税前资本成本为8%。目前市场上的无风险报酬率为5%，市场上所有股票的平均风险收益率为6%，公司股票

的 β 系数为 0.8，所得税税率为 25%，则加权平均资本成本为（　　）。

A. 8.66%　B. 9.26%　C. 6.32%　D. 5.72%

15. 某公司发放的股利为每股 5 元，股利按 5%的比例增长，目前股票的市价为每股 50 元，则计算出的资本成本为（　　）。

A. 10%　B. 15%　C. 17.5%　D. 13.88%

16. 下列不属于早期资本结构理论的是（　　）。

A. 净收入理论　B. 净经营收入理论

C. 传统理论　D. MM 理论

17. 某企业经批准平价发行优先股股票，发行费用率和年股息率分别为 5%、9%，所得税税率为 25%，则优先股资本成本为（　　）。

A. 9.47%　B. 5.26%　C. 5.71%　D. 5.49%

18. 某公司的经营杠杆系数为 1.8，财务杠杆系数为 1.5，则该公司销售额每增长 1 倍，就会造成每股收益增加（　　）。

A. 1.2 倍　B. 1.5 倍　C. 0.3 倍　D. 2.7 倍

19. 可以作为比较各种筹资方式优劣的尺度的成本是（　　）。

A. 个别资本成本　B. 边际资本成本

C. 综合资本成本　D. 资本总成本

20. 财务杠杆影响企业的（　　）。

A. 财务费用　B. 息前税前利润

C. 税前利润　D. 税后利润

二、多项选择题

1. 以下关于资本结构理论的表述中，正确的有（　　）。

A. 依据有税的 MM 理论，负债程度越高，加权平均资本成本越低，企业价值越大

B. 依据无税的 MM 理论，无论负债程度如何，加权平均资本成本不变，企业价值也不变

C. 依据代理理论，在权衡理论模型的基础上进一步考虑企业债务的代理成本与代理收益

D. 依据权衡理论，当债务抵税收益与财务困境成本相平衡时，企业价值最大

2. 影响债券资金成本的因素包括（　　）。

A. 债券的票面利率　B. 债券的发行价格

C. 筹资费用的多少　D. 公司的所得税税率

3. 下列关于最佳资本结构的表述，正确的有（　　）。

A. 公司总价值最大时的资本结构是最佳资本结构

B. 在最佳资本结构下，公司综合资本成本率最低

C. 若不考虑风险价值，销售量高于每股收益无差别点时，运用负债筹资，可实现最佳资本结构

D. 若不考虑风险价值，销售量高于每股收益无差别点时，运用股权筹资，可实现

最佳资本结构

4．评价企业资本结构最佳状态的标准有（　　）。

A．企业价值最大　　B．股权收益最大化

C．普通股每股收益最大化　　D．资本成本最低

5．总杠杆系数的作用在于（　　）。

A．用来估计销售额变动时息税前利润的影响

B．用来估计销售额变动对每股盈余造成的影响

C．揭示企业面临的风险对企业投资的影响

D．揭示经营杠杆与财务杠杆之间的关系

6．下列成本费用中属于资金成本中的用资费用的有（　　）。

A．借款手续费　　B．股票发行费

C．利息　　D．股利

7．下列各项中，影响财务杠杆系数的因素有（　　）。

A．产品边际贡献总额　　B．所得税税率

C．固定成本　　D．财务费用

8．下列有关总杠杆系数的表述正确的有（　　）。

A．是指每股收益变动率相当于营业收入变动率的倍数

B．等于财务杠杆系数与经营杠杆系数的乘积

C．反映息税前利润随业务量变动的剧烈程度

D．反映每股收益随息税前利润变动的剧烈程度

9．下列因素变动会使公司的负债资本成本提高的有（　　）。

A．市场利率上升　　B．股票市场风险溢价上升

C．所得税税率提高　　D．增加债务的比重

10．以下事项中，导致公司加权平均资本成本提高的有（　　）。

A．因总体经济环境变化，无风险报酬率提高

B．市场风险溢价提高

C．公司股票上市交易，改善了股票的市场流动性

D．发行公司债券，增加了长期负债占全部资本的比重

11．在个别资本成本中须考虑抵税因素的有（　　）。

A．债券成本　　B．银行借款成本

C．普通股成本　　D．留存收益成本

12．下列说法中，正确的有（　　）。

A．市场利率上升，公司的债务成本会上升

B．税率变化直接影响税后债务成本及公司加权平均资本成本

C．根据资本资产定价模型可以看出，市场风险溢价会影响股权成本

D．公司股利政策的变化，对资本成本不产生影响

13．下列各项中，属于影响资本结构的外部因素的有（　　）。

A．资本市场　　B．资产结构

C．盈利能力　　D．利率

14．关于总杠杆系数，下列说法正确的有（　　）。

A．等于经营杠杆系数与财务杠杆系数之和

B．该系数等于普通股每股利润变动率与息税前利润变动率之间的比率

C．等于经营杠杆系数和财务杠杆系数之积

D．总杠杆系数越大，复合风险越大

15．对每股收益无差别点的表述正确的有（　　）。

A．当销售额低于无差别点的销售额时，运用负债筹资有利

B．每股收益无差别点是判断资本结构合理与否的标准

C．在每股收益无差别点上，负债筹资和权益筹资可以获得相同的每股收益

D．每股收益无差别点是确定最佳资本结构的标准

16．企业如果调整资本结构，则会影响（　　）。

A．财务风险　　B．经营风险

C．资金成本　　D．融资弹性

17．与总杠杆系数呈同方向变动关系的有（　　）。

A．单价　　B．单位变动成本

C．固定成本　　D．利息费用

18．下列个别资金成本中，属于权益资金成本的有（　　）。

A．优先股成本　　B．长期债券成本

C．普通股成本　　D．留存收益成本

19．下列关于资本成本的说法中，正确的有（　　）。

A．资本成本是公司取得资本使用权的代价

B．资本成本是公司投资人要求的最低报酬率

C．项目资本成本是公司投资资本支出项目所要求的最低报酬率

D．如果新的投资项目的风险高于企业现有资产的平均风险，则项目资本成本高于公司资本成本

20．权益资本与债务资本的结构不合理会导致（　　）。

A．经营效率下降　　B．经营风险增加

C．财务风险增加　　D．筹资成本增加

三、判断题

1．债券利息和优先股股利都作为财务费用在所得税前支付。（　　）

2．资本成本与资金时间价值是既有联系，又有区别的。（　　）

3．留存收益是企业经营中的内部积累，这种资金不是向外界筹措的，因而它不存在资本成本。（　　）

4．资本成本是投资人对投入资金所要求的最低收益率，也可作为判断投资项目是否可行的取舍标准。（　　）

5．资金成本的本质就是企业为了筹集和使用资金而实际付出的代价，其中包括用资

费用和筹资费用两部分。（　　）

6．用资费用属于变动性费用，筹资费用属于固定性费用。（　　）

7．由于优先股股利是税后支付的，因此，相对于债务融资而言，优先股融资并不具有财务杠杆效应。（　　）

8．公司增发的普通股的市价为 12 元/股，最近刚发放的股利为每股 0.6 元，已知该股票的资本成本率为 10.25%，则该股票的股利年增长率为 5%。（　　）

9．经营杠杆并不是经营风险的来源，而只是放大了经营风险。（　　）

10．财务杠杆率大于 1，表明公司基期的息税前利润不足以支付当期债息。（　　）

11．根据财务杠杆作用原理，使企业净利润增加的基本途径包括在企业固定成本总额一定的条件下，增加企业销售收入。（　　）

12．如企业负债筹资为 0，则财务杠杆系数 1。（　　）

13．经营杠杆是经营风险的来源，当企业的经营杠杆为 1 时，固定成本为 0，企业不存在经营风险。（　　）

14．当经营杠杆系数趋近于无穷大时，企业的营业利润率为 0。（　　）

15．在其他因素不变的情况下，企业的销售收入越多，总杠杆系数越小，企业的复合风险也就越小。（　　）

16．在一定的程度内合理提高债务资本的比率，可降低企业的综合资本成本，发挥财务杠杆作用，降低财务风险。（　　）

17．企业在选择追加筹资方案时的依据是个别资金成本的高低。（　　）

18．最佳资金结构是指能够使企业获得利润最多的资金结构。（　　）

19．使用每股收益无差别点法进行筹资决策，能够保证企业的加权平均资金成本最低。（　　）

20．不考虑风险的情况下，当息税前利润大于每股利润无差别点时，企业增加负债的筹资比增加股权资本筹资更为有利。（　　）

四、计算分析题

1．目的：练习个别资本成本的计算。

资料：清风公司发行面额 1 000 元、3 年期、每年付息债券 100 000 张，票面利率为 7%，发行费用预计 200 万元，公司所得税税率为 25%。

要求：

（1）计算不考虑货币时间价值的债券成本；

（2）计算考虑货币时间价值的债券成本。

2．目的：练习个别资本成本和加权平均资本成本的计算。

资料：流水公司需要筹集资金 2 800 万元。

（1）按面值发行长期债券 2 000 万元，票面年利率为 10%，发行费用为 2%。

（2）按面值发行优先股 500 万元，筹资费率为 3%，每年支付股利 11%。

（3）按面值发行普通股 300 万股，筹资费率为 6%，第 1 年年末每股发放股利 0.16 元，预计以后每年增长 5%。

设公司所得税税率为25%。

要求：

（1）计算各种个别资本成本。

（2）计算该筹资方案的加权平均资本成本。

3．目的：练习加权平均资本成本的计算与运用。

资料：行云公司正在研究一项生产能力扩张计划的可行性，需要对资本成本进行估计。

（1）公司现有长期负债：面值为1 000元、票面利率为12%、每半年付息一次的不可赎回债券，该债券还有5年到期，当前市价为1 051.19元；假设新发行长期债券时采用私募方式，不考虑发行费用。

（2）公司现有优先股：面值为100元、年股息率为10%、每季付息一次的永久性优先股。其当前市价为116.79元/股，前市价为50元/股，最近一次支付的股利为4.19元/股，预期股利的永续增长率为5%，该股票的β系数为1.2，公司不准备发行新的普通股。

（3）资本市场：国债收益率为7%；市场平均风险溢价估计为6%。

（4）适用的企业所得税税率为25%。

要求：

（1）计算债券的税后资本成本。

（2）计算优先股资本成本。

（3）计算普通股资本成本：用资本资产定价模型和股利增长模型两种方法估计，以两者平均值作为普通股资本成本。

（4）假设目标资本结构是30%的长期债券、10%的优先股、60%的普通股，根据以上计算得出的长期债券的税后资本成本、优先股资本成本和普通股资本成本估计公司的加权平均资本成本。

4．目的：练习每股收益无差别点分析法的运用。

资料：已知清风公司当前资本结构如下表所示（单位：万元）。

筹资方式	金额
长期债券（年利率8%）	1 000
普通股（4 500万股）	4 500
留存收益	2 000
合计	7 500

因生产发展需要，该公司需追加筹资2 500万元。现有两个方案可供选择。

甲方案：发行新股1 000万股，每股市价2.5元。

乙方案：按面值发行每年年末付息、票面利率为10%的公司债券2 500万元。

假定股票和债券的发行费用均可忽略不计；适用的企业所得税税率为25%。

要求：

（1）计算两种筹资方式下的每股收益无差别点的息税前利润（EBIT）。

（2）计算处于每股收益无差别点时乙方案的财务杠杆系数。

（3）如果公司预计息税前利润为1 200万元，指出该公司应采用的筹资方案。

（4）如果公司预计息税前利润为1 600万元，指出该公司应采用的筹资方案。

（5）如果公司预计息税前利润在每股收益无差别点上增长 10%，计算采用乙方案时公司每股收益的增长幅度。

5. 目的：练习经营杠杆系数、财务杠杆系数和总杠杆系数的计算与应用。

资料：流水公司年销售额为 150 万元，变动成本率为 80%，全部固定成本和财务费用合计 22 万元，总资产 70 万元，负债比率为 50%，负债平均利息率为 8%。设所得税税率为 25%。

该公司拟改变经营计划，追加投资 50 万元，每年固定成本增加 7 万元，可使销售额增加 25%，并使变动成本率下降至 70%。该公司以提高净资产收益率同时降低总杠杆系数作为改变经营计划的标准。

若所需资金以追加股权资本取得。

要求：

（1）计算经营计划改变前后的净资产收益率、经营杠杆系数、财务杠杆系数和总杠杆系数。

（2）判断应否改变经营计划。

6. 目的：练习经营杠杆系数和财务杠杆系数的计算与应用。

资料：行云公司为专门生产某种收音机的公司，其产品每台售价 100 元，年产量为 10 000 台，每年税前利润额为 200 000 元，企业的固定成本为 200 000 元（含利息），其资产总额为 800 000 元，长期负债 200 000 元，年利率 10%，无其他负债。公司有普通股 40 000 股，每股面值 10 元。假设公司所得税税率为 40%，投资报酬率为 12%。

该公司现准备引进 1 套新设备，需投资 200 000 元，每年的固定费用将增加 30 000 元。采用新设备后可使每台收音机的变动成本降低 10 元，并可增产 2 000 台。但为了确保完成销售，决定产品降价至 90 元。

要求：

（1）以企业投资收益率为依据，对其应否投资新设备做出决策。

（2）若该企业进行此项投资，试计算投资后的经营杠杆系数。

（3）若该企业准备用发行债券 200 000 元的方式筹资，年利率为 12%，每年付息一次。试计算筹资前后公司的财务杠杆系数，并从每股收益的角度判断该项投资是否可行。

7. 目的：运用综合分析法进行资本结构决策。

资料：清风公司息税前利润为 600 万元，公司适用的所得税税率为 25%。公司目前的总资本为 2 000 万元，其中 80%由普通股资本构成，股票账面价值为 1 600 万元；20%由债券资本构成，债券账面价值为 400 万元，假设债券市场价值与其账面价值基本一致。该公司认为目前的资本结构不够合理，准备以发行债券购回股票的办法予以调整。经咨询调查，目前债务利息和权益资本的构成情况见表 1。

表 1　债务利息与权益资本成本

债券市场价值/万元	债券利息率/%	股票的 β 系数	无风险收益率/%	平均风险股票的必要收益率/%	权益资本成本/%
400	8	1.30	6	16	A
600	10	1.42	6	B	20.20

续表

债券市场价值/万元	债券利息率/%	股票的 β 系数	无风险收益率/%	平均风险股票的必要收益率/%	权益资本成本/%
800	12	1.60	C	16	22.00
1 000	14	D	6	16	26.00

要求：

（1）填写表 1 中用字母表示的空格。

（2）填写表 2 公司市场价值与企业加权平均资本成本（以市场价值为权重）中用字母表示的空格。

表 2　公司市场价值与企业加权平均资本成本

债券市场价值/万元	股票市场价值/万元	公司市场总价值/万元	债券资本比重/%	股票资本比重/%	债券资本成本/%	权益资本成本/%	加权平均资本成本/%
400	E	F	15.14	84.86	G	H	I
600	2 004.95	2 604.95	23.03	76.97	7.50	20.20	17.27
800	1 718.18	2 518.18	31.77	68.23	9.00	22.00	17.87
1 000	J	K	L	M	N	O	P

（3）根据表 2 的计算结果，确定该公司最优资本结构。

五、综合题

1．资料：（1）流水公司 2016 年的财务报表主要数据如下。

收入	4 000
净利润	400
股利	240
留存利润	160
负债	4 000
所有者权益	4 000
负债及所有者权益总计	8 000

（2）假设该公司未来保持经营效率和财务政策不变且不增发新股。

（3）假设公司目前的负债均为有息负债，负债预计的平均利息率为 8%，预计未来维持目前的资本结构，公司目前发行在外的普通股股数为 400 万股，公司目前的股价为 15 元/股。所得税税率为 25%。

要求：

（1）计算该公司目前的可持续增长率；

（2）计算该公司股票的资本成本；

（3）计算该公司负债的税后资本成本；

（4）计算该公司的加权平均资本成本。

2．资料：行云公司是一个电子产品生产企业。假设公司适用所得税税率为 40%。对明年的预算提出三种方案。

A 方案：维持目前的生产和财务政策。预计销售 45 000 件，售价为 240 元，单位变动成本为 200 元，固定成本 120 万元。公司的资本结构为 400 万元负债（年利息率 5%），普通股 20 万股。

B 方案：更新设备并用负债筹资。预计更新设备需投资 600 万元，生产和销售量不会变化，但单位变动成本将降低至 180 元/件，固定成本将增加至 150 万元。借款筹资 600 万元，预计新增借款的年利率为 6.25%。

C 方案：更新设备并用股票筹资。更新设备的情况与 B 方案相同，不同的只是筹资方式。预计新股发行价格为每股 30 元，需要发行 20 万股，以筹集 600 万元资金。

要求：

（1）计算三个方案下的每股收益、经营杠杆系数、财务杠杆系数和总杠杆系数。计算结果填入下表中。

方案	A	B	C
营业收入			
变动成本			
边际贡献			
固定成本			
息税前利润			
利息			
税前利润			
所得税			
税后利润			
普通股股数			
每股收益			
经营杠杆系数			
财务杠杆系数			
总杠杆系数			

（2）计算方案 B 和方案 C 每股收益相等时的销售量。

（3）计算三个方案下，每股收益为 0 时的销售量。

（4）根据上述结果分析：哪个方案的风险最大？哪个方案的报酬最高？如果公司销售量下降至 30 000 件，方案 B 和方案 C 哪个更好？请分别说明理由。

3．资料：清风公司正在考虑改变它的资本结构，有关资料如下。

（1）公司目前债务的账面价值（等于市场价值）为 1 000 万元，年利息率为 5%；普通股 4 000 万股，每股价格 1 元，所有者权益账面金额 4 000 万元（与市价同）；每年的息税前利润为 500 万元。设公司的所得税税率为 15%。

（2）公司保持现有的资产规模和总资产报酬率，每年将全部税后利润分派给股东，因此预计未来增长率为 0。

（3）为了提高企业价值，该公司拟改变资本结构，举借新的债务，替换旧的债务并回购部分普通股。可供选择的资本结构调整方案有两个：A 方案，举借新债务总额为 2 000 万元，预计年利息率为 6%；B 方案，举借新债务总额为 3 000 万元，预计年利息率为 7%。

（4）假设当前资本市场上无风险利率为4%，市场风险溢价为5%。

要求：

（1）计算该公司目前的权益成本和β系数（β系数计算结果均保留四位小数）。

（2）计算该公司无负债的权益成本和无负债的β系数（根据账面价值的权重调整β系数）。

（3）计算两种资本结构调整方案的β系数、权益成本和企业价值。

（4）判断企业应否调整资本结构并说明依据。如果需要调整应选择哪一个方案？

4．资料：流水公司目前的资本来源面值1元的普通股800万股和平均利率为10%的3 000万元债务。该公司现在拟投产一个新产品，该项目需要投资4 000万元，预期投产后每年可增加息税前利润400万元。该项目备选的筹资方案有三个：①按11%的利率发行债券；②按面值发行股利率为12%的优先股；③按20元/股的价格增发普通股。该公司目前的息税前利润为1 600万元；公司适用的所得税税率为40%；证券发行费可忽略不计。

要求：

（1）计算按不同方案筹资后的普通股每股收益（完成下表）。

项目	发行债券	发行优先股	增发普通股
息税前利润/万元			
现有债务利息/万元			
新增债务利息/万元			
税前利润/万元			
所得税/万元			
税后利润/万元			
优先股红利/万元			
普通股收益/万元			
股数/万股			
每股收益/万元			

（2）计算增发普通股和债权筹资的每股（是指普通股）收益无差别点（用息税前利润表示），以及增发普通股和优先股筹资的每股收益无差别点。

（3）计算筹资前的财务杠杆和按三个方案筹资后的财务杠杆。

（4）根据以上计算结果分析，该公司应当选择哪一种筹资方式？理由是什么？

（5）如果新产品可提供1 000万元或4 000万元的新增息税前利润，在不考虑财务风险的情况下，公司应选择哪一种筹资方式？

六、案例分析题

案例一：红日公司的资本成本和资本结构决策

1．资料

红日股份有限公司于2012年发行股票并上市，发行普通股12 000万股，每股面值1元，发行价格为20元，筹资费率为3.27%。2015年实现净利润7.48亿元，每股分配股利0.3元，股利预计以后每年增长3%。公司股票当前的市价为30元，长期借款利率为8%，所得税税率为25%，当前的无风险报酬率为8%，股票平均报酬率为14%。相关数据如下。

（1）2015年年末公司资产负债表（部分）如下表所示（单位：100元）。

资产	金额	负债及所有者权益	金额
流动资产	355 264	流动负债	302 990
长期资产	2 954 995	长期负债	952 159
		负债合计	1 255 149
		股本	1 200 000
		资本公积	560 327
		盈余公积	65 525
		未分配利润	229 258
		所有者权益合计	2 055 110
资产合计	3 310 259	负债和所有者权益合计	3 310 259

（2）预计公司不同债务水平的债务利率和β系数。

长期资本中债务比率/%	债务利率/%	β系数
0	0	1.10
10	7	1.20
20	7	1.25
30	7	1.30
40	8	1.40
50	10	1.60
60	12	1.80

2. 分析要求

（1）利用资本资产定价模型和股利增长模型计算普通股股票成本。哪种方法较为合理，为什么？

（2）利用账面价值和市场价值计算加权平均资本成本。

（3）根据上述资料，评价公司现有的资本结构。

（4）计算不同债务水平下的公司价值，并评价公司现有资本结构。

案例二：苏宁云商的筹资方式与资本结构①

1. 资料

苏宁云商创办于1990年12月26日，是中国商业企业的领先者，经营商品涵盖传统家电、消费电子、百货、日用品、图书、虚拟产品等综合品类，线下实体门店1 600多家，线上苏宁易购位居国内B2C（business to consumer，即企业对消费者）前三，线上线下的融合发展引领零售发展新趋势。苏宁云商曾名苏宁电器，随着企业经营形态的变化，2013年2月19日，企业名称由原来的“苏宁电器股份有限公司”变更为“苏宁云商集团股份有限公司”，这体现了苏宁云商经营战略的转型。目前苏宁云商具有线上线下两大开放平台（连锁店面平台和电子商务平台）、三大经营事业群（实体产品、内容平台和服务产品）、

① 资料来源：苏宁云商的相关公告。

八大事业部（网购、移动购物、本地生活、商旅、金融产品、数字应用、云产品和物流）、60个大区的苏宁云商新架构。

1）苏宁云商历年的筹资之路

由表1我们可以发现，2011年行业大规模竞争之前苏宁云商进行了4次股权融资，1次长期银行贷款融资，没有进行债券融资，融资总额78.1亿元。2011年之后进行了2次大规模的债权融资，1次股权融资以及2次长期银行贷款，融资总额157.42亿元。

表1 苏宁云商的外部融资情况

事件时间	融资方式	融资规模/万元
2004年7月2日	IPO股权融资	39 460.21
2006年6月22日	定向增发	119 502.00
2006年7月31日	银行长期贷款	80 000.00
2008年5月22日	增发新股	242 005.55
2009年12月30日	增发新股	300 000.00
2012年7月7日	增发新股	463 309.28
2013年1月24日	公司债券	450 000.00
2013年12月9日	公司债券	350 000.00
2014年	短期借款	183 652.90
2014年	长期借款	91 421.40
2015年	短期借款	322 564.10
2015年	长期借款	35 791.80

资料来源：上市公司公告

2）苏宁云商及可比公司的资本结构

由表2可以看出，大型零售业中国有企业的资产负债率相对较高。行业竞争度在2011年之前只存在小幅波动，而这之后发生明显的上涨趋势，说明从2011年开始行业竞争度增大。苏宁云商的资产负债率在2011年3月之前，一直处于较低位置，并呈现下降的趋势，直至最低点的57.08%，之后呈现出缓慢的上升趋势，2012年之前其一直为行业中倒数第二，直到2014年以后又缓慢下降，而国有企业的平均资产负债率则基本稳定，在2011年前后几乎没有任何变化，说明未受到行业竞争度的影响。伴着行业竞争度的加大，苏宁云商与国有企业的平均资产负债率之差越来越小。

表2 2008~2015年苏宁云商及可比公司的资产负债率（单位：%）

公司	2008年	2009年	2010年	2011年	2012年	2013年	2014年	2015年
苏宁云商	57.85	58.36	57.08	61.48	61.78	65.10	64.06	63.75
鄂武商A	70.32	73.33	75.20	76.99	76.09	75.25	75.95	76.75
武汉中商	74.66	73.66	72.38	70.85	70.12	69.37	66.26	65.58
大商股份	66.14	71.82	73.17	71.13	67.71	63.33	57.12	59.93
国美电器	68.86	67.00	59.31	57.16	58.36	61.05	63.62	59.87
银泰商业	54.51	53.94	56.79	62.00	65.90	60.09	57.61	57.48
国有平均	70.37	72.94	73.58	72.99	73.11	72.31	71.11	71.17
平均	65.39	66.35	65.66	66.60	66.66	65.70	64.10	63.89

注：国有平均2011年以前为鄂武商A、武汉中商和大商股份的平均值，2012年及以后为鄂武商A和武汉中商的平均值

3）苏宁云商和行业竞争对手的获利能力比较

由表 3 可知，2011 年前苏宁云商的获利能力很强，其每股收益、销售利润率及净资产收益率都居行业高位，而且净资产收益率一直在 20%左右，符合连续三年 10%以上的配股要求；2012 年后，苏宁云商的净资产收益率大幅度下降，其原因是受到经济衰退的影响。由表 2 可知，苏宁云商的偿债能力也很好，不论是长期、短期还是现金偿债能力，都处在对比公司中的最好水平。

表 3　苏宁云商和行业竞争对手的获利能力比较

项目名称	企业名称	2008 年	2009 年	2010 年	2011 年	2012 年	2013 年	2014 年	2015 年
每股权益/元	苏宁云商	0.74	0.64	0.57	0.69	0.37	0.05	0.12	0.12
	鄂武商 A	0.36	0.47	0.58	0.65	0.79	0.92	1.30	1.58
	武汉中商	0.15	0.21	0.27	0.32	0.23	0.17	0.10	–0.19
	大商股份	0.79	–0.40	0.41	0.93	3.33	4.01	4.18	2.25
	国美电器	0.08	0.10	0.13	0.11	–0.04	0.05	0.08	0.07
	银泰商业	0.21	0.26	0.39	0.43	0.49	0.53	0.53	0.60
净资产收益率/%	苏宁云商	24.73	19.88	21.88	21.59	9.40	1.31	2.96	2.86
	鄂武商 A	14.15	16.91	17.16	16.24	16.56	16.06	18.55	19.36
	武汉中商	6.97	8.57	10.07	11.18	7.32	5.18	3.09	–6.21
	大商股份	7.42	–3.87	3.73	7.74	22.06	22.18	20.14	10.36
	国美电器	12.84	12.08	13.31	11.29	–3.94	5.60	7.57	6.78
	银泰商业	11.09	13.03	13.21	13.10	13.39	13.35	10.49	11.94

4）苏宁云商与行业竞争对手的营业收入增长率比较

电商零售行业的一个重要竞争点是市场份额，公司占据了商品市场的主动权才能有收入，也才能有发展的空间。从表 4 可以看出，2012 年电商行业整体的营业收入增长率都大幅下跌，行业竞争激烈，到了 2015 年苏宁云商的营业收入增长率达到 24.44%，处于对比公司中的第 1 位，但是从苏宁云商自身的纵向来看，2010 年表现突出，该年营业收入增长率相比 2012 年出现显著增长，到了 2015 年苏宁云商超过大商股份接近 28%。

表 4　苏宁云商与行业竞争对手的营业收入增长率比较（单位：%）

公司名称	2009 年	2010 年	2011 年	2012 年	2013 年	2014 年	2015 年
苏宁云商	16.84	29.51	24.35	4.76	7.05	3.45	24.44
鄂武商 A	19.73	32.75	20.85	17.02	13.02	1.89	2.11
武汉中商	6.40	10.12	10.80	2.34	2.63	3.38	–1.08
大商股份	12.27	15.03	24.90	4.79	5.93	–4.59	–4.27
国美电器	–7.02	19.32	17.50	–14.58	10.38	7.02	7.02
银泰商业	28.38	45.59	36.20	25.34	15.43	16.41	9.62

2. 分析要求

（1）分析苏宁云商的筹资方式及其特点。

（2）分析苏宁云商的资本结构。

（3）分析苏宁云商的竞争状况、财务风险及其控制方法。

*参考答案

一、单项选择题

1. C 2. A 3. B 4. D 5. A 6. D 7. B 8. A 9. D 10. D 11. D 12. A 13. C 14. A 15. B 16. D 17. A 18. D 19. A 20. B

二、多项选择题

1. ABCD 2. ABCD 3. ABC 4. AD 5. BD 6. CD 7. BD 8. AB 9. ABD 10. AB 11. AB 12. ABC 13. AD 14. CD 15. BC 16. ACD 17. BCD 18. ACD 19. ABCD 20. BCD

三、判断题

1. × 2. √ 3. × 4. √ 5. × 6. √ 7. × 8. √ 9. √ 10. × 11. × 12. √ 13. × 14. √ 15. √ 16. × 17. × 18. × 19. × 20. √

四、计算分析题

1.（1）不考虑货币时间价值：债券成本=5.36%

（2）考虑货币时间价值：债券成本=5.84%

2.（1）长期债券成本=7.65%

优先股成本=11.34%

普通股成本=22.02%

（2）加权平均资本成本=9.85%

3.（1）债券税后资本成本=8.23%

（2）优先股资本成本=8.84%

（3）普通股资本成本=14%

（4）加权平均资本成本=11.75%

4.（1）无差别点 EBIT=1 455（万元）

（2）DFL=1.29

（3）采用甲方案进行筹资

（4）采用乙方案进行筹资

（5）每股收益增长幅度=12.9%

5.（1）增资前：ROE=17.14%，DOL=2.77 倍，DFL=1.35 倍，DTL=3.74 倍

增资后：ROE=24.04%，DOL=1.87 倍，DFL=1.1 倍，DTL=2.06 倍

（2）应改变经营计划

6.（1）新设备比旧设备多创造净收益 30 000 元

新设备投资收益率=15%>12%，投资可行

（2）购买新设备前 DOL=1.82

购买新设备后 DOL=1.78

（3）购买新设备前 DFL=1.1，EPS=3 元/股

购买新设备后 DFL=1.19，EPS=3.39 元/股

该投资可行

7.（1）A=19；B=16；C=6；D=2

（2）E=2 242.11；F=2 642.11；G=6；H=19；I=17.03；J=1 326.92；K=2 326.92；L=42.98；M=57.02；N=10.5；O=26；P=19.34

（3）由于负债资金为 400 万元时，公司价值最大同时加权平均资本成本最低，所以目前的结构为公司最优资本结构，不应调整。

五、综合题

1.（1）可持续增长率=4.17%

（2）股票的资本成本=8.34%

（3）负债的税后资本成本=6%

（4）加权平均资本成本=7.17%

2.（1）

方案	A	B	C
营业收入/万元	1 080	1 080	1 080
变动成本/万元	900	810	810
边际贡献/万元	180	270	270
固定成本/万元	120	150	150
息税前利润/万元	60	120	120
利息/万元	20	57.5	20
税前利润/万元	40	62.5	100
所得税/万元	16	25	40
税后利润/万元	24	37.5	60
普通股股数	20	20	40
每股收益/元	1.20	1.88	1.50
经营杠杆系数	3.00	2.25	2.25
财务杠杆系数	1.50	1.92	1.20
总杠杆系数	4.50	4.32	2.70

（2）每股收益无差别点的销售量=40 833 件

（3）A、B、C 分别为 35 000 件、34 583 件、28 333 件

（4）风险最大的方案为 A，因为每股收益最小，而总杠杆系数最大。报酬最高的方案为 B，因为每股收益最大。如果公司销售量下降至 30 000 件，C 方案更好。因为销售量为 30 000 件时，B 方案的每股收益为负数，C 方案为正数，选择 C 方案仍然可以盈利。

3.（1）权益成本=9.56%，β 系数=1.112 0

（2）权益成本=8.59%，β 系数=0.917 1

（3）

方案	β 系数	权益成本/%	企业价值/万元
负债 2 000 万元	1.436 8	11.18	4 889
负债 3 000 万元	2.086 4	14.43	4 708

（4）公司不应调整资本结构。因为目前的企业价值最大，加权平均资本成本最低。

4.（1）

项目	发行债券	发行优先股	增发普通股
息税前利润/万元	2 000	2 000	2 000
现有债务利息/万元	300	300	300
新增债务利息/万元	440		
税前利润/万元	1 260	1 700	1 700
所得税/万元	504	680	680
税后利润/万元	756	1 020	1 020
优先股红利/万元		480	
普通股收益/万元	756	540	1 020
股数/万股	800	800	1 000
每股收益/万元	0.95	0.68	1.02

（2）债券筹资与普通股筹资的每股收益无差别点=2 500（万元）

优先股筹资与普通股筹资的每股收益无差别点=4 300（万元）

（3）筹资前的财务杠杆系数为 1.23，发行债券筹资的财务杠杆系数为 1.59，优先股筹资的财务杠杆系数为 2.22，普通股筹资的财务杠杆系数为 1.18。

（4）由于增发普通股每股收益（1.02 元）大于其他方案，且其财务杠杆系数（1.18）小于其他方案，即增发普通股方案收益性高且风险低，所以该方案优于其他方案，即选择该方案。

（5）如果新产品可提供 1 000 万元的新增营业利润，在不考虑财务风险的情况下，公司应选择发行债券的方案；如果新产品可提供 4 000 万元的新增营业利润，在不考虑财务风险的情况下，公司应选择发行债券的方案。

六、案例分析题

案例一

（1）利用资本资产定价模型 K_s=13.75%，利用股利增长模型 K_s=8.01%。

（2）利用账面价值时 K_w=7.56%，利用市场价值时，不考虑留存收益的成本 K_w=7.53%。

（3）首先利用债务比率计算出债务价值和债务的资本成本，再根据资本资产定价模型计算不同债务水平下股票的资本成本；其次计算出 EBIT 的值，再根据股票价值的公式计算股票价值和公司价值，利用 K_w=（B/V）$\times KB+S/V\times K_s$ 计算综合资本成本。

（4）利用计算结果和资本结构的相关理论，评价公司现有的资本结构。

案例二

（1）公司运用私募、公募等不同方式，通过 IPO、增资发行等方式，发行 A 股、B 股等不同种类股票筹资，并充分利用银行借款、公司债券、租赁等方式筹资。

（2）从负债比率和流动比率看，公司资本结构不合理。

（3）从历年的负债比率、负债结构、流动比率等指标看，公司财务风险较高。公司应当促进资本结构的合理化，降低负债比率，则提高资产的流动性是关键。为此，需要适当控制扩张规模和扩张速度，则提高现有固定资产的利用效率、积极创造现金流是根本。苏宁云商采用低资产负债率经营，既可应对行业竞争、也可维护自身的财务弹性、保留扩张能力，这都符合产业竞争的资本结构理论。苏宁云商的案例说明，在行业竞争和产业转型的过程中，民营企业预见到了竞争和发展的趋势变化，提前在资本结构上进行了战略调整。

第十章

收益分配

【本章学习目标】

了解利润分配的概念、原则和分配顺序，以及股利的支付形式与支付程序；理解各种股利理论的主要观点，以及影响企业股利政策选择的因素；掌握股利政策的类型、评价与选择，以及股票股利、股票分割和股票回购的区别与联系。

*知识要点

第一节　利润分配原则与顺序

一、利润分配的原则

利润分配是企业的一项重要工作，它关系到企业、投资者等有关各方的利益，涉及企业的生存与发展。因此，在利润分配的过程中，应遵循以下原则。

依法分配原则	国家有关法律、法规对企业利润分配的基本原则、一般次序和重大比例做了较为明确的规定，其目的是保障企业利润分配的有序进行，维护企业和所有者、债权人及职工的合法权益，促进企业增加积累，增强风险防范能力
企业价值最大化原则	企业股利分配政策必须与企业财务管理目标相一致，即最大限度地保证企业价值最大化，这是制定股利分配政策的前提条件和根本出发点，无论采取何种政策、方案，决策者都要预见它对企业价值的影响
资本保全原则	资本保全是责任有限的现代企业制度的基础性原则之一，企业在分配中不能侵蚀资本。利润分配是对经营资本增值的分配，不是对资本金的返还。按照这一原则，一般情况下，企业如果存在尚未弥补的亏损，应首先弥补亏损，再进行其他分配
充分保全债权人利益的原则	按照风险承担的顺序及其合同契约的规定，企业必须在利润分配之前偿清所有债权人到期的债务，否则不能进行利润分配。同时，在利润分配之后，企业应保持一定的偿债能力，以免产生财务危机，危及企业生存
多方及长短期利益兼顾原则	利益机制是制约机制的核心，而利润分配的合理与否是利益机制最终能否持续发挥作用的关键。利润分配涉及投资者、经营者、职工等多方面的利益，企业必须兼顾，并尽可能地保持稳定的利润分配

二、利润分配的顺序

企业年度净利润，除法律、行政法规另有规定外，按照以下顺序分配：

（1）计算可供分配的利润。将本年净利润（或亏损）与年初未分配利润（或亏损）合并，计算出可供分配的利润。如果可供分配的利润为负数（即亏损），则不能进行后续的分配；如果可供分配的利润为正数（即本年累计盈利），则进行后续分配。

（2）计提 10%的法定公积金。法定公积金累计额达到注册资本的 50%以后，可以不再提取。

（3）提取任意公积金。任意公积金提取比例由投资者决议。

（4）向股东（投资者）支付股利（分配利润）。

第二节 股利政策的基本理论

股利分配的核心问题是如何权衡公司股利支付决策与未来长期增长之间的关系，以实现公司价值最大化的财务管理目标。围绕着公司股利政策是否影响公司价值这一问题，主要有两类不同的股利理论，即股利无关论和股利相关论。各种股利理论的主要观点如下表所示。

股利理论		要点阐释
股利无关论		该理论是建立在完美资本市场理论之上的，假定条件如下：①公司的投资政策已确定并且已经为投资者所理解；②不存在股票发行和交易费用；③不存在个人或公司所得税；④不存在信息不对称；⑤经理与外部投资者之间不存在代理成本。该理论认为，在一个信息对称的完美资本市场里，在公司投资决策既定的条件下，公司的价值和公司的财务决策是无关的，因此，是否分配股利对股东的财富和公司价值没有影响
股利相关论	税差理论	该理论认为，如果现金红利和资本利得税率不同，公司选择不同的股利政策，不仅会对公司的市场价值产生不同的影响，而且也会使公司（及个人投资者）的税收负担出现差异。即使在税率相同的情况下，资本利得只有在实现之时才交纳资本利得税，相对于现金股利课税而言，仍然具有延迟纳税的好处。因此，企业应当采用低股利政策
	客户效应理论	该理论认为，各类投资者由于所处不同等级的边际税率，对企业股利政策的偏好也是不同的。收入高的投资者因其拥有较高的边际税率表现出偏好低股利支付率的股票，希望少分或不分现金股利，以更多的留存收益进行再投资，从而提高所持股票的价格。而收入低的投资者以及享有税收优惠的养老基金的投资者表现出偏好高股利支付率的股票，希望支付较高且稳定的现金股利
	“在手之鸟”理论	该理论基于投资者偏爱即期收入和即期股利能消除不确定性的特点。在投资者眼里股利收益要比留存收益再投资带来的资本利得更为可靠，故投资者一般偏好现金股利而非资本利得。因此，该理论认为提高股利支付将会增加股东财富
	代理理论	该理论认为，股利政策是协调股东与管理者之间代理关系的一种约束机制。高股利政策有助于降低股权代理成本，但同时增加了债权代理成本。因此，最优的股利政策应该使股权代理成本和债权代理成本之和最小
	信号理论	该理论认为，由于企业管理者与投资者之间存在信息不对称，管理者可通过股利政策向市场传递企业盈利能力的信号。通常，增加现金股利的支付，向投资者传递的是公司经营状况良好、盈利能力充足的信息，会导致股票价格上升；反之，减少现金股利支付，则会导致股票价格下跌

第三节 股利政策的类型

一、影响股利政策的因素

股利政策是关于股份公司是否发放股利、发放多少股利、何时发放股利以及以何种形式发放股利等方面的方针和策略。影响公司股利政策的因素有很多，如法律、公司、股东等因素。

法律因素	为了保护债权人、投资者和国家的利益，有关法规对企业的股利分配有如下限制：①资本保全限制；②资本积累限制；③净利润的限制；④偿债能力限制；⑤超额累积利润限制	
公司因素	资金灵活周转是企业生产经营得以正常进行的必要条件。因此企业长期发展和短期经营活动对现金的需求，便成为对股利最重要的限制因素。其相关因素主要有以下几个：①资产流动性；②投资机会；③举债能力；④盈利稳定性；⑤资本成本；⑥股利政策惯性等	
股东因素	股东在避税、规避风险、稳定收入和股权稀释等方面的意愿，也会对企业的股利政策产生影响	
其他因素	债务合同约束	一般来说，股利支付水平越高，留存收益越少，公司的破产风险就越大，也就越有可能损害到债权人的利益。因此，为了保证自己的利益不受损害，债权人通常都会在公司借款合同、债券契约，以及租赁合约中加入关于借款公司股利政策的条款，以限制公司股利的发放
	通货膨胀影响	通货膨胀会带来货币购买力水平下降、固定资产重置资金不足，此时，企业往往不得不考虑留用一定的利润，以便弥补货币购买力水平下降而造成的固定资产重置资金缺口。因此，在通货膨胀时期，企业一般会采取偏紧的收益分配政策

二、四种股利政策的评价与选择

支付给股东的盈余与留在企业的留存收益，存在此消彼长的关系，所以股利分配既决定给股东分配多少红利，也决定有多少净利留在企业。减少股利分配会增加留存收益，相当于把股东投资的报酬作为对企业的再投资，从而减少了外部筹资的需求。股利决策也是内部筹资决策。

股利政策	内容	优点	缺点	适用范围
剩余股利政策	剩余股利政策是在公司有良好投资机会时，根据设定的最佳资本结构，先最大限度地使用留存收益来满足投资方案所需的权益资本，然后将剩余的收益作为股利发放给股东。执行该政策应注意：①财务限制（即资本结构限制）；②经济限制（目标结构下的筹资顺序）；③法律限制（对留存收益的限制）	有利于优化资本结构，降低综合资本成本，实现企业价值的长期最大化	股利发放额每年随投资机会和盈利水平的波动而波动，不利于投资者安排收入与支出，也不利于公司树立良好的形象	适用于公司初创阶段。该政策虽然没有直接承认股利无关论，但总体上倾向于当期是否给股东派发现金股利对企业的长期价值没有影响
固定股利政策	固定股利政策是公司将每年派发的股利额固定在某一相对稳定的水平上，并在较长时期内保持不变，只有当公司认为未来盈余会显著地不可逆转地增长时，才提高年度的股利发放额	有利于稳定公司股票价格，增强投资者对公司的信心；有利于投资者安排股利收入与支出	公司股利支付与公司盈利相脱节，造成投资风险与投资收益不对称；可能会给公司造成较大财务压力，甚至可能侵蚀公司留存收益和公司资本	适用于稳定发展且财务状况也较稳定的公司。该政策的理论依据是股利相关论

续表

股利政策	内容	优点	缺点	适用范围
固定股利支付率政策	固定股利支付率政策是公司确定固定的股利支付率，并长期按此比率支付股利的政策	使股利与企业盈余紧密结合，以体现多盈多分、少盈少分、不盈不分的原则；保持股利与利润之间一定的比例关系，体现了投资风险与投资收益的对称性	公司财务压力较大；缺乏财务弹性；确定合理的固定股利支付率难度很大	适用于盈利稳定或处于稳定增长阶段的企业。该政策的理论依据是股利相关论
低正常股利加额外股利政策	低正常股利加额外股利政策是公司事先设定一个较低的经常性股利额，一般情况下，公司每期都按此金额支付正常股利，只有企业盈利较多时，再根据实际情况发放额外股利	股利政策具有较大的灵活性。低正常股利加额外股利政策既可维持股利相对稳定性，又有利于优化资本结构，使灵活性与稳定性较好地结合起来	股利派发缺乏稳定性；如果公司较长时间一直发放额外股利，股东就会误认为这是“正常股利”，一旦取消，容易给投资者造成公司负面印象，从而导致股价下跌	适用于盈利与现金流量波动不够稳定的企业。该政策的理论依据是股利相关论

第四节　股利支付程序与方式

一、股利支付的程序

股份公司向股东支付股利，前后有一个过程。主要经历股利宣告日、股权登记日、除息（除权）日和股利发放日。

内容	说明
股利宣告日	公司董事会将股东大会通过的本年度利润分配方案以及股利支付情况予以公告的日期
股权登记日	有权领取本期股利的股东资格登记截止日期。只有在股权登记日在册的股东才有资格领取本期股利，而在股权登记日后，即使在股利支付日之前买入股票，也无权领取本期股利
除息日	是指股利所有权与股票本身分离的日期，即在除息日及以后买入的股票不再享有本次股利分配权。我国上市公司除息日通常是在登记日的下一个交易日
股利支付日	向股东正式发放股利的日期

二、股利支付的方式

公司通常以多种方式发放股利，股利支付方式一般有现金股利、股票股利、财产股利和负债股利，其中最为常用的是现金股利和股票股利。

股利支付方式	特点
现金股利	现金股利是以现金支付的股利，它是股利支付的主要方式。公司支付现金股利除了要有累计盈余外，还要有足够的现金
股票股利	股票股利是公司以增发的股票作为股利的支付方式

续表

股利支付方式	特点
财产股利	财产股利是以现金以外的资产支付的股利，主要以公司所拥有的其他企业的有价证券，如债券、股票，作为股利支付给股东
负债股利	负债股利是公司以负债支付的股利，通常以公司的应付票据支付给股东，在不得已情况下也有发行公司以债券抵付股利的

第五节 股票股利、股票分割与股票回购

一、股票股利

股票股利是公司以发放的股票作为股利的支付方式。发放股票股利，对股东而言，并未得到现实的股利收入，只是增加了股东持有的股数，且它并未改变每个股东的股份比例。

二、股票分割

股票分割，是指将面额较大的股票折成数股面额较小的股票的行为，也称拆股。股票分割不属于股利支付方式。股票分割时，发行在外的股数增加，使得每股面额降低，每股收益下降；但公司价值不变，所有者权益总额、所有者权益各项目的金额及其相互间的比例也不会改变。

三、股票回购

股票回购是指上市公司从股票市场上购回本公司一定数额发行在外股票的行为。公司在股票回购完成后可以将所回购的股票注销，但在绝大多数情况下，公司将回购的股份作为“库藏股”保留，不再参与每股收益的计算和收益分配。但库藏股日后可移作他用（如雇员福利计划、发行可转换债券等），或在需要资金时将其出售。

股票回购的方式主要有以下几种：①公开市场回购；②要约回购；③协议回购。

1）股票股利与股票分割的比较

内容	股票股利	股票分割
不同点	面值不变； 所有者权益内部结构变化； 属于股利支付方式； 在公司股价上涨幅度不大时，往往通过发放股票股利将股价维持在理想的范围之内	面值变小； 所有者权益结构不变； 不属于股利支付方式； 在公司股价暴涨且预期难以下降时，才采用股票分割的办法降低股价
相同点	普通股股数增加； 每股收益和每股市价下降； 资本结构不变（资产总额、负债总额、所有者权益总额不变）； 往往给人传递一种“公司正处于发展中”的信息，从纯粹经济的角度看，二者没有区别	

2）股票回购与现金股利的比较

内容	股票回购	现金股利
不同点	股东得到的资本利得，需缴纳资本利得税，税赋低； 股票回购对股东利益具有不稳定的影响； 不属于股利支付方式； 可配合公司资本运作需要	发放现金股利后股东则需缴纳股息税，税赋高； 稳定到手的收益； 属于股利支付方式
相同点	所有者权益减少，现金减少	

3）股票回购与股票分割及股票股利的比较

内容	股票回购	股票分割及股票股利
股数	减少	增加
每股市价	提高	降低
每股收益	提高	降低
资本结构	改变，提高财务杠杆水平	不影响
控制权	巩固既定控制权或转移公司控制权	不影响

*练 习 题

一、单项选择题

1. 某公司存在年初累计亏损 500 万元，其中 100 万为 5 年前的亏损导致的，公司本年实现的净利润为 800 万元，法律规定的法定公积金计提比率为 10%，则本年计提的法定公积金为（　　）万元。

A. 80　　B. 50　　C. 40　　D. 30

2. 如果上市公司以其所拥有的其他公司的股票作为股利支付给股东，则这种股利的方式称为（　　）。

A. 现金股利　　B. 股票股利
C. 财产股利　　D. 负债股利

3. 在确定企业的利润分配政策时，应当考虑相关因素的影响，其中“资本保全限制”属于（　　）。

A. 股东因素　　B. 公司因素
C. 法律因素　　D. 债务合同因素

4. 在除息日之前，股利权利从属于股票；从（　　）开始，新购入股票的投资者不能分享本次已宣告发放的股利。

A. 股权登记日　　B. 除息日
C. 股利发放日　　D. 付息日

5. 以下股利分配政策中，最有利于股价稳定的是（　　）。

A. 剩余股利政策
B. 固定或稳定增长的股利政策

C．固定股利支付率政策

D．低正常股利加额外股利政策

6．下列关于股利分配政策的说法中，错误的是（　　）。

A．采用剩余股利分配政策，可以保持理想的资本结构，使加权平均资本成本最低

B．采用固定股利支付率分配政策，可以使股利和公司盈余紧密配合，但不利于稳定股票价格

C．采用固定股利分配政策，当盈余较低时，容易导致公司资金短缺，增加公司风险

D．采用低正常股利加额外股利政策，股利和盈余不匹配，不利于增强股东对公司的信心

7．甲公司2015年实现税后利润1 000万元，2015年年初未分配利润为200万元。公司按10%提取法定盈余公积。预计2016年需要新增投资资本500万元。目标资本结构（债务/权益）为4/6。公司执行剩余股利分配政策，2015年可分配现金股利（　　）万元。

A．700　　B．800　　C．900　　D．600

8．适用于盈利水平随着经济周期波动较大的公司或行业的股利分配政策是（　　）。

A．剩余股利政策　　B．固定股利政策

C．固定股利支付率政策　　D．低正常股利加额外股利政策

9．以下关于利润分配的描述中，正确的是（　　）。

A．公司在提取法定公积金之前，应当先用当年利润弥补亏损

B．法定盈余公积的提取比例为当年税后利润（弥补亏损后）的20%

C．公司不能从税后利润中提取盈余公积金

D．有限责任公司和股份有限公司股东都按照实缴的出资比例分红

10．下列关于股票回购的说法不正确的是（　　）。

A．公司可以根据资本运作的需要自主确定是否需要回购股票

B．公司在股票的公开交易市场上按照公司股票当前市场价格回购

C．公司在特定期间向市场发出以高于股票当前市场价格的某一价格回购既定数量股票的要约

D．协议回购是公司以协议价格直接向一个或几个主要股东回购股票

11．实施股票分割与发放股票股利产生的效果相似，它们都会（　　）。

A．增加所有者权益总额　　B．降低股票每股价格

C．降低股票每股面值　　D．改变所有者权益结构

12．在下列股利分配政策中，能保持股利与利润之间一定的比例关系，并体现风险投资与风险收益对等原则的是（　　）。

A．剩余股利政策　　B．固定股利政策

C．固定股利支付率政策　　D．低正常股利加额外股利政策

13．我国上市公司不得用于支付股利的权益资金是（　　）。

A．资本公积　　B．任意盈余公积

C．法定盈余公积　　D．上年未分配利润

14．上市公司按照剩余股利政策发放股利的好处是（　　）。

A．有利于公司合理安排资金结构

B．有利于投资者安排收入与支出

C．有利于公司稳定股票的市场价格

D．有利于公司树立良好的形象

15．在下列公司中，通常适合采用固定股利政策的是（　　）。

A．收益显著增长的公司　　B．收益相对稳定的公司

C．财务风险较高的公司　　D．投资机会较多的公司

16．下列各项中，不属于股票回购方式的是（　　）。

A．用本公司普通股股票换回优先股

B．与少数大股东协商购买本公司普通股股票

C．在市场上直接购买本公司普通股股票

D．向股东要约回购本公司普通股股票

17．甲公司是一家上市公司，2015 年的利润分配方案如下：每 10 股送 2 股并派发现金红利 10 元（含税），资本公积每 10 股转增 3 股。如果股权登记日的股票收盘价为每股 25 元，除权（息）日的股票参考价格为（　　）元。

A．10　　B．15　　C．16　　D．16.67

18．在下列各项中，能够增加普通股股票发行在外的股数，但不改变公司资本结构的行为是（　　）。

A．支付现金股利　　B．增发普通股

C．股票分割　　D．股票回购

二、多项选择题

1．公司基于不同的考虑会采用不同的股利分配政策，利用剩余股利政策的公司更多地关注（　　）。

A．盈余的稳定性　　B．公司的流动性

C．投资机会　　D．资本成本

2．企业的收益分配应当遵循的原则包括（　　）。

A．依法分配原则　　B．资本保全原则

C．多方及长短期利益兼顾原则　　D．充分保全债权人利益的原则

3．下列有关表述中正确的有（　　）。

A．在除息日之前，股利权从属于股票

B．从除息日开始，新购入股票的人不能享有本次已宣告发放的股利

C．在股权登记日当天买入股票的股东没有资格领取本期股利

D．自除息日起的股票价格中不包含本次派发的股利

4．下列关于固定股利支付率政策的说法正确的有（　　）。

A．使股利和公司盈余紧密结合

B．有利于传递公司上升发展的信息

C. 公司面临的财务压力较大

D. 制定合适的固定股利支付率难度较大

5. 有利于公司树立良好的形象，增强投资者信心，稳定公司股价的股利政策有（　　）。

A. 剩余股利政策　　B. 固定或稳定增长的股利政策

C. 固定股利支付率政策　　D. 低正常股利加额外股利政策

6. 股利相关理论认为，企业的股利政策会影响到股票价格和公司价值。主要观点包括（　　）。

A. “在手之鸟”理论　　B. 信号理论

C. 代理理论　　D. 税差理论

7. 从下列哪些因素考虑股东往往希望公司提高股利支付率（　　）。

A. 规避风险　　B. 稳定股利收入

C. 防止公司控制权旁落　　D. 避税

8. 根据《公司法》，下列关于盈余公积金的说法不正确的有（　　）。

A. 只要弥补亏损后，当年的税后利润还有剩余，就必须计提盈余公积金

B. 法定盈余公积的提取比例为当年税后利润（弥补亏损后）的 10%

C. 法定盈余公积可用于弥补亏损、扩大公司生产经营或转增资本

D. 用盈余公积金转增资本后，法定盈余公积金的余额不得低于转增后公司注册资本的 25%

9. 处于初创阶段的公司，一般不宜采用的股利分配政策有（　　）。

A. 固定股利政策　　B. 剩余股利政策

C. 固定股利支付率政策　　D. 稳定增长股利政策

10. 上市公司发放股票股利可能导致的结果有（　　）。

A. 公司所有者权益内部结果发生变化

B. 公司所有者权益总额发生变化

C. 公司每股利润下降

D. 公司股份总额发生变化

11. 下列情形中，会使企业减少股利分配的有（　　）。

A. 市场竞争加剧，企业收益的稳定性减弱

B. 市场销售不畅，企业库存量持续增加

C. 经济增长速度减慢，企业缺乏良好的投资机会

D. 为保证企业的发展，需要扩大筹资规模

12. 下列关于股利分配政策的表述中，错误的有（　　）。

A. 处于衰退期的企业在制定收益分配政策时，应当优先考虑企业积累

B. 金融市场利率走势下降时，公司一般不应采用高现金股利政策

C. 基于控制权的考虑，股东会倾向于较高的股利支付水平

D. 债权人不会影响公司的股利分配政策

13．下列关于股票股利、股票分割和股票回购的表述中，正确的有（　　）。
A．发放股票股利会导致股价下降，因此股票股利会使股票总市场价值下降
B．如果发放股票股利后股票的市盈率增加，则原股东所持股票的市场价值增加
C．发放股票股利和进行股票分割对企业的所有者权益各项目的影响是相同的
D．股票回购本质上是现金股利的一种替代选择，但是两者带给股东的净财富效应不同
14．下列属于股票分割优点的有（　　）。
A．有利于促进股票流通和交易
B．有助于公司并购政策的实施，增加对被并购方的吸引力
C．有利于防止被恶意收购
D．有利于促进新股的发行
15．股票回购对上市公司的不利影响主要体现为（　　）。
A．资金紧张，资产流动性降低
B．削弱了对债权人利益的保障
C．忽视公司长远的发展，损害公司的根本利益
D．容易导致公司操纵股价

三、判断题

1．根据《公司法》的规定，法定盈余公积的提取比例为当年税后利润的10%。（　　）

2．股利无关论的假定条件之一是不存在任何公司或个人所得税。（　　）

3．从理论上说，债权人不得干预企业的资金投向和股利分配方案。（　　）

4．企业发放股票股利将使企业的利润下降。（　　）

5．采用固定或稳定增长股利政策公司财务压力较小，有利于股票价格的稳定与上涨。（　　）

6．剩余股利政策能保持理想的资本结构，使企业价值长期最大化。（　　）

7．股权登记日在除息日之前。（　　）

8．在其他条件不变的情况下，股票分割会使发行在外的股票总数增加，进而降低公司资产负债率。（　　）

9．对于盈余不稳定的公司而言，其适宜较多地采取低股利政策。（　　）

10．负债资金较多，资金结构不健全的企业在选择筹资渠道时，往往将留用利润作为首选，以降低筹资的外在成本。（　　）

11．“在手之鸟”理论的观点认为公司分配的股利越多，公司的股票价格越高。（　　）

12．按照股利的所得税差异理论，股利政策与股价相关，由于税赋影响，企业应采取高股利政策。（　　）

13．企业的衰退阶段应当采用稳定增长型股利政策来吸引股东。（　　）

14．采用固定股利支付率政策分配利润时，股利不受经营状况的影响，有利于公司股票价格的稳定。（　　）

四、计算分析题

1．目的：练习同时发放现金股利、股票股利和资本公积转增股本后的除权参考价。

资料：某公司实施的分配方案如下，每 10 股送 3 股派发现金股利 0.6 元（含税），转增 5 股。假设实施前股权登记日的收盘价为 24.45 元。

要求：计算除权（除息）日的参考价。

2．目的：针对预计利润分配规划，练习剩余股利政策的相关计算。

资料：某公司今年年底的所有者权益总额为 9 000 万元，普通股有 6 000 万股。目前的资本结构为长期负债占 55%，所有者权益占 45%，没有需要付息的流动负债。该公司的所得税税率为 30%。预计继续增加长期债务不会改变目前的 11%的平均利率水平。董事会在讨论明年资金安排时提出：

（1）计划年度分配现金股利 0.05 元/股；

（2）为新的投资项目筹集 4 000 万元的资金；

（3）计划年度维持目前的资本结构，并且不增发新股，不举借短期借款。

要求：测算实现董事会上述要求所需要的息税前利润。

3．目的：练习企业发放股票股利相关计算。

资料：某公司年终利润分配前的所有者权益项目资料如下表所示（单位：万元）。

股本——普通股（400 万股）	400
资本公积	120
未分配利润	1 150
所有者权益合计	1 670

公司股票的每股现行市价为 20 元。

要求：

（1）计划按每 10 股送 1 股的方案发放股票股利，并按发放股票股利后的股数派发每股现金股利 0.1 元，股票股利的金额按现行市价计算。计算完成这一分配方案后的所有者权益各项目数额。

（2）若按 1 股换 2 股的比例进行股票分割，计算普通股股数、所有者权益各项目数额。

（3）假设利润分配不改变市净率，公司按每 10 股送 1 股的方案发放股票股利，股票股利按现行市价计算，并按新股数发放现金股利，且希望普通股市价达到每股 15 元，计算每股现金股利应是多少？

4．目的：练习股票回购相关计算。

资料：2016 年 3 月 31 日甲公司股票每股市价 20 元，每股收益 1.5 元。所有者权益项目构成如下：普通股 5 000 万股，每股面值 1 元，计 5 000 万元；资本公积 1 000 万元；留存收益 9 000 万元。

要求：

假定 2016 年 3 月 31 日甲公司准备用现金按照每股市价 20 元回购 1 000 万股股票，且假设回购前后公司净利润与市盈率保持不变，结合资料计算下列指标。

（1）股票回购之后的每股收益；

（2）股票回购之后的每股市价。

五、综合题

1. 资料：某公司本年实现的净利润为200万元，年初未分配利润为600万元，年末公司讨论决定股利分配的数额。上年实现净利润180万元，分配的股利为108万元。

要求：

（1）预计明年需要增加投资资本 300 万元。公司的目标资本结构为权益资本占55%，债务资本占 45%。公司采用剩余股利政策，权益资金优先使用留存收益，公司本年应发放多少股利？

（2）公司采用固定股利政策，公司本年应发放多少股利？

（3）公司采用固定股利支付率政策，公司本年应发放多少股利？

（4）公司采用低正常股利加额外股利政策，规定每股正常股利为0.1元，按净利润超过最低股利部分的30%发放额外股利，该公司普通股股数为500万股，公司本年应发放多少股利？

2. 资料：我国的股票股利处理方法——股票股利按面值确定。

ZF上市公司在2015年度利润分配及资本公积转增股本实施公告中披露的分配方案主要信息如下：每10股送3股派发现金红利0.6元（含税），转增5股。即每股送0.3股派发现金红利0.06元（含税，送股和现金红利按10%代扣代缴个人所得税），转增0.5股。

股权登记日：2016年3月17日（注：该日收盘价为24.45元）；除权（除息）日：2016年3月18日（注：该日开盘价为13.81元）；新增可流通股份上市流通日：2016年3月19日；现金红利到账日：2016年3月23日。

ZF上市公司在实施股票分配前，所有者权益情况如下表所示。

分配利润前 ZF 公司所有者权益情况表（单位：万元）

项目	金额
股本（面额1元，已发普通股60 000万股）	60 000
资本公积	60 000
盈余公积	16 000
未分配利润	120 000
所有者权益合计	256 000

要求：

（1）从ZF上市公司的利润分配及资本公积转增股本实施公告披露的信息分析该公司的股利分配形式包括什么？

（2）计算确定ZF上市公司的利润分配及资本公积转增股本后的所有者权益各项目的数额。

（3）假设 ZF 上市公司的股东均为个人股东，计算股东实际收到的现金股利为多少？确定公司应代扣代缴的个人所得税为多少？扣税后每股派发的实际现金为多少？

（4）计算ZF上市公司在2016年3月18日除权（除息）日的参考价，分析此项分配转股方案对股东财富的影响。

六、案例分析题

1. 资料

1）贵州茅台简介

贵州茅台酒股份有限公司（以下简称贵州茅台）是根据贵州省人民政府黔府函〔1999〕291号文《关于同意设立贵州茅台酒股份有限公司的批复》，由中国贵州茅台酒厂有限责任公司作为主发起人，联合贵州茅台酒厂技术开发公司、贵州省轻纺集体工业联社、深圳清华大学研究院、中国食品发酵工业研究院、北京市糖业烟酒公司、江苏省糖烟酒总公司、上海捷强烟草糖酒（集团）有限公司共同发起设立的股份有限公司。公司成立于1999年11月20日，成立时注册资本为人民币18 500万元。经中国证监会证监发行字〔2001〕41号文核准并按照财政部企〔2001〕56号文件的批复，公司于2001年7月31日在上交所公开发行7 150万股（其中，国有股存量发行650万股）A股股票，公司股本总额增至25 000万股。2001年8月20日，公司向贵州省工商行政管理局办理了注册资本变更登记手续。

贵州茅台是国内白酒行业的标志性企业，主要生产销售茅台酒，同时进行饮料食品包装材料的生产和销售，以及防伪技术开发、信息产业相关产品的研制开发。其生产的茅台酒是中国酱香型白酒的代表，享有国酒的美称。

2）贵州茅台股利分配基本概况

根据公司2002年度股东大会审议通过的2001年度利润分配及资本公积金转增股本方案，公司以2001年年末总股本25 000万股为基数，向全体股东按每10股派6元（含税）派发了现金红利，同时以资本公积金按每10股转增1股的比例转增了股本，计转增股本2 500万股。本次利润分配实施后，公司股本总额由原来的25 000万股变为27 500万股。根据公司2003年度股东大会审议通过的2002年度利润分配方案，公司以2002年年末总股本27 500万股为基数，向全体股东按每10股派2元（含税）派发了现金红利，同时以2002年年末总股本27 500万股为基数，每10股送红股1股。本次利润分配后，公司股本总额由原来的27 500万股增至30 250万股。根据公司2004年度股东大会审议通过的2003年度利润分配及资本公积金转增股本方案，公司以2003年年末总股本30 250万股为基数，向全体股东按每10股派3元（含税）派发了现金红利，同时以2003年年末总股本30 250万股为基数，每10股资本公积转增3股。本次利润分配实施后，公司股本总额由原来的30 250万股增至39 325万股。根据公司2005年度股东大会审议通过的2004年度利润分配及资本公积金转增股本方案，公司以2004年年末总股本39 325万股为基数，向全体股东按每10股派5元（含税）派发了现金红利，同时以2004年年末总股本39 325万股为基数，每10股资本公积转增2股。本次利润分配实施后，公司股本总额由原来的39 325万股增至47 190万股。根据公司2006年第二次临时股东大会暨相关股东会议审议通过的《贵州茅台酒股份有限公司股权分置改革方案（修订稿）》，公司以2005年年末总股本47 190万股为基数，每10股资本公积转增10股。本次资本公积金转增股本实施后，公司股本总额由原来的47 190万股增至94 380万股。贵州茅台近年来分配的现金股利规模不断扩大：2007年的股利分配方案为每10股派发现金股利

8.36 元，2008 年即为每 10 股派现 11.56 元，2009 年为每 10 股派现 11.85 元，2010 年突然猛增至每 10 股送一股并派发现金股利 23 元，2011 年公司更是推出了每 10 股派现 39.97 元的分红方案，一举成为 A 股史上最高的现金分红方案，连续两年摘得“A 股分红王”的桂冠。

2012 年每 10 股现金股利更是高达 64.19 元，一举打破由贵州茅台自己在 2011 年创下的每 10 股分红 39.97 元的纪录。2013 年、2014 年也继续延续现金股利排名第一的地位。

2015 年贵州茅台以公司总股本 125 619.78 万股为基数，对公司全体股东每 10 股派发现金红利 61.71 元，共分配利润 77.51 亿元。根据披露的年报，公司 2015 年度实现营业收入 326.6 亿元，同比增长 3.44%；归属上市公司股东的净利润为 155.03 亿元，同比增长 1%；基本每股收益 12.34 元。贵州茅台再次将近一半的利润派发现金红利，股息率远超一年期定期利率，让市场人士再次感慨其“土豪”。

从股利支付率来看，2001~2015 年 15 年里除了少数的两三年股利支付率在 20%以下外，其他年份股利支付率都接近或超过 30%，2012 年股利支付率达到最高值 50.08%，2015 年股利支付率也接近 50%，此外即使在白酒行业整体不景气的 2013 年，股利支付率也没有低于 30%。

贵州茅台 2001~2015 年股利分配情况

年份	公告日	每股现金股利/元	每股股票股利/股	股利支付率/%	现金股利排名
2015	2016-03-24	6.17	0	49.99	2
2014	2015-04-21	4.37	0.1	32.54	1
2013	2014-03-25	4.37	0.1	30.00	1
2012	2013-03-29	6.42	0	50.08	1
2011	2012-04-11	4.00	0	47.35	1
2010	2011-03-21	2.30	0.1	42.97	1
2009	2010-04-02	1.19	0	25.93	4
2008	2009-03-25	1.16	0	28.72	5
2007	2008-03-13	0.84	0	27.87	8
2006	2007-04-03	0.70	0	44.03	6
2005	2006-04-05	0.30	0.1	12.66	54
2004	2005-04-23	0.50	0.2	23.92	11
2003	2004-03-26	0.30	0.3	15.46	51
2002	2003-03-26	0.20	0.1	14.60	96
2001	2002-04-17	0.60	0.1	37.74	2

2. 分析要求

（1）贵州茅台采取了哪两种股利支付形式？试比较两种股利支付形式对企业有何影响及其意义。

（2）贵州茅台的高派现股利政策需要有足够的资金能力来支付现在以及未来的现金股利。试查找相关资料，从财务方面分析贵州茅台能够连续多年给投资者派发高额现金股利的原因。

（3）对投资者进行回报，除了“有利可分”，还得满足“有利愿分”的条件。试进一步思考并查找相关资料，探究贵州茅台乐于采用高派现股利分配政策的深层次原因。

*参考答案

一、单项选择题

1. D 2. C 3. C 4. B 5. B 6. D 7. A 8. D 9. A 10. A 11. B 12. C 13. A 14. A 15. B 16. A 17. C 18. C

二、多项选择题

1. CD 2. ABCD 3. ABD 4. ACD 5. BD 6. ABCD 7. AB 8. AD 9. ACD 10. ACD 11. ABD 12. ABCD 13. BD 14. ABCD 15. ABCD

三、判断题

1. × 2. √ 3. × 4. × 5. × 6. √ 7. √ 8. × 9. √ 10. √ 11. √ 12. × 13. × 14. ×

四、计算分析题

1. 除权日参考价=（24.45−0.06）/（1+30%+50%）=13.55（元）

2.（1）发放现金股利所需税后利润=0.05×6 000=300（万元）

（2）投资项目所需税后利润=4 000×45%=1 800（万元）

（3）计划年度税后利润=300+1 800=2 100（万元）

（4）税前利润=2 100/（1−30%）=3 000（万元）

（5）计划年度借款利息=（原长期借款+新增借款）×利率

=［（9 000/45%）×55%+4 000×55%］×11%=1 452（万元）

（6）息税前利润=3 000+1 452=4 452（万元）

3.（1）发放股票股利后的普通股数=400×（1+10%）=440（万股）

发放股票股利后的普通股股本=1×440=440（万元）

发放股票股利后的资本公积=120+（20−1）×40=880（万元）

现金股利=0.1×440=44（万元）

发放股票股利后的未分配利润=1150−20×40−44=306（万元）

（2）股票分割后的普通股股数=400×2=800（万股）

股票分割后的普通股股本=0.5×800=400（万元）

股票分割后的资本公积=120 万元

股票分割后的未分配利润=1 150 万元

（3）分配前市净率=20÷（1 670÷400）=4.79

每股市价 15 元时的每股净资产=15÷4.79=3.13（元）

每股市价 15 元时的全部净资产=3.13×440=1 377.2（万元）

每股市价 15 元时的每股现金股利=（1 670–1 377.2）÷440=0.67（元）

4.（1）原有净利润=原有股数×原有每股收益=5 000×1.5=7 500（万元）

因为净利润保持不变，因此回购后净利润=7 500（万元）

回购后每股收益=净利润/回购后股数=7 500/（5 000–1 000）=1.88（元）

（2）因为市盈率不变，所以：

回购前市盈率=回购前每股市价/回购前每股收益=20/1.5=13.33

回购后市盈率=回购后每股市价/回购后每股收益=回购前市盈率=13.33

回购后每股市价=回购后每股收益×回购后市盈率=1.88×13.33=25.06（元）

五、综合题

1.（1）预计明年投资所需的权益资金=300×55%=165（万元）

本年发放的股利=200–165=35（万元）

（2）本年发放的股利=上年发放的股利=108（万元）

（3）固定股利支付率=108/180×100%=60%

本年发放的股利=200×60%=120（万元）

（4）最低股利额=500×0.1=50（万元）

额外股利=（200–50）×30%=45（万元）

本年发放的股利=50+45=95（万元）

2.（1）从 ZF 上市公司的利润分配及资本公积转增股本实施公告披露的信息得知，该公司的股利分配包括现金股利分配和股票股利分配。

（2）ZF 上市公司 2009 年度利润分配方案实施后的所有者权益各项目如下表所示。

分配利润后 ZF 公司所有者权益情况表（单位：万元）

项目	利润分配前	利润分配后
股本（面额 1 元，均为发行的普通股）	60 000	原股本+发放股票股利增加的股本+资本公积转增股本=60 000+18 000+30 000=108 000
资本公积	60 000	原资本公积–资本公积转增股本=60 000–30 000=30 000
盈余公积	16 000	（不变）16 000
未分配利润	120 000	原未分配利润–现金股利分配–股票股利分配=120 000–3 600–18 000=98 400
所有者权益合计	256 000	252 400

（3）每 10 股派发现金红利 0.6 元：

发放现金股利总额=60 000×0.06=3 600（万元）

每 10 股派送 3 股股票股利：

发放股票股利增加的股本=60 000×0.3=18 000（万元）

应代扣代缴的现金股利所得税=3 600×10%=360（万元）

应代扣代缴的股票股利所得税=18 000×10%=1 800（万元）

股东实际收到的现金股利=3 600–360–1 800=1 440（万元）

每股实际派发的现金=1 440/60 000=0.024（元）

（4）除权参考价=（24.45–0.06）/（1+0.3+0.5）=13.55（元）

由于该公司股票的开盘价为 13.81 元，相对于股权登记日（2010 年 3 月 17 日）的股价（该日收盘价为 24.45 元）有较大幅度的下降，有利于使股价保持在合理的范围之内。而且由于开盘价（13.81）高于除权参考价（13.55），会使股东获得股价相对上升的好处。

六、案例分析题

（1）采取了现金股利和股票股利这两种股利支付形式。现金股利不改变企业股数，资产和权益都减少，资产负债率变大；股票股利增加企业股数，权益内部结构变动，资本结构、每股市价和每股收益都保持不变。

现金股利的意义：①直接影响企业内部资产的结构，致使长期资产与流动资产的比重变化，有利于调节资产的结构；②增强投资者的信心，吸引更多的投资者。

股票股利的意义：①使股票的交易价格保持在合理的范围之内；②以较低成本向市场传达利好消息；③有利于保持公司的流动性。

（2）建议可以从盈利能力、偿债能力及资本结构三个方面来分析贵州茅台高派现股利分配政策与其财务状况和财务成果之间的关系。

（3）建议可以从企业的股权结构、投资机会及股利政策理论三个方面来分析其高派现股利政策背后的原因。

第十一章

企业价值评估

【本章学习目标】

了解企业价值评估的概念，正确理解企业价值评估的目的、对象和概念框架，掌握企业价值评估的基本方法，重点掌握贴现现金流量法、比较价值法及经济利润法的基本原理、模型和具体应用，以及各种企业价值评估方法的优缺点、适用性。

*知 识 要 点

第一节　企业价值评估概述

一、企业价值评估的概念

企业价值评估也称价值评估或企业估值，它是将一个企业作为一个有机整体，依据其拥有或占有的全部资产状况和整体获利能力，充分考虑影响企业获利能力的各种因素，结合企业所处的宏观经济环境及行业背景，对企业整体公允市场价值进行的综合性评估。

二、企业价值评估的目的

企业价值评估是一种经济评估方法，具有广泛的用途。企业价值评估的目的是确定一个企业（或者企业内部的一个经营单位、分支机构）的公平市场价值并提供有关信息，以帮助投资人和管理当局改善决策。企业价值评估的主要用途有以下三个方面。

用途	具体应用
用于投资分析	作为基本分析的一种手段，投资人据此寻找并且购进被市场低估的证券或企业，以期获得高于市场平均报酬率的收益
用于战略分析	在收购决策中决定收购价格时，需要对合并前后的价值变动进行评估，以判断收购能否增加股东财富，以及依靠什么来增加股东财富
用于以价值为基础的管理	清楚财务决策对企业价值的影响，清晰地描述财务决策、企业战略和企业价值之间的关系，在此基础上实行以价值为基础的管理，依据价值最大化原则制定和执行经营计划，通过度量价值的增加来监控经营业绩并确定相应报酬

三、企业价值评估的对象

价值评估的一般对象是企业整体的经济价值。企业整体的经济价值是指企业作为一个整体的公平市场价值。经济价值是经济学家所持的价值观念，它是指一项资产的公平市场价值，通常用该资产所产生的未来现金流量的现值来计量。具体而言，企业整体价值又可以分为实体价值与股权价值、持续经营价值与清算价值、少数股权价值与控股权价值等类别，其各自特点如下表所示。

类别	特点
实体价值与股权价值	企业全部资产的总体价值，称为企业实体价值，企业实体价值是股权价值与债务价值之和，即企业实体价值=股权价值+债务价值； 股权价值在这里不是所有者权益的会计价值（账面价值），而是股权的公平市场价值
持续经营价值与清算价值	由营业所产生的未来现金流量的现值，称为持续经营价值（也称续营价值）； 停止经营，出售资产产生的现金流，称为清算价值
少数股权价值与控股权价值	从少数股权投资者来看，V（当前）是企业股票的公平市场价值，是现有管理和战略条件下企业能够给股票投资人带来的现金流量现值； 对于谋求控股权的投资者来说，V（新的）是企业进行重组，改进管理和经营战略后可以为投资人带来的未来现金流量的现值； 控股权溢价=V（新的）$-V$（当前）

第二节　成本法

企业价值评估的成本法也称资产基础法，是指按照企业重建的思想，根据在评估时点再建一个与被评估企业完全相同或具有相同生产经营能力及获利能力的载体（企业）所需要的合理投资额作为被评估企业价值的评估方法。根据不同的资产评估价值标准，成本法主要包括如下类别。

项目	账面价值法	市场价值法	清算价值法
价值评估标准	会计核算中账面记载的净资产价值总和	资产被视为一种商品在市场上公开竞争，在供求关系平衡状态下确定的价值	企业中实体资产逐个分离而单独出售的资产价值
适用情形	资产的账面价值与实际市场价值的差异程度较小时	当公司的各种证券在证券市场上进行交易时	企业破产、抵押或停业清理等经济行为的资产评估时
局限性	以账面价值法评估出来的企业价值往往不能衡量企业的内在价值或其真正的市场价值，需进行适当调整	当市场效率不高，竞争不完全时，价值就会发生偏离，会出现低估或高估企业价值的现象	如果企业在面临立即清算的极端情况下，其实际的清算价值很可能远低于按照现有条件计算的价值

第三节　贴现现金流量法

一、贴现现金流量法的基本原理

贴现现金流量法是在企业持续经营的前提下，通过对企业合理的预期获利能力的预

测和适当的折现率的选择，计算出企业的现值，又称为现金流量折现法，计算公式为

$$P=\sum_{t=1}^{n}\frac{CF_t}{(1+r)^t}$$

其中，P 表示企业的评估值；n 表示企业（资产）的寿命；CF_t 表示企业（资产）在 t 时刻产生的现金流；r 表示预期现金流的折现率。

二、现金流量贴现模型的种类

实际应用中现金流量贴现模型又可分为三种，即股利现金流量贴现模型、股权现金流量贴现模型和实体现金流量贴现模型。

种类	股利现金流量贴现模型	股权现金流量贴现模型	实体现金流量贴现模型
计算公式	$股权价值=\sum_{t=1}^{n}\frac{股利现金流量_t}{(1+股权资本成本)^t}$	$股权价值=\sum_{t=1}^{n}\frac{股权现金流量_t}{(1+股权资本成本)^t}$	$实体价值=\sum_{t=1}^{n}\frac{实体自由现金流量_t}{(1+加权平均资本成本)^t}$
折现率	股权资本成本	股权资本成本	加权平均资本成本
说明	在数据假设相同的情况下，三种模型的结果是相同的。企业价值的评估主要使用实体现金流量模型或股权现金流量模型		
	在实体现金流量模型中： 股权价值=实体价值−净债务价值 $净债务价值=\sum_{t=1}^{n}\frac{偿还债务现金流量_t}{(1+等风险债务成本)^t}$		

三、现金流量贴现模型的参数估计

项目	含义	计算
公司自由现金流量	实体现金流量就是在支付了所有经营费用和所得税之后向公司权利要求者支付现金之前的全部现金流量	实体现金流量 =经营活动现金流量−(净经营性营运资本增加+净经营性长期资产增加+折旧与摊销) 实体现金流量 =(税后经营净利润+折旧与摊销)−(净经营性营运资本增加+净经营性长期资产增加+折旧与摊销) =税后经营净利润−经营资产净投资
股权现金流量	扣除公司所有营运费用、再投资支出、所得税和净债务支付（即利息、本金支付减去发行新债务的净额）后可分配给公司股东的剩余现金流量	股权自由现金流量 =企业自由现金流量−利息费用×(1−税率)−债务本金归还+新发行的债务收入−优先股股利
贴现率	折现率是一项资产或投资的期望收益率，反映了其风险程度	根据两种不同的现金流相应地也可将折现率分为两种，即股权资本成本和加权平均资本成本

四、企业和股权价值计算

（一）企业价值的分阶段计算

为避免预测无限期的现金流量，大部分估价将预测的时间分为两个阶段。第一阶段

是有限的、明确的预测期，称为预测期；第二阶段是预测期以后的无限时期，称为后续期，在此期间企业一般会进入稳定状态，有稳定的增长率，可以采用简便方法直接估计后续期价值。这样，企业价值可以划分为两部分，其公式表示如下：

企业价值=预测期价值+后续期价值

1）预测基期的确定

（1）如果通过分析认为，上年财务数据具有可持续性，此时以上年实际数据作为基期数据。

（2）如果通过历史财务报表分析认为，上年的数据不具有可持续性，则应适当地进行调整，此时以修正后的上年数据作为基期数据。

2）后续期企业价值的估计

后续期价值的估计方法有很多种。通常假设后续期有如下两种情况。

其一，后续期的现金流量为常数，将其资本化作为后续期价值：

$$后续期价值=\frac{实体现金流量_{n+1}/加权平均资本成本}{(1+加权平均资本成本)^n}$$

其二，后续期现金流按固定比例永续增长，采用永续增长模型进行评估：

$$后续期价值=\frac{实体现金流量_{n+1}/(加权平均资本成本-永续增长率)}{(1+加权平均资本成本)^n}$$

（二）运用自由现金流量贴现法计算企业价值和股权价值

公司自由现金流量贴现（free cash flow of firm，FCFF）模型和股权现金流量贴现（free cash flow of equity，FCFE）模型都可以分为零增长、稳定增长和分阶段增长等不同的模型。根据前面对预测期和后续期的划分，我们只需要知道稳定增长情况下的计算方法，便可计算三种模型的股权现金流量贴现价值。稳定增长的公司和股权自由现金流贴现模型公式如下。

项目	公司自由现金流量贴现模型	股权现金流贴现模型
模型	公司价值=$FCFF_{t+1}$÷（WACC−g）	股权贴现价值=$FCFE_{t+1}$÷（r−g）
参数	$FCFF_{t+1}$表示下一期的公司自由现金流；WACC 表示债务资本和权益资本的加权平均资本成本；g 表示预测的公司自由现金流的稳定增长率	$FCFE_{t+1}$ 表示下一期的股权现金流；r 表示公司投资者的必要收益率；g 表示预测的股权现金流的稳定增长率

第四节　比较价值法

一、比较价值法的基本原理

比较价值法是指运用一些基本的财务比率评估一家企业相对于另一家企业的价值。这种方法是利用类似企业的市场定价来估计目标企业价值的一种方法。它将目标企业与可比企业对比，用可比企业的价值衡量目标企业的价值。首先，寻找一个影响企业价值的关键变量（如净利）；其次，确定一组可以比较的类似企业，计算可比企业的市价/关键变量的平均值（如平均市盈率）；最后，根据目标企业的关键变量（如净利）乘以得到的平均值（平均市盈率），计算目标企业的评估价值。

二、比较价值法下常用的模型

（一）市盈率模型

基本模型	目标企业每股价值=目标企业的每股收益×可比企业平均市盈率
模型原理	$本期市盈率=\frac{股利支付率\times(1+增长率)}{股权成本-增长率}$ $内在市盈率=\frac{股利支付率}{股权成本-增长率}$
指标驱动因素	企业的增长潜力；股利支付率；风险（股权资本成本）。其中关键是增长潜力，不仅要注意其增长率的大小，还要考虑增长率的持续性（如是永续增长还是阶段性增长）
模型优点	计算市盈率的数据容易获得，并且计算简单； 市盈率把价格和收益联系起来，直观地反映投入和产出的关系； 市盈率涵盖了风险补偿、增长率、股利支付率的影响，具有很高的综合性
模型局限性	如果收益是负值，市盈率就失去了意义； 市盈率除了受企业本身基本面的影响外，还受到整个经济环境的影响
模型适用范围	市盈率模型最适合连续盈利，并且 β 值接近 1 的企业

（二）市净率模型

基本模型	股权价值=目标企业净资产×可比企业平均市净率
模型原理	$本期市净率=\frac{股东权益收益率_0\times股利支付率\times(1+增长率)}{股权成本-增长率}$ $内在市净率=\frac{股东权益收益率_1\times股利支付率}{股权成本-增长率}$
指标驱动因素	权益收益率；股利支付率；增长率和风险。其中权益收益率是关键因素
模型优点	净利为负值的企业不能用市盈率进行估价，而市净率极少为负，可用于大多数企业的价值评估；净资产的账面价值易于取得且价值比净利稳定，也不像利润金额易被人为操纵；如果会计标准合理并且各企业会计政策一致，市净率的变化可以反映企业价值的变化
模型局限性	净资产账面价值会受到会计政策选择的影响，当各企业选择不同的会计政策时，市净率会失去可比性；诸如服务型企业和高科技企业，它们只拥有很少的固定资产，其净资产与企业价值的关系不大，采用其市净率比较没有实际意义；少数企业的净资产为负值，市净率没有意义，无法用于比较
模型适用范围	市净率模型主要适用于需要拥有大量资产，净资产为正值的企业

（三）市销率模型

基本模型	目标企业股权价值=目标企业的销售收入×可比企业平均市销率
模型原理	$本期市销率=\frac{销售净利率_0\times股利支付率\times(1+增长率)}{股权成本-增长率}$ $内在市销率=\frac{销售净利率_1\times股利支付率}{股权成本-增长率}$
指标驱动因素	销售净利率；股利支付率；增长率和股权成本。其中销售净利率是关键因素
模型优点	它不会出现负值，因此亏损企业和资不抵债的企业也可以计算出一个有意义的市销率；市销率比较稳定，因不易被操纵而更加可靠；市销率对价格政策和企业战略变化敏感，可以反映战略变化带来的后果
模型局限性	不能反映成本的变化，但事实上成本是影响企业现金流量和价值的重要因素之一
模型适用范围	市销率模型主要适用于销售成本率较低的服务类企业或者销售成本趋同的传统行业的企业

（四）市现率模型

基本模型如下：

目标企业股权价值=目标企业的现金流量×可比企业平均市现率

市现率可用于评价股票的价格水平和风险水平。市现率越小，表明上市公司的每股现金增加额越多，经营压力越小。对于参与资本运作的投资机构，市现率还意味着其运作资本的增加效率。不过，在对上市公司的经营成果进行分析时，每股的经营现金流量数据更具参考价值。

（五）比较价值模型的修正

修正平均市盈率	修正平均市盈率=可比企业平均市盈率÷（平均预测增长率×100） 目标企业每股价值=修正平均市盈率×目标企业增长率×100×目标企业每股收益
修正平均市净率	修正平均市净率=实际市净率÷（预期所有者权益净利率×100） 目标企业每股价值=修正平均市净率×目标企业所有者权益净利率×100×目标企业每股净资产
修正平均市销率	修正平均市销率=实际市销率÷（预期销售净利率×100） 目标企业每股价值=修正平均市销率×目标企业销售净利率×100×目标企业每股收入

第五节　经济利润法

一、经济利润法的基本原理

经济利润模型的基本原理是用投入资本与经济增加值的现值来评估企业价值的方法，即“企业价值=投资资本+预计经济利润的现值”。其基本思想是如果每年的息前税后利润正好等于债权人和股东要求的收益，即经济利润等于0，则企业的价值没有增加，也没有减少，仍然等于投资资本。

经济增加值（economic value added，EVA）法，顾名思义，就是资产增加的价值，运用经济增加值法进行价值评估方法的前提是投资者的收益超过了投入的成本，即有增量收入。根据经济增加值的内涵，经济增加值的一般计算公式为

经济增加值=税后经营净利润−资本总成本

二、经济利润、后续期价值与期初资本的计算

（一）经济利润的计算

项目	含义	公式
经济收入	经济收入是指期末和期初同样富有的前提下，一定期间的最大花费	本期收入=期末财产−期初财产
经济成本	经济成本包括会计上实际支付的成本和每一种生产要素的机会成本	

续表

项目	含义	公式
经济利润	经济利润是经济收入与经济成本的差额，是指企业资本收益与资本成本之间的差额，也是企业税后营业净利润与全部投入资本成本之间的差额，即从超过投资者要求的报酬率中得来的价值，也称经济增加值、创值、附加经济价值、剩余收益等	经济利润＝净利润－股权资本费用 ＝税后经营利润－全部资本费用 ＝期初投资资本×(期初投资资本回报率－加权平均资本成本) 其中， 全部资本费用=期初投资资本×加权平均资本成本 税后经营利润=期初投资资本×期初投资资本回报率 全部投资资本=所有者权益+净债务

（二）后续期价值的计算

经济利润现值=预测期经济利润现值+后续期经济利润现值

项目	预测期	后续期
特征	详细预测期，在此期间需要对每年的经济利润进行详细预测	在此期间假设企业进入稳定状态，经济利润有一个稳定的增长率，它与销售增长率相同
计算公式	$经济利润现值=\sum_{t=1}^{n}\frac{经济利润}{(1+折现率)^t}$	$明确预测期后经济利润现值=\frac{后续期价值}{(1+折现率)^t}$

（三）期初投资资本的计算

期初投资资本是指评估基准时间的企业价值。估计期初投资资本价值时，可供选择的方案有三个，即账面价值、重置价值或可变现价值。通常的做法是采用账面价值，这样做的原因不仅仅是简单，而在于它可靠地反映了投入的成本，符合经济利润的概念。

三、公司总价值的计算

企业价值等于期初投资资本加上经济利润的现值：

企业实体价值=期初投资资本+经济利润现值

企业价值=投资资本+明确预测期经济利润现值+明确预测期后经济利润现值

其中，期初投资资本表示企业在经营中投入的现金：全部投资资本=所有者权益+净债务。

*练　习　题

一、单项选择题

1．下列关于企业价值评估的说法中，正确的是（　　）。

A．资产的公平市场价值就是未来现金流入的现值

B．谋求控股权的投资者认为的“企业股票的公平市场价值”低于少数股权投资者认为的“企业股票的公平市场价值”

C．一个企业的公平市场价值，应当是续营价值与清算价值中较低的一个

D．企业价值评估的一般对象是企业整体的会计价值

2．下列有关表述不正确的是（　　）。

A．经济价值是指一项资产的公平市场价值，通常用该资产所产生的未来现金流量的现值来计量

B．现时市场价格可能是公平的，也可能是不公平的，所以它和公平市场价值不同

C．公平市场价值是指在公平的交易中，熟悉情况的双方，自愿进行资产交换或债务清偿的金额

D．会计价值与市场价值通常是一致的

3．如果企业停止运营，此时企业的清算价值是（　　）。

A．财产的变现价值　　B．财产的账面价值

C．财产的未来现金流量的现值　　D．财产的相对价值

4．在实体现金流量折现模型中，所采用的折现率是（　　）。

A．权益资本成本　　B．边际资本成本

C．债务资本成本　　D．加权平均资本成本

5．在对企业价值进行评估时，下列说法中不正确的是（　　）。

A．实体现金流量是企业可提供给全部投资人的税后现金流量之和

B．实体现金流量=营业现金净流量-资本支出

C．实体现金流量=税后经营净利润+折旧与摊销-经营营运资本增加-资本支出

D．实体现金流量=股权现金流量+税后利息支出

6．若企业保持目标资本结构，负债率为 40%，预计的净利润为 200 万元，预计未来年度需增加的经营营运资本为 50 万元，需要增加的资本支出为 100 万元，折旧摊销为 40 万元，则未来的股权现金流量为（　　）万元。

A．127　　B．110　　C．50　　D．134

7．某公司属于跨国公司，2015 年每股收益为 12 元，每股资本支出 40 元，每股折旧与摊销 30 元；该年比上年每股经营营运资本增加 5 元。根据全球经济预测，经济增长率为 5%，该公司的投资资本负债率目前为 40%，将来也将保持目前的资本结构。该公司的 β 值为 2，长期国库券利率为 3%，股票市场平均收益率为 6%。则 2015 年年末该公司的每股股权价值为（　　）元。

A．78.75　　B．72.65　　C．68.52　　D．66.46

8．下列关于预测基期的相关表述中，错误的是（　　）。

A．基期通常是预测工作的上一个年度

B．上年财务数据具有可持续性，则以上年实际数据作为基期数据

C．上年财务数据不具有可持续性，则以调整后的数据作为基期数据

D．基期是预测期的第一年

9．下列关于股权自由现金流量的表述中，正确的是（　　）。

A．税后净利润+折旧

B．经营活动产生的现金流量净额

C．经营活动产生的现金流量净额+投资活动产生的现金流量净额+筹资活动产生的现金流量净额

D．企业履行了所有财务责任和满足了再投资需要以后的现金流量净额

10．在稳定状态下不与销售增长率同比率增长的是（　　）。

A．实体现金流量　　B．股权现金流量

C．股利支付率　　D．债权人现金流量

11．A 公司年初投资资本为 1 200 万元，预计今后每年可取得税前经营利润 400 万元，所得税税率为 25%，第一年的净投资为 100 万元，以后每年净投资为 0，加权平均资本成本为 8%，则企业实体价值为（　　）万元。

A．3 657　　B．7 500　　C．2 457　　D．8 907

12．评估基准日被评估企业年利润总额为 1 000 万元，企业适用的所得税税率为 33%。同行业的同类型上市公司平均每股价格与每股净利润之比是 8，就上述数据分析，被评估企业的所有者全部权益评估价值可能最接近（　　）万元。

A．4 288　　B．5 000　　C．5 360　　D．8 000

13．A 公司本年的每股收益是 1 元，分配股利 0.3 元 / 股，该公司净利润和股利的增长率都是 5%，β 值为 1.1。政府债券利率为 3.5%，股票市场的风险收益率为 5%。则该公司的内在市盈率是（　　）

A．9.76　　B．7.5　　C．6.67　　D．8.46

14．市净率的关键驱动因素是（　　）。

A．增长潜力　　B．销售净利率　　C．权益净利率　　D．股利支付率

15．下列关于比较价值法估价模型适用性的说法中，错误的是（　　）。

A．市净率估价模型不适用于资不抵债的企业

B．市净率估价模型不适用于固定资产较少的企业

C．市销率估价模型不适用于销售成本率较低的企业

D．市盈率估价模型不适用于亏损的企业

16．利用可比企业的市盈率估计目标企业价值应该满足的条件为（　　）。

A．处于稳定状态的企业

B．连续盈利，并且 β 值接近 1 的企业

C．销售成本率较低的服务类企业或者销售成本率趋同的传统行业企业

D．需要拥有大量资产、净资产为正值的企业

17．某公司本年的销售收入为 2 000 万元，净利润为 250 万元，利润留存率为 50%，预计年度的增长率均为 3%。该公司的 β 值为 1.5，国库券利率为 4%，市场平均风险股票的收益率为 10%，则该公司的本期市销率为（　　）。

A．0.64　　B．0.625　　C．1.25　　D．1.13

18．某公司 2015 年的利润留存率为 50%，净利润和股利的增长率为 6%，2016 年的预期销售净利率为 10%。该公司的 β 值为 2.5，政府长期债券利率为 4%，市场平均股票收益率为 8%。则该公司的内在市销率为（　　）。

A．1.15　　B．1.25　　C．0.625　　D．0.425

19．甲公司 2015 年年末的经营流动资产为 300 万元，经营流动负债为 200 万元，净负债为 160 万元，经营长期资产净值为 800 万元，经营长期负债为 180 万元。则 2015

年年末该公司的投资资本为（　　）万元。

A．720　　B．880　　C．650　　D．540

20．某公司的期初所有者权益为4 800万元，金融负债为3 000万元，金融资产为800万元，期初投资资本回报率为9%，加权平均资本成本为7%，则该公司本期的经济利润为（　　）万元。

A．135　　B．300　　C．180　　D．140

二、多项选择题

1．企业价值评估的目的表现在（　　）。

A．可以用于投资分析　　B．可以用于战略分析

C．可以用于以价值为基础的管理　　D．可以用于筹资分析

2．下列关于企业价值的说法中，错误的有（　　）。

A．企业的实体价值等于各单项资产价值的总和

B．企业的实体价值等于企业的现时市场价格

C．企业的实体价值等于股权价值和净债务价值之和

D．企业的股权价值等于少数股权价值和控股权价值之和

3．企业整体的经济价值可分为（　　）。

A．实体价值和股权价值　　B．持续经营价值和清算价值

C．少数股权价值和控股权价值　　D．公平市场价值和非竞争市场价值

4．关于企业价值的类别，下列说法正确的有（　　）。

A．企业实体价值是股权价值和净债务价值之和

B．一个企业持续经营的基本条件是其持续经营价值超过清算价值

C．控股权价值是现有管理和战略条件下企业能够给股票投资人带来的现金流量的现值

D．控股权价值和少数股权价值差额称为控股权溢价，它是由于转变控股权而增加的价值

5．下列有关企业价值评估提供的信息的说法正确的有（　　）。

A．企业价值评估提供的信息不仅包括最终的评估值，而且包括评估过程产生的大量信息

B．企业价值评估提供的是有关“公平市场价值”的信息

C．企业价值评估不否认市场的有效性，但是不承认市场的完善性

D．企业价值是受企业状况和市场状况影响的，它是动态的

6．企业价值评估的现金流量折现模型的基本思想有（　　）。

A．资金时间价值原则　　B．风险与收益的权衡原则

C．资本市场有效原则　　D．增量现金流量原则

7．以下关于企业价值评估现金流量折现法的表述中，错误的有（　　）。

A．预测基数应为上一年的实际数据，不能对其进行调整

B．预测期是指企业增长的不稳定时期，通常在5~7年

C．实体现金流量是营业现金流量扣除资本支出后的剩余部分

D．后续期的增长率越高，企业实体价值越大

8．下列关于企业价值评估与投资项目评价中正确的有（　　）。

A．都能给投资主体带来现金流量

B．其价值计量都要使用风险概念

C．其价值计量都要使用现值概念

D．它们的现金流都具有可测算的确定性

9．甲公司 2015 年的税后经营净利润为 250 万元，折旧和摊销为 55 万元，经营营运资本净增加 80 万元，分配股利 50 万元，税后利息费用为 65 万元，净负债增加 50 万元，公司当年未发行权益证券。下列说法，正确的有（　　）。

A．公司 2015 年的营业现金毛流量为 225 万元

B．公司 2015 年的债务现金流量为 50 万元

C．公司 2015 年的实体现金流量为 65 万元

D．公司 2015 年的资本支出为 160 万元

10．在进行企业价值评估时，判断企业进入稳定状态的主要标志有（　　）。

A．现金流量是一个常数

B．投资额为 0

C．有稳定的报酬率并且与资本成本趋于一致

D．具有稳定的销售增长率，它大约等于宏观经济的名义增长率

11．甲公司 2015 年销售收入为 5 000 万元，2015 年年底净负债及所有者权益总计为 2 500 万元（其中所有者权益 2 200 万元），未来继续维持该目标资本结构，2016 年公司不打算增发新股。预计 2016 年销售增长率为 8%，税后经营净利率为 10%，净经营资产周转率保持与 2015 年一致，净负债的税后利息率为 4%，净负债利息按上年年末净负债余额和预计利息率计算。下列有关 2016 年的各项预计结果中，正确的有（　　）。

A．债务现金流量为-12 万元　　B．股权现金流量为 352 万元

C．实体现金流量为 340 万元　　D．留存收益为 500 万元

12．下列关于企业实体现金流量的表述中正确的有（　　）。

A．它是营业活动所产生的现金流量，不反映资本支出或经营营运资本增加等变动

B．是指营业现金毛流量扣除必要的资本支出和经营营运资本增加后，能够支付给所有的求偿权者（债权人和股东）的现金流量

C．实体现金流量是营业现金净流量扣除资本支出后的剩余部分

D．后续期的增长率越高，企业实体价值越大

13．下列关于净经营资产净投资的计算式中正确的有（　　）。

A．净经营资产净投资=净经营资产总投资-折旧与摊销

B．净经营资产净投资=经营营运资本增加+净经营长期资产净投资

C．净经营资产净投资=经营营运资本增加+经营长期资产增加-经营长期负债增加

D．净经营资产净投资=净负债增加+所有者权益增加

14．股权现金流量是指一定期间可以提供给股权投资人的现金流量总计。以下表述正确的有（　　）。

A．企业在生产经营中获得的现金流量，扣除必要的投资支出并偿还债务本息后剩余的部分，才能提供给股权投资人

B．股权现金流量是扣除了各种费用、必要的投资支出后的剩余部分，因此也称剩余权益现金流量

C．有多少股权现金流量会作为股利分配给股东，取决于企业的筹资和股利分配政策

D．加权平均资本成本是与股权现金流量相匹配的等风险投资的机会成本

15．下列有关市净率的修正方法表述不正确的有（ ）。

A．用增长率修正实际的市净率，把增长率不同的同业企业纳入可比范围

B．用所有者权益净利率修正实际的市净率，把所有者权益净利率不同的同业企业纳入可比范围

C．用销售净利率修正实际的市净率，把销售净利率不同的企业纳入可比范围

D．用股权资本成本修正实际的市净率，把股权资本成本不同的企业纳入可比范围

16．比较价值法是利用类似企业的市场定价来估计目标企业价值的一种方法。下列有关表述中不正确的有（ ）。

A．同行业企业不一定是可比企业

B．根据比较价值法的市销率模型，在其他影响因素不变的情况下，增长率越高，市销率越小

C．运用市盈率模型进行企业价值评估时，目标企业股权价值可以用每股收益乘以行业平均市盈率计算

D．在进行企业价值评估时，按照市盈率模型可以得出目标企业的内在价值

17．下列关于比较价值模型的表述中，不正确的有（ ）。

A．在影响市盈率的三个因素中，关键是增长潜力

B．市盈率模型最适合连续盈利，并且 β 值接近 0 的企业

C．驱动市净率的因素中，增长率是关键因素

D．在市销率的驱动因素中，关键是销售净利率

18．经济利润法中计算的期初资本，一般可选择（ ）。

A．重置价值　　B．账面价值

C．资产的可变现价值　　D．清算价值

19．净现值等于 0，则必然存在的结论有（ ）。

A．经济利润为 0　　B．企业价值为 0

C．经济利润不变　　D．企业价值不变

20．在确定经济利润时，对经济收入表述正确的有（ ）。

A．经济收入是指期末和期初同样富有的前提下，一定期间的最小花费

B．经济收入不同于会计收入，经济成本不同于会计成本，因此经济利润也不同于会计利润

C．如果没有任何花费，则经济收入=期末财产−期初财产

D．经济收入是按财产法计量的

三、判断题

1．企业整体之所以能够具有价值，在于它可以为投资者带来现金流量，这些现金流量可以视同为资产分别出售所获得的现金流量。（　　）

2．企业价值评估的一般对象是企业的持续经营价值。资产负债表的“资产总计”是单项资产价值的合计，即企业作为整体的价值。（　　）

3．资产的公平市场价值就是未来现金流入的现值。（　　）

4．在企业价值的评估方法中，相对于经济利润法，贴现现金流量法没有考虑风险因素。（　　）

5．如果税后经营利润、折旧和摊销、资本支出、经营营运资本与销售同比例增长，则实体现金流量与销售同比例增长。（　　）

6．如果假设前提一致，利用经济利润模型评估企业价值与利用现金流量折现模型的评估结果相同。（　　）

7．要运用现金流量折现法评估企业价值，必须取得企业现金净流量的信息，而不是企业所有者现金流量信息。（　　）

8．实体现金流量价值评估比股权现金流量价值评估提供的信息多，不仅可以提供实体价值，还可以提供债务价值和股权价值。（　　）

9．企业债务的价值等于预期债权人现金流量的现值。计算现值的折现率，是加权平均资本成本。（　　）

10．假设企业不保留多余的现金，而将股权现金全部作为股利发放，则股权现金流量等于股利现金流量，股权流量模型可以取代股利现金流量模型。（　　）

11．经营现金毛流量是指在没有资本支出和经营营运资本的情况下，企业可以提供给投资人的现金流量总和。（　　）

12．利用现金流量模型评估企业价值时首先必须获取股东现金净流量的资料。（　　）

13．即使在稳定状态下，实体现金流量、股权现金流量和销售收入的增长率也可能不同。（　　）

14．如果两个企业未来各年的现金净流量总额相同，那么这两个企业的价值一定相同。（　　）

15．利用比较价值法所确定的企业价值不是其账面价值而是其内在价值。（　　）

16．市价/净利比率模型，主要适用于销售成本率较低的服务类企业，或者销售成本率趋同的传统行业的企业。（　　）

17．市盈率模型最适合连续盈利且 β 值接近 1 的企业。（　　）

18．经济利润模型与现金流量折现模型在本质上是一致的，但是经济利润法具有可以计量单一年份价值增加的优点，而自由现金流量法却做不到。（　　）

19．以经济利润为基础的评估方法优于现金流量贴现法之处在于，经济利润可以了解公司在多个连续时期内所创造的价值。（　　）

20．经济利润模型的基本思想是如果每年的息前税后利润正好等于债权人和股东

要求的收益，即经济利润等于 0，则企业的价值没有增加，也没有减少，仍然等于投资资本。（　　）

四、计算分析题

1. 目的：练习贴现现金流量法估计企业价值。

资料：某公司 2015 年年底发行在外的股票为 10 000 万股（每股账面价值 1 元），股东要求的必要报酬率为 12%；长期净金融负债账面价值为 6 000 万元，年平均利息率为 8.89%，所得税税率为 25%；目前每股市价 30 元。公司当年销售收入 80 000 万元，变动成本率为 70%，年固定成本为 1 600 万元（不包括利息费用），其中折旧 800 万元，资本支出 2 000 万元，年底经营营运资本为 2 000 万元。预计 2016~2020 年的销售增长率为 7%，预计税后经营利润、资本支出、折旧、经营营运资本与销售收入同步增长。预计 2021 年进入永续增长阶段，销售收入年增长率为 2%，税后经营利润、资本支出、折旧、经营营运资本与销售收入同步增长。

要求：

（1）以账面价值为权数确定加权平均资本成本。

（2）通过现金流量折现模型的计算分析，确定该公司实体价值。

（3）若预计所有债务违约风险很小，对该公司股票做出买卖的参考意见。

2. 目的：练习比较价值法评估企业价值。

资料：D 企业长期以来计划收购一家营业成本较低的服务类上市公司（即目标公司），目标公司当前的股价为 18 元/股。D 企业管理层一部分人认为目标公司当前的股价较低，是收购的好时机，但也有人提出，这一股价高过了目标公司的真正价值，现在收购并不合适，D 企业征求你对这次收购的意见。与目标公司类似的企业有甲、乙、丙、丁四家，但它们与目标公司之间存在某些不容忽视的重大差异。四家类比公司及目标公司的有关资料如下。

项目	甲公司	乙公司	丙公司	丁公司	目标公司
普通股股数/万股	500	700	800	700	600
每股市价/元	18	22	16	12	18
每股销售收入/元	22	20	16	10	17
每股收益/元	1	1.2	0.8	0.4	0.9
每股净资产/元	3.5	3.3	2.4	2.8	3
预期增长率/%	10	6	8	4	5

要求：

（1）说明应当运用比较价值法中的哪种模型计算目标公司的股票价值。

（2）利用修正的平均市价比率法确定目标公司的股票价值。

（3）利用股价平均法确定目标公司的股票价值。

（4）分析指出当前是否应当收购目标公司。（计算中保留小数点后两位）

3. 目的：练习股权现金流量折现模型。

资料：甲公司 2015 年 12 月 31 日的股价是每股 60 元，为了对当前股价是否偏离价值进行判断，公司拟采用股权现金流量模型评估每股股权价值。有关资料如下：

（1）2015 年年末每股净经营资产 30 元，每股税后经营净利润 6 元，预计未来保持不变；

（2）当前资本结构（净负债/净经营资产）为 60%，为降低财务风险，公司拟调整资本结构，并已做出公告，目标资本结构为 50%，未来长期保持目标资本结构；

（3）净负债的税前资本成本为 6%，未来保持不变，利息费用以期初净负债余额为基础计算；

（4）股权资本成本 2016 年为 12%，2017 年及其以后年度为 10%；

（5）公司适用的所得税税率为 25%。

要求：

（1）计算 2016 年每股实体现金流量、每股债务现金流量、每股股权现金流量；

（2）计算 2017 年每股实体现金流量、每股债务现金流量、每股股权现金流量；

（3）计算 2015 年 12 月 31 日每股股权价值，判断公司股价是被高估还是低估。

4．目的：练习经济价值法评估企业价值。

资料：乙企业 2015 年的部分财务数据和 2016 年的部分计划财务数据如下表所示。

乙企业 2015~2016 年财务数据表（单位：万元）

项目	2014 年	2015 年
营业收入	572	570
营业成本	507	506
销售及管理费用	17	15
财务费用	12	12
其中：借款利息（平均利率 8%）	6.48	6.40
利润总额	36	37
所得税（30%）	10.80	11.10
净利润	25.20	25.90
短期借款	29	30
长期借款	52	50
所有者权益	200	200

该企业的加权平均资本为 10%。企业预计在其他条件不变的情况下，今后较长时间内会保持 2016 年的收益水平。

要求：根据以上资料，使用经济利润法评估企业价值。

5．目的：练习贴现现金流量法评估企业价值。

资料：A 公司为股份有限公司，股份总数为 100　000 万股，B 公司为其控股股东，拥有其中 90 000 万股股份。2015 年年初，为促进股权多元化，改善公司治理结构，A 公司制订了股权多元化方案，方案建议控股股东转让 20 000 万股股份给新的投资者。B 公司同意这一方案，但期望以 400 000 万元的定价转让股份。

为满足股份转让需要，B 公司聘请某财务顾问公司对 A 公司进行整体估值，财务顾问公司首先对 A 公司进行了 2015~2019 年的财务预测，有关预测数据如下（单位：万元）。

项目	2015 年	2016 年	2017 年	2018 年	2019 年
税后经营利润	130 000	169 000	192 000	223 000	273 000
折旧与摊销	50 000	65 000	80 000	95 000	105 000
资本支出	120 000	120 000	120 000	80 000	60 000
经营营运资本增加	20 000	30 000	60 000	120 000	100 000

假定自 2020 年起，A 公司实体现金流量每年以 5%的固定比率增长。

A 公司估值基准日为 2014 年 12 月 31 日，财务顾问根据 A 公司估值基准日的财务状况，结合资本市场相关参考数据，确定用于 A 公司估值的加权平均资本成本为 13%。

要求：

（1）计算 A 公司预测期各年实体现金流量。

（2）计算 A 公司 2019 年年末的价值。

（3）计算估值基准日 A 公司的整体价值。

（4）假设 2014 年 12 月 31 日 A 公司债务的市场价值为 300 000 万元，计算估值基准日 A 公司的股权市场价值。

（5）以财务顾问公司的估值结果为基准。从 B 公司股东财富最大化角度，分析判断 B 公司拟转让的 20 000 万股股份定价是否合理。（计算结果保留整数）

6．目的：练习市净率模型评估企业价值。

资料：M 公司是一家拥有大量资产、净资产大于 0 的公司，其每股净资产为 6 元，权益净利率为 12%，股票价格为 30 元。假设在该公司所处行业的上市公司中，股利支付率、增长率和风险与 M 公司类似的有 6 家，它们的市净率及权益净利率如下表所示。

公司名称	实际市净率	权益净利率/%
A	4.0	10
B	4.2	14
C	3.8	9
D	3.4	8
E	3.0	6
F	2.4	5

要求：

（1）确定修正的平均市净率；

（2）利用修正比率法确定 M 公司的股票价值；

（3）评价 M 公司的股价被市场高估了还是低估了；

（4）分析市净率估值模型的优点和局限性。

五、综合题

1．资料：G 公司是一家生产企业，2015 年度的资产负债表和利润表如下所示。

资产负债表

编制单位：G公司　　2015年12月31日　　单位：万元

资产	金额	负债和所有者权益	金额
货币资金	95	短期借款	300
交易性金融资产	5	应付账款	535
应收账款	400	应付职工薪酬	25
存货	450	应付利息	15
其他流动资产	50	流动负债合计	875
流动资产合计	1 000	长期借款	600
可供出售金融资产	10	长期应付款	425
固定资产	1 900	非流动负债合计	1 025
其他非流动资产	90	负债合计	1 900
非流动资产合计	2 000	股本	500
		未分配利润	600
		所有者权益合计	1 100
资产总计	3 000	负债和所有者权益总计	3 000

利润表

编制单位：G公司　　2015年度　　单位：万元

项目	金额
一、营业收入	4 500
减：营业成本	2 250
销售及管理费用	1 800
财务费用	72
资产减值损失	12
加：公允价值变动损益	–5
二、营业利润	361
加：营业外收入	8
减：营业外支出	6
三、利润总额	363
减：所得税费用（税率25%）	90.75
四、净利润	272.25

G公司没有优先股，目前发行在外的普通股为500万股，2016年年初的每股价格为20元。公司的货币资金全部是经营活动必需的资金，长期应付款是经营活动引起的；利润表中的资产减值损失是经营资产减值带来的损失，公允价值变动损益属于交易性金融资产公允价值变动产生的。

G公司管理层拟用改进的财务分析体系评价公司的财务状况和经营成果，并收集了以下财务比率的行业平均数据。

财务比率	行业平均数据
净经营资产净利率/%	16.60
税后利息率/%	6.30
经营差异率/%	10.30
净财务杠杆	0.523 6
杠杆贡献率/%	5.39
权益净利率/%	21.99

为进行 2016 年度财务预测，G 公司对 2015 年财务报表进行了修正，并将修正后结果作为基期数据，具体内容如下。

项目	2015 年（修正后基期数据）
利润表项目（年度）：	
营业收入	4 500
税后经营净利润	337.5
减：税后利息费用	54
净利润合计	283.5
资产负债表项目（年末）：	
经营营运资本	435
净经营性长期资产	1 565
净经营资产合计	2 000
净负债	900
股本	500
未分配利润	600
所有者权益合计	1 100

G 公司 2016 年的预计销售增长率为 8%，经营营运资本、净经营性长期资产、税后经营净利润占销售收入的百分比与 2014 年修正后的基期数据相同。公司采用剩余股利分配政策，以修正后基期的资本结构（净负债/净经营资产）作为 2016 年的目标资本结构。公司 2016 年不打算增发新股，税前借款利率预计为 8%。假定公司年末净负债代表全年净负债水平，利息费用根据年末净负债和预计借款利率计算。G 公司适用的所得税税率为 25%，加权平均资本成本为 10%，净负债价值按账面价值确定。

要求：

（1）计算 G 公司 2015 年度的净经营资产、净负债、税后经营净利润和金融损益。

（2）计算 G 公司 2015 年度的净经营资产净利率、税后利息率、经营差异率、净财务杠杆、杠杆贡献率和权益净利率，分析其权益净利率高于或低于行业平均水平的原因。

（3）预计 G 公司 2016 年度的实体现金流量、债务现金流量和股权现金流量。

（4）如果 G 公司 2016 年及以后年度每年的现金流量保持 8%的稳定增长，计算其每股股权价值，并判断 2016 年年初的股价被高估还是被低估。

2. 资料：东方公司正在开董事会，研究收购方案。计划收购 A、B、C 三家公司，请估计这三家公司的市场价值。有关资料如下。

（1）A 公司上年年底的投资资本总额为 5 000 万元，上年年底的金融负债为 2 000 万元，金融资产为 800 万元。预计按照当年年初的所有者权益计算的权益净利率为 15%，按照当年年初的净经营资产、净负债、所有者权益计算的杠杆贡献率为 5%；当年年底的投资资本总额为 5 200 万元。A 公司从下年开始，实体现金流量的增长率可以长期稳定在 6%。A 公司的加权平均资本成本为 10%。

（2）B 公司上年年底的资产负债表中的流动资产项目具体如下：货币资金 100 万元［B 公司历史平均的货币资金（经营性）/销售收入为 2%，上年的销售收入为 4 000 万元］、应收票据（带息）400 万元，应收账款 1 400 万元，预付账款 20 万元，应收股利 50 万元（其中 20%是属于短期权益投资形成的），其他应收款 25 万元，存货 140 万元，一年内到期的非流动资产 30 万元，交易性金融资产 150 万元，应收利息 12 万元，其他流动资产 5 万元。

流动负债项目具体如下：短期借款 45 万元，交易性金融负债 10 万元，应付票据（带息）4 万元，应付账款 109 万元，预收账款 8 万元，应付职工薪酬 15 万元，应交税费 3 万元，应付利息 5 万元，应付股利 60 万元（不存在优先股股利），其他应付款 18 万元，预计负债 6 万元，一年内到期的非流动负债 16 万元，其他流动负债 1 万元。

预计当年经营性流动资产的增长率为 25%，经营性流动负债的增长率为 60%，经营性长期负债增加 100 万元，经营性长期资产增加 150 万元，净负债增加 23 万元，净利润为 540 万元。B 公司从下年开始，股权现金流量的增长率可以长期稳定在 5%。B 公司的权益资本成本为 20%。

（3）C 公司是一家拥有大量资产并且净资产为正值的企业，上年的销售收入为 7 800 万元，净利润为 500 万元，年初的普通股股数为 200 万股（均属于流通股），上年 8 月 1 日增发了 240 万股普通股（全部是流通股），年末的所有者权益为 4 530 万元，年末时应付优先股股利为 50 万元（C 公司的优先股为 10 万股，清算价值为每股 8 元）。预计 C 公司每股净利润的年增长率均为 10%，所有者权益净利率（按照期末普通股股东权益计算）和销售净利率保持不变。与 C 公司具有可比性的企业有三家，具体资料如下表所示。

项目	甲	乙	丙
实际市盈率	12	15	18
预期增长率/%	8	6	10
实际市净率	2.5	2.0	3.0
预期权益净利率/%	12.5	8	12
实际市销率	14	12	15
预期销售净利率/%	7	8	5

要求：

（1）按照实体现金流量法估计 A 公司在当年年初的股权价值；

（2）按照股权现金流量法估计 B 公司在当年年初的股权价值；

（3）计算 C 公司上年的每股收益、每股收入、每股净资产（分子如果是时点指标，则用年末数）；

（4）计算 C 公司的权益净利率和销售净利率；

（5）按照股价平均法，选择合适的模型估计 C 公司在当年年初的股权价值。

六、案例分析题

宜宾五粮液股份有限公司（股票代码：000858），是以五粮液及其系列酒的生产、销售为主要产业，同时经营精密塑胶制品、大中小高精尖注射和冲压模具现代制造产业，以生物工程为发展产业，药业工业、印刷业、电子器件产业、物流运输和相关的服务业的具有深厚企业文化的现代化企业集团。公司现已系统研制开发了五粮春、五粮神、五粮醇等几十种不同档次、不同口味，满足不同区域、不同文化背景、不同层次消费者需求的系列产品。公司的主营业务为酒类。其中，各个业务的占比分别为酒类 95.31%；塑料制品 3.8%；印刷 0.23%；其他 0.6%；玻瓶 0.06%。酒类是五粮液股份有限公司的主要经营业务，也是其最主要的收入来源。根据 WIND 数据库的资料，在市场行业的综合指标下，五粮液股份有限公司的行业地位为第三，仅次于贵州茅台和洋河股份。

根据下列设定条件与当前同行业平均市盈率，我们可分别运用现金流量折现法与比较价值法估算公司价值。

（1）假设估算时间在 2015 年年初，以 2015 年销售收入为基数，未来五年的销售增长率分别为 10%、8%、7%、6%、5%，第六年起其销售增长率固定在 5%的水平。

（2）假设未来各年的销售成本率、销售费用与管理费用占销售额的比例、营运资本需求占销售额的比例、折旧与摊销金额均按 2015 年数据确定，资本支出与折旧相互抵销。

（3）债务资本的平均年利率为 8%，资产负债率为 40%，无风险利率为 4%，β 值为 1，市场平均收益率为 10%。

加权资本成本=0.4 × 0.08 ×（1−0.25）+ 0.6 ×［0.04+（0.1−0.04）］=8.4%

2015 年的税后经营利润=税前经营利润 ×（1−所得税税率）

=（净利润+财务费用+所得税）×（1−所得税税率）

=［639 437.72 +（−47 658.74）+ 210 557.65］×（1−25%）

=601 752.47（万元）

经营营运资本=2 939 903.5−1 340 943.08=1 598 960.42（万元）

现金流量折现模型的计算如下表所示（单位：万元）。

项目	2015 年	2016 年	2017 年	2018 年	2019 年	2020 年	2021 年
销售收入增长率/%		10	8	7	6	5	5
税后经营利润	601 752.47	661 927.72	714 881.94	764 923.68	810 819.02	851 359.97	893 927.97
−资本支出+折旧	0	0	0	0	0	0	0
经营营运资本	1 598 960.42	1 758 856.00	1 899 564.5	2 032 534.02	2 154 486.06	2 262 210.36	2 375 320.88
−经营营运资本的变动		159 896.00	140 708.5	132 969.52	121 952.04	107 724.30	113 110.52
实体现金流量		502 031.72	574 173.44	631 954.16	688 866.98	743 635.67	780 817.45
折现率（8.4%）		0.922 5	0.851 0	0.785 1	0.724 2	0.668 1	0.616 3
预测期现金流量现值		463 124.26	488 621.60	496 147.21	498 877.47	496 822.99	481 217.79

续表

项目	2015 年	2016 年	2017 年	2018 年	2019 年	2020 年	2021 年
预测期现值合计		2 924 811.32					
后续期价值现值		10 433 282.77					
实体价值		13 358 094.09					

资料来源：根据 WIND 数据库数据改编

所以，根据现金流量折现模型计算的公司的价值为 133 580 940 900 元。同时，我们也可采用比较价值法评估该企业价值：万得分类的饮料行业平均市盈率为 28.36，根据比较价值评估的基本公式，目标企业的每股价值=可比企业的平均市盈率 × 目标企业的每股收益。

截止到 2015 年 9 月 30 日，五粮液股份有限公司共有股票 3 795 966 720 股，每股收益为 1.21 元，因此，可以估算出企业价值=28.36 × 1.21 × 3 795 966 720=130 260 875 600 元。

要求：

（1）分析本案例中运用现金流量贴现模型与比较价值法模型产生相异价值的原因？两个模型的相异说明了什么？在进行价值评估时，哪一个更为合适？

（2）运用现金流量贴现模型与比较价值法模型进行价值评估，何时值相似？

（3）两种企业价值评估方法各有什么优缺点？

*参考答案

一、单项选择题

1. A　2. D　3. A　4. D　5. D　6. D　7. A　8. D　9. D　10. C　11. A　12. C　13. B　14. C　15. C　16. B　17. A　18. C　19. A　20. D

二、多项选择题

1. ABC　2. ABD　3. ABC　4. ABD　5. ABCD　6. AD　7. AD　8. ABC　9. CD　10. CD　11. ABC　12. BC　13. ABCD　14. AC　15. ACD　16. BCD　17. BC　18. ABC　19. AD　20. BCD

三、判断题

1. ×　2. ×　3. √　4. ×　5. ×　6. √　7. ×　8. √　9. ×　10. √　11. ×　12. ×　13. √　14. ×　15. ×　16. ×　17. √　18. √　19. ×　20. √

四、计算分析题

1.（1）加权平均资本成本（折现率）=12% × 10 000 /（10 000+6 000）+8.89% ×（6 000 / 16 000）×（1–25%）=10%

（2）2015 年税后经营利润=［80 000 ×（1–70%）–1 600］×（1–25%）=16 800（万元）

项目	2015 年	2016 年	2017 年	2018 年	2019 年	2020 年	2021 年
销售收入增长率/%		7	7	7	7	7	7
税后经营利润	16 800	17 976	19 234.32	20 580.72	22 021.37	23 562.87	24 034.13
–资本支出	2 000	2 140	2 289.8	2 450.09	2 621.59	2 805.1	2 861.21
+折旧	800	856	915.92	980.03	1 048.64	1 122.04	1 144.48
经营营运资本	2 000	2 140	2 289.8	2 450.09	2 621.59	2 805.1	2 861.2
–经营营运资本的变动		140	149.8	160.29	171.5	183.51	56.11
实体现金流量		16 552	17 710.64	18 950.37	20 276.92	21 696.3	22 261.29
折现率		0.909 1	0.826 4	0.751 3	0.683 0	0.620 9	0.564 5
预期现金流量现值		15 047.42	14 636.07	14 237.41	13 849.14	13 471.23	12 566.50
预期现值合计	83 807.77						
后续期价值现值	160 222.85						
实体价值	244 030.62						

注：金额单位为万元

后续期价值的现值=［22 261.29×（1+2%）/（10%–2%）］×0.564 5=160 222.85（万元）

（3）股权价值=244 030.62–6 000=238 030.62（万元）

每股价值=238 030.62/10 000=23.80（元）

由于该股票目前每股市价为 30 元，大于 23.80 元。即股票价值小于股票价格，所以不应买进该股票。

2.（1）由于目标公司属于营业成本较低的服务类上市公司，应当采用市销率模型计算目标公司的股票价值。

（2）

项目	甲公司	乙公司	丙公司	丁公司	平均
每股市价/元	18	22	16	12	
每股销售收入/元	22	20	16	10	
市销率	0.82	1.1	1	1.2	1.03
销售净利率/%	4.55	6	5	4	4.89

修正平均市销率=1.03/（4.89%×100）=0.21

目标公司销售净利率=0.9/17=5.29%

目标公司股票价值=修正平均市销率×目标公司销售净利率×100

×目标公司每股销售收入

=0.21×5.29%×100×17=18.89（元）

（3）

公司名称	市销率	销售净利率/%	修正的市销率	目标公司股票价值=修正市销率×目标公司销售净利率×100×目标公司每股销售收入
甲	0.82	4.55	0.18	16.20 元
乙	1.10	6.00	0.18	16.20 元
丙	1.00	5.00	0.20	18.00 元
丁	1.20	4.00	0.30	27.00 元
平均				19.35 元

（4）目标公司的每股价值超过目前的每股股价 18 元，股票被市场低估，所以应当收购。

3.（1）2016 年每股实体现金流量=6 元

2015 年年末每股净负债=30×60%=18（元）

目标资本结构下每股净负债=30×50%=15（元）

2016 年每股净负债减少额=18–15=3（元）

2016 年每股债务现金流量=18×6%×（1–25%）+3=3.81（元）

2016 年每股股权现金流量=6–3.81=2.19（元）

（2）2017 年每股实体现金流量=6 元

每股债务现金流量=15×6%×（1–25%）=0.675（元）

每股股权现金流量=6–0.675=5.325（元）

（3）每股股权价值=2.19/（1+12%）+（5.325/10%）/（1+12%）=49.5（元）

每股市价 60 元大于每股股权价值 49.5 元，因此该公司股价被高估了。

4. 2015 年投资成本=所有者权益+有息债务=200+52+29=281（万元）

2016 年息前税后利润=息税前利润×（1–所得税税率）

=（37+6.4）×（1–30%）=30.38（万元）

2016 年投资成本=200+50+30=280（万元）

2016 年经济利润=息前税后利润–投资成本×加权平均资本成本

=30.38–280×10%=2.38（万元）

企业价值=期初投资成本+经济利润现值=281+2.38/10%=304.8（万元）

5.（1）A 公司预测各年实体现金流量

项目	2015 年	2016 年	2017 年	2018 年	2019 年
实体现金流量/万元	40 000	84 000	92 000	118 000	218 000

（2）A 公司 2019 年年末的价值=218 000×（1+5%）/（13%–5%）=2 861 250（万元）

（3）估值基准日 A 公司的整体价值

=40 000×（*P*/*F*，13%，1）+84 000×（*P*/*F*，13%，2）

+92 000×（*P*/*F*，13%，3）+118 000×（*P*/*F*，13%，4）

+218 000（*P*/*F*，13%，5）+ 2 861 250×（*P*/*F*，13%，6）

=1 900 715（万元）

（4）估值基准日 A 公司的股权市场价值=1 900 715–300 000=1 600 715（万元）

（5）B 公司拟转让的 20 000 万股股份的市场价值=1 600 715×20 000/100 000

=320 143（万元）

小于其转让价格 400 000 万元，所以，B 公司拟转让的 20 000 万股股份定价合理。

6.（1）

公司名称	实际市净率	权益净利率/%
A	4.0	10
B	4.2	14
C	3.8	9

续表

公司名称	实际市净率	权益净利率/%
D	3.4	8
E	3.0	6
F	2.4	5
平均	3.47	8.67

修正的平均市净率=3.47÷（8.67%×100）=0.4

（2）利用修正比率法确定的M公司的股票价值

=修正平均市净率×目标企业预期权益净利率×100×目标企业每股净资产

=0.4×12%×100×6=28.8（元/股）

（3）由于M公司的股票价值为28.8元/股，小于其股票价格30元/股，所以M公司的股价被市场高估了。

（4）市净率估值模型的优点：首先，净利润为负值的企业不能用市盈率进行估价，而市净率极少为负值，可用于大多数企业。其次，净资产账面价值的数据容易取得，并且容易理解。再次，净资产账面价值比净利润稳定，也不像利润那样经常被人为操纵。最后，如果会计标准合理并且各企业会计政策一致，市净率的变化可以反映企业价值的变化。

市净率的局限性：首先，账面价值受会计政策选择的影响，如果各企业执行不同的会计标准或会计政策，市净率会失去可比性。其次，固定资产很少的服务性企业和高科技企业，净资产与企业价值的关系不大，其市净率比较没有实际意义。最后，少数企业的净资产是负值，市净率没有意义，无法用于比较。

五、综合题

1.（1）净经营资产=（3 000–5–10）–（535+25+425）=2 985–985=2 000（万元）

净负债=（1 900–985）–（5+10）=900（万元）

税后经营净利润=272.25+（72+5）×（1–25%）=330（万元）

税前金融损益=72+5=77（万元）

税后金融损益=77×（1–25%）=57.75（万元）

（2）净经营资产净利率=330/2 000=16.5%

税后利息率=57.75/900=6.42%

经营差异率=16.5%–6.42%=10.08%

净财务杠杆=900/1 100=81.82%

杠杆贡献率=10.08%×81.82%=8.25%

权益净利率=16.5%+8.25%=24.75%

与同行业相比权益净利率高，原因在于净财务杠杆高。

（3）实体现金流量=337.5×（1+8%）–（435+1 565）×8%=204.5（万元）

债务现金流量=900×（1+8%）×8%×（1–25%）–900×8%=–13.68（万元）

税后净利润=337.5×（1+8%）–900×（1+8%）×8%×（1–25%）=306.18（万元）

股权现金流量=306.18–1 100×8%=218.18（万元）

（4）企业实体价值=204.5/（10%–8%）=10 225（万元）

股权价值=10 225–900=9 325（万元）

每股股权价值=9 325/500=18.65（元）

2016 年年初的股价 20 元高于每股股权价值 18.65 元，股价被市场高估了。

2.（1）按照当年年初净经营资产计算的净经营资产净利率=15%–5%=10%

当年的税后经营净利润=10% × 当年年初的净经营资产

=10% × 当年年初的投资资本=10% × 5 000=500（万元）

当年的实体净投资=投资资本增加=5 200–5 000=200（万元）

当年的实体现金流量=500–200=300（万元）

当年年初的实体价值=300/（10%–6%）=7 500（万元）

当年年初的股权价值=7 500–（2 000–800）=6 300（万元）

（2）当年年初的经营性流动资产=4 000 × 2%+1 400+20+50 ×（1–20%）+25+140+30+5

=1 740（万元）

当年的经营性流动资产增加=1 740 × 25%=435（万元）

当年年初的经营性流动负债=109+8+15+3+60+18+6+1=220（万元）

当年的经营性流动负债增加=220 × 60%=132（万元）

当年的经营性营运资本增加=435–132=303（万元）

当年的净经营性长期资产增加=150–100=50（万元）

当年的实体净投资=303+50=353（万元）

当年的股权净投资=353–23=330（万元）

当年的股权现金流量=540–330=210（万元）

B 公司在当年年初的股权价值=210/（20%–5%）=1 400（万元）

（3）每股收益=（500–50）/（200+240 × 5/12）=1.5（元/股）

每股收入=7 800/（200+240 × 5/12）=26（元/股）

每股净资产=（4 530–50–10 × 8）/（200+240）=10（元/股）

（4）权益净利率=（500–50）/（4 530–10 × 8–50） × 100%=10.23%

销售净利率=500/7 800 × 100%=6.41%

（5）根据题中的条件“C 公司是一家拥有大量资产并且净资产为正值的企业”可知，本题中应该使用市净率模型估算 C 公司的股权价值。

项目	实际市净率/%	预期权益净利率/%	修正市净率	C 公司		
				每股净资产	预期权益净利率/%	每股价值/元
甲	2.5	12.5	0.2	10	10.23	20.46
乙	2.0	8	0.25	10	10.23	25.58
丙	3.0	12	0.25	10	10.23	25.58
平均						23.87

C 公司在当年年初的股权价值=23.87 × 440=10 502.80（万元）

六、案例分析题

分析提示：根据现金流量贴现模型和比较价值法模型的原理与适用性考虑五粮液股份有限公司的价值评估。

第十二章

财务危机、重整与清算

【本章学习目标】

了解企业财务危机的产生原因及类别、企业清算的一般程序，正确理解债务和解、债务展期、剥离与分立等概念，重点掌握财务危机的征兆与预警方法、企业重整的方式，以及破产清算财产的一般分配顺序。

*知 识 要 点

第一节　财务危机

一、财务危机的含义

财务危机可以称为财务困境或财务失败，是指企业由于经营不善、流动性不足、无力偿还到期债务，即将引起破产或容易引发破产的状况。

二、财务危机的原因

约翰·阿根提（John Argenti）通过案例分析和理论研究，总结了财务危机的八大成因：

（1）企业高级管理层存在结构缺陷。

（2）经营过度。

（3）开发大项目。

（4）高财务杠杆经营。

（5）应变能力不强，应对措施不得力。

（6）会计信息不足或存在缺陷。

（7）制约企业对环境变化做出反应的因素。

（8）常见的经营风险。

三、财务危机演进阶段

财务危机是一个渐进和积累的过程，从企业财务危机发展和演进的过程看，通常经历四个阶段（参见下表）。

阶段	内容
第一阶段	财务危机的潜伏期。在这个阶段主要的特征表现为盲目扩张、市场营销无效、疏于风险管理、缺乏有效的管理制度、资源分配不当、面对环境变化缺乏有效的应对策略
第二阶段	财务危机的发作期。在这个阶段主要的特征表现为自有资金不足而过度依赖外部资金、利息负担过重、债务拖延偿付、缺乏财务的预警作用
第三阶段	财务危机的恶化期。在这个阶段主要的特征表现为债务到期不能支付、管理者无心经营业务和专心财务周转、资金出现周转困难
第四阶段	财务危机的实现期。在这个阶段主要的特征表现为资不抵债、净资产为负数、丧失偿债能力、最终宣布破产倒闭

四、财务危机的征兆

（一）经营状况的征兆

（1）盲目扩大企业规模。
（2）企业信誉不断下降。
（3）关联企业出现财务危机。
（4）产品市场竞争力不断减弱。

（二）财务指标的征兆

财务人员在日常活动中，通过留意现金流量、存货、销售量、利润、收账期、偿债能力等指标的变化，也可以发现财务危机的征兆（参见下表）。

现金流量	如果企业的现金流量不断减少，收不抵支，并且该趋势在短期内并无好转迹象，管理层就应该随时关注其发展，研究应对策略，避免现金流量状况进一步恶化以及更大的财务危机
存货出现异常变动	如果企业在某一时期出现存货大幅度增加或减少的异常情况，就应该警惕，这可能是财务危机的早期信号
销售量的非预期下降	销售量的非预期下降会带来严重的财务问题，如果销售量的下降伴随着赊销的增加，可能会产生现金流量进一步恶化的严重问题。这就不仅仅是一个营销问题了，有可能演变成财务危机的前期信号，因此企业的管理层应该高度重视
利润严重减少	利润是反映盈利能力的综合性指标，如果销售减少，成本却在不断增加，就会导致利润减少，甚至亏损
收账期延长	收账期延长意味着企业的销售款被占用。当企业的现金余额由于收账期延长而逐渐减少时，就会带来财务危机的隐患
偿债能力指标恶化	反映企业偿债能力的指标主要有资产负债率、已获利息倍数、流动比率、速动比率等，如果这些指标连续多个时期出现偿债能力下降，甚至严重不足时，财务危机的明显征兆出现，管理层应该高度重视

（三）财务报表的征兆

财务报表能够综合反映企业特定日期的财务状况和一定时期的经营成果及现金流量状况。观察若干期的财务报表数据和平衡关系，可以了解企业是否存在财务危机。

五、财务危机的预警

财务危机预警，又称财务预警，它是根据企业经营状况和财务指标等因素的变化，对企业经营活动中存在的财务风险进行监测、诊断和报警的方法。

企业财务危机预警系统包括了大量的预警方法和预警模型。以下是几种主要的企业财务危机预警方法和模型。

（一）定性分析法

定性分析法通过对企业的经济环境、经营状况及财务状况的判断和分析，预测企业发生财务危机的可能性（参见下表）。

经济环境	经营状况	财务状况
经济增长下降或经济衰退	盲目扩张，过度经营	财务杠杆过大
失业率上升	营销失败，销售下滑	经营亏损
通货膨胀	缺乏预算控制系统	现金流量恶化
金融市场动荡	管理水平低下	收账期延长
产业政策的不利变化	人才流失	存货周转率下降
市场竞争加剧	不能应对环境变化	债务违约
技术变化	销售合同违约	成本核算系统不健全
政府管制	缩减研发费用	粉饰财务报表
税制变化、税负加重		

（二）单变量模型

单变量模型是指运用单一的财务变量对企业财务危机风险进行预测的模型。主要是威廉姆·比弗（William Beaver，1966）提出的单变量预警模型，他通过对 1954~1964 年的 79 家失败企业和 79 家成功企业进行对比研究，对 14 种财务比率进行取舍，认为债务保障率（现金流量与债务总额之比）、资产负债率、资产收益率和资产安全率（资产变现率减去资产负债率）四个指标可以有效预测财务危机。

（三）多变量模型

多变量模型是指运用多个变量组成的鉴别函数来预测企业财务危机的模型。美国经济学家爱德华·奥特曼（Edward I. Altman）于 1968 年发表了《财务比率、离差分析和企业破产》，将多元判别分析方法应用于企业财务预警分析。他选取了 1946~1965 年的 33 家破产的企业和正常经营的公司，使用了 22 个财务比率来分析公司潜在的失败危机。对这 22 个财务比率，运用多元判别分析方法，最终确定了五个典型的财务比率，建立了 Z 计分模型（Z-score 模型）将其作为企业财务预警的模型：

$$Z = 1.2X_1 + 1.4X_2 + 3.3X_3 + 0.6X_4 + 0.999X_5$$

其中，X_1 为营运资金 ÷ 总资产；X_2 为留存收益 ÷ 总资产；X_3 为息税前利润 ÷ 总资产；X_4 为股票市价 ÷ 负债账面价值；X_5 为营业收入 ÷ 总资产。

奥特曼依据这一模型，运用经验数据提出了判断企业破产的临界值为 2.675。也就是说，当 Z=2.675 时，企业破产与不破产的概率各为 50%。如果 $Z \geqslant 2.99$，则企业破产的概率很低；如果 $Z\leqslant 1.81$，则企业破产的概率较高。Z 值介于 1.81~2.99，则属于未知区域，较难估计企业破产的可能性。一般情况下，Z 值越高，企业破产的概率越低；Z 值越低，企业破产的可能性就越大。

第二节　财务重整

一、财务重整含义、基本目的和一般程序

含义	基本目的	一般程序
财务重整，也称企业重整或企业重组，是指对陷入财务危机但仍有转机和存在重建价值的企业按照一定的程序进行重新整顿，使企业得以维持和复兴的一系列行为	改变企业原有的资本结构，以利于降低必须支付的固定利息费用； 保证增加企业的营运资本； 发现导致企业财务危机的根本原因并及时进行修正	重整申请 重整计划的制订和批准 重整计划的执行 重整程序的终止

二、财务重整方式

非正式财务重整	正式财务重整
债务和解 债务展期 准改组	减少资本支出及研发支出 出售非主要资产或非核心企业 与其他公司合并 发售新股 与债权人谈判 以债权转成股权 申请破产

三、重整计划及实施

一般情况下，重整计划应包括以下内容（参见下表）。

估算重整企业的价值：通常采用的方法是收益现值法，其难度在于估算未来收益、现金流量和适宜的贴现率。具体分为四步	估算公司未来的销售额
	分析公司未来的经营环境，以便预测公司未来的收益与现金流量
	确定用于未来现金流量贴现的贴现率
	用确定的贴现率对未来公司的现金流入量进行贴现，以估算出公司的价值
构建重整企业的目标资本结构	构建重整企业的最优资本结构，削减企业的债务负担和利息支出，从而使企业有较充裕的安全边际
证券以旧换新的估价和转换	重整企业新的目标资本结构确定后，用新证券替换旧证券，实现公司资本结构的转换

第三节 破产清算

一、破产清算的含义

破产清算是指陷入财务危机的企业重整无望准备终止时，为保护债权人、所有者等利益相关者的合法权益，依法对公司财产、债权债务进行全面清查，处理未了事宜，收回债权，变卖财产，偿还债务，分配剩余财产，终止其经营活动等一系列工作的总称。《中华人民共和国企业破产法（试行）》第三条规定："企业因经营管理不善造成严重亏损，不能清偿到期债务的，依照本法规定宣告破产。"

二、破产清算的一般程序

根据《中华人民共和国企业破产法》（以下简称《企业破产法》）的相关规定，破产清算的基本程序可以分为三个阶段：一是破产申请阶段；二是和解整顿阶段；三是破产清算阶段。在破产清算阶段，按照《企业破产法》的规定，其主要程序包括以下内容（参见下表）。

破产宣告	破产宣告是法院对具备破产原因的债务人作出宣告破产的司法行为。法院一旦作出破产宣告的裁定，破产程序就进入实质性阶段，债务人正式成为破产人，债权人则依清算、分配程序受偿
变价和分配	管理人应当及时拟订破产财产变价方案，提交债权人会议讨论。管理人应当按照债权人会议通过的或者人民法院裁定的破产财产变价方案，适时变价出售破产财产。破产财产在优先清偿破产费用和共益债务后，依照下列顺序清偿：①破产人所欠职工的工资和医疗、伤残补助、抚恤费用，所欠的应当划入职工个人账户的基本养老保险、基本医疗保险费用，以及法律、行政法规规定应当支付给职工的补偿金；②破产人欠缴的除前项规定以外的社会保险费用和破产人所欠税款；③普通破产债权。破产财产不足以清偿同一顺序的清偿要求的，按照比例分配
破产程序的终结	管理人在最后分配完结后，应当及时向人民法院提交破产财产分配报告，并提请人民法院裁定终结破产程序。人民法院应当自收到管理人终结破产程序的请求之日起十五日内作出是否终结破产程序的裁定。裁定终结的，应当予以公告。而管理人应当自破产程序终结之日起十日内，持人民法院终结破产程序的裁定，向破产人的原登记机关办理注销登记。管理人于办理注销登记完毕的次日终止执行职务

三、破产清算的具体实施

破产清算工作程序需要由法律规范，但破产清算资产的清查、估价、变现、债权的收回、债务的清偿和剩余财产的分配等，也关乎整个清算工作的合法、合理和公平性，因此应该重视具体实施工作。具体实施工作包括以下四个方面（参见下表）。

破产财产的界定与估价	清算工作结束后，应对清算财产估价，以确定财产的价值。清算财产的估价一般以账面净值为依据，也可以重估价值或者变现收入等为依据
破产债权的界定与确认	破产财产可分为优先破产债权和普通破产债权。优先破产债权，是指对破产人的特定财产享有担保权的权利人，对该特定财产享有优先受偿的权利。普通破产债权，是指在破产宣告前成立的，对破产人发生的，依法在规定的申报期内申报确认，并且只能通过破产程序从破产财产中得到公平清偿的债权

续表

破产费用和共益债务	破产费用，是指在破产案件中，为破产债权人的共同利益而支出的费用。共益债务，是指在破产程序中为全体债权人共同利益所承担的各种债务的总称
破产财产的分配	企业破产清算应当遵循《企业破产法》规定的程序。破产清算一般应先向法院呈交申请书，呈交的可能是企业提出的自愿申请书，也可能是债权人提出的非自愿申请书，再由法院成立清算组接管破产企业的资产。清算财产在扣除清算费用后，按清算顺序在各有关利益主体之间进行分配。清算财产扣除清算费用后的财产一般要按以下顺序进行清偿：①支付应付未付的职工工资、劳动保险等；②缴纳应缴未缴国家的税金；③支付尚未偿付的债务。如果尚有剩余财产，则先支付给优先股股东，再支付给普通股股东。同一顺序不足清偿的，按比例清偿

*练 习 题

一、单项选择题

1. 根据企业破产法律制度的规定，在人民法院受理破产申请后，下列有关破产申请受理的效力的表述中，不正确的是（ ）。

A．债务人不得对个别债权人的债务进行清偿

B．债务人的债务人应当向管理人清偿债务

C．有关债务人财产的执行措施应当终止

D．有关债务人的民事诉讼只能向受理破产申请的法院提起

2. 根据企业破产法律制度的规定，下列各项中，不属于破产管理人的职责的是（ ）。

A．接管债务人的账簿等资料

B．决定债务人的日常开支

C．代表债务人参加诉讼

D．在第一次债权人会议召开后，决定继续债务人的营业

3. 企业经营期满进行的清算属于（ ）。

A．自愿清算　　B．行政清算

C．司法清算　　D．破产清算

4. 中外合资企业的清算财产，清算各种债务以后剩余部分（ ）。

A．全部为中方所有

B．投资各方按出资比例或企业章程、协议所规定的办法分配

C．按普通股的面值比例分配

D．全部为外方所有

5. 有关资料显示，90%以上的财务性失败归因于（ ）。

A．宏观经济变化　　B．企业管理当局无能

C．财务人员玩忽职守　　D．意外原因

6. 根据企业破产法律的规定，债权申报期限自人民法院发布受理破产申请公告之日起计算，（ ）。

A．最短不得少于 10 日，最长不得超过 1 个月

B．最短不得少于 15 日，最长不得超过 3 个月

C．最短不得少于 30 日，最长不得超过 3 个月

D．最短不得少于 30 日，最长不得超过 6 个月

7．*Z* 计分模型中，显示企业财务危机的临界点是 *Z* 值小于（　　）。

A．0.027 4　　B．1.81　　C．2.675　　D．2.99

8．对陷入财务危机但仍有转机和重建价值的企业，一种抢救的措施是（　　）。

A．财务危机预警　　B．财务重整

C．破产　　D．清算

9．根据企业破产法律制度的规定，下列对和解协议效力的表述中，不正确的是（　　）。

A．经人民法院裁定认可的和解协议，对债务人有约束力

B．经人民法院裁定认可的和解协议，对全体和解债务人有约束力

C．和解协议对债务人的保证人和其他连带债务人无效

D．债务人不履行人民法院裁定认可的和解协议的，债权人可以请求人民法院强制执行

10．对债务展期的表述，下列说法错误的是（　　）。

A．这是挽救企业经营失败的一种方法

B．为陷入财务困境的企业赢得时间，使其调整财务状况，避免破产

C．债务展期就是推迟到期债务的偿还时间

D．有法院参与，受法律保护

11．公司因严重资不抵债，不能清偿到期债务向人民法院申请破产。根据企业破产法律制度的规定，下列各项中，属于债务人财产的是（　　）。

A．甲公司购买的一批在途物资，但尚未支付货款

B．甲公司从乙公司租用的一台设备

C．属于甲公司，但已抵押给银行的一处房产

D．甲公司根据代管协议合法占有的委托人丙公司的两处房产

12．企业遭遇财务危机时，采用（　　）措施会改变企业的资本结构。

A．出售主要资产或非核心资产　　B．以债权置换股权

C．减少资本性支出和研发支出　　D．发行商业票据融资

13．根据企业破产法律制度的规定，下列有关债权申报的表述中，正确的是（　　）。

A．债权人对附条件的债权可以申报

B．连带债权人的债权必须共同申报

C．债权人在法律确定的债权申报期限内未申报债权的，不得补充申报

D．债权人对诉讼未决的债权不得申报

14．在破产清算的情况下，有权按照法律规定组织清算机构对破产企业进行清算的是（　　）。

A．人民法院　　B．主管部门

C．工商部门　　D．股东大会

15．根据企业破产法律制度的规定，人民法院受理申请破产后，下列各项中，属于

共同债务的是（　　）。

A．因债务人不当得利所产生的债务

B．因管理债务人财产所支出的费用

C．管理人聘用工作人员发生的费用

D．管理人非执行职务时致人损害所产生的债务

16．根据企业破产法律制度的规定，下列有关重整计划的效力表述中，不正确的是（　　）。

A．经人民法院裁定批准的重整计划，对债务人有约束力

B．经人民法院裁定批准的重整计划，对无财产担保的债权人有约束力

C．经人民法院裁定批准的重整计划，对有财产担保的债务人有约束力

D．经人民法院裁定批准的重整计划，对债务人的保证人有约束力

17．下列各项中，属于企业清算收益的是（　　）。

A．清算机构人员的工资　　B．不用归还的债务

C．无法收回的债权　　D．无担保债务

18．根据企业破产法律制度的规定，在债权人会议上，（　　）经表决不能通过的，由人民法院裁定。

A．更换债权人委员会成员方案　　B．破产财产的变价方案

C．重整计划　　D．监督管理人方案

19．根据企业破产法律制度的规定，自人民法院裁定批准重整计划之日起，在重整计划规定的监督期内，负责监督重整计划执行的主体为（　　）。

A．人民法院　　B．债权人会议

C．管理人　　D．债权人委员会

20．以下财务指标既不用于 Z 计分模型，又不用于 F 分数模型的是（　　）。

A．息税前利润 ÷ 总资产　　B．营运资本 ÷ 总资产

C．股票市场价值 ÷ 总资产　　D．留存收益 ÷ 总资产

二、多项选择题

1．破产费用，是指在破产案件中，为破产债权人的共同利益而支出的费用。法院受理破产申请后发生的（　　）为破产费用。

A．破产案件的诉讼费用

B．管理变卖和分配债务人财产的费用

C．管理人执行职务的费用、报酬和聘用工作人员的费用

D．应付未付的职工工资

2．下列关于破产费用与共益债务清偿的表述中，符合《企业破产法》规定的有（　　）。

A．破产费用和共益债务由债务人财产随时清偿

B．债务人财产不足以清偿所有破产费用和共益债务的，先行清偿共益债务

C．债务人财产不足以清偿所有共益债务的，按照比例清偿

D．债务人财产不足以清偿所有破产费用的，在按比例清偿后，管理人应当提请人

民法院终结破产程序

3．对清算财产物质进行出售和处理时，一般按成交价格（即变现收入）作为财产的计税依据。在变现时，应遵循下列原则（　　）。

A．提高资产的变现价值，保护财产的整体使用价值，能整体变现的不分散变现

B．增强财产变现的公正性和时效性，能拍卖的不零售

C．考虑资产的使用价值，能使用的不变现

D．资产的变现价值要充分考虑股东的要求

4．在破产清算阶段，按照《企业破产法》的规定，其主要程序包括（　　）。

A．破产宣告　　B．成立破产清算组

C．编制破产财产分配方案　　D．提请终结破产程序和注销破产公司

5．并非所有达到破产界限的企业均应该宣告破产，各国对一些特殊情况均有不宣告破产的例外。我国破产法对有下列情形之一者，不予宣告破产（　　）。

A．债务人明显丧失清偿能力，即不能以财产、信用等任何方式清偿债务

B．公用企业和与国计民生关系密切的企业，政府有关部门给予资助或者采取其他措施帮助清偿债务的

C．取得担保，自破产申请 6 个月内清偿债务的

D．由债权人申请破产，上级主管部门申请整顿并且经企业与债权人会议达成和解协议的，终止破产程序

6．根据企业破产法律制度的规定，下列债权中，属于破产债权的有（　　）。

A．破产申请受理前成立的未到期的债权

B．无财产担保的债权在破产申请受理后产生的利息债权

C．破产申请受理前成立的有财产担保的债权

D．在债权申报期内向管理人申报并经其确认的债权

7．根据企业破产法律制度的规定，下列有关重整制度的表述中，正确的有（　　）。

A．债务人尚未进入破产程序时，债权人可以直接向人民法院申请对债务人进行重整

B．债权人申请对债务人进行破产清算的，在人民法院受理破产清算后、宣告债务人破产前，出资额占债务人注册资本 20%的出资人可以向人民法院申请重整

C．破产管理人负责管理财产和营业事物的，重整计划草案由破产管理人制定

D．按照重整计划减免的债务，自重整计划执行完毕时起，债务人不再承担清偿责任

8．根据企业破产法律制度的规定，下列关于破产清算、重整与和解的表述中，正确的有（　　）。

A．债务人一旦被宣告破产，则不可能再进入重整或者和解程序

B．债权人申请对债务人进行破产清算的，在人民法院受理破产申请后、宣告债务人破产前，只有债务人才能提出和解申请

C．即使债务人未出现现实的资不抵债情形，也可申请重整程序

D．重整是破产案件的必经程序

9．财务人员在日常活动中，通过留意（　　）偿债能力等指标的变化，也可以发现财务危机的征兆。

A．现金流量　　B．存货

C．销售量　　D．应收账款

10．企业清算的原因有（　　）。

A．企业经营期满，投资各方无意继续经营

B．未达到预定的经营目标，未来没有发展前途

C．企业被依法撤销

D．投资者一方或多方未履行章程规定的义务，企业无法继续经营

11．根据企业破产法律制度的规定，下列关于商业银行破产分配顺序的表述中，不正确的有（　　）。

A．破产财产优先支付个人储蓄存款本息

B．破产财产在支付清算费用后，优先支付个人储蓄存款本息

C．破产财产在支付清算费用、所欠职工工资和劳动保险费用后，优先支付个人储蓄存款本息

D．破产财产在支付清算费用、所欠职工工资和劳动保险费用、所欠税款后，优先支付个人储蓄存款本息

12．清算机构按法律规定追回的下列财产，应作为企业清算财产的有（　　）。

A．用于清偿到期债务的资产　　B．清算前无偿转移或低价转让的财产

C．对未到期债务提前清偿的财产　　D．清算前放弃的债权

13．破产企业甲公司在破产案件受理前因欠缴税款产生滞纳金，下列关于该滞纳金在破产程序中清偿顺位表述中，不符合企业破产法律制度规定的有（　　）。

A．该滞纳金属于普通债权，受偿顺位劣后于欠缴税款

B．该滞纳金劣后于普通债权受偿

C．该滞纳金与欠缴税款处于相同受偿顺位

D．该滞纳金不属于破产债权，在破产程序中不予清偿

14．根据《企业破产法》的规定，下列各项中，可以作为破产费用从破产财产中优先拨付的有（　　）。

A．破产案件的诉讼费用　　B．管理人聘任工作人员的费用

C．管理人执行职务的费用　　D．破产财产的拍卖费用

15．一个有效的财务性失败预警系统应该具有（　　）等功能。

A．预知财务危机的征兆

B．预防财务危机发生或控制其进一步扩大

C．避免类似财务危机再次发生

D．能有效消除财务危机

16．下列属于破产费用的有（　　）。

A．破产案件的诉讼费用

B．管理、变价和分配债务人财产的费用

C．管理人执行职务的费用、报酬和聘用工作人员的费用

D．债务人财产受无因管理所产生的债务

17．向法院提出破产申请，一般可以由（　　）提出。

A．债务人的上级主管部门　　B．债权人的主管部门

C．债务人　　D．债权人

18．相对正式财务重整来说，进行非正式财务重整的优点有（　　）。

A．债务企业可以维持正常的经营活动　　B．减少重整需要的时间

C．具有更大的灵活性　　D．避免履行正式手续所需的大量费用

19．下列各项属于清算损失的有（　　）。

A．财产盘亏 15 万元　　B．无法追回的债权 20 万元

C．财产估价损失 100 万元　　D．无法偿还的债务 200 万元

20．清算期间清算机构的（　　）可计入清算费用。

A．人员工资　　B．差旅费

C．广告费　　D．办公费

三、判断题

1．奥特曼函数在设计时没有充分考虑现金流量的变动，因此在实际运用中有很大的局限性。（　　）

2．非正式财务重整就是私下与债权人达成债务和解，正式财务重整就是通过取得第三方支援，得到债务展期。（　　）

3．一般情况下，Z 值越高，企业破产的概率越低；Z 值越低，企业破产的可能性就越大。（　　）

4．债务和解不仅需要债权人与债务人达成和解协议，还需要债权人之间达成债务和解协议。（　　）

5．当企业濒临破产时，债权人更愿意直接同企业联系，帮助企业恢复和重建坚实的财务基础，以避免进入正式法律程序而发生庞大的费用和漫长的诉讼时间。（　　）

6．导致企业财务危机的原因会因破产清算而消除，其财务状况可能得到转化。（　　）

7．根据奥特曼的 Z 计分模型，财务失败预警最重要的财务指标是营运能力指标，而不是获利能力指标。（　　）

8．无论是技术性失败还是破产，直接原因都是企业支付能力的丧失。（　　）

9．威廉姆·比弗认为决定企业陷入财务性失败的主要原因是债务、资产、现金流量等长期因素，因此企业各时期的净利润不能决定企业是否会陷入财务危机。（　　）

10．根据威廉姆·比弗的研究结果，在预测财务性失败时，应特别关注现金、应收账款和短期投资等流动资产项目。（　　）

11．债务和解和债务展期都不能帮助企业消除导致财务失败的原因，因此只是暂时减轻失败企业的债务负担。（　　）

12．确定重整企业的总价值，最好的办法就是采用企业的市值。（　　）

13．债务人财产不足以清偿所有破产费用和共益债务的，按照比例清偿。（　　）

14．当债务人出现财务困难，不能按期偿还债务时，债权人只能通过法律程序，要

求债务人破产，以清偿债务。（ ）

15．优先破产债权，是指在破产宣告前成立的，对破产人发生的，依法在规定的申报期内申报确认，并且只能通过破产程序从破产财产中得到公平清偿的债权。（ ）

16．对清算财产物质进行出售和处理时，一般按成交价格（即变现收入）作为财产的计税依据。（ ）

17．根据我国《公司法》的相关规定，破产清算的基本程序可以分为三个阶段：一是破产申请阶段；二是和解整顿阶段；三是破产清算阶段。（ ）

18．财务重整是对已经达到破产界限的企业进行的抢救措施。（ ）

19．财务重整可能会使大部分濒临破产的企业摆脱破产厄运，重获新生走上继续发展之路。（ ）

20．破产清算协议通常要规定减少债务数额和支付债务的最后期限。这种方式的实质是偿还部分债务以解决全部债务。但最重要的是应当公平地对待每一个债权人。（ ）

四、计算分析题

1．目的：练习 Z 计分模型的运用。

资料：已知红日公司在 2015 年有关财务比率如下。营运资本占总资产的比重为 0.4，留存收益占总资产的比重为 0.02，息税前利润占总资产的比重为 0.1，股票市值与负债账面价值的比值为 1.2，总资产周转率为 0.6。

要求：运用 Z 计分模型，分析该企业是否有破产征兆。

2．目的：练习破产财产的清算顺序。

资料：2015 年蓝天公司因经营管理不善无力偿还到期债务，依法被宣告破产清算。清算组对乙企业的资产、负债等相关财务情况整理后，其财产可变现情况如下表所示。

项目	金额/万元
货币资产	9 650
应收账款	8 340
存货	12 990
固定资产	60 900
其中：房屋	55 750
设备	5 150
破产财产合计	91 880
破产债务总额	79 950

其中：房产担保财产合计 15 750 万元；需要支付清算组破产费用 42 万元；所欠职工工资 6 200 万元；所欠税款 3 500 万元。

要求：根据上述资料，进行破产财产分配。

五、综合题

资料：清风公司和流水公司在 2015 年的有关财务数据如下表所示。

项目	清风公司/万元	流水公司/万元
营业收入	26 000	18 000
息税前利润	2 200	800
资产总额	45 000	62 000
营运资金	21 000	13 000
负债总额	18 000	23 000
留存收益	1 600	1 000
股票市价总额	27 000	18 000

要求：运用 Z 计分模型分析两公司破产的可能性。

六、案例分析题

杭州南望信息产业集团：债转股解围

1. 资料

2008 年 3 月中上旬，浙江安防产品龙头企业杭州南望信息产业集团（以下简称南望集团）的各大股东突然接到召开紧急股东会的通知。在这次会议上，南望集团的主要股东三花集团、东方通信等被告知，南望集团已被银行查封资产，资金只能流入，不能流出。此时南望集团的债务总额高达 13.45 亿元，而资产仅有 10 亿元。在负债中，利率较高的民间借贷本利已高达 6.9 亿元左右。后者彻底击垮了南望集团的资金链。

这个风云一时的安防龙头为何沦落至此？南望集团创建之初，由于安防产业竞争对手少，企业最初发展状态很好。南望集团的产品在市场上供不应求。但作为企业创始人和最大股东的张健本人此时却对主业充满了担忧，“我总担心自己的产品过两三年人家也可以做出来，所以希望多元化投资能产生稳定的现金流。别人和我竞争我也不怕，因为我有更多的资金投入研发”。彼时，国内土地和房地产市场风生水起，于是他开始大举进入，试水多元化。这些土地和房产升值所带来的回报让他逐渐丧失了扩张底线。2008 年，由于经济危机下房地产价格的下降，以及国家银根的紧缩，南望集团资金链的脆弱性暴露无遗。

南望集团资金链危机发生不久，杭州西湖区政府就迅速介入其中。4 月 28 日，西湖区政府有关官员与中国银行业监督管理委员会浙江监管局沟通，寻求银行对企业重组的配合。

为了维护债权，三花集团依法向法院申请南望集团的破产重整。法院受理了此案。同时指定了国浩律师事务所为首，包括政府工作组在内的三个机构作为南望集团的管理人（依照《企业破产法》，由法院指定管理人监督和执行企业破产重整）。

在管理人的主导下，一场挽救企业的大幕开始拉开。

管理人首先评估了南望集团的重整潜力。“南望集团的主营业务系安防产业，根据行业发展的趋势分析，未来向好的发展空间很大，而且南望的技术投入已经具有相当规模。在主营业务上，南望具备可持续盈利的能力。”

但是，如何说服债权人？在重整清算小组组长沈田丰律师看来，债权人是最现实的，所以只需给他们算经济账。管理人聘请中介机构对南望集团调查后，计算出南望集团在清算条件下和持续经营条件下债务人的偿债率：在破产清算条件下为 16.02%，持续经营条件下为 22.51%。看到这一对比，债权人普遍支持重组。

接下来，该选择何种重整方案来保留它的经营能力？一开始管理人想到了吸引投资者，让投资者通过"还债入股"，但当时正处在经济危机中，企业大都自顾不暇，所以很少有企业有兴趣入股南望集团的。

怎么办？管理人和南望集团的一些大股东沟通后，发现它们对南望集团业务的前景都很看好。而且，一些大的债权人，如选择直接偿债，经济损失比较大。例如，南望集团债权数额最大的普通债权人三花集团，其债权总额为 1.8 亿元，若选择直接偿债，其损失将达到 1.4 亿元。

此时一个新想法浮出沈田丰的脑海：何不采用债转股来解决这个问题？由债权人选择是否愿意成为股东，或者继续充当债权人。如果愿意成为股东，则持有股份；如果不愿意成为股东则依据重整条件下 22.51%的偿债率，由企业偿还。选择愿意成为股东的债权人达到一定数量和金额时，这个方案就可行了。债转股后，企业将获得双重救济，既减少了债务，又有了接盘者。

在跟债权人讨论和表决方案时，一些希望保留债权的债权人担心，如果南望集团重整后仍然亏损，就会给它们带来更大的损失。还有一些小债权人担心，在债转股过程中，南望集团成为大股东和大债权人博弈的舞台，它们的利益将被边缘化。

对此，沈田丰设计了由债转股后，新股东按照其股份对公司债务进行担保的机制，从而打消了前者的顾虑。而对于后者，方案中设计了如下制度：可以由那些希望在债转股中获得更多股份的大债权人收购小债权人的债权，从而预先保证它们的利益。当时，南望集团有 200 多个的债权人，后来将近半数的债权人都转让了债权。

而对于一些民间高利贷的巨额利息，重整方案遵循《关于人民法院审理借贷案件的若干意见》中的规定，对于民间借贷中利率高出银行利率四倍的情况，其高出的利息部分不予计算在债权内。

经与债权人、债务人协商，在接下来的债权人大会上，该重整方案以绝对多数票获得债权人表决通过，企业重整获得债权人支持。

在新的股东大会上，包括三花集团和杭州爱大制药有限公司等 32 名债权人成为公司股东。接着公司选举了董事会，爱大制药有限公司股东金肖勇成为公司董事长，并任命了新的总经理，原有股东彻底出局。

此时，南望集团的历史进入了新的一页，在下一年，效益实现了回升。其产品线得到了升级：重整后，全力推出了新的、基于"南望全球眼"概念的视频监控系列产品和基于"南望地球村"概念的智能掌控服务终端系列产品。2011 年 2 月 23 日，杭州市中级人民法院宣布南望集团欠款已经还清，重整成功。

2. *分析要求*

根据上述资料，分析南望集团破产原因、采用债转股进行重组的理由以及债转股方案通过的理由。

*参考答案

一、单项选择题

1. C　2. D　3. A　4. B　5. B　6. C　7. B　8. B　9. D　10. D　11. C　12. B　13. A　14. A　15. A　16. D　17. B　18. B　19. C　20. C

二、多项选择题

1. ABC　2. ACD　3. AB　4. ABCD　5. BCD　6. AC　7. ABCD　8. ABC　9. ABCD　10. ABCD　11. ABD　12. BCD　13. BCD　14. ABCD　15. ABC　16. ABC　17. CD　18. BCD　19. ABC　20. ABCD

三、判断题

1. √　2. ×　3. √　4. √　5. ×　6. ×　7. √　8. √　9. ×　10. ×　11. √　12. ×　13. ×　14. ×　15. ×　16. √　17. √　18. √　19. ×　20. √

四、计算分析题

1. Z=2.517，属于未知区域，因此难以估计红日公司破产的可能性。

2. 企业破产财产合计 91 880 万元，扣除担保财产后的破产财产实际金额为 76 130 万元。

破产财产分配顺序：

（1）支付破产费用 42 万元；

（2）清偿职工工资 6 200 万元；

（3）清偿所欠税款 3 500 万元；

（4）剩余可供清偿债务的实际金额为 66 388 万元，不足以支付全部破产债务 79 950 万元，应按同一比例向各债权人清偿。清偿率为 83.04%。

五、综合题

清风公司 Z=2.249

流水公司 Z=1.076

由计算结果可知清风公司处于灰色地带，其财务状况极不稳定。流水公司的 Z 值较低，小于临界值 1.81，表明该公司财务状况堪忧，已经出现破产征兆。

六、案例分析题

（1）破产的原因。

南望集团破产不能否认环境的因素，但同时我们也尝试从内因中寻找答案。从专注于实业到多元化投机，在浙商企业经营思路的演变中，我们可以看到典型的商人思维：更喜欢追逐机遇，更关注赚快钱，搞资本运作，而忽视企业风险控制与长期战略。于是乎，他们的经营越发依赖于宏观环境。

在经济高涨的大潮中，南望集团不断追逐热门投资，如房地产、资源、金融。他们更善于撬动和利用银行资本，带动更大规模的项目；如果有高利润，危险的民间借贷也不排斥。多元化、资本化的繁荣伴随着机器设备老化、技术投入不足、产业链固守低端和主业竞争力衰退。其中，也有企业家抱着以“投机利润”反哺主业的美好愿望，然而一旦走上资本投机之路，他们就发现很难自持。

（2）债转股的原因及成功的理由。

第一，主要是政府的主导作用。

第二，重整方案的设计和与债权人的沟通中，一方面管理人将所有利益都公开化，将企业所有实情，以及不同选择和风险都告诉债权人，让债权人、债务人自己选择，实现阳光下的博弈和制约。“大家看着出牌。”另一方面，管理人在设计利益博弈机制时，要兼顾各个层面的利益（按照企业破产法，对重整表决的债权人分为若干组，根据具体情况，可分为担保债权组、普通债权组、劳动债权组等，每一组都对破产重整草案有否决权）。这样才能实现债务人所感受的公平，从而给企业重整以空间。

参考文献

陈岩. 2015. 财务管理习题集. 北京：化学工业出版社
陈玉珍. 2008. 财务管理学实验. 北京：科学出版社
傅元略. 2009. 公司财务战略. 北京：中信出版社
荆新，王化成，刘俊彦. 2012. 财务管理学教学辅导书. 北京：中国人民大学出版社
荆新，王化成，刘俊彦. 2015. 财务管理学. 第七版. 北京：中国人民大学出版社
李志学，戴娟萍. 2015. 高级财务管理. 杭州：浙江大学出版社
刘克涛，邢媛. 2013. 财务管理实务习题与实训. 武汉：武汉大学出版社
刘淑莲. 2012. 公司理财. 第二版. 北京：北京大学出版社
刘淑莲，张广宝. 2013. 公司理财习题与解析. 第二版. 北京：北京大学出版社
罗绍德. 2009. 非会计人员财务管理. 北京：清华大学出版社
裘益政，竺素娥. 2011. 财务管理案例. 大连：东北财经大学出版社
裘益政，竺素娥. 2014. 财务管理案例. 第二版. 大连：东北财经大学出版社
田明. 2015. 2015 注册会计师考试提高阶段指南与练习题库：财务成本管理. 北京：经济科学出版社
涂必胜. 2005. 财务管理学习题集. 上海：立信会计出版社
王志坚. 2004. 财务管理学学习辅导与习题解答. 上海：立信会计出版社
闫华红. 2014. 2014 注册会计师考试应试指导及全真模拟测试：财务成本管理. 北京：北京大学出版社
闫华红. 2015. 2015 注册会计师考试应试指导及全真模拟测试：财务成本管理. 北京：北京大学出版社
闫华红. 2016. 2016 注册会计师考试应试指导及全真模拟测试：财务成本管理. 北京：北京大学出版社
杨忠智. 2015. 财务管理习题与解析. 厦门：厦门大学出版社
曾蔚. 2013. 高级财务管理. 北京：清华大学出版社
张先治. 2015. 高级财务管理. 大连：东北财经大学出版社
张先治，池国华. 2009. 公司理财. 北京：北京大学出版社
张先治，池国华. 2015. 企业价值评估. 大连：东北财经大学出版社
中国注册会计师协会. 2016. 财务成本管理. 北京：经济科学出版社
中和资产评估有限公司. 2010. 企业价值评估与案例分析. 北京：中国财政经济出版社
中华会计网校. 2015. 财务成本管理经典题解. 北京：人民出版社
中华会计网校. 2016. 应试指南・财务成本管理. 北京：人民出版社
竺素娥，裘益政. 2013. 财务管理. 大连：东北财经大学出版社
竺素娥，涂必胜. 2008. 财务管理学习指导书. 杭州：浙江人民出版社
竺素娥，曾爱民. 2014. 财务管理习题与案例. 大连：东北财经大学出版社
竺素娥，赵秀芳，李郁明. 2011a. 财务管理. 北京：科学出版社
竺素娥，赵秀芳，李郁明. 2011b. 财务管理习题集. 北京：科学出版社
注册会计师全国统一考试辅导用书编审委员会. 2016. 财务管理成本管理应试指导. 北京：机械工业出版社
注册会计师全国统一考试辅导用书编写组. 2016. 财务成本管理. 北京：中国财政经济出版社

附　录

复利现值系数（*P*/*F*，*i*，*n*）表

期数	1%	2%	3%	4%	5%	6%	7%
1	0.990 1	0.980 4	0.970 9	0.961 5	0.952 4	0.943 4	0.934 6
2	0.980 3	0.961 2	0.942 6	0.924 6	0.907 0	0.890 0	0.873 4
3	0.970 6	0.942 3	0.915 1	0.889 0	0.863 8	0.839 6	0.816 3
4	0.961 0	0.923 8	0.888 5	0.854 8	0.822 7	0.792 1	0.762 9
5	0.951 5	0.905 7	0.862 6	0.821 9	0.783 5	0.747 3	0.713 0
6	0.942 0	0.888 0	0.837 5	0.790 3	0.746 2	0.705 0	0.666 3
7	0.932 7	0.870 6	0.813 1	0.759 9	0.710 7	0.665 1	0.622 7
8	0.923 5	0.853 5	0.789 4	0.730 7	0.676 8	0.627 4	0.582 0
9	0.914 3	0.836 8	0.766 4	0.702 6	0.644 6	0.591 9	0.543 9
10	0.905 3	0.820 3	0.744 1	0.675 6	0.613 9	0.558 4	0.508 3
11	0.896 3	0.804 3	0.722 4	0.649 6	0.584 7	0.526 8	0.475 1
12	0.887 4	0.788 5	0.701 4	0.624 6	0.556 8	0.497 0	0.444 0
13	0.878 7	0.773 0	0.681 0	0.600 6	0.530 3	0.468 8	0.415 0
14	0.870 0	0.757 9	0.661 1	0.577 5	0.505 1	0.442 3	0.387 8
15	0.861 3	0.743 0	0.641 9	0.555 3	0.481 0	0.417 3	0.362 4
16	0.852 8	0.728 4	0.623 2	0.533 9	0.458 1	0.393 6	0.338 7
17	0.844 4	0.714 2	0.605 0	0.513 4	0.436 3	0.371 4	0.316 6
18	0.836 0	0.700 2	0.587 4	0.493 6	0.415 5	0.350 3	0.295 9
19	0.827 7	0.686 4	0.570 3	0.474 6	0.395 7	0.330 5	0.276 5
20	0.819 5	0.673 0	0.553 7	0.456 4	0.376 9	0.311 8	0.258 4
21	0.811 4	0.659 8	0.537 5	0.438 8	0.358 9	0.294 2	0.241 5
22	0.803 4	0.646 8	0.521 9	0.422 0	0.341 8	0.277 5	0.225 7
23	0.795 4	0.634 2	0.506 7	0.405 7	0.325 6	0.261 8	0.210 9
24	0.787 6	0.621 7	0.491 9	0.390 1	0.310 1	0.247 0	0.197 1
25	0.779 8	0.609 5	0.477 6	0.375 1	0.295 3	0.233 0	0.184 2
26	0.772 0	0.597 6	0.463 7	0.360 7	0.281 2	0.219 8	0.172 2
27	0.764 4	0.585 9	0.450 2	0.346 8	0.267 8	0.207 4	0.160 9
28	0.756 8	0.574 4	0.437 1	0.333 5	0.255 1	0.195 6	0.150 4
29	0.749 3	0.563 1	0.424 3	0.320 7	0.242 9	0.184 6	0.140 6

续表

期数	1%	2%	3%	4%	5%	6%	7%
30	0.741 9	0.552 1	0.412 0	0.308 3	0.231 4	0.174 1	0.131 4

期数	8%	9%	10%	11%	12%	13%	14%
1	0.925 9	0.917 4	0.909 1	0.900 9	0.892 9	0.885 0	0.877 2
2	0.857 3	0.841 7	0.826 4	0.811 6	0.797 2	0.783 1	0.769 5
3	0.793 8	0.772 2	0.751 3	0.731 2	0.711 8	0.693 1	0.675 0
4	0.735 0	0.708 4	0.683 0	0.658 7	0.635 5	0.613 3	0.592 1
5	0.680 6	0.649 9	0.620 9	0.593 5	0.567 4	0.542 8	0.519 4
6	0.630 2	0.596 3	0.564 5	0.534 6	0.506 6	0.480 3	0.455 6
7	0.583 5	0.547 0	0.513 2	0.481 7	0.452 3	0.425 1	0.399 6
8	0.540 3	0.501 9	0.466 5	0.433 9	0.403 9	0.376 2	0.350 6
9	0.500 2	0.460 4	0.424 1	0.390 9	0.360 6	0.332 9	0.307 5
10	0.463 2	0.422 4	0.385 5	0.352 2	0.322 0	0.294 6	0.269 7
11	0.428 9	0.387 5	0.350 5	0.317 3	0.287 5	0.260 7	0.236 6
12	0.397 1	0.355 5	0.318 6	0.285 8	0.256 7	0.230 7	0.207 6
13	0.367 7	0.326 2	0.289 7	0.257 5	0.229 2	0.204 2	0.182 1
14	0.340 5	0.299 2	0.263 3	0.232 0	0.204 6	0.180 7	0.159 7
15	0.315 2	0.274 5	0.239 4	0.209 0	0.182 7	0.159 9	0.140 1
16	0.291 9	0.251 9	0.217 6	0.188 3	0.163 1	0.141 5	0.122 9
17	0.270 3	0.231 1	0.197 8	0.169 6	0.145 6	0.125 2	0.107 8
18	0.250 2	0.212 0	0.179 9	0.152 8	0.130 0	0.110 8	0.094 6
19	0.231 7	0.194 5	0.163 5	0.137 7	0.116 1	0.098 1	0.082 9
20	0.214 5	0.178 4	0.148 6	0.124 0	0.103 7	0.086 8	0.072 8
21	0.198 7	0.163 7	0.135 1	0.111 7	0.092 6	0.076 8	0.063 8
22	0.183 9	0.150 2	0.122 8	0.100 7	0.082 6	0.068 0	0.056 0
23	0.170 3	0.137 8	0.111 7	0.090 7	0.073 8	0.060 1	0.049 1
24	0.157 7	0.126 4	0.101 5	0.081 7	0.065 9	0.053 2	0.043 1
25	0.146 0	0.116 0	0.092 3	0.073 6	0.058 8	0.047 1	0.037 8
26	0.135 2	0.106 4	0.083 9	0.066 3	0.052 5	0.041 7	0.033 1
27	0.125 2	0.097 6	0.076 3	0.059 7	0.046 9	0.036 9	0.029 1
28	0.115 9	0.089 5	0.069 3	0.053 8	0.041 9	0.032 6	0.025 5
29	0.107 3	0.082 2	0.063 0	0.048 5	0.037 4	0.028 9	0.022 4
30	0.099 4	0.075 4	0.057 3	0.043 7	0.033 4	0.025 6	0.019 6

期数	15%	16%	17%	18%	19%	20%	21%	22%
1	0.869 6	0.862 1	0.854 7	0.847 5	0.840 3	0.833 3	0.826 4	0.819 7
2	0.756 1	0.743 2	0.730 5	0.718 2	0.706 2	0.694 4	0.683 0	0.671 9
3	0.657 5	0.640 7	0.624 4	0.608 6	0.593 4	0.578 7	0.564 5	0.550 7
4	0.571 8	0.552 3	0.533 7	0.515 8	0.498 7	0.482 3	0.466 5	0.451 4
5	0.497 2	0.476 1	0.456 1	0.437 1	0.419 0	0.401 9	0.385 5	0.370 0

续表

期数	15%	16%	17%	18%	19%	20%	21%	22%
6	0.432 3	0.410 4	0.389 8	0.370 4	0.352 1	0.334 9	0.318 6	0.303 3
7	0.375 9	0.353 8	0.333 2	0.313 9	0.295 9	0.279 1	0.263 3	0.248 6
8	0.326 9	0.305 0	0.284 8	0.266 0	0.248 7	0.232 6	0.217 6	0.203 8
9	0.284 3	0.263 0	0.243 4	0.225 5	0.209 0	0.193 8	0.179 9	0.167 0
10	0.247 2	0.226 7	0.208 0	0.191 1	0.175 6	0.161 5	0.148 6	0.136 9
11	0.214 9	0.195 4	0.177 8	0.161 9	0.147 6	0.134 6	0.122 8	0.112 2
12	0.186 9	0.168 5	0.152 0	0.137 2	0.124 0	0.112 2	0.101 5	0.092 0
13	0.162 5	0.145 2	0.129 9	0.116 3	0.104 2	0.093 5	0.083 9	0.075 4
14	0.141 3	0.125 2	0.111 0	0.098 5	0.087 6	0.077 9	0.069 3	0.061 8
15	0.122 9	0.107 9	0.094 9	0.083 5	0.073 6	0.064 9	0.057 3	0.050 7
16	0.106 9	0.093 0	0.081 1	0.070 8	0.061 8	0.054 1	0.047 4	0.041 5
17	0.092 9	0.080 2	0.069 3	0.060 0	0.052 0	0.045 1	0.039 1	0.034 0
18	0.080 8	0.069 1	0.059 2	0.050 8	0.043 7	0.037 6	0.032 3	0.027 9
19	0.070 3	0.059 6	0.050 6	0.043 1	0.036 7	0.031 3	0.026 7	0.022 9
20	0.061 1	0.051 4	0.043 3	0.036 5	0.030 8	0.026 1	0.022 1	0.018 7
21	0.053 1	0.044 3	0.037 0	0.030 9	0.025 9	0.021 7	0.018 3	0.015 4
22	0.046 2	0.038 2	0.031 6	0.026 2	0.021 8	0.018 1	0.015 1	0.012 6
23	0.040 2	0.032 9	0.027 0	0.022 2	0.018 3	0.015 1	0.012 5	0.010 3
24	0.034 9	0.028 4	0.023 1	0.018 8	0.015 4	0.012 6	0.010 3	0.008 5
25	0.030 4	0.024 5	0.019 7	0.016 0	0.012 9	0.010 5	0.008 5	0.006 9
26	0.026 4	0.021 1	0.016 9	0.013 5	0.010 9	0.008 7	0.007 0	0.005 7
27	0.023 0	0.018 2	0.014 4	0.011 5	0.009 1	0.007 3	0.005 8	0.004 7
28	0.020 0	0.015 7	0.012 3	0.009 7	0.007 7	0.006 1	0.004 8	0.003 8
29	0.017 4	0.013 5	0.010 5	0.008 2	0.006 4	0.005 1	0.004 0	0.003 1
30	0.015 1	0.011 6	0.009 0	0.007 0	0.005 4	0.004 2	0.003 3	0.002 6

期数	23%	24%	25%	26%	27%	28%	29%	30%
1	0.813 0	0.806 5	0.800 0	0.793 7	0.787 4	0.781 3	0.775 2	0.769 2
2	0.661 0	0.650 4	0.640 0	0.629 9	0.620 0	0.610 4	0.600 9	0.591 7
3	0.537 4	0.524 5	0.512 0	0.499 9	0.488 2	0.476 8	0.465 8	0.455 2
4	0.436 9	0.423 0	0.409 6	0.396 8	0.384 4	0.372 5	0.361 1	0.350 1
5	0.355 2	0.341 1	0.327 7	0.314 9	0.302 7	0.291 0	0.279 9	0.269 3
6	0.288 8	0.275 1	0.262 1	0.249 9	0.238 3	0.227 4	0.217 0	0.207 2
7	0.234 8	0.221 8	0.209 7	0.198 3	0.187 7	0.177 6	0.168 2	0.159 4
8	0.190 9	0.178 9	0.167 8	0.157 4	0.147 8	0.138 8	0.130 4	0.122 6
9	0.155 2	0.144 3	0.134 2	0.124 9	0.116 4	0.108 4	0.101 1	0.094 3
10	0.126 2	0.116 4	0.107 4	0.099 2	0.091 6	0.084 7	0.078 4	0.072 5
11	0.102 6	0.093 8	0.085 9	0.078 7	0.072 1	0.066 2	0.060 7	0.055 8
12	0.083 4	0.075 7	0.068 7	0.062 5	0.056 8	0.051 7	0.047 1	0.042 9

续表

期数	23%	24%	25%	26%	27%	28%	29%	30%
13	0.067 8	0.061 0	0.055 0	0.049 6	0.044 7	0.040 4	0.036 5	0.033 0
14	0.055 1	0.049 2	0.044 0	0.039 3	0.035 2	0.031 6	0.028 3	0.025 4
15	0.044 8	0.039 7	0.035 2	0.031 2	0.027 7	0.024 7	0.021 9	0.019 5
16	0.036 4	0.032 0	0.028 1	0.024 8	0.021 8	0.019 3	0.017 0	0.015 0
17	0.029 6	0.025 8	0.022 5	0.019 7	0.017 2	0.015 0	0.013 2	0.011 6
18	0.024 1	0.020 8	0.018 0	0.015 6	0.013 5	0.011 8	0.010 2	0.008 9
19	0.019 6	0.016 8	0.014 4	0.012 4	0.010 7	0.009 2	0.007 9	0.006 8
20	0.015 9	0.013 5	0.011 5	0.009 8	0.008 4	0.007 2	0.006 1	0.005 3
21	0.012 9	0.010 9	0.009 2	0.007 8	0.006 6	0.005 6	0.004 8	0.004 0
22	0.010 5	0.008 8	0.007 4	0.006 2	0.005 2	0.004 4	0.003 7	0.003 1
23	0.008 6	0.007 1	0.005 9	0.004 9	0.004 1	0.003 4	0.002 9	0.002 4
24	0.007 0	0.005 7	0.004 7	0.003 9	0.003 2	0.002 7	0.002 2	0.001 8
25	0.005 7	0.004 6	0.003 8	0.003 1	0.002 5	0.002 1	0.001 7	0.001 4
26	0.004 6	0.003 7	0.003 0	0.002 5	0.002 0	0.001 6	0.001 3	0.001 1
27	0.003 7	0.003 0	0.002 4	0.001 9	0.001 6	0.001 3	0.001 0	0.000 8
28	0.003 0	0.002 4	0.001 9	0.001 5	0.001 2	0.001 0	0.000 8	0.000 6
29	0.002 5	0.002 0	0.001 5	0.001 2	0.001 0	0.000 8	0.000 6	0.000 5
30	0.002 0	0.001 6	0.001 2	0.001 0	0.000 8	0.000 6	0.000 5	0.000 4

复利终值系数（F/P，i，n）表

期数	1%	2%	3%	4%	5%	6%	7%
1	1.010 0	1.020 0	1.030 0	1.040 0	1.050 0	1.060 0	1.070 0
2	1.020 1	1.040 4	1.060 9	1.081 6	1.102 5	1.123 6	1.144 9
3	1.030 3	1.061 2	1.092 7	1.124 9	1.157 6	1.191 0	1.225 0
4	1.040 6	1.082 4	1.125 5	1.169 9	1.215 5	1.262 5	1.310 8
5	1.051 0	1.104 1	1.159 3	1.216 7	1.276 3	1.338 2	1.402 6
6	1.061 5	1.126 2	1.194 1	1.265 3	1.340 1	1.418 5	1.500 7
7	1.072 1	1.148 7	1.229 9	1.315 9	1.407 1	1.503 6	1.605 8
8	1.082 9	1.171 7	1.266 8	1.368 6	1.477 5	1.593 8	1.718 2
9	1.093 7	1.195 1	1.304 8	1.423 3	1.551 3	1.689 5	1.838 5
10	1.104 6	1.219 0	1.343 9	1.480 2	1.628 9	1.790 8	1.967 2
11	1.115 7	1.243 4	1.384 2	1.539 5	1.710 3	1.898 3	2.104 9
12	1.126 8	1.268 2	1.425 8	1.601 0	1.795 9	2.012 2	2.252 2
13	1.138 1	1.293 6	1.468 5	1.665 1	1.885 6	2.132 9	2.409 8
14	1.149 5	1.319 5	1.512 6	1.731 7	1.979 9	2.260 9	2.578 5
15	1.161 0	1.345 9	1.558 0	1.800 9	2.078 9	2.396 6	2.759 0
16	1.172 6	1.372 8	1.604 7	1.873 0	2.182 9	2.540 4	2.952 2
17	1.184 3	1.400 2	1.652 8	1.947 9	2.292 0	2.692 8	3.158 8
18	1.196 1	1.428 2	1.702 4	2.025 8	2.406 6	2.854 3	3.379 9

续表

期数	1%	2%	3%	4%	5%	6%	7%
19	1.208 1	1.456 8	1.753 5	2.106 8	2.527 0	3.025 6	3.616 5
20	1.220 2	1.485 9	1.806 1	2.191 1	2.653 3	3.207 1	3.869 7
21	1.232 4	1.515 7	1.860 3	2.278 8	2.786 0	3.399 6	4.140 6
22	1.244 7	1.546 0	1.916 1	2.369 9	2.925 3	3.603 5	4.430 4
23	1.257 2	1.576 9	1.973 6	2.464 7	3.071 5	3.819 7	4.740 5
24	1.269 7	1.608 4	2.032 8	2.563 3	3.225 1	4.048 9	5.072 4
25	1.282 4	1.640 6	2.093 8	2.665 8	3.386 4	4.291 9	5.427 4
26	1.295 3	1.673 4	2.156 6	2.772 5	3.555 7	4.549 4	5.807 4
27	1.308 2	1.706 9	2.221 3	2.883 4	3.733 5	4.822 3	6.213 9
28	1.321 3	1.741 0	2.287 9	2.998 7	3.920 1	5.111 7	6.648 8
29	1.334 5	1.775 8	2.356 6	3.118 7	4.116 1	5.418 4	7.114 3
30	1.347 8	1.811 4	2.427 3	3.243 4	4.321 9	5.743 5	7.612 3

期数	8%	9%	10%	11%	12%	13%	14%
1	1.080 0	1.090 0	1.100 0	1.110 0	1.120 0	1.130 0	1.140 0
2	1.166 4	1.188 1	1.210 0	1.232 1	1.254 4	1.276 9	1.299 6
3	1.259 7	1.295 0	1.331 0	1.367 6	1.404 9	1.442 9	1.481 5
4	1.360 5	1.411 6	1.464 1	1.518 1	1.573 5	1.630 5	1.689 0
5	1.469 3	1.538 6	1.610 5	1.685 1	1.762 3	1.842 4	1.925 4
6	1.586 9	1.677 1	1.771 6	1.870 4	1.973 8	2.082 0	2.195 0
7	1.713 8	1.828 0	1.948 7	2.076 2	2.210 7	2.352 6	2.502 3
8	1.850 9	1.992 6	2.143 6	2.304 5	2.476 0	2.658 4	2.852 6
9	1.999 0	2.171 9	2.357 9	2.558 0	2.773 1	3.004 0	3.251 9
10	2.158 9	2.367 4	2.593 7	2.839 4	3.105 8	3.394 6	3.707 2
11	2.331 6	2.580 4	2.853 1	3.151 8	3.478 6	3.835 9	4.226 2
12	2.518 2	2.812 7	3.138 4	3.498 5	3.896 0	4.334 5	4.817 9
13	2.719 6	3.065 8	3.452 3	3.883 3	4.363 5	4.898 0	5.492 4
14	2.937 2	3.341 7	3.797 5	4.310 4	4.887 1	5.534 8	6.261 3
15	3.172 2	3.642 5	4.177 2	4.784 6	5.473 6	6.254 3	7.137 9
16	3.425 9	3.970 3	4.595 0	5.310 9	6.130 4	7.067 3	8.137 2
17	3.700 0	4.327 6	5.054 5	5.895 1	6.866 0	7.986 1	9.276 5
18	3.996 0	4.717 1	5.559 9	6.543 6	7.690 0	9.024 3	10.575 2
19	4.315 7	5.141 7	6.115 9	7.263 3	8.612 8	10.197 4	12.055 7
20	4.661 0	5.604 4	6.727 5	8.062 3	9.646 3	11.523 1	13.743 5
21	5.033 8	6.108 8	7.400 2	8.949 2	10.803 8	13.021 1	15.667 6
22	5.436 5	6.658 6	8.140 3	9.933 6	12.100 3	14.713 8	17.861 0
23	5.871 5	7.257 9	8.954 3	11.026 3	13.552 3	16.626 6	20.361 6
24	6.341 2	7.911 1	9.849 7	12.239 2	15.178 6	18.788 1	23.212 2
25	6.848 5	8.623 1	10.834 7	13.585 5	17.000 1	21.230 5	26.461 9

续表

期数	8%	9%	10%	11%	12%	13%	14%
26	7.396 4	9.399 2	11.918 2	15.079 9	19.040 1	23.990 5	30.166 6
27	7.988 1	10.245 1	13.110 0	16.738 7	21.324 9	27.109 3	34.389 9
28	8.627 1	11.167 1	14.421 0	18.579 9	23.883 9	30.633 5	39.204 5
29	9.317 3	12.172 2	15.863 1	20.623 7	26.749 9	34.615 8	44.693 1
30	10.062 7	13.267 7	17.449 4	22.892 3	29.959 9	39.115 9	50.950 2

期数	15%	16%	17%	18%	19%	20%	21%	22%
1	1.150 0	1.160 0	1.170 0	1.180 0	1.190 0	1.200 0	1.210 0	1.220 0
2	1.322 5	1.345 6	1.368 9	1.392 4	1.416 1	1.440 0	1.464 1	1.488 4
3	1.520 9	1.560 9	1.601 6	1.643 0	1.685 2	1.728 0	1.771 6	1.815 8
4	1.749 0	1.810 6	1.873 9	1.938 8	2.005 3	2.073 6	2.143 6	2.215 3
5	2.011 4	2.100 3	2.192 4	2.287 8	2.386 4	2.488 3	2.593 7	2.702 7
6	2.313 1	2.436 4	2.565 2	2.699 6	2.839 8	2.986 0	3.138 4	3.297 3
7	2.660 0	2.826 2	3.001 2	3.185 5	3.379 3	3.583 2	3.797 5	4.022 7
8	3.059 0	3.278 4	3.511 5	3.758 9	4.021 4	4.299 8	4.595 0	4.907 7
9	3.517 9	3.803 0	4.108 4	4.435 5	4.785 4	5.159 8	5.559 9	5.987 4
10	4.045 6	4.411 4	4.806 8	5.233 8	5.694 7	6.191 7	6.727 5	7.304 6
11	4.652 4	5.117 3	5.624 0	6.175 9	6.776 7	7.430 1	8.140 3	8.911 7
12	5.350 3	5.936 0	6.580 1	7.287 6	8.064 2	8.916 1	9.849 7	10.872 2
13	6.152 8	6.885 8	7.698 7	8.599 4	9.596 4	10.699 3	11.918 2	13.264 1
14	7.075 7	7.987 5	9.007 5	10.147 2	11.419 8	12.839 2	14.421 0	16.182 2
15	8.137 1	9.265 5	10.538 7	11.973 7	13.589 5	15.407 0	17.449 4	19.742 3
16	9.357 6	10.748 0	12.330 3	14.129 0	16.171 5	18.488 4	21.113 8	24.085 6
17	10.761 3	12.467 7	14.426 5	16.672 2	19.244 1	22.186 1	25.547 7	29.384 4
18	12.375 5	14.462 5	16.879 0	19.673 3	22.900 5	26.623 3	30.912 7	35.849 0
19	14.231 8	16.776 5	19.748 4	23.214 4	27.251 6	31.948 0	37.404 3	43.735 8
20	16.366 5	19.460 8	23.105 6	27.393 0	32.429 4	38.337 6	45.259 3	53.357 6
21	18.821 5	22.574 5	27.033 6	32.323 8	38.591 0	46.005 1	54.763 7	65.096 3
22	21.644 7	26.186 4	31.629 3	38.142 1	45.923 3	55.206 1	66.264 1	79.417 5
23	24.891 5	30.376 2	37.006 2	45.007 6	54.648 7	66.247 4	80.179 5	96.889 4
24	28.625 2	35.236 4	43.297 3	53.109 0	65.032 0	79.496 8	97.017 2	118.205 0
25	32.919 0	40.874 2	50.657 8	62.668 6	77.388 1	95.396 2	117.390 9	144.210 1
26	37.856 8	47.414 1	59.269 7	73.949 0	92.091 8	114.475 5	142.042 9	175.936 4
27	43.535 3	55.000 4	69.345 5	87.259 8	109.589 3	137.370 6	171.871 9	214.642 4
28	50.065 6	63.800 4	81.134 2	102.966 6	130.411 2	164.844 7	207.965 1	261.863 7
29	57.575 5	74.008 5	94.927 1	121.500 5	155.189 3	197.813 6	251.637 7	319.473 7
30	66.211 8	85.849 9	111.064 7	143.370 6	184.675 3	237.376 3	304.481 6	389.757 9

期数	23%	24%	25%	26%	27%	28%	29%	30%
1	1.230 0	1.240 0	1.250 0	1.260 0	1.270 0	1.280 0	1.290 0	1.300 0

续表

期数	23%	24%	25%	26%	27%	28%	29%	30%
2	1.512 9	1.537 6	1.562 5	1.587 6	1.612 9	1.638 4	1.664 1	1.690 0
3	1.860 9	1.906 6	1.953 1	2.000 4	2.048 4	2.097 2	2.146 7	2.197 0
4	2.288 9	2.364 2	2.441 4	2.520 5	2.601 4	2.684 4	2.769 2	2.856 1
5	2.815 3	2.931 6	3.051 8	3.175 8	3.303 8	3.436 0	3.572 3	3.712 9
6	3.462 8	3.635 2	3.814 7	4.001 5	4.195 9	4.398 0	4.608 3	4.826 8
7	4.259 3	4.507 7	4.768 4	5.041 9	5.328 8	5.629 5	5.944 7	6.274 9
8	5.238 9	5.589 5	5.960 5	6.352 8	6.767 5	7.205 8	7.668 6	8.157 3
9	6.443 9	6.931 0	7.450 6	8.004 5	8.594 8	9.223 4	9.892 5	10.604 5
10	7.925 9	8.594 4	9.313 2	10.085 7	10.915 3	11.805 9	12.761 4	13.785 8
11	9.748 9	10.657 1	11.641 5	12.708 0	13.862 5	15.111 6	16.462 2	17.921 6
12	11.991 2	13.214 8	14.551 9	16.012 0	17.605 3	19.342 8	21.236 2	23.298 1
13	14.749 1	16.386 3	18.189 9	20.175 2	22.358 8	24.758 8	27.394 7	30.287 5
14	18.141 4	20.319 1	22.737 4	25.420 7	28.395 7	31.691 3	35.339 1	39.373 8
15	22.314 0	25.195 6	28.421 7	32.030 1	36.062 5	40.564 8	45.587 5	51.185 9
16	27.446 2	31.242 6	35.527 1	40.357 9	45.799 4	51.923 0	58.807 9	66.541 7
17	33.758 8	38.740 8	44.408 9	50.851 0	58.165 2	66.461 4	75.862 1	86.504 2
18	41.523 3	48.038 6	55.511 2	64.072 2	73.869 8	85.070 6	97.862 2	112.455 4
19	51.073 7	59.567 9	69.388 9	80.731 0	93.814 7	108.890 4	126.242 2	146.192 0
20	62.820 6	73.864 1	86.736 2	101.721 1	119.144 6	139.379 7	162.852 4	190.049 6
21	77.269 4	91.591 5	108.420 2	128.168 5	151.313 7	178.406 0	210.079 6	247.064 5
22	95.041 3	113.573 5	135.525 3	161.492 4	192.168 3	228.359 6	271.002 7	321.183 9
23	116.900 8	140.831 2	169.406 6	203.480 4	244.053 8	292.300 3	349.593 5	417.539 1
24	143.788 0	174.630 6	211.758 2	256.385 3	309.948 3	374.144 4	450.975 6	542.800 8
25	176.859 3	216.542 0	264.697 8	323.045 4	393.634 4	478.904 9	581.758 5	705.641 0
26	217.536 9	268.512 1	330.872 2	407.037 3	499.915 7	612.998 2	750.468 5	917.333 3
27	267.570 4	332.955 0	413.590 3	512.867 0	634.892 9	784.637 7	968.104 4	1 192.533 3
28	329.111 5	412.864 2	516.987 9	646.212 4	806.314 0	1 004.336 3	1 248.854 6	1 550.293 3
29	404.807 2	511.951 6	646.234 9	814.227 6	1 024.018 7	1 285.550 4	1 611.022 5	2 015.381 3
30	497.912 9	634.819 9	807.793 6	1 025.926 7	1 300.503 8	1 645.504 6	2 078.219 0	2 619.995 6

年金现值系数（P/A, i, n）表

期数	1%	2%	3%	4%	5%	6%	7%
1	0.990 1	0.980 4	0.970 9	0.961 5	0.952 4	0.943 4	0.934 6
2	1.970 4	1.941 6	1.913 5	1.886 1	1.859 4	1.833 4	1.808 0
3	2.941 0	2.883 9	2.828 6	2.775 1	2.723 2	2.673 0	2.624 3
4	3.902 0	3.807 7	3.717 1	3.629 9	3.546 0	3.465 1	3.387 2
5	4.853 4	4.713 5	4.579 7	4.451 8	4.329 5	4.212 4	4.100 2
6	5.795 5	5.601 4	5.417 2	5.242 1	5.075 7	4.917 3	4.766 5
7	6.728 2	6.472 0	6.230 3	6.002 1	5.786 4	5.582 4	5.389 3

续表

期数	1%	2%	3%	4%	5%	6%	7%
8	7.651 7	7.325 5	7.019 7	6.732 7	6.463 2	6.209 8	5.971 3
9	8.566 0	8.162 2	7.786 1	7.435 3	7.107 8	6.801 7	6.515 2
10	9.471 3	8.982 6	8.530 2	8.110 9	7.721 7	7.360 1	7.023 6
11	10.367 6	9.786 8	9.252 6	8.760 5	8.306 4	7.886 9	7.498 7
12	11.255 1	10.575 3	9.954 0	9.385 1	8.863 3	8.383 8	7.942 7
13	12.133 7	11.348 4	10.635 0	9.985 6	9.393 6	8.852 7	8.357 7
14	13.003 7	12.106 2	11.296 1	10.563 1	9.898 6	9.295 0	8.745 5
15	13.865 1	12.849 3	11.937 9	11.118 4	10.379 7	9.712 2	9.107 9
16	14.717 9	13.577 7	12.561 1	11.652 3	10.837 8	10.105 9	9.446 6
17	15.562 3	14.291 9	13.166 1	12.165 7	11.274 1	10.477 3	9.763 2
18	16.398 3	14.992 0	13.753 5	12.659 3	11.689 6	10.827 6	10.059 1
19	17.226 0	15.678 5	14.323 8	13.133 9	12.085 3	11.158 1	10.335 6
20	18.045 6	16.351 4	14.877 5	13.590 3	12.462 2	11.469 9	10.594 0
21	18.857 0	17.011 2	15.415 0	14.029 2	12.821 2	11.764 1	10.835 5
22	19.660 4	17.658 0	15.936 9	14.451 1	13.163 0	12.041 6	11.061 2
23	20.455 8	18.292 2	16.443 6	14.856 8	13.488 6	12.303 4	11.272 2
24	21.243 4	18.913 9	16.935 5	15.247 0	13.798 6	12.550 4	11.469 3
25	22.023 2	19.523 5	17.413 1	15.622 1	14.093 9	12.783 4	11.653 6
26	22.795 2	20.121 0	17.876 8	15.982 8	14.375 2	13.003 2	11.825 8
27	23.559 6	20.706 9	18.327 0	16.329 6	14.643 0	13.210 5	11.986 7
28	24.316 4	21.281 3	18.764 1	16.663 1	14.898 1	13.406 2	12.137 1
29	25.065 8	21.844 4	19.188 5	16.983 7	15.141 1	13.590 7	12.277 7
30	25.807 7	22.396 5	19.600 4	17.292 0	15.372 5	13.764 8	12.409 0

期数	8%	9%	10%	11%	12%	13%	14%
1	0.925 9	0.917 4	0.909 1	0.900 9	0.892 9	0.885 0	0.877 2
2	1.783 3	1.759 1	1.735 5	1.712 5	1.690 1	1.668 1	1.646 7
3	2.577 1	2.531 3	2.486 9	2.443 7	2.401 8	2.361 2	2.321 6
4	3.312 1	3.239 7	3.169 9	3.102 4	3.037 3	2.974 5	2.913 7
5	3.992 7	3.889 7	3.790 8	3.695 9	3.604 8	3.517 2	3.433 1
6	4.622 9	4.485 9	4.355 3	4.230 5	4.111 4	3.997 5	3.888 7
7	5.206 4	5.033 0	4.868 4	4.712 2	4.563 8	4.422 6	4.288 3
8	5.746 6	5.534 8	5.334 9	5.146 1	4.967 6	4.798 8	4.638 9
9	6.246 9	5.995 2	5.759 0	5.537 0	5.328 2	5.131 7	4.946 4
10	6.710 1	6.417 7	6.144 6	5.889 2	5.650 2	5.426 2	5.216 1
11	7.139 0	6.805 2	6.495 1	6.206 5	5.937 7	5.686 9	5.452 7
12	7.536 1	7.160 7	6.813 7	6.492 4	6.194 4	5.917 6	5.660 3
13	7.903 8	7.486 9	7.103 4	6.749 9	6.423 5	6.121 8	5.842 4
14	8.244 2	7.786 2	7.366 7	6.981 9	6.628 2	6.302 5	6.002 1

续表

期数	8%	9%	10%	11%	12%	13%	14%
15	8.559 5	8.060 7	7.606 1	7.190 9	6.810 9	6.462 4	6.142 2
16	8.851 4	8.312 6	7.823 7	7.379 2	6.974 0	6.603 9	6.265 1
17	9.121 6	8.543 6	8.021 6	7.548 8	7.119 6	6.729 1	6.372 9
18	9.371 9	8.755 6	8.201 4	7.701 6	7.249 7	6.839 9	6.467 4
19	9.603 6	8.950 1	8.364 9	7.839 3	7.365 8	6.938 0	6.550 4
20	9.818 1	9.128 5	8.513 6	7.963 3	7.469 4	7.024 8	6.623 1
21	10.016 8	9.292 2	8.648 7	8.075 1	7.562 0	7.101 6	6.687 0
22	10.200 7	9.442 4	8.771 5	8.175 7	7.644 6	7.169 5	6.742 9
23	10.371 1	9.580 2	8.883 2	8.266 4	7.718 4	7.229 7	6.792 1
24	10.528 8	9.706 6	8.984 7	8.348 1	7.784 3	7.282 9	6.835 1
25	10.674 8	9.822 6	9.077 0	8.421 7	7.843 1	7.330 0	6.872 9
26	10.810 0	9.929 0	9.160 9	8.488 1	7.895 7	7.371 7	6.906 1
27	10.935 2	10.026 6	9.237 2	8.547 8	7.942 6	7.408 6	6.935 2
28	11.051 1	10.116 1	9.306 6	8.601 6	7.984 4	7.441 2	6.960 7
29	11.158 4	10.198 3	9.369 6	8.650 1	8.021 8	7.470 1	6.983 0
30	11.257 8	10.273 7	9.426 9	8.693 8	8.055 2	7.495 7	7.002 7

期数	15%	16%	17%	18%	19%	20%	21%	22%
1	0.869 6	0.862 1	0.854 7	0.847 5	0.840 3	0.833 3	0.826 4	0.819 7
2	1.625 7	1.605 2	1.585 2	1.565 6	1.546 5	1.527 8	1.509 5	1.491 5
3	2.283 2	2.245 9	2.209 6	2.174 3	2.139 9	2.106 5	2.073 9	2.042 2
4	2.855 0	2.798 2	2.743 2	2.690 1	2.638 6	2.588 7	2.540 4	2.493 6
5	3.352 2	3.274 3	3.199 3	3.127 2	3.057 6	2.990 6	2.926 0	2.863 6
6	3.784 5	3.684 7	3.589 2	3.497 6	3.409 8	3.325 5	3.244 6	3.166 9
7	4.160 4	4.038 6	3.922 4	3.811 5	3.705 7	3.604 6	3.507 9	3.415 5
8	4.487 3	4.343 6	4.207 2	4.077 6	3.954 4	3.837 2	3.725 6	3.619 3
9	4.771 6	4.606 5	4.450 6	4.303 0	4.163 3	4.031 0	3.905 4	3.786 3
10	5.018 8	4.833 2	4.658 6	4.494 1	4.338 9	4.192 5	4.054 1	3.923 2
11	5.233 7	5.028 6	4.836 4	4.656 0	4.486 5	4.327 1	4.176 9	4.035 4
12	5.420 6	5.197 1	4.988 4	4.793 2	4.610 5	4.439 2	4.278 4	4.127 4
13	5.583 1	5.342 3	5.118 3	4.909 5	4.714 7	4.532 7	4.362 4	4.202 8
14	5.724 5	5.467 5	5.229 3	5.008 1	4.802 3	4.610 6	4.431 7	4.264 6
15	5.847 4	5.575 5	5.324 2	5.091 6	4.875 9	4.675 5	4.489 0	4.315 2
16	5.954 2	5.668 5	5.405 3	5.162 4	4.937 7	4.729 6	4.536 4	4.356 7
17	6.047 2	5.748 7	5.474 6	5.222 3	4.989 7	4.774 6	4.575 5	4.390 8
18	6.128 0	5.817 8	5.533 9	5.273 2	5.033 3	4.812 2	4.607 9	4.418 7
19	6.198 2	5.877 5	5.584 5	5.316 2	5.070 0	4.843 5	4.634 6	4.441 5
20	6.259 3	5.928 8	5.627 8	5.352 7	5.100 9	4.869 6	4.656 7	4.460 3
21	6.312 5	5.973 1	5.664 8	5.383 7	5.126 8	4.891 3	4.675 0	4.475 6

续表

期数	15%	16%	17%	18%	19%	20%	21%	22%
22	6.358 7	6.011 3	5.696 4	5.409 9	5.148 6	4.909 4	4.690 0	4.488 2
23	6.398 8	6.044 2	5.723 4	5.432 1	5.166 8	4.924 5	4.702 5	4.498 5
24	6.433 8	6.072 6	5.746 5	5.450 9	5.182 2	4.937 1	4.712 8	4.507 0
25	6.464 1	6.097 1	5.766 2	5.466 9	5.195 1	4.947 6	4.721 3	4.513 9
26	6.490 6	6.118 2	5.783 1	5.480 4	5.206 0	4.956 3	4.728 4	4.519 6
27	6.513 5	6.136 4	5.797 5	5.491 9	5.215 1	4.963 6	4.734 2	4.524 3
28	6.533 5	6.152 0	5.809 9	5.501 6	5.222 8	4.969 7	4.739 0	4.528 1
29	6.550 9	6.165 6	5.820 4	5.509 8	5.229 2	4.974 7	4.743 0	4.531 2
30	6.566 0	6.177 2	5.829 4	5.516 8	5.234 7	4.978 9	4.746 3	4.533 8

期数	23%	24%	25%	26%	27%	28%	29%	30%
1	0.813 0	0.806 5	0.800 0	0.793 7	0.787 4	0.781 3	0.775 2	0.769 2
2	1.474 0	1.456 8	1.440 0	1.423 5	1.407 4	1.391 6	1.376 1	1.360 9
3	2.011 4	1.981 3	1.952 0	1.923 4	1.895 6	1.868 4	1.842 0	1.816 1
4	2.448 3	2.404 3	2.361 6	2.320 2	2.280 0	2.241 0	2.203 1	2.166 2
5	2.803 5	2.745 4	2.689 3	2.635 1	2.582 7	2.532 0	2.483 0	2.435 6
6	3.092 3	3.020 5	2.951 4	2.885 0	2.821 0	2.759 4	2.700 0	2.642 7
7	3.327 0	3.242 3	3.161 1	3.083 3	3.008 7	2.937 0	2.868 2	2.802 1
8	3.517 9	3.421 2	3.328 9	3.240 7	3.156 4	3.075 8	2.998 6	2.924 7
9	3.673 1	3.565 5	3.463 1	3.365 7	3.272 8	3.184 2	3.099 7	3.019 0
10	3.799 3	3.681 9	3.570 5	3.464 8	3.364 4	3.268 9	3.178 1	3.091 5
11	3.901 8	3.775 7	3.656 4	3.543 5	3.436 5	3.335 1	3.238 8	3.147 3
12	3.985 2	3.851 4	3.725 1	3.605 9	3.493 3	3.386 8	3.285 9	3.190 3
13	4.053 0	3.912 4	3.780 1	3.655 5	3.538 1	3.427 2	3.322 4	3.223 3
14	4.108 2	3.961 6	3.824 1	3.694 9	3.573 3	3.458 7	3.350 7	3.248 7
15	4.153 0	4.001 3	3.859 3	3.726 1	3.601 0	3.483 4	3.372 6	3.268 2
16	4.189 4	4.033 3	3.887 4	3.750 9	3.622 8	3.502 6	3.389 6	3.283 2
17	4.219 0	4.059 1	3.909 9	3.770 5	3.640 0	3.517 7	3.402 8	3.294 8
18	4.243 1	4.079 9	3.927 9	3.786 1	3.653 6	3.529 4	3.413 0	3.303 7
19	4.262 7	4.096 7	3.942 4	3.798 5	3.664 2	3.538 6	3.421 0	3.310 5
20	4.278 6	4.110 3	3.953 9	3.808 3	3.672 6	3.545 8	3.427 1	3.315 8
21	4.291 6	4.121 2	3.963 1	3.816 1	3.679 2	3.551 4	3.431 9	3.319 8
22	4.302 1	4.130 0	3.970 5	3.822 3	3.684 4	3.555 8	3.435 6	3.323 0
23	4.310 6	4.137 1	3.976 4	3.827 3	3.688 5	3.559 2	3.438 4	3.325 4
24	4.317 6	4.142 8	3.981 1	3.831 2	3.691 8	3.561 9	3.440 6	3.327 2
25	4.323 2	4.147 4	3.984 9	3.834 2	3.694 3	3.564 0	3.442 3	3.328 6
26	4.327 8	4.151 1	3.987 9	3.836 7	3.696 3	3.565 6	3.443 7	3.329 7
27	4.331 6	4.154 2	3.990 3	3.838 7	3.697 9	3.566 9	3.444 7	3.330 5
28	4.334 6	4.156 6	3.992 3	3.840 2	3.699 1	3.567 9	3.445 5	3.331 2

续表

期数	23%	24%	25%	26%	27%	28%	29%	30%
29	4.337 1	4.158 5	3.993 8	3.841 4	3.700 1	3.568 7	3.446 1	3.331 7
30	4.339 1	4.160 1	3.995 0	3.842 4	3.700 9	3.569 3	3.446 6	3.332 1

年金终值系数（*F*/*A*，*i*，*n*）表

期数	1%	2%	3%	4%	5%	6%	7%
1	1.000 0	1.000 0	1.000 0	1.000 0	1.000 0	1.000 0	1.000 0
2	2.010 0	2.020 0	2.030 0	2.040 0	2.050 0	2.060 0	2.070 0
3	3.030 1	3.060 4	3.090 9	3.121 6	3.152 5	3.183 6	3.214 9
4	4.060 4	4.121 6	4.183 6	4.246 5	4.310 1	4.374 6	4.439 9
5	5.101 0	5.204 0	5.309 1	5.416 3	5.525 6	5.637 1	5.750 7
6	6.152 0	6.308 1	6.468 4	6.633 0	6.801 9	6.975 3	7.153 3
7	7.213 5	7.434 3	7.662 5	7.898 3	8.142 0	8.393 8	8.654 0
8	8.285 7	8.583 0	8.892 3	9.214 2	9.549 1	9.897 5	10.259 8
9	9.368 5	9.754 6	10.159 1	10.582 8	11.026 6	11.491 3	11.978 0
10	10.462 2	10.949 7	11.463 9	12.006 1	12.577 9	13.180 8	13.816 4
11	11.566 8	12.168 7	12.807 8	13.4864	14.206 8	14.971 6	15.783 6
12	12.682 5	13.412 1	14.192 0	15.025 8	15.917 1	16.869 9	17.888 5
13	13.809 3	14.680 3	15.617 8	16.626 8	17.713 0	18.882 1	20.140 6
14	14.947 4	15.973 9	17.086 3	18.291 9	19.598 6	21.015 1	22.550 5
15	16.096 9	17.293 4	18.598 9	20.023 6	21.578 6	23.276 0	25.129 0
16	17.257 9	18.639 3	20.156 9	21.824 5	23.657 5	25.672 5	27.888 1
17	18.430 4	20.012 1	21.761 6	23.697 5	25.840 4	28.212 9	30.840 2
18	19.614 7	21.412 3	23.414 4	25.645 4	28.132 4	30.905 7	33.999 0
19	20.810 9	22.840 6	25.116 9	27.671 2	30.539 0	33.760 0	37.379 0
20	22.019 0	24.297 4	26.870 4	29.778 1	33.066 0	36.785 6	40.995 5
21	23.239 2	25.783 3	28.676 5	31.969 2	35.719 3	39.992 7	44.865 2
22	24.471 6	27.299 0	30.536 8	34.248 0	38.505 2	43.392 3	49.005 7
23	25.716 3	28.845 0	32.452 9	36.617 9	41.430 5	46.995 8	53.436 1
24	26.973 5	30.421 9	34.426 5	39.082 6	44.502 0	50.815 6	58.176 7
25	28.243 2	32.030 3	36.459 3	41.645 9	47.727 1	54.864 5	63.249 0
26	29.525 6	33.670 9	38.553 0	44.311 7	51.113 5	59.156 4	68.676 5
27	30.820 9	35.344 3	40.709 6	47.084 2	54.669 1	63.705 8	74.483 8
28	32.129 1	37.051 2	42.930 9	49.967 6	58.402 6	68.528 1	80.697 7
29	33.450 4	38.792 2	45.218 9	52.966 3	62.322 7	73.639 8	87.346 5
30	34.784 9	40.568 1	47.575 4	56.084 9	66.438 8	79.058 2	94.460 8

期数	8%	9%	10%	11%	12%	13%	14%
1	1.000 0	1.000 0	1.000 0	1.000 0	1.000 0	1.000 0	1.000 0
2	2.080 0	2.090 0	2.100 0	2.110 0	2.120 0	2.130 0	2.140 0
3	3.246 4	3.278 1	3.310 0	3.342 1	3.374 4	3.406 9	3.439 6

续表

期数	8%	9%	10%	11%	12%	13%	14%
4	4.506 1	4.573 1	4.641 0	4.709 7	4.779 3	4.849 8	4.921 1
5	5.866 6	5.984 7	6.105 1	6.227 8	6.352 8	6.480 3	6.610 1
6	7.335 9	7.523 3	7.715 6	7.912 9	8.115 2	8.322 7	8.535 5
7	8.922 8	9.200 4	9.487 2	9.783 3	10.089 0	10.404 7	10.730 5
8	10.636 6	11.028 5	11.435 9	11.859 4	12.299 7	12.757 3	13.232 8
9	12.487 6	13.021 0	13.579 5	14.164 0	14.775 7	15.415 7	16.085 3
10	14.486 6	15.192 9	15.937 4	16.722 0	17.548 7	18.419 7	19.337 3
11	16.645 5	17.560 3	18.531 2	19.561 4	20.654 6	21.814 3	23.044 5
12	18.977 1	20.140 7	21.384 3	22.713 2	24.133 1	25.650 2	27.270 7
13	21.495 3	22.953 4	24.522 7	26.211 6	28.029 1	29.984 7	32.088 7
14	24.214 9	26.019 2	27.975 0	30.094 9	32.392 6	34.882 7	37.581 1
15	27.152 1	29.360 9	31.772 5	34.405 4	37.279 7	40.417 5	43.842 4
16	30.324 3	33.003 4	35.949 7	39.189 9	42.753 3	46.671 7	50.980 4
17	33.750 2	36.973 7	40.544 7	44.500 8	48.883 7	53.739 1	59.117 6
18	37.450 2	41.301 3	45.599 2	50.395 9	55.749 7	61.725 1	68.394 1
19	41.446 3	46.018 5	51.159 1	56.939 5	63.439 7	70.749 4	78.969 2
20	45.762 0	51.160 1	57.275 0	64.202 8	72.052 4	80.946 8	91.024 9
21	50.422 9	56.764 5	64.002 5	72.265 1	81.698 7	92.469 9	104.768 4
22	55.456 8	62.873 3	71.402 7	81.214 3	92.502 6	105.491 0	120.436 0
23	60.893 3	69.531 9	79.543 0	91.147 9	104.602 9	120.204 8	138.297 0
24	66.764 8	76.789 8	88.497 3	102.174 2	118.155 2	136.831 5	158.658 6
25	73.105 9	84.700 9	98.347 1	114.413 3	133.333 9	155.619 6	181.870 8
26	79.954 4	93.324 0	109.181 8	127.998 8	150.333 9	176.850 1	208.332 7
27	87.350 8	102.723 1	121.099 9	143.078 6	169.374 0	200.840 6	238.499 3
28	95.338 8	112.968 2	134.209 9	159.817 3	190.698 9	227.949 9	272.889 2
29	103.965 9	124.135 4	148.630 9	178.397 2	214.582 8	258.583 4	312.093 7
30	113.283 2	136.307 5	164.494 0	199.020 9	241.332 7	293.199 2	356.786 8

期数	15%	16%	17%	18%	19%	20%	21%	22%
1	1.000 0	1.000 0	1.000 0	1.000 0	1.000 0	1.000 0	1.000 0	1.000 0
2	2.150 0	2.160 0	2.170 0	2.180 0	2.190 0	2.200 0	2.210 0	2.220 0
3	3.472 5	3.505 6	3.538 9	3.572 4	3.606 1	3.640 0	3.674 1	3.708 4
4	4.993 4	5.066 5	5.140 5	5.215 4	5.291 3	5.368 0	5.445 7	5.524 2
5	6.742 4	6.877 1	7.014 4	7.154 2	7.296 6	7.441 6	7.589 2	7.739 6
6	8.753 7	8.977 5	9.206 8	9.442 0	9.683 0	9.929 9	10.183 0	10.442 3
7	11.066 8	11.413 9	11.772 0	12.141 5	12.522 7	12.915 9	13.321 4	13.739 6
8	13.726 8	14.240 1	14.773 3	15.327 0	15.902 0	16.499 1	17.118 9	17.762 3
9	16.785 8	17.518 5	18.284 7	19.085 9	19.923 4	20.798 9	21.713 9	22.670 0
10	20.303 7	21.321 5	22.393 1	23.521 3	24.708 9	25.958 7	27.273 8	28.657 4

续表

期数	15%	16%	17%	18%	19%	20%	21%	22%
11	24.349 3	25.732 9	27.199 9	28.755 1	30.403 5	32.150 4	34.001 3	35.962 0
12	29.001 7	30.850 2	32.823 9	34.931 1	37.180 2	39.580 5	42.141 6	44.873 7
13	34.351 9	36.786 2	39.404 0	42.218 7	45.244 5	48.496 6	51.991 3	55.745 9
14	40.504 7	43.672 0	47.102 7	50.818 0	54.840 9	59.195 9	63.909 5	69.010 0
15	47.580 4	51.659 5	56.110 1	60.965 3	66.260 7	72.035 1	78.330 5	85.192 2
16	55.717 5	60.925 0	66.648 8	72.939 0	79.850 2	87.442 1	95.779 9	104.934 5
17	65.075 1	71.673 0	78.979 2	87.068 0	96.021 8	105.930 6	116.893 7	129.020 1
18	75.836 4	84.140 7	93.405 6	103.740 3	115.265 9	128.116 7	142.441 3	158.404 5
19	88.211 8	98.603 2	110.284 6	123.413 5	138.166 4	154.740 0	173.354 0	194.253 5
20	102.443 6	115.379 7	130.032 9	146.628 0	165.418 0	186.688 0	210.758 4	237.989 3
21	118.810 1	134.840 5	153.138 5	174.021 0	197.847 4	225.025 6	256.017 6	291.346 9
22	137.631 6	157.415 0	180.172 1	206.344 8	236.438 5	271.030 7	310.781 3	356.443 2
23	159.276 4	183.601 4	211.801 3	244.486 8	282.361 8	326.236 9	377.045 4	435.860 7
24	184.167 8	213.977 6	248.807 6	289.494 5	337.010 5	392.484 2	457.224 9	532.750 1
25	212.793 0	249.214 0	292.104 9	342.603 5	402.042 5	471.981 1	554.242 2	650.955 1
26	245.712 0	290.088 3	342.762 7	405.272 1	479.430 6	567.377 3	671.633 0	795.165 3
27	283.568 8	337.502 4	402.032 3	479.221 1	571.522 4	681.852 8	813.675 9	971.101 6
28	327.104 1	392.502 8	471.377 8	566.480 9	681.111 6	819.223 3	985.547 9	1 185.744 0
29	377.169 7	456.303 2	552.512 1	669.447 5	811.522 8	984.068 0	1 193.512 9	1 447.607 7
30	434.745 1	530.311 7	647.439 1	790.948 0	966.712 2	1 181.881 6	1 445.150 7	1 767.081 3

期数	23%	24%	25%	26%	27%	28%	29%	30%
1	1.000 0	1.000 0	1.000 0	1.000 0	1.000 0	1.000 0	1.000 0	1.000 0
2	2.230 0	2.240 0	2.250 0	2.260 0	2.270 0	2.280 0	2.290 0	2.300 0
3	3.742 9	3.777 6	3.812 5	3.847 6	3.882 9	3.918 4	3.954 1	3.990 0
4	5.603 8	5.684 2	5.765 6	5.848 0	5.931 3	6.015 6	6.100 8	6.187 0
5	7.892 6	8.048 4	8.207 0	8.368 4	8.532 7	8.699 9	8.870 0	9.043 1
6	10.707 9	10.980 1	11.258 8	11.544 2	11.836 6	12.135 9	12.442 3	12.756 0
7	14.170 8	14.615 3	15.073 5	15.545 8	16.032 4	16.533 9	17.050 6	17.582 8
8	18.430 0	19.122 9	19.841 9	20.587 6	21.361 2	22.163 4	22.995 3	23.857 7
9	23.669 0	24.712 5	25.802 3	26.940 4	28.128 7	29.369 2	30.663 9	32.015 0
10	30.112 8	31.643 4	33.252 9	34.944 9	36.723 5	38.592 6	40.556 4	42.619 5
11	38.038 8	40.237 9	42.566 1	45.030 6	47.638 8	50.398 5	53.317 8	56.405 3
12	47.787 7	50.895 0	54.207 7	57.738 6	61.501 3	65.510 0	69.780 0	74.327 0
13	59.778 8	64.109 7	68.759 6	73.750 6	79.106 6	84.852 9	91.016 1	97.625 0
14	74.528 0	80.496 1	86.949 5	93.925 8	101.465 4	109.611 7	118.410 8	127.912 5
15	92.669 4	100.815 1	109.686 8	119.346 5	129.861 1	141.302 9	153.750 0	167.286 3
16	114.983 4	126.010 8	138.108 5	151.376 6	165.923 6	181.867 7	199.337 4	218.472 2
17	142.429 5	157.253 4	173.635 7	191.734 5	211.723 0	233.790 7	258.145 3	285.013 9

续表

期数	23%	24%	25%	26%	27%	28%	29%	30%
18	176.188 3	195.994 2	218.044 6	242.585 5	269.888 2	300.252 1	334.007 4	371.518 0
19	217.711 6	244.032 8	273.555 8	306.657 7	343.758 0	385.322 7	431.869 6	483.973 4
20	268.785 3	303.600 6	342.944 7	387.388 7	437.572 6	494.213 1	558.111 8	630.165 5
21	331.605 9	377.464 8	429.680 9	489.109 8	556.717 3	633.592 7	720.964 2	820.215 1
22	408.875 3	469.056 3	538.101 1	617.278 3	708.030 9	811.998 7	931.043 8	1 067.279 6
23	503.916 6	582.629 8	673.626 4	778.770 7	900.199 3	1 040.358 3	1 202.046 5	1 388.463 5
24	620.817 4	723.461 0	843.032 9	982.251 1	1 144.253 1	1 332.658 6	1 551.640 0	1 806.002 6
25	764.605 4	898.091 6	1 054.791 2	1 238.636 3	1 454.201 4	1 706.803 1	2 002.615 6	2 348.803 3
26	941.464 7	1 114.633 6	1 319.489 0	1 561.681 8	1 847.835 8	2 185.707 9	2 584.374 1	3 054.444 3
27	1 159.001 6	1 383.145 7	1 650.361 2	1 968.719 1	2 347.751 5	2 798.706 1	3 334.842 6	3 971.777 6
28	1 426.571 9	1 716.100 7	2 063.951 5	2 481.586 0	2 982.644 4	3 583.343 8	4 302.947 0	5 164.310 9
29	1 755.683 5	2 128.964 8	2 580.939 4	3 127.798 4	3 788.958 3	4 587.680 1	5 551.801 6	6 714.604 2
30	2 160.490 7	2 640.916 4	3 227.174 3	3 942.026 0	4 812.977 1	5 873.230 6	7 162.824 1	8 729.985 5